BALLON D'OR

SINCE 1956

直笔体育百科系列

典藏版

ZB 直笔巨献

金球风云

于鑫淼
黄轶文 ▼ 著

北京时代华文书局

图书在版编目（CIP）数据

金球风云 / 于鑫淼, 黄轶文著 . -- 北京 : 北京时代华文书局 , 2023.10
ISBN 978-7-5699-5042-7

Ⅰ.①金… Ⅱ.①于…②黄… Ⅲ.①足球运动—优秀运动员—评奖—体育运动史—世界 Ⅳ.① G843.91

中国国家版本馆 CIP 数据核字 (2023) 第 177212 号

JINIQIU FENGYUN

出 版 人：陈　涛
选题策划：董振伟　直笔体育
责任编辑：马彰羚
执行编辑：孙沛源
责任校对：薛　治
装帧设计：王　静　迟　稳
责任印制：訾　敬

出版发行：北京时代华文书局 http://www.bjsdsj.com.cn
　　　　　北京市东城区安定门外大街 138 号皇城国际大厦 A 座 8 层
　　　　　邮编：100011　电话：010-64263661　64261528

印　　刷：河北京平诚乾印刷有限公司
开　　本：787 mm×1092 mm　1/16　　　　成品尺寸：185 mm×260 mm
印　　张：14　　　　　　　　　　　　　　字　　数：265 千字
版　　次：2023 年 11 月第 1 版　　　　　印　　次：2023 年 11 月第 1 次印刷
定　　价：70.00 元

为什么是金球奖？

文/《体坛周报》总编辑，金球奖中国区唯一评委　骆明

金球奖，一个杂志举办的奖项，为什么成了当今世界足坛的最高个人荣誉？

截至2023年颁奖结束，金球奖已产生了45位得主，他们见证了欧洲和世界足坛的历史。于鑫淼和黄博士（即本书的另一位作者黄轶文）合著的《金球风云》一书，全面描写了金球奖得主的故事。他们得奖的历程，也标记了足球历史的变迁。阿尔弗雷多·迪斯蒂法诺两度获得金球奖，约翰·克鲁伊夫和弗朗茨·贝肯鲍尔双星闪耀，米歇尔·普拉蒂尼和马尔科·范巴斯滕先后三夺金球奖，巴西人的强势统治，利昂内尔·梅西和克里斯蒂亚诺·罗纳尔多（下文简称C罗）的垄断……而金球奖影响力的升级，本身也是一场精彩的"比赛"。

金球奖（Ballon d'Or），由《法国足球》杂志于1956年举办，前39届的评选对象一直是拥有欧洲国家国籍的球员，故而他们的影响力一直局限于欧洲。连他们自己有时也把这个奖项叫作"欧洲金球奖"，英文媒体则为了方便读者理解，称之为"欧洲足球先生"（European Footballer of the Year）。我在20世纪90年代开始从事足球报道时，每年都会关注金球奖，但并没有把它当成足球第一奖项，当时足坛还有两大奖项：英国《世界足球》杂志评选的"世界最佳球员"（始于1982年）、国际足联评选的"世界足球先生"（始于1991年）。

尤其是"世界足球先生"，得到国际足联官方加持，影响力与日俱增。不难理解金球奖主办方《法国足球》当时的苦恼。虽然金球奖是最资深的，但评选范围局限于欧洲球员，贝利与迭戈·马拉多纳等人此前无法参与评选。1994年世界杯，巴西队夺冠，罗马里奥获得了这一年的"世界足球先生"，金球奖却只能颁给了斯托伊奇科夫。于是《法国足球》决定，从1995年开始，把金球奖评选范围扩大到所有在欧洲各国联赛踢球的球员，与"世界足球先生"正面竞争。

这个改革恰逢其时：1994年之前欧洲足坛仍是盛世，不妨参照《世界足球》杂志的"世界最佳球员"在1982—1993年的12届评选，只有两届得主是南美球员（1983年的济科和1986年的马拉多纳），普拉蒂尼和荷兰"三剑客"各领风骚数年。但从1994年起，罗马里奥、乔治·维阿、罗纳尔多、里瓦尔多等非欧洲球员先后成为世界足坛的巅峰人物，如果金球奖继续只颁给欧洲球员，恐早已被边缘化。

金球奖首度"扩军"后，与"世界足球先生"已成正面对决之势，却居然长时间相安无事。主要原因是"世界足球先生"由各国国家队主教练投票产生，而每年都有很多主教练的投票令人莫名其妙，因此产生了很多错位得主。例如，路易斯·菲戈最杰出的一年是2000年，他在该年获得金球奖，而直到较为平淡的2001年，他才获得"世界足球先生"；2003年"世界足球先生"颁给齐内丁·齐达内而非帕维尔·内德维德也不令人信服。然而国际足联不能容忍自己的奖项总被诟病，于是在2004年，各国国家队队长加入投票。这个决定在2006年起到关键作用，如果没有各个队长的选票，齐达内将第4次成为"世界足球先生"，而法比奥·卡纳瓦罗则会只有金球奖入账。

国际足联出招后，《法国足球》很快接招。2007年，《法国足球》把候选人和评委都完全全球化——我也有幸作为《体坛周报》代表，成为中国的唯一评委——"欧洲足球先生"一词正式作古。

两大奖项撞车，让各自的主办方大觉不爽，于是金球奖的颁奖日期提至每年的12月初，"世界足球先生"的典礼仪式则索性推至次年1月，但仍然无法回避榜单雷同的尴尬。从2005年到2009年，两奖的得主完全相同，甚至2008年和2009年，双方榜单的前3名完全一致。于是2010年在国际足联主席约瑟夫·布拉特的主导下，金球奖与"世界足球先生"合并为"国际足联金球奖"。

奇妙的是，在双方合并的第一年，各投票群体便出现极大的分歧。2010年评选，获得记者票最多的是韦斯利·斯内德，梅西排在第4名，但他们的投票效力只占1/3，加上各国国家队主教练和队长选票后，梅西成了第1名，斯内德掉到第4名。到了2013年，同样的一幕又上演了，记者票选第1名的是弗兰克·里贝里，而总票数第1名的则是C罗，在关键时刻又宣布投票延期更是引得舆论大哗。2015年国际足联遭遇"反腐风暴"，布拉特下台，2016年，金球奖与"世界足球先生"结束合作，金球奖仍由记者评选。

两奖合并的这6年，每一年都存在不少争议，但客观地说，因为各方合力宣传这个奖项，金球奖得以深入人心。两奖分开后，金球奖的威望已无可动摇，虽然"世界足球先生"评奖群体又加入了球迷，但从每年飘忽不定的投票时间来看，国际足联对这个奖项已不上心。

金球奖则一直在微调中，虽然仍然有争议，例如2020年金球奖为何取消评选，但至少《法国足球》一直在努力改进。如今金球奖已从年度奖项改为赛季奖项，这对于以跨年度赛季为主流的世界足坛来说更为公平。

回顾金球奖的发展历程，你就会知道，这不仅仅是"召集一帮人投票"听上去这么简单。除了得奖者的荣耀，还有失奖者的不甘甚至愤怒，它就像比赛一样精彩。《金球风云》浓缩了这67年的精彩，足球迷不可错过。

送给中国球迷的一份礼物

文/黄轶文

与《世界杯风云》波澜壮阔的写作愿景不同，《金球风云》的着墨点更侧重于微观层面。世界杯作为一项贯穿古今的顶尖赛事，足以撑起足球这项运动的发展脉络，而作为单一的个人奖项，金球奖却从细微之处，勾勒出了栩栩如生的时代图景。

一直以来，球迷群体对于该奖项的热议从未停息，横跨平面媒体、广播电视、互联网等多种媒介，纵贯几代人的观球生涯，众多关于"最佳球员"的争论延续至今。无论是广为认同的观点，还是各抒己见的对立，在相对嘈杂的环境中，仍然缺乏细致的解读。

我从少年时便对各类奖项很感兴趣，热衷于钻研其中的深邃内核。足球层面的金球奖、"世界足球先生"、欧足联欧洲最佳球员乃至《世界足球》杂志的"年度最佳球员"，都留下了浩如烟海的各类资料，这些文献曾陪伴我度过了一个个看似枯燥却不乏曼妙感的日夜。

然而随着研究的深入，我意识到在相关的中文领域，资料的匮乏还是相当突出的问题。尽管国内顶尖足球专家骆明老师，早在2007年就成为金球奖的全球评委之一，不少知名体育媒体也曾出版过科普金球奖的相关书籍，但在过去受到信息传播效率低下的制约，自上而下的知识传播存在天然壁垒，普通球迷很难高效地获取相关信息，在此基础之上的讨论难免会陷入误区。

现如今的媒体环境与过去相比已经不可同日而语，但是在时代交替的空窗期，不少工作仍然亟待有人去填补空白。我与于鑫淼在完成《世界杯风云》的写作之后，便开始着手准备后续的相关书籍。有关金球奖科普的内容，被我们列为"球迷的头号痛点"，自然也成了新书的不二选题。

敲定了选题之后，我们便开始梳理过去多年的工作成果，结合详细史料与成品文章，重新构建本书的框架。得益于近些年来诸多前辈特别是骆明老师的指导，作为年轻人的我们思路变得开阔，最终决定打破传统条框的束缚，用全新的章节来描述金球奖67年以来的风雨历程。

本书最为与众不同的两点：其一是将金球奖的叙述拆分成了12个时间段落，用相关的主题锁住时代的脉络，与单一年份孤立的叙述相比，主题性的叙述能提升内容的关联性。其二是我们花了大量篇幅，详述每个时代的足坛概况，介绍了占据主导地位的球队与球星，相当于圈定了"最佳球员"评选的整体范围，给读者带来时空穿梭般的代入感。

　　当然，漫长的写作历程，必然伴随着荆棘与坎坷。在此我要感谢搭档于鑫淼给予的帮助与鼓励，以及其他各位同仁的点拨与指导。最后，我希望本书能够切实地帮助到各位读者，如果足球让你们如痴如醉，《金球风云》不会让你们失望！

足球历史的英雄史诗

文/于鑫淼

去年借着2022年世界杯的东风，我与黄博士一同撰写了《世界杯风云》，以我们二人的绵薄之力勉强做出了一本既叫好又叫座的足球书籍。在那之后很多球迷问我，"风云"系列的下一本会写什么？我想先和各位球迷聊一下，去年出版的《世界杯风云》和您现在看到的《金球风云》这两本书的创作初衷。

去年出版的《世界杯风云》是一本世界杯通史，但我们不只是想让球迷了解世界杯的历史，更重要的是想让大家能够借着世界杯这项足球历史上的顶级赛事，串联起整个足球历史的发展：世界各国足球水平发展的兴与衰、足球战术的迭代更新、足球规则的日益完善。世界杯是能够帮助大家建立起完善的足球历史脉络的重要骨架。

但是，大家看球其实还有一个重要的关注点，那就是足球场上的球星和英雄。在《世界杯风云》中，球星只能作为宏大历史的参与者被一笔带过，但是在《金球风云》中，球星将成为叙事的主体。我们将会以每一位历史级球星的发展故事，串联起一部足球历史的英雄史诗。

《法国足球》杂志创办的金球奖，是足球世界里最权威的个人奖项之一，每

年的金球奖得主、金球奖排名是大家了解一名球星水平及其职业生涯兴衰的最好参考。球迷经常会因为比较两位球员谁更厉害而吵得不可开交，近十年的球员还好，毕竟看过他们比赛的人足够多，但是一旦把时间线拉到几十年前，往往一个球星的真实水平大家都难以了解。金球奖就是一把最好的"尺子"，专业评委严谨的投票让金球奖的排名有着极高的参考性，甚至在"梅罗"时代，金球奖的第三名都能够成为球星的重要荣誉。

当然，金球奖在67年的发展历程中，不可能做到尽善尽美，或者说，凡是由人投票产生的奖项，就不可能做到尽善尽美。虽然前面一直在介绍金球奖的权威性，但是在金球奖历史上的那些争议和个别年份的严重失误，在本书中都有详细的介绍。金球奖从初创期到成熟期再到走向世界，其评选规则的改变也尽在本书之中。

所以在读完这本《金球风云》之后，您能够对足球历史的"英雄脉络"有一个更清晰的了解。那些您可能只是听过名字的传奇球星究竟创造过哪些神话？那些被我们统称为"上古大神"的球员，再细致分析其水平能够比较出多大差别？那些陪

伴着我们长大的球星，以金球奖的标准来判断会是什么样的水平？

感谢金球奖中国区唯一评委骆明老师为本书作序，我和黄博士都是看着骆明老师的文章长大，对金球奖的很多了解也得益于每年金球奖投票时期骆明老师的介绍，书中很多内容的呈现也得到了他的帮助。

感谢我这次的搭档黄博士，第三次合作写书的过程依然非常愉快，黄博士渊博的历史知识以及考究的精神，是"风云"系列能够出版的压舱石，希望今后我们还能够为球迷带来更多更好的作品。

最后感谢购买《金球风云》的朋友以及去年支持《世界杯风云》的朋友。《世界杯风云》是一本纯文字的书，阅读有一定的门槛，我曾经担心过书的销量问题，但最终霸榜几周的表现，让我们有信心再出一本含金量较高的书带给大家。这是给大家的礼物，如果您能把这本书仔细看完，那就是您给我们最大的回礼。

Ballon d'Or

目 录

开篇 金球奖的诞生

翻开厚重的历史书，人类灿若星辰的文明硕果一览无余，岁月穿梭之中，恍惚感油然而生。科学的昌明、文化的璀璨、思想的凝聚，勾勒出一幅人类当代社会的图景。而波澜壮阔的背景衬托出数颗格外耀眼的珍珠，那便是镁光灯下的宠儿，人们奉若神明的图腾。

如今，每提到一个特定领域，舆论总是热衷于对比，层出不穷的奖项也应运而生。正如诺贝尔奖之于基础科学，奥斯卡奖之于电影艺术，普利策奖之于大众传媒，可量化的评奖规则成为专业领域评判的标准。而对于身处其中的候选人来说，如果有幸被选中，就将成为这一领域中的翘楚和领路人，甚至在历史长河中留下属于自己的浓墨重彩的一笔。

相比于其他历史悠久的门类，即便在现代竞技体育之中，足球也算不上领风气之先的项目。然而足球得益于"日不落帝国"文化的海外传播，以及二战之后的蓬勃发展，到了20世纪50年代，其已经有了成为世界第一运动的趋势。随着民众参与度的提高，一些对比与争论自然随处可见，热爱这项运动的人都想知道：哪支球队是世界上最好的？谁又是这个星球上最好的球员？有意思的是，在经历波折之后，推动足球历史进程的却都是法国人。

众所周知，现代奥林匹克运动会、世界杯、欧洲足球锦标赛（下文简称欧洲杯）以及欧洲冠军联赛（1954年创办时名为欧洲冠军俱乐部杯，1992年更名为欧洲冠军联赛，下文统一简称欧冠），这些赛事都是由法国人创办的。随着时间的推移，球队之间孰优孰劣逐步有了答案，毕竟每年的交锋都被广泛报道。而在同一时期，选出足球世界最好的球员，也被提上了日程。

最终在1956年，蒸蒸日上的《法国足球》杂志创办了影响至今的金球奖（Ballon d'Or），旨在评选出球迷心目中最出色的球星。尽管当时的规则有着明显的局限性，且诸多细则也不完善，但作为世界范围内的首次尝试，该奖项的生命力令人惊叹。尽管后来久负盛名的英国《世界足球》杂志也开始评选年度最佳球员，1991年国际足联甚至亲自"卜场"，创办了所谓的"世界足球先生"奖项，但无论从历史底蕴还是当下的影响力来看，金球奖都独领风骚，是足球世界分量最重的个人奖项，这也让我们有了从头探寻的意愿。

本书会详细介绍迄今为止（1956—2023年）历届金球奖的评选情况，45位

"金球先生"固然会占据较多的笔墨，但他们所处的时代环境也是重点叙述的部分之一。金球奖延续至今，早已突破了一个奖项的局限性，透过67年的纵横变化，我们能窥见足球世界的沧海桑田；而从每一个人身上，我们都能找到时代的印记，这一切串联起来，便成为描绘恢宏足球历史的一部分。正如奖项名字描述的那般，这是一段金灿灿的光辉历程。

Ballon d'Or

第 一 章

1956—1963 年
梦回先贤时刻

金球奖在创立之初，就迅速被主流足坛接纳，成

为颇具影响力的奖项，是值得欣喜的事情。而随着时

间的推移，一切将会变得更加美妙。

——引言

　　草创时期的金球奖，规章制度与今天相比有较大出入，甚至没有具体的细则去量化评定候选人的成色。不过有三个非常显著的基本点，奠定了早期金球奖的框架。

　　其一是当时只允许具有欧洲国家国籍的球员参与竞争，这个硬性规定直到1995年才有所放宽。不过，由于当时国际足联对于归化球员的管理较为松散，如果来自南美洲或者其他地区的球员远赴欧洲踢球，并且获得了所在国的国籍，原则上也可以参与奖项的角逐。

　　其二是作为一个年度最佳球员的评选活动，金球奖的周期一直都是单个自然年。尽管欧洲主流联赛基本都是跨年度的赛制，但这项规定直到2021年才有所改变。在漫长的历史时期内，对球员的评判历程都是需要跨赛季进行的。

　　其三是参与投票评奖的是来自各国的资深媒体记者，并没有球员或者教练参与进来。媒体人能够保证完整报道整个赛季的比赛进程，对球员的考察不会产生较大疏漏，最大可能地避免了"印象流"的出现。尽管作为非职业人士，他们对于足球的理解或有偏差，但整体上能够保证评奖的公平性，这也是金球奖有别于后世一些奖项的内核。

　　在1956年金球奖创立前后，足球世界的秩序是相对简单的，尽管各国足球联赛相互间的交流远不如后世那么频繁，但基本的格局还是明晰的。国家队层面，匈牙利队是当之无愧的霸主，以费伦茨·普斯卡什为首的"黄金一代"，从1950年开始就呈现出横扫一切的姿态。这支球队在数年中几乎保持不败，并拿到了1952年奥运会的男足冠军、1954年世界杯的亚军。

　　尽管匈牙利队在1954年世界杯决赛中被联邦德国队逆转，但没有人会否认这支球队的统治力。1953年匈牙利队在温布利球场6：3击败了曾经不可一世的英格兰队，先进的类"424"体系给了"足球宗主国"致命一击。而作为这支球队的绝对核心，普斯卡什自然成为当时世界上最著名的球星之一。

　　作为一名锋线球员，普斯卡什拥有无与伦比的球感，他在狭小空间内对于足球的拿捏，甚至有种比肩梅西的感觉。尽管受制于时代，他的动作频率偏低，但那种极致细腻的微操，以及在小范围内的停传、摆脱过人或是射门，都让人看得如痴如醉。

更令人震撼的是，普斯卡什并不只是一个"细嗅蔷薇"的巨星，更有着"猛虎附身"的一面。他的射术在当时无人可比，放眼足球历史也不遑多让，这其中除了精细度之外，他的力量感与射程都让人叹为观止。他抬脚就可以踢出C罗那般30米开外的重炮攻门，而且在关键比赛中多次破门，在生涯暮年的1961—1962赛季的欧冠决赛中，那脚接近40米开外的雷霆一击，便是最好的写照。

在匈牙利队"黄金一代"的阵容中，不乏"头球战神"桑多尔·柯奇士，"边路魔翼"佐尔坦·齐伯尔、"中场魔术师"约瑟夫·博日克等巨擘，但在普斯卡什的光芒照耀下，这些球星都黯然失色。如果要评选世界最佳球员，他们甚至难以分走"队魂"的一张选票。

虽说南美洲球员当时无法参与金球奖角逐，但考虑到1954年世界杯的情况，尽管老牌豪门乌拉圭队尚有余勇，新贵巴西队呈现出上升势头，但均倒在匈牙利队的"铁蹄"之下。而诸如斯基亚菲诺、迪迪、儒利尼奥等球星，显然也很难撼动普斯卡什的地位。

要说能对普斯卡什形成威胁的，那还要数当时皇家马德里（下文简称皇马）的"金箭头"迪斯蒂法诺。他是欧洲裔的阿根廷人，出道于20世纪40年代巅峰时期的河床，跟随著名的"机器五人组"摧城拔

赛。1947年，年仅21岁的迪斯蒂法诺，就以打进6球的成绩，帮助阿根廷队收获了美洲杯的冠军。

后来由于哥伦比亚联赛大搞金元足球（类似如今的沙特阿拉伯联赛所做），年纪轻轻的迪斯蒂法诺被吸引过去，并且在那里与西班牙的球队有了接触。最终在1953年，27岁的他加盟了皇马，并且在1956年获得西班牙国籍，也成为潜在的获得金球奖的热门人物。

技术大成之后的迪斯蒂法诺，被誉为超越时代的球员，他的技术能力没有普斯卡什出众，却成为最早的"六边形战士"。他的带球、传球、射门都达到了很高的水平，运动能力与场上覆盖面也令人折服。加盟皇马初期，球队的锋线尚不锐利，他便承担起攻城的责任，先后多次荣膺西班牙足球甲级联赛（下文简称西甲）金靴奖。

后期普斯卡什加入皇马之后，迪斯蒂法诺又选择后撤化身自由人，经常能送出巧妙的传球，帮助队友得分。在防守端他也是无处不在的奇才，一旦感觉到阵形压力较大，就会选择去防守弱侧部位，在那个人盯人理念盛行、对于球员要求还十分单一化的年代，他就已经成为类似于克鲁伊夫的人物，实在令人赞叹。

在普、迪二人之外，1956年前后，欧洲足坛还有一批生力军，尽管他们的能力暂时很难撼动"黄金双巨头"的地位，但也算是搅动足坛的几股力量。

这其中比较有代表性的，要数法国新贵球员雷蒙德·科帕。按今天的说法，他

是一名"持球大核"型球星：脚法秀丽且推进迅猛，节奏感的把握更是堪称一绝，不仅能为队友送出穿透对手防线的传球，自身的攻击力也是有目共睹。1955—1956赛季的首届欧冠比赛，科帕就率领兰斯拿到了亚军，只是输给了迪斯蒂法诺统领的皇马。

另外，英格兰队也涌现出了不少实力派球星，尽管面对匈牙利队毫无招架之力，但整体来看还是相当惊艳。年过不惑的"过人王"斯坦利·马休斯，中生代的狼队领袖比利·赖特，"三狮军团"（英格兰队的绰号）的中场核心约翰尼·海恩斯，以及"巴斯比宝贝"中的邓肯·爱德华兹，都是当时霸占头条的人物。

东欧阵营也有颇为值得关注的巨星，虽然南斯拉夫的米洛斯·米卢蒂诺维奇（中国队前主帅博拉·米卢蒂诺维奇的兄长）等人还欠火候，但是苏联的列夫·雅辛与爱德华·斯特列尔佐夫绝对值得关注。尽管苏联在二战后的姿态依然保守，但在体育领域融入的速度还是较快的，苏联队在1956年拿到了奥运会男足的金牌，被称为"八爪鱼"的门将雅辛，自然也得到了广泛的关注。年仅19岁的爱德华·斯特列尔佐夫，出道之后就被称为"俄国贝利"，一度被誉为苏联队有史以来最强的前场球员，其才华可见一斑。如果事情正常发展的话，他可能成为震撼世界的球员。

在介绍完背景之后，我们来看这期间历年金球奖的角逐情况。

■ 1956年 金球诞生

首届的金球奖颁给了英格兰巨星斯坦利·马休斯，获奖时他已经41岁高龄，迄今为止仍是最高龄的获奖球员。由于很多地区的球迷对他所知甚少，外界流传他是被直接授予金球奖的，相当于荣誉奖项，这是完全错误的。

首先，马休斯是那个年代英格兰的头号球星，这一点没有任何争议，他司职边锋，是相对典型的英式"过人王"。有别于拉美地区那种迂回曲折的脚法，英国人更崇尚马休斯这种"踏雪无痕"般的纵向冲击力。他在边路起速之后几乎如入无人之境，可以在瞬间抹过防守球员，制造威胁。

尽管他出道之后没多久，职业生涯就被二战"拦腰斩断"，但得益于自身状态保持得不错，在40岁左右依然是一线水准。在俱乐部层面，他帮助联赛中游球队布莱克浦短时间内3次打进英格兰足总杯（下文简称足总杯）决赛。1952—1953赛季足总杯决赛，在球队1∶3落后的情况下，马休斯于最后15分钟内两次送出惊艳的助攻，帮助球队4∶3实现绝地翻盘，这场球赛也被后世称为"马休斯决赛"。

在英格兰队，马休斯也扮演着关键角色，尽管在1950年和1954年世界杯发挥都一般，但在很多友谊赛，特别是面对一众球星的时候，他往往有不俗的发挥。就在首届金球奖颁发的那个周期内，他甚至率队4∶2击败了"桑巴军团"（巴西队的绰号），声望达到了高点。

不过按照常理来说，此时正处于巅峰期的普、迪二人，击败马休斯应该不成问题。但1956年匈牙利国内局势动荡，普斯卡什等人被迫开始流亡，匈牙利队"黄金一代"散落天涯，长时间居无定所，自然很难在奖项的角逐中占据先手。

最有竞争力的就剩下迪斯蒂法诺，1955—1956赛季他率领皇马拿到了欧冠的冠军，各条战线的进球数也都很可观，他在队内是首屈一指的人物。如果完全按照如今的标准看，迪斯蒂法诺获奖的可能性更大，但最终的投票结果显示，马休斯领先他3分，成为第一届金球奖得主。

考虑到草创期的金球奖评选规则肯定会有各种漏洞，再加上马休斯本人出色发挥，荣誉给到他也无可厚非。对于迪斯蒂法诺来说，只要30岁的他将状态保持下去，获奖只是时间问题。相对悲惨的是普斯卡什，在他如日中天时金球奖还没有设立，如今只拿到第4名，未来漂泊在外，一切都成了未知数。

1956 年金球奖排名 Top5

排名	球员	年龄	总得分
1	斯坦利·马休斯	41	47分
2	阿尔弗雷多·迪斯蒂法诺	30	44分
3	雷蒙德·科帕	25	33分
4	费伦茨·普斯卡什	29	32分
5	列夫·雅辛	27	19分

■ 1957年 无可非议

经历了上一年的遗憾之后，1957年是完全属于迪斯蒂法诺的，他率领皇马拿到了1956—1957赛季的欧冠和西甲双料冠军，个人再次斩获西甲金靴奖，在欧冠关键比赛中也贡献颇多。无论从哪个角度来看，这一年他以巨大优势获奖都是板上钉钉的事情。

而且外部环境的震荡，客观上也有利于他。普斯卡什这一年几乎无球可踢，而上一年的第3名科帕，如今来到了皇马。由于迪斯蒂法诺的存在，即便科帕是出色的持球核心，也只能"偏安"右路。战术地位的下降不仅影响了数据，在比赛决定性上自然无法与"老大"相提并论，竞争奖项也肯定难上加难。

英格兰球员的情况则是老的老、小的小，42岁的马休斯已经退出历史舞台，曼彻斯特联（下文简称曼联）的"巴斯比宝贝"太过年轻，尽管曼联已经收获了联赛冠军，也有冲击欧冠冠军的实力，但邓肯·爱德华兹终究只有21岁，不可能撼动老"球王"的位置。

相对稳健的则是狼队的"队魂"比利·赖特，作为当时欧洲超级球队的"压舱石"，他拿到了这一年金球奖的第2名。尽管19分的得分与迪斯蒂法诺的72分相距甚远，但对于一名偏防守的球员来说，已经是不俗的成绩。

科帕连续两年收获第3名，光靠在俱乐

部的发挥，想超越队友几乎是不可能的。不过他的机会很快就要来了，1958年是世界杯年，法国队的整体实力相当可观，而经历了颠沛流离的迪斯蒂法诺，暂时还很难在西班牙队找到感觉。

1957 年金球奖排名 Top5

排名	球员	年龄	总得分
1	阿尔弗雷多·迪斯蒂法诺	31	72 分
2	比利·赖特	33	19 分
3	邓肯·爱德华兹	21	16 分
3	雷蒙德·科帕	26	16 分
5	罗兹洛·库巴拉	30	15 分

1958年 争议四起

这一年是金球奖诞生初期最有争议的一年。倒不是评选过程中出现了多大分歧，而是迪斯蒂法诺直接失去了参选资格。在《法国足球》的官方榜单中，我们可以看到迪斯蒂法诺并不在候选名单中，但官方并未给出原因，我们只在一些媒体的表述中看到了只言片语。

按照个别核心媒体的说法，在当时金球奖评选的潜规则中，头一年的获奖者在第二年便无法参选，但有关方面从未拿出确凿证据，所以这只能当作旁证。在这种情况下，科帕大战迪斯蒂法诺的情形没有上演，金球奖再度失去了悬念。

1957—1958赛季，科帕随皇马再次卫冕了欧冠冠军，他个人依然是关键成员，不过世界杯才是属于他的舞台。那届比赛中法国队的核心是中前场的科帕与罗杰·皮安托尼，以及防线上的老将罗贝尔·荣凯。被后世津津乐道的朱斯特·方丹，其实只算是补招的边缘前锋，而他能够在单届世界杯打进13球，一大半也是科帕的功劳。

在这届世界杯上，科帕的发挥堪称现象级，他不仅打入了3球，还贡献了8—9次助攻（至少有8次可以通过视频确定），帮助法国队拿到了季军。只要稍微了解过那届世界杯的进程，就可以知道科帕的发挥有多么不可思议，方丹只是摆在他前方的"进球机器"，后者在去世前甚至说过："科帕站在我后面，踢球才变得有安全感。"

失去了迪斯蒂法诺的竞争，科帕显得相当孤独。第2名赫尔穆特·拉恩是联邦德国队的英雄，他正是在1954年世界杯决赛中演绎"伯尔尼奇迹"的"神奇小子"。在1958年世界杯上，随着队长弗里茨·瓦尔特的老去，拉恩已经成为球队的绝对核心。

他属于射术精湛的锋线球员，左脚的远距离劲射颇具美感，在当届世界杯上打入6球，与贝利一起并列获得银靴奖。不过联邦德国队没能打进决赛，在个人情况明显处于劣势的情况下，自然无法与科帕竞争。

至于位列第3名的方丹，完全是吃到了科帕的红利，无论是什么榜单，只要两人同时出现，科帕都排在方丹的前面。这就是绝对核心球员与"僚机"的区别，数据永远是有欺骗性的。

从金球奖的角度考量，这一年还有两大噩耗：其一是曼联遭遇了"慕尼黑空难"，多位核心球员殒命，这其中就包括了万人膜拜的邓肯·爱德华兹。如果没有遭遇不测，他在25岁之前冲击金球奖，应该是合乎情理的事情。

其二是苏联队天才球员斯特列尔佐夫，因为自身问题卷入了国内风波，不幸锒铛入狱。他最好的年华全在牢里度过，复出之后已经大不如前，金球奖之梦也永远停留在梦中了。

1958年金球奖排名 Top5

排名	球员	年龄	总得分
1	雷蒙德·科帕	27	71分
2	赫尔穆特·拉恩	29	40分
3	朱斯特·方丹	25	23分
4	库尔特·哈姆林	24	15分
4	约翰·查尔斯	27	15分

1959年 双星角力

在经历了前两年的无趣之后，1959年的情况有了重大变化。其一是迪斯蒂法诺恢复了参选资格，没有再遭遇上一年的无厘头事件。其二就是科帕在这一年选择离开皇马，回到了母队兰斯，这就形成了双星角力的格局，竞争自然精彩了不少。

然而最大的变数，还是普斯卡什复出加盟皇马。自从1956年离开匈牙利之后，普斯卡什一直处在颠沛流离的状态，偶尔踢些商业赛根本没法保持竞技水准。他的体形也完全失控，不减重二三十斤根本无法达到竞技要求。不过以他的天赋来说，只要身处稳定的踢球环境，没人可以预料这个"胖子"的上限。

1958—1959赛季，迪斯蒂法诺依旧"高光"频出，率领皇马第4次拿下欧冠冠军，个人也连续在4届欧冠决赛中取得进球。科帕回归兰斯之后依然光芒万丈，两人包揽金球奖前两名没有任何悬念。不过值得关注的是，复出后首个赛季的普斯卡什，在西甲中已经能交出场均接近1球的进球数据（24场21球），他的恐怖即战力依然是不可估量的，随时可能回到巅峰。最终收获金球奖第7名，也算是对他莫大的肯定。

这一年前后也有新生力量加入金球奖的争夺，例如巴塞罗那（下文简称巴萨）的核心路易斯·苏亚雷斯，他与现在的乌拉圭前锋名字相同，却是个标准的西班牙人。而且他也不采用中锋踢法，更接近于梅西那样的前场支配者，技术细腻且脚下灵活，在传球、带球、射门方面都有不俗的造诣。

在1959年这个节点上，巴萨聚集了"匈牙利三杰"柯奇士、齐伯尔与罗兹洛·库巴拉，再加上成熟的苏亚雷斯，已经开始在各条战线上抗衡皇马。苏亚雷斯成功拿下金球奖第4名，就已经给皇马众将敲响了警钟。

还有一个值得留名的巨星，便是彼时

的"尤文图斯（下文简称尤文）天王"约翰·查尔斯。今天我们谈到威尔士队球星的时候，加雷思·贝尔与瑞恩·吉格斯总是最先浮现在脑海中，但查尔斯才是二战后"欧洲红龙"的第一代巨星。身高接近1.90米的他，在那个时代堪称巨人，却不采用传统英式"桥头堡"的踢法，他脚下不俗，对抗能力出众，踢法全面且球风干净，是那个时代的偶像级人物。

1958年查尔斯就已经拿到了金球奖第4名，1959年终于跻身前3名，也算是质的飞跃。在这个"神仙打架"的年代，作为足球弱势地区的代表，他的出现令人赞叹。

1959年金球奖排名 Top5

排名	球员	年龄	总得分
1	阿尔弗雷多·迪斯蒂法诺	33	80分
2	雷蒙德·科帕	28	42分
3	约翰·查尔斯	28	24分
4	路易斯·苏亚雷斯	24	22分
5	阿格内·西蒙森	24	20分

1960年 革故鼎新

仅考虑竞技层面，如果一切正常，前几届金球奖就是迪斯蒂法诺、普斯卡什与科帕的三人擂台，尽管有部分生力军勇于挑战，但跟这三位巨星比起来还显逊色。不过随着时间来到1960年，旧的格局终于慢慢被打破，新锐势力要"登堂入室"了。

29岁的科帕，从这年开始迅速走下坡路，再也无力争夺最高荣誉。34岁的迪斯蒂法诺与33岁的普斯卡什，合体之后虽然势头依旧迅猛，但同队的分票情况难以避免，即便"双掌门"模式不分高低，投票的时候也总要有所取舍。

1959—1960赛季的欧冠决赛，皇马7∶3逆转法兰克福，缔造了欧冠早期最经典的比赛。迪斯蒂法诺上演帽子戏法，普斯卡什更是贡献"大四喜"，看样子金球奖要在两人中间产生了。从数据上看，普斯卡什的优势稍大，在联赛与欧冠中都是场均超过1球的贡献，他基本已经恢复了巅峰水准。

然而令人意外的是，他们在欧冠中的手下败将，巴萨核心苏亚雷斯却异军突起，最终以较小的优势击败普斯卡什（54∶37），获得了1960年的金球奖，而迪斯蒂法诺仅获第4名。从我们的角度来看，争议还是存在的，而且对于普斯卡什来说，这是很遗憾的事情。

苏亚雷斯这个赛季随巴萨拿下了西甲冠军，但在欧冠赛场直接被皇马淘汰，数据跟普斯卡什比也有差距，按照今天的眼光来看，普斯卡什获胜的概率极大。也不知道是不是因为记者出现了审美疲劳，不愿意再选择皇马球员，从而相中了死敌的新贵球员。不过无论如何，苏亚雷斯配得上金球奖，他也是西班牙迄今为止唯一的金球奖得主，强如哈维和安德雷斯·伊涅斯塔，都遗憾地与之擦肩而过。

2023年7月9日，在本书写作的过程

中，路易斯·苏亚雷斯与世长辞，享年88岁，在此我们表示深切的哀悼。

另外，1960年也见证了一项全新赛事的诞生，那就是"欧洲国家杯"（今称欧洲杯）。不过，由于比赛初创期的影响力较小，西欧大部分足球强国（包括英格兰、意大利、联邦德国）都未参赛，东欧阵营占据了多数席位。最终雅辛率领苏联队夺冠，他个人也荣膺金球奖第5名，重新回到了主流视野。

该年度的第3名，则是联邦德国队未来的领军人物，备受爱戴的汉堡"神锋"乌韦·席勒。1959—1960赛季他的效率极高，在联邦德国全国联赛中场均进球超过1球，并且率队获得了冠军。在其后的十余年中，他将书写自己的传奇，并成为和贝利一样连续在四届世界杯中破门的球员。

1960 年金球奖排名 Top5

排名	球员	年龄	总得分
1	路易斯·苏亚雷斯	25	54 分
2	费伦茨·普斯卡什	33	37 分
3	乌韦·席勒	24	33 分
3	阿尔弗雷多·迪斯蒂法诺	34	33 分
5	列夫·雅辛	31	28 分

■ 1961年　"妖锋"出世

奇数年一般都是足球小年，1961年自然也不例外，球员在俱乐部的发挥基本决定了金球奖的归属。获奖呼声较高的，还是去年的几位，只不过随着1960—1961赛季皇马在欧冠16强比赛中被巴萨淘汰，一切需要重新洗牌。在这项赛事创办的第六个赛季，"五冠霸主"第一次出局，即便皇马拿下了西甲冠军，普、迪两位天王也已经失去了竞争力。

然而令人稍感意外的是，巴萨也没能最终问鼎欧冠，其在决赛中输给了新贵球队本菲卡，而且本菲卡的尤西比奥在该赛季还没有正式参加欧冠比赛。巴萨这边，虽然苏亚雷斯个人发挥不俗，年中转会国际米兰（下文简称国米）之后也得到认可，但毕竟没有重要冠军傍身，竞争头把交椅相对困难。而本菲卡队中像马里奥·科鲁纳这样的核心球员，上限只能是入围大名单，从来不具备成为当世最佳的潜质。

除此之外，像雅辛、乌韦·席勒、约翰·查尔斯，虽然每年都出现在榜单前列，但在1961年都没有爆炸性的输出，发挥也没达到主宰一切的程度，自然也难以得到评委的青睐。在这种混乱的状态下，奥马尔·西沃里横空出世了。

事实上，这位年仅26岁的阿根廷"妖锋"，早在1957年就已经扬名立万，他与队友一起用华丽的进攻表演，帮助阿根廷队拿下了美洲杯的冠军，被视为阿根廷队旧日时光的落幕。而西沃里、安东尼奥·安杰利洛与温贝托·马斯基奥三员大将，随即就被意大利足球甲级联赛（下文简称意甲）"打包"买走，获得意大利国籍之后，这些球星就具备了入围金球奖的资格。

西沃里被称为"20世纪60年代的马拉多纳",也是魔鬼与天使的结合体,球场上他的技术华丽无比,可称意甲有史以来之最。即便面对"单刀"机会,他也要戏耍防守球员,用羞辱性的穿裆过人满足自己的欲望。火爆的脾气则更胜马拉多纳,各种打架闹事招致的停赛场次,十余年间几乎达到一个赛季的量级。在两个极端之间,他也被球迷们戏称为"脏脸天使"。

1961年在竞争对手短板明显的情况下,西沃里在意甲27场比赛中打入25球,帮助"斑马军团"(尤文的绰号)收获了联赛冠军。不要小看这个数据,对于作风谨慎的尤文来说,下一位单赛季联赛进球数达到25球的人物,还是60年之后的C罗。而且此时他已经开始代表意大利队出战,在区区几场比赛中就打入8球,赢得了外界的盛赞。就这样,西沃里在登陆欧洲之后彻底绽放,成为意大利第一个"金球先生"。尽管后世更加认可土生土长的"金童"詹尼·里维拉,但客观的历史无法变更,西沃里做到了。

1961 年金球奖排名 Top5

排名	球员	年龄	总得分
1	奥马尔·西沃里	26	46分
2	路易斯·苏亚雷斯	26	40分
3	约翰尼·海恩斯	27	22分
4	列夫·雅辛	32	21分
5	费伦茨·普斯卡什	34	16分

■ 1962年 王者退场

又到了世界杯年,上一个节点,科帕凭借现象级的发挥率领法国队成功问鼎世界杯,这一次定会诞生新的英雄。然而令人感到意外的是,这是一届极其混乱、技战术水准相当低的世界杯,最后夺冠的还是来自南美洲的巴西队,更加剧了欧洲内部的混乱情况。

诸如英格兰队、意大利队、联邦德国队、西班牙队等传统劲旅,不是在小组赛打道回府就是在8强赛草草走人。坚持到前4名的,除了巴西队和智利队,居然都来自东欧阵营(捷克斯洛伐克队与南斯拉夫队),这预示着这片热土快要诞生"金球先生"了。

最终脱颖而出的,是捷克斯洛伐克人约瑟夫·马索普斯特,他率领球队一路闯进决赛,尽管最终1∶3不敌"桑巴军团",却也创造了东欧足球的历史。他本人更是在世界杯决赛中首开纪录,留下了永世无法磨灭的"高光"瞬间。

马索普斯特属于相对有特点的一类组织型中场球员,身材偏瘦,相对灵活,与后世的卢卡·莫德里奇有几分相似之处。不过受限于时代,他的飘逸灵动可能与莫德里奇接近,但覆盖面与防守能力却与后者有着较大的差距。不过在那时他足够成为一名出众的指挥官,还具备不俗的插上得分能力,在乱世之中脱颖而出,必然不是等闲之辈。

他在这一年的最大对手,是没有参加

世界杯的"黑豹"尤西比奥。后者从1961年下半年横空出世开始，就迅速吸引了全世界的目光，"球王"贝利甚至亲自过问这个19岁的小伙子是谁，可见尤西比奥的能力有多出类拔萃。

对一名身体素质出众、推进能力强、射门范围几乎覆盖半场的超级前锋来说，想阻挡他几乎是不可能的事情。1961—1962赛季的欧冠决赛当中，尽管普斯卡什潇洒地上演了帽子戏法，但"黑豹"打入两球予以回应，帮助球队5∶3击败对手，这也是皇马首次在欧冠决赛中输球。

最终马索普斯特跟尤西比奥的差距不大（65∶53），不过甩开了其他竞争者一截。但值得注意的是，在名单当中，已经出现了卡尔-海因茨·施内林格（第3名）、里维拉（第6名）、吉米·格里夫斯（第7名）等有生力量，他们将在未来成为主宰。

另外需要强调的是，尽管皇马依然拿下了1961—1962赛季的西甲冠军和欧冠亚军，普、迪二人也还是球队的中流砥柱，但岁月的侵蚀不可阻挡。从1962年开始，他们就告别了金球奖的争夺，初代王者彻底退场。

1962 年金球奖排名 Top5

排名	球员	年龄	总得分
1	约瑟夫·马索普斯特	31	65 分
2	尤西比奥	20	53 分
3	卡尔－海因茨·施内林格	23	33 分
4	德拉戈斯拉夫·塞库拉拉奇	25	26 分
5	杰夫·朱里翁	25	15 分

1963年 "门神"雅辛

当时间进入20世纪60年代之后，金球奖的争夺愈发激烈，几乎没有出现独领风骚的情况，1963年也是如此。作为没有国家队大赛的年份，如果没有某位球星在俱乐部一骑绝尘，大概率会陷入混战的状态。

1962—1963赛季的欧冠冠军最终归属于AC米兰，而且"红黑军团"（AC米兰的绰号）在主帅内雷奥·罗科治下，还是一支多核心的队伍。里维拉、若泽·阿尔塔菲尼、乔瓦尼·特拉帕托尼和切塞雷·马尔蒂尼在各自的位置上发挥都很出色，尽管阿尔塔菲尼创造了欧冠单赛季进球纪录（单赛季14球，直到2013—2014赛季才被C罗的17球打破），但队内的分票情况难以避免。最终20岁的"金童"里维拉高居第2名，作为亚平宁半岛组织者的代表人物，他的横空出世令人欣喜。队友阿尔塔菲尼和特拉帕托尼都在10名左右，显然低于他们真实的贡献。

1963年还有一股重要力量，那就是异军突起的吉米·格里夫斯，其实他17岁在切尔西出道时，就已经展现了"进球狂人"的潜质。当他在意甲水土不服，回到英格兰加盟托特纳姆热刺（下文简称热刺）之后，一切又开始走上正轨。年轻时的他无球跑动极具灵动性，射门精度相当可观，而且有长距离带球推进的能力。

早在1960—1961赛季，他就在英格

兰足球甲级联赛（1889—1992年为英格兰足球顶级联赛，下文简称英甲）中单赛季打进41球，2022—2023赛季状态火爆的埃尔林·哈兰德，最终的数据不过停留在36球。而到了1962—1963赛季，格里夫斯仍贡献出41场37球的数据，堪称会令对手后卫闻风丧胆的人物。

也是在这一赛季，他率领热刺拿到了联赛亚军和欧洲优胜者杯（下文简称优胜者杯）冠军，荣誉上也可圈可点。但稍显遗憾的是，他最终落后里维拉5分屈居金球奖第3名，这也是他最接近金球奖的一年。

谁也没有想到的是，兜兜转转之后，这一年的金球奖居然给到了榜单上的老熟人雅辛。1963年他已经34岁了，早在前一年的世界杯上，他就因为对阵哥伦比亚队时的低级失误（被对手角球直接破门），成了千夫所指的罪人，甚至被认为不能再为国家队踢球，已经可以退役了。

但是雅辛在1963年找到了状态，他展示自我的契机出现在十月份，英足总举办了震古烁今的百年纪念赛，由世界明星队对阵英格兰明星队。世界明星队网罗了迪斯蒂法诺、普斯卡什、科帕、尤西比奥等七位"金球先生"，英格兰队这边也有格里夫斯、博比·穆尔、博比·查尔顿等悍将，这场球赛的举办，算是为现代足球庆祝百年生辰，规格是空前的。

而比赛上半场，几乎成为雅辛一个人的表演时间，他高接低挡扑出了不少必进球，也唤起了西方记者对那个"门神"久违的回忆。虽然他只踢了这半场表演赛，却给他赚足了印象分，现场很多记者都是手握金球奖选票的，这种场合可谓千载难逢。

1963年底结果揭晓，雅辛以18分的优势力压里维拉捧杯，他也是迄今为止唯一荣膺金球奖的门将。这个奖项不仅是表彰他在1963年的愈挫愈勇，更像是对他整个职业生涯的致敬。在后世的许多权威评选中，雅辛都被认为是足球历史最佳门将。

1963 年金球奖排名 Top5

排名	球员	年龄	总得分
1	列夫·雅辛	34	73 分
2	詹尼·里维拉	20	55 分
3	吉米·格里夫斯	23	50 分
4	丹尼斯·劳	23	45 分
5	尤西比奥	21	19 分

■ 总结

金球奖草创期的这8年，实际上是足球重心偏向南美洲的时间段，贝利与他的巴西队席卷世界，但因为规则限制，被排除在了金球奖的大门之外。

但抛开遗憾来看，金球奖在创立之初，就迅速被主流足坛接纳，成为颇具影响力的奖项，是值得欣喜的事情。而随着时间的推移，一切将会变得更加美妙。

Ballon d'Or

第 二 章

1964—1969 年
角逐——多足鼎立

随着第一代"银河战舰"风华不再，欧洲主流足坛进入了一个群雄并起的时代。在这种情况下，金球奖的争夺日趋白热化，如果想从顶尖高手之中脱颖而出，就要在特定年份拿出现象级的发挥，而这对于任何巨星来说，天时、地利、人和缺一不可。

——引言

在前一章所述的金球奖时代（1956—1963年）中，尽管获奖者来自众多国家，俱乐部层面的分布也相对均匀，但有一个事实不容忽视，那就是皇马的绝对统治力。球队凭借欧冠的五连冠，以及多次的西甲冠军，让迪斯蒂法诺、普斯卡什、科帕及帕科·亨托等球星受益良多，他们长期在金球奖榜单中占据一席之地，其他势力与当时的皇马相比，都要逊色不少。

不过进入本章所述的时代（1964—1969年）之后，随着第一代"银河战舰"（皇马的绰号）风华不再，欧洲主流足坛进入了一个群雄并起的时代。在这种情况下，金球奖的争夺日趋白热化，如果想从顶尖高手之中脱颖而出，就要在特定年份拿出现象级的发挥，而这对于任何巨星来说，天时、地利、人和缺一不可。

这一时期实力最为鼎盛的球队，首推的就是尤西比奥领衔的本菲卡，球队连续在1960—1961、1961—1962、1962—1963赛季闯进欧冠决赛，并且收获了两连冠。如果将时间跨度拉长，从1960—1961赛季到1967—1968赛季本菲卡一共5次闯进欧冠决赛，尽管后3次全部失利，但也称

得上创造了一个小的欧冠王朝。

尤西比奥是这支球队的绝对领袖，兼具速度、身体和射术优势的"黑豹"，可以持球从后场的任何位置开始推进，而当他进入50米射程区域之后，防守球员就会感到高度紧张。他的射门爆发力举世无双，任何点位的射门都有可能终结比赛，而在复杂的防守环境下，他还能在较深的位置为队友创造机会。

围绕在他身边的，很多也是葡萄牙队历史上出类拔萃的球星。身高超过1.90米的高中锋何塞·托雷斯，他的头球摆渡助攻堪称一绝，仅靠此招就能摧毁对手的信心，制造出无数进球机会。两个边锋是安东尼奥·西蒙斯与何塞·奥古斯托，前者速度快，擅长突破，负责撕裂对手的防线；后者游弋范围大，经常回撤到中场腹地参与组织串联，形成了良好的化学反应。

中后场则由队长马里奥·科鲁纳领衔，早期他的位置相对靠前，不过后来他更多地扮演一个中场"铁闸"的角色，他的抢断拦截都属上乘，有种"一夫当关，万夫莫开"的架势。更何况在他的身后，还有热尔马诺·菲格雷多这样的葡萄牙队

历史顶级中卫，这套攻守均衡的阵容，令整个欧洲足坛闻风丧胆。

从金球奖评选的角度来说，尤西比奥还占据天然优势：他在队中是当仁不让的唯一核心，其他人与其相比都有档次上的差距。所以当记者们的灵魂为本菲卡而倾倒时，他们手中的选票自然会落到那个无所不能的"黑豹"身上。

第二支在这一时期崛起的球队，是经历了慕尼黑空难重创的曼联。在1958年的空难中，球队有8名球员不幸殒命，这其中就包括了汤米·泰勒、邓肯·爱德华兹、罗杰·拜恩等整条球队的中轴线。尽管年轻的博比·查尔顿等人幸存下来，但整支球队无异于推倒重来，更何况主帅马特·巴斯比也是死里逃生，背负的心理压力可想而知。

然而"红魔（曼联的绰号）精神"就是永不放弃的代名词，巴斯比在经历了长时间的挣扎之后，终于决定回归足球并重塑曼联。这一次上天终于眷顾了他，在1963年前后，球队未来的核心雏形就基本搭建完毕了。空难中逃过一劫的查尔顿，如今已从当年的左路球员，成长为中场的持球核心，他的传、射、带都颇具威胁，如果不了解，你很难相信这是一名英格兰球员。

同期早已声名大噪的苏格兰天才前锋丹尼斯·劳，因为无法忍受意大利足球的保守风格，一年之后就选择回到英国。令人稍感意外的是，他没有回到早先效力的母队曼彻斯特城（下文简称曼城），转投

了同城对手曼联，这也让巴斯比如获至宝。

更令人惊喜的是，此时球队青训体系中，一名尚不满18岁的北爱尔兰小将迅速崛起，他就是后来威震天下的"第五个披头士"乔治·贝斯特。17岁的时候巴斯比就让他披挂上阵，18岁便正式成为曼联一线队的主力成员，成长速度令人咋舌。

这三个人虽然都是中前场球员，但功能却异常互补。查尔顿是控球组织核心，整支球队都围绕他来运转。劳则专注扮演一名前锋，而且他的脚下水准超过了绝大多数英国前锋，甚至可以持球推进，在完成多次过人后将球打进。贝斯特则是欧洲足坛历史上过人能力最强的球员之一，他的盘带兼具了唯美和暴力两种风格，小范围内连续摆脱如入无人之境，大空间中的急速平推也令防守人鞭长莫及。当球队需要他得分的时候，也可以游弋到中路扮演终结者，如此少年你怎能不感叹造物主的恩赐？

以这三个人为核心班底，曼联迅速实现了复兴。"红魔"在三个赛季内收获了两次英甲的冠军，并且在1967—1968赛季斩获队史上首座欧冠奖杯，告慰了十年前追逐梦想的亡灵。不过从金球奖的角度考量，这三名球员都太过出色，如果他们集体发挥，即便在重磅荣誉的加持之下，分票的情况也难以避免。所以曼联这三位巨星如果想有所斩获，还需要等待某些年份的契机。

除此之外，同期欧洲最具竞争力的球队，自然就是米兰城的两支豪门球队了。

AC米兰与国米几乎同时达到巅峰，而两支球队的主帅内雷奥·罗科与埃莱尼奥·埃雷拉，都被视为所谓"链式防守"的早期先驱，尽管饱受争议，但球队所取得的成绩还是有目共睹的。

早期的足球比赛，恪守的都是严格的人盯人的防守准则，每名后卫都有具体的盯防目标，越界的情况十分少见。但随着时代的发展，一些能力极其突出的球员，仅靠单一防守人根本无法限制，毕竟攻击方是主动的，防守者只能被动做预判。所谓"链式防守"，就是在防线上设置一名不用负责盯人的清道夫，来充当"门闩"。

早期的清道夫，一般都埋伏在己方防线之后，随时捕捉防守端的空隙，及时补位，化险为夷。当时的"米兰双雄"都有类似的设置，国米这边的"锁链"更加出名一些。尽管豪门球队采用这种模式令很多人不齿，但足球比赛终究是需要看结果的。

国米蝉联了1963—1964、1964—1965赛季的欧冠冠军，AC米兰也在1962—1963赛季和1968—1969赛季两次问鼎欧冠，至于联赛冠军以及其他一些欧战奖杯，就不用过多提及了。那时的"蓝黑军团"（国米的绰号）开创了"大国际时代"，"红黑军团"也达到了历史上的一个巅峰。

不过从金球奖的层面考量，两支球队都是多核心模式，且没有一个像尤西比奥那么突出的人物，自然吃亏一些。AC米兰这边相对拔尖的是"金童"里维拉，国米这边则呈现出苏亚雷斯、吉亚琴托·法切蒂与马佐拉三足鼎立的情况，即便球队拿冠军拿到手软，球员互相之间的竞争也是很激烈的。

除了这几股核心势力之外，当时的欧洲足坛还有一些生力军，西欧这边主要就是利物浦与拜仁慕尼黑（下文简称拜仁）。"红军"（利物浦的绰号）崛起得益于1959年年底，功勋主帅比尔·香克利的到来。他对球队的大规模换血以及传跑指导思想的灌输，帮助利物浦迅速从乙级水平重返甲级的强队行列。

但在香克利或者说整个"靴室"体系（香克利—鲍勃·佩斯利—乔·费根—肯尼·达格利什—格雷姆·索内斯—罗伊·埃文斯）治下，利物浦主打的都是团队足球，所有球员都紧密围绕在主帅周围，即便有突出的人才，更多的也要为整体服务，在长达38年的历程中，竟没有诞生一位"金球先生"（凯文·基冈是在效力于汉堡时期问鼎金球奖）。而在20世纪60年代"红军"崛起初期，队中更是缺少顶级的明星球员，伊恩·卡拉汉、罗恩·耶茨以及汤米·史密斯等人，出了英国足坛，所知者可能就不多了。

拜仁的崛起更像是一种始料未及的迸发，俱乐部创立初期在德国足坛存在感不强，甚至不是1963—1964赛季德国足球甲级联赛（下文简称德甲）的创始球队。然而就在这个周期之中，队内青训体系中涌现出了贝肯鲍尔、盖德·穆勒以及塞普·迈耶等出众的新锐球员，在南斯拉夫名帅兹拉特科·柴可夫斯基的调教之下，拜仁升入德甲，并且在短时间内收获了德甲、德国杯以及优胜者杯的冠军，上升势头极为迅猛。

从个人禀赋上看，贝肯鲍尔是极为全面的中场大将（他完全改踢自由人是1972年以后的事）；盖德·穆勒则是旷世罕见的"进球机器"，他并没有出众的运动能力和身体素质，却因为异于常人的小腿结构，能够获得更快的启动速度，这也成为他日后摧城拔寨的核心武器。

东欧这边也有值得关注的新锐，老一辈诸如普斯卡什、雅辛、马索普斯特等人逐步淡出，扛起大旗的又是匈牙利足球的"黄金一代"。这一次球队的领路人换成了弗洛里安·阿尔伯特与费伦茨·拜奈。

这两位可以看作是普斯卡什与齐伯尔的接班人，或者按照当代足球的眼光来看，有些类似于弱化版的梅西和内马尔。阿尔伯特是在普斯卡什之后匈牙利足坛的头牌球员，他也是那种掌控全局的领导者，技术出众，头脑清醒，能够撑起球队的进攻体系。拜奈在他身边更多扮演爆破手的角色，他将球技和速度结合得很好，加上出众的射术，让对手防不胜防。

这一时期的背景情况大体交代完了，接下来还是通过单一年份，来看看金球奖竞争的具体情况。

1964年 始料不及

金球奖草创期的8年，虽然个别年份的奖项归属有争议，但基本还在可控范围内，某些年份竞争者之间差距较小，谁拿奖基本都能服众。然而到了1964年的时候，该奖项出现了第一次大争端，时至今日也会被一些媒体提及。

本年度的最大赢家，当数国米的核心路易斯·苏亚雷斯，他也是1960年的金球奖得主。1964年他先是作为多核心之一，帮助国米拿到了球队历史上首座欧冠奖杯，拉开了"大国际时代"的序幕，随后又作为西班牙队的当家头牌，帮助"斗牛士军团"（西班牙队的绰号）在本土夺得欧洲杯的冠军。

无论放在哪个时代，这都是标准的"金球先生"模板，尽管苏亚雷斯不是那种"数据面板"很好看的球员，但他在场上的作用，只要认真观摩比赛的人都能领会到。作为中前场集控球、串联、传威胁球以及射门得分于一体的全能选手，他早已证明了自己的价值。

然而令人震惊的是，如此出众的苏亚雷斯，在金球奖评选中居然输给了"曼联三圣"之一的丹尼斯·劳。尽管劳在不满20岁的时候，就已经算是享誉欧洲足坛的知名前锋了，过去这些年的表现也有目共睹，可单单就1964年而言，实在找不出他能抗衡苏亚雷斯的理由。

整个自然年，劳没有获得一个有分量的冠军，还因为自身的暴脾气引发球场暴力，在年初与年底两次被禁赛28天，等于有两个月作壁上观，这在任何时代都是减分项。他唯一拿得出手的成绩，就是在

1963—1964赛季，他总共为曼联打进了46球，这一曼联队史上单赛季进球纪录至今仍未被打破。

然而仔细推敲来看，劳的进球大多在稀松平常的比赛中完成，而且没有获得任何赛事的冠军，难以与"金球先生"的头衔画上等号。毕竟竞技体育最根本的东西还是输赢，自身数据只能算锦上添花，团队输了就是输了，不能总说"个人昂首离开"这样的话。更何况他的暴力行为令人不安，几十年之后的2000年，齐达内就因为欧冠赛场上的一张红牌拉低了评委的印象分，在金球奖评选中被菲戈反超，而劳的行为要比"齐祖"（齐达内）恶劣很多，却最终还能加冕。

不过在巨大的争议之外，这一年的金球奖榜单中也有惊喜，除了诸多老面孔之外，前5名之中有两位实力派新人入围。皇马"小天王"阿曼西奥·阿马罗高居第3名，他是继亨托之后新一代的西班牙边路奇才，虽不似前辈那般拥有绝对速度，但他的脚下更为细腻、过人的节奏感更好，同时得分水准也更让人惊叹。

1963—1964赛季他随皇马拿到了西甲冠军和欧冠亚军，而且在新人当家的西班牙国家队，阿曼西奥成为"老大哥"苏亚雷斯身边的最强臂膀，用他的技术与冲击力，一路护送球队夺得欧洲杯冠军。在这样的年份，25岁的阿曼西奥跻身金球奖前3名，可以说实至名归。2023年年初，就在本书动笔之前，83岁的阿曼西奥先生与世长辞，我们愿他安息。

另一位新人就是比利时足坛未来的领军人物，著名前锋保罗·范希姆斯特。由于他大部分生涯都在比利时国内效力，代表国家队参赛的机会也不多，所以知名度与实力完全不匹配。20岁的他就已经凭借个人发挥，拿下了金球奖第5名，这是后辈埃登·阿扎尔终其职业生涯都未曾达到的高度。

而在未来的十余年中，他都是比利时足球的扛旗者，也是金球奖榜单的常客。尽管他留下的影像极为有限，但后世应当铭记他的伟大，这是一位真正的天才。

1964 年金球奖排名 Top5

排名	球员	年龄	总得分
1	丹尼斯·劳	24	61 分
2	路易斯·苏亚雷斯	29	43 分
3	阿曼西奥·阿马罗	25	38 分
4	尤西比奥	22	31 分
5	保罗·范希姆斯特	21	28 分

1965年 "黑豹"加冕

这一年没有了国家队大赛，俱乐部赛事自然成了重中之重，国米又一次成为最大赢家，但队内巨星距离金球奖仍有一段距离。全盛期的"蓝黑军团"几乎不可阻挡，球队在攻防两端所营造出的窒息感，是其他球队无法比拟的。像1964—1965赛季的欧冠决赛，国米仅依靠一个进球战胜了巅峰期的本菲卡，算是全盛时期的代表作。

然而队内的分票情况愈演愈烈，"伟大的左后卫"法切蒂渐入佳境，苏亚雷斯神勇依旧，马佐拉也步入巅峰期，评委很难做出抉择。而在三人之外，早已扬名世界的"黑豹"尤西比奥，最终摘走了皇冠上的明珠。

其实在1962年的时候，20岁的尤西比奥就已经收获了金球奖的第2名，但此后两年由于球队在欧冠中没能继续问鼎，所以自身也徘徊在金球奖顶级阵容之外。1964—1965赛季他个人继续保持超过1球的场均进球数，但本菲卡还是在欧冠决赛中输给了国米。尽管如此，得益于对手的分票劣势，尤西比奥幸运地成为"金球先生"。

当然舆论也在为米兰城的巨星们鸣不平，认为是国米保守的"链式防守"体系让外界心生厌恶，才导致国米的球星接二连三地错失金球奖。但这一切只能算是捕风捉影，迄今为止没有任何确凿证据支持这一说法，只能说有些事情是早已命中注定的。

除此之外，这一年的情况就显得乏善可陈了，位列前排的大多是老面孔，只是个别生力军有所突围。比利时队"神锋"范希姆斯特冲到了第4名，曼联核心博比·查尔顿和匈牙利队新天王阿尔伯特也跻身第5、6名。单纯从俱乐部的角度考量，在欧冠赛场无法走得更远的情况下，想拿到金球奖更多时候还要借助国家队大赛，而1966年才是属于这些球星的舞台。

1965 年金球奖排名 Top5

排名	球员	年龄	总得分
1	尤西比奥	23	67 分
2	吉亚琴托·法切蒂	23	59 分
3	路易斯·苏亚雷斯	30	45 分
4	保罗·范希姆斯特	22	25 分
5	博比·查尔顿	28	19 分

1966年 直面对决

1966年是异彩纷呈的一年，世界杯为金球奖增添了很多变数，俱乐部层面的更迭也起到了辅助作用。最大赢家自然是英格兰队，队史上首次成为世界杯冠军，尽管外界把多数赞美之词送给了主帅阿尔夫·拉姆齐，盛赞他在淘汰赛中果断下令变阵"442"，缔造了震古烁今的"无翼奇迹"，淡化了高位边锋在英甲的统治地位，也为英格兰队的前进铺平了道路。

然而我们必须要注意到的是，无论是怎样的阵形与打法的切换，总是离不开核心球员的关键发挥。在当时的英格兰队中，查尔顿与穆尔两位"博比"一前一后坐镇，才是"三狮军团"不断挺进的保证。

查尔顿是绝对的进攻核心，正值巅峰期的他组织梳理、传威胁球与攻坚得分样样在行，是真正的球队大脑，如果离开了他，"三狮军团"便无法良性运转。2023年10月21日，博比·查尔顿与世长辞，享年86岁，在此对他致以崇高的敬意。

穆尔则是足球历史上最出色的中卫之一，他的位置预判能力极强，在到位率高的情况下，铲抢拦截还十分精准，四年后即便一人单挑巴西队的"传奇锋线"也能屹立不倒。而且他还具备长传球与组织能力，尽管英格兰队主打区域体系，不设置清道夫，但他的作用与之非常类似，而且绝对实力更强。

最终博比·查尔顿成为1966年的"金球先生"，穆尔也高居第4位，一般而言，进攻球员比防守球员更占优势，所以这个排名相对合理。不过在我们看来，仅从球场发挥来说，穆尔的惊艳程度至少与查尔顿是一个级别的，他作为后卫无缘金球奖，遗憾程度与后世的保罗·马尔蒂尼的情况不相上下。

当然，对于查尔顿来说，这一年的登顶之路绝非那么简单，甚至是在当时投票规则下，领先优势最小的一次。他的最大竞争对手，就是前一年的"金球先生"尤西比奥。"黑豹"不仅将葡萄牙队第一次带进了世界杯决赛圈，而且在之后的几场比赛中更是让自己名垂青史。

小组赛阶段，尤西比奥就率领球队在"死亡之组"中凭借三战全胜晋级，而击溃巴西队和匈牙利队的名局，更是令人印象深刻。他是无所不能的领袖，进球对他来说如同探囊取物，队友也在无形之中愈战愈勇，葡萄牙队顺利挺进8强。

而与朝鲜队的1/4决赛，更是世界杯经典比赛中的经典。尤西比奥的球队被"神秘之师"开场的三板斧打蒙了，不到半个小时就0∶3落后，看似大势已去。然而，

反击也从这里开始，"黑豹"开始了各种不讲理的突破、射门或者造杀伤，在剩余的时间内个人连进4球，帮助球队5∶3完成了惊天逆转。时至今日，这场球赛依然被认为是世界杯历史上个人表演的极致。

让尤西比奥在金球奖之争中处于劣势的，还是半决赛中被查尔顿正面击败，尽管东道主英格兰队的一些小动作（比如临时换比赛场地）让葡萄牙队吃了哑巴亏，但结果已经无法更改。再结合几个月前，本菲卡也在欧冠中被曼联淘汰，被双杀的"黑豹"自然是有苦说不出。

不过最终的结果还是很令人信服的，尤西比奥仅仅落后查尔顿1分，屈居第2名（80∶81），可见他这个世界杯最佳射手（9球）与季军得主的分量。在前两年纷争不断的情况下，1966年的金球奖终于让各界心服口服。

这一年除了上述两位的龙争虎斗之外，还有些新锐势力值得关注，最突出的就是初出茅庐的贝肯鲍尔。21岁的他已经是联邦德国队的灵魂人物，此时他还在"424"阵形中司职"B2B"（全能）中场，推进能力极强，后排插上的射门也颇具威胁。特别是在世界杯半决赛中，他的一脚远射让"门神"雅辛措手不及，也帮助联邦德国队确保了决赛名额。

同样是在1966年，贝肯鲍尔与拜仁经历了第一个德甲赛季，并且收获了德国杯冠军。没人可以忽视这样一位未来天王的崛起，年仅21岁就高居金球奖第3名，可以看出业内对他寄予了厚望。

匈牙利队的华丽表演也不该被忘记，阿尔伯特、拜奈与亚诺什·法尔卡什等人席卷了古迪逊公园球场，在世界杯上痛击巴西队的比赛成为永恒的经典。尽管高手如林，阿尔伯特与拜奈依然分别收获了金球奖第5、6名，而对他们来说，这只是步入巅峰的前奏。

相对令人遗憾的是皇马与国米，前者第6次拿到了欧冠冠军，但队内老将基本归隐，阿曼西奥这样的新头牌球员，也很难达到"金球先生"的要求。后者则是因为欧冠折戟，其队内部分球员所在的意大利队又在世界杯小组赛出局，无法重现之前几年的辉煌。总的来说，这是异彩纷呈的一年，是属于足球的伟大的一年。

1966 年金球奖排名 Top5

排名	球员	年龄	总得分
1	博比·查尔顿	29	81 分
2	尤西比奥	24	80 分
3	弗朗茨·贝肯鲍尔	21	59 分
4	博比·穆尔	25	31 分
5	弗洛里安·阿尔伯特	25	23 分

1967年 最后荣光

与前一年的波澜壮阔相比，1967年的足坛就显得平淡许多，金球奖的竞争也变得更加微妙。在一个俱乐部赛事成绩主宰个人奖项的小年，欧冠冠军自然变得很重要。而1966—1967赛季，却恰恰是欧冠诞生以来冷门程度最高的一届，没有超一线巨星的苏格兰凯尔特人队，出人意料地获得了冠军，这也是英国球队和非拉丁派球队的首个欧冠冠军。

更让人感到惊奇的是，这支因为在里斯本国家体育场赢下欧冠决赛，从而被称为"里斯本雄狮"的球队，15名核心成员的出生地，都在球队主场的30英里（英制长度单位，1英里=1609.344米）以内，其中13人甚至在10英里以内，这种与生俱来的默契是难以名状的。但这样的球队拿到重要冠军之后，球员追逐个人荣誉就显得较为困难了。

最终队内捧出了"边路魔术师"吉米·约翰斯通，他是一名技术出众的盘带高手，他的表现起码在英式足球圈子中算得上赏心悦目。23岁的他收获了金球奖第3名，这也是丹尼斯·劳之外，苏格兰人第二次斩获金球奖前3名。

同一个赛季优胜者杯的冠军，被朝气蓬勃的拜仁拿下，这也是"南部之星"（拜仁的绰号）征服足球世界的开端。不过彼时的贝肯鲍尔和盖德·穆勒还是太过年轻，虽然足以跻身金球奖的榜单，但冲击王位还是为时过早。最终贝肯鲍尔获得了第4名，也算是对他个人的肯定了。

前一年大红大紫的博比·查尔顿和尤西比奥，在1967年中的发挥算是中规中矩，前者率领曼联拿下了英甲冠军，后者依然保持着超高的进球效率（场均超过1球），维持着本菲卡在国内联赛的统治地位。但在一个没有"爆点"的年份，他俩只能位列第2名和第5名，这也算是情理之中的事情。

最终的"金球先生"，既在意料之外，也在情理之中，那便是匈牙利队的新领袖弗洛里安·阿尔伯特。其实本章已经为他铺垫了许多笔墨，但真正属于他的一年姗姗来迟。阿尔伯特是普斯卡什的接班人，他早在1962年世界杯上就上演过帽子戏法，在1964年欧洲杯中随队获得季军。他在1966年世界杯上的发挥，更是足以竞争金球奖，只可惜当时周围的环境太过复杂。

如今，在一个风平浪静而出现了些许意外的足球小年，阿尔伯特凭借稳定的发挥，终于得到了大多数评委的青睐。除了俱乐部赛事之外，他在欧洲杯的预选赛中也贡献了不俗的发挥，两相结合便以28分（68：40）的优势力压查尔顿，成为唯一获得金球奖的匈牙利球员。

以今天的眼光回头望去，阿尔伯特却成了匈牙利人最后的荣光，1956年的动荡对他这一代球员的影响不大，却切断了匈牙利足球的"龙脉"。自此之后的半个多世纪，他们再也无力重现辉煌，如今偶尔在大赛中闪光，却不再是那般天赋溢出的模样。

1967 年金球奖排名 Top5

排名	球员	年龄	总得分
1	弗洛里安·阿尔伯特	26	68 分
2	博比·查尔顿	30	40 分
3	吉米·约翰斯通	23	39 分
4	弗朗茨·贝肯鲍尔	22	37 分
5	尤西比奥	25	26 分

1968年 "三圣"齐聚

欧洲杯的到来让这一年的金球奖重新焕发活力，俱乐部赛事与国家队赛事交相辉映的年份，总是那么让人着迷。不过1968年的情况错综复杂，唯有抽丝剥茧才能理清楚金球奖的脉络。

首先来看俱乐部层面，1967—1968赛季的欧冠冠军归属于曼联。虽然这个赛季丹尼斯·劳饱受伤病困扰，但乔治·贝斯特步入巅峰期，他不仅在41场联赛中打入28球收获金靴奖，在欧冠中更是有决定性的发挥，决赛加时阶段的进球，至今看起来都荡气回肠。

仅从这方面来看，其他俱乐部都没有出现可以与贝斯特比肩的球员，甚至连可以挑战博比·查尔顿的人都没有。所以想改变金球奖的格局，还得看夏天的欧洲杯，但是过多的意外却打乱了很多人的这种判断。

当时的欧洲杯虽然前期预选赛的赛制有所改变，但最终的4强正赛阶段，还算是比较固定的。1966年世界杯的冠军英格兰队兵强马壮，原班人马顺利杀进了欧洲杯4强，面对整体实力明显不如自己的南斯拉夫队，胜利看上去十拿九稳。

然而这场比赛却因为各种犯规变得支离破碎，南斯拉夫队有意打乱对手的比赛节奏，让英格兰队的"黄金一代"踢得很别扭。最终"三狮军团"久攻不下，而南斯拉夫队领袖德拉甘·扎伊奇在终场前偷袭得手，使南斯拉夫队出人意料地闯进决赛，他个人也凭借神奇的发挥，斩获了金球奖第3名。英格兰队的出局，也标志着查尔顿在金球奖的争夺中，丧失了反超贝斯特的希望。

另一组半决赛也很荒唐，意大利队这边主力前锋路易吉·里瓦、核心攻击手里维拉和马佐拉都有伤病在身，无论有没有出场对阵苏联队，"蓝衣军团"（意大利队的绰号）的实力都受到影响。最终双方踢得比较沉闷，加时赛结束后双方 0 : 0 握手言和，意大利队凭借掷硬币淘汰对手、挺进决赛，这种荒唐事件也只有在早期的足球比赛中才会发生。

在决赛中，意大利队还是饱受伤病困扰，与南斯拉夫队打平后又重赛，结果"蓝衣军团"依靠马佐拉和里瓦带伤复出才顺利拿下比赛。但是这个冠军对于个人的加成极其有限，毕竟几个核心球员都没怎么上场，就算勉强上场也很难发挥出正常水准。

这其中最可惜的就是AC米兰的"金童"里维拉，他本来已经带队拿下了1967—1968赛季优胜者杯的冠军，如果在欧洲杯正赛阶段能有好的发挥，挑战贝斯特是完全有可能的。然而在一番蹉跎之下，意大利队有3人入围金球奖前10名，最高的法切蒂却只排在第5名。

在各种意外之后，乔治·贝斯特战胜了所有对手，收获了个人的第一座金球奖奖杯，"红魔三圣"也就此全部成为"金球先生"，这在足球历史上是一段佳话。后世虽然有球队组建各种豪华阵容，但巨星在同队期间陆续收获金球奖的事情却极其少

见，曼联算是开了先河。

然而后来贝斯特的发展轨迹令人唏嘘，由于沉湎于酒精和美色，26岁的他就远离了主流足坛，告别曼联开始了流浪生涯。以他的天赋来说，如果正常发展，其上限又何止是一个金球奖？他甚至有希望成为欧洲足坛历史上最好的球员，怎奈何上天给了他天赋，却没有给他掌控天赋的自律，留给观众的只剩一声叹息。

1968 年金球奖排名 Top5

排名	球员	年龄	总得分
1	乔治·贝斯特	22	61 分
2	博比·查尔顿	31	53 分
3	德拉甘·扎伊奇	22	46 分
4	弗朗茨·贝肯鲍尔	23	36 分
5	吉亚琴托·法切蒂	26	30 分

■ 1969年 "金童"圆梦

对于很多球星而言，获得金球奖一生可能只有一次机会，有些人可能在某些年份意外夺魁，而有的人可能经历了多次挫折之后，才最终修成正果。对于里维拉来说，1969年便是圆梦的一年。

对于年少成名的"金童"来说，年龄永远都是优势，当1962年里维拉首次跻身金球奖榜单前列时，他还是个19岁的小将。而7年之后，当他完成了"究极进化"，一切开始向终极目标发展。当他率领AC米兰第二次夺得欧冠冠军时，"金球先

生"的悬念便已揭晓。

与1963年那次不同，此时的"红黑军团"已经没有多少能够分票的强力队友。过去常年出现在金球奖榜单中的"瑞典魔翼"哈姆林，此时已经35岁；联邦德国的"防线灵魂"施内林格，也已经来到了而立之年。26岁的里维拉好似睥睨天下的君王，等到了亲手拿回一切的时刻。

与此同时，1969年外界给予他的压力也不大，而且似乎是某种暗示——能给他制造些许威胁的正好就是下一代的主宰者，荷兰系与联邦德国系。最直接的对手就是1968—1969赛季欧冠决赛的手下败将，22岁的克鲁伊夫，不过此时他和他的队友们还稍显稚嫩，名帅米歇尔斯的战术也在摸索阶段，最终青涩的"球圣"能收获金球奖第4名，已经算是不错的结果了。

联邦德国系这边，1969年非常耀眼的是盖德·穆勒，他在1968—1969赛季的德甲中以场均1球（30场30球）的发挥，帮助拜仁收获了队史上首个德甲冠军。尽管他在队中长期扮演"老二"的角色，但真正需要摧城拔寨的时候，他永远值得信赖。评委们也将他选为金球奖第3名，超过了第7名的贝肯鲍尔，这是对其莫大的肯定。

这一年，里维拉还有一个隐形的竞争对手，那便是自己的意大利同胞里瓦。作为"蓝衣军团"历史上最全面的中锋，他的技术与身体结合得近乎完美，至今仍是意大利队历史射手王（42场35球）。

不过问题在于，尽管1969年里瓦在俱乐部和国家队都是高产高效，但因为身在小球队卡利亚里，他没有获得重要的赛事

冠军。而他震惊亚平宁半岛赢得那座意甲奖杯，还要等到1970年，所以此时他位列金球奖第2名，也是可以理解的事情。

1969 年金球奖排名 Top5

排名	球员	年龄	总得分
1	詹尼·里维拉	26	83 分
2	路易吉·里瓦	25	79 分
3	盖德·穆勒	24	38 分
4	约翰·克鲁伊夫	22	30 分
4	奥维·金德瓦尔	26	30 分

总结

20世纪60年代中后期，算是欧洲足坛多元化发展的时代，皇马的垄断被打破，多支豪门球队展现出了不俗的水准。而且随着欧冠和优胜者杯的赛制渐入佳境，以及欧洲杯逐步被认可，金球奖的竞争变得愈发激烈，想见证第一个蝉联金球奖的球员的诞生，还需要等待主宰足坛的霸主出现。

同一时期，随着南美解放者杯的出现，南美足坛也开启了群雄逐鹿的竞争格局，但从世界范围内来看，"球王"贝利依然是这片大陆的主宰者。尽管他和他的巴西队在1966年世界杯上遭遇挫折，但没有人会质疑"桑巴军团"的水准，巴西队与欧洲球队的对决，尽管多是友谊赛性质，但依然令球迷血脉偾张。只可惜在那个不够全球化的时代，金球奖依然"偏安一隅"，无法呈现出足坛完整的竞争格局。

第 三 章

1970—1976 年
双骄"克圣贝皇"

克鲁伊夫与贝肯鲍尔的时代可谓荡气回肠，尽管
两人及其团队瓜分了大多数资源，但相互间的竞争已
经让那时的球迷大呼过瘾。足坛第一次出现了两位同
时代的巨星持续对抗的局面，这也让"绝代双骄"之
名流芳百世，时至今日也被人常常忆起。

——引言

在前一章所述的时代（1964—1969年）中，多强争霸的格局令人血脉偾张，每一年的竞争形势都会随着比赛的进程与前一年大相径庭。虽然多家豪门俱乐部乃至多支国家队都试图建立王朝，却都无法在自己的时代压垮一众对手，只能慨叹"既生瑜，何生亮"。然而当进入20世纪70年代，足坛彻底变了天。

对于足球历史稍有涉猎的球迷朋友，第一次听到"绝代双骄"这个恢宏又令人震撼的名词，大多来自克鲁伊夫与贝肯鲍尔，而这两位足坛巨擘的竞争，便构成了本章所述时代（1970—1976年）的主旋律。不过，由于这一时期足坛理念发生了天翻地覆的变革，在介绍球星间、球队间的博弈之前，我们有必要先了解一下颠覆时代的底层逻辑。

从足球发展的早期阶段开始，一直到20世纪60年代，人盯人的回合制体系一直深入人心。每名球员都各司其职：前锋负责得分，后卫专职防守，中场承担的任务相对多元化，却也有着较为明确的分工。两支球队间的比赛进程像是回合制的游戏，主导球权的一方进攻，另一边则顺势

退防，当球权易主的时候，双方只是互换角色而已。

这样的比赛节奏很慢，球员找到自己负责的对象，在整体趋势下一步一个脚印去比赛即可。虽然随着贝利与迪斯蒂法诺等划时代的球员出现，球队整体的踢法有了一定程度的演进，但从宏观上来看还没有达到彻底革新的程度。而到了20世纪70年代初，里努斯·米歇尔斯与他执教的阿贾克斯，彻底颠覆了旧有规则。

米歇尔斯的指导理念被后世称为"全能足球"（Total Football），也被人通俗地理解为"全攻全守"。其实从本质上理解，荷兰系的这群先驱，相当于让足球从"回合制"游戏变成了"即时战略"游戏。

米歇尔斯执教的球队比赛特点非常鲜明，三条线与球员的职责没有明确的界定。当球队主导进攻时，"433"阵形中的9号克鲁伊夫不仅扮演攻城略地的角色，还经常会选择回撤到中场参与组织梳理，而往返能力很强的约翰·内斯肯斯会从中场插上至禁区试图得分。

与此同时，侧翼也会随之而动，前场两个边路可以内收参与包抄，边后卫获得

纵向空间后也可以插上参与进攻。当然由此产生空当，中卫与防守型中场也要随着阵形的变化而移动，这种流动中保持严谨队形的能力，是球队运转的基石。

而球队一旦丢失球权，球员们不会选择收缩整体阵形去回防，而会让前锋充当第一道防线就地实施压迫反抢，中场线的球员会适时参与协助。防守任务更重的球员，要迅速撤回到本职位置，确保不会有大的空当被对手利用。从以上联动可以看出，这种踢法对于单体球员的要求远超过去，在确保完成本职工作的同时，客串其他位置也要能拿出六七成的水准，才能完全执行教练的战术。

这种踢法在2023年看来司空见惯，但在那个"回合制"当道的年代，淡化攻守的界限，尽可能加快比赛的节奏，是惊天的壮举。米歇尔斯与他的团队，在几十年之前，就为21世纪的足球发展指明了方向，这是何等的丰功伟绩！

当然，在这里还需要补充几点。其一是当时荷兰系虽然搭建了当代足球的雏形框架，但受限于时代的发展水平，球员无法淋漓尽致地展现出新思潮的威力。后世阿里戈·萨基的区域改革，以及2009年之后何塞普·瓜迪奥拉的横空出世，才将当初的理念逐步推向极致，历经三代人的努力，如今我们看到的顶尖球队才算接近了理想中"全能足球"的模样。

其二，"全能足球"为米歇尔斯与克鲁伊夫带来辉煌，但这并非他们的专利，当时英才辈出的联邦德国队，以及苏联名帅瓦列里·洛巴诺夫斯基治下的基辅迪纳摩，都有类似的踢法出现。只不过荷兰人的声名远播，在一定程度上掩盖了其他地区的光芒。当我们歌颂时代进步时，不要忘了每一位播种人。

介绍完时代变革的背景，主宰时代的球队就要登场了，其分别是克鲁伊夫领衔的荷兰系球队，与贝肯鲍尔领衔的联邦德国系球队。与前一个时代不同的是，在本章所述的时段内，没有任何第三方势力真正对前二者构成过真正的威胁，从而对金球奖的竞争格局产生重大影响，这也是"绝代双骄"之名能够流芳百世的原因。

荷兰系分为主轴和副轴，主轴是米歇尔斯执教、以克鲁伊夫为核心的阿贾克斯，其为巅峰时期的荷兰国家队贡献了60%以上的核心球员。副轴是奥地利名帅恩斯特·哈佩尔执教的费耶诺德，不过球队的头牌球员奥维·金德瓦尔是瑞典人，其余的有生力量（维姆·范哈内亨、维姆·延森、里努斯·伊斯雷尔等），只能为"橙衣军团"（荷兰队的绰号）贡献30%左右的人员。

阿贾克斯是这一时期"全能足球"的代表球队，其核心阵形经过调整之后，最终确定为"433"体系。克鲁伊夫是球队绝对的领袖，他可能是欧洲足球历史上单体杀伤力最强的球员，超越众生的智慧、迅捷如豹的起速、令人咋舌的急停急转以及领先于时代的得分能力，让他在出道后不久脱颖而出，成为时代的领路人。

他早期更多地扮演得分手的角色，20

岁就拿到了荷兰足球甲级联赛（下文简称荷甲）金靴奖（30场33球），但在球队中的辐射力反而有限。大约从1971年米歇尔斯离队、新帅斯特凡·科瓦奇上任开始，克鲁伊夫逐步远离核心得分区域，更多地帮助队友去摧城拔寨，自身的形象愈发高大，逐步化身为阿贾克斯的灵魂导师。

围绕在他身边的，不乏众多荷兰足坛历史级的球星。身为"左使"的皮埃特·凯泽尔，是那个时代最出色的左路攻击手之一，他也被视为"克圣"（克鲁伊夫）在俱乐部的最佳"僚机"。著名的"B2B"中场内斯肯斯，跑动、覆盖面与插上得分能力都很出众。球队在防线上更是人才济济：左边是非常全能的鲁德·克罗尔，边、中路都可以轻松胜任；右边的维姆·苏比尔往返能力强，后排插上爆射令人印象深刻；中卫巴里·胡尔绍夫也是时代楷模，只可惜受到伤病等因素的影响，代表荷兰队出战的次数太过有限。

早在1968—1969赛季，克鲁伊夫就率领阿贾克斯首次杀入欧冠决赛，虽然因为年轻交了学费，但进入20世纪70年代之后，属于阿贾克斯的时代就到来了。球队从1970—1971赛季到1972—1973赛季，收获了震古烁今的欧冠三连冠，成为在早期的皇马之后，首支达成这一成就的球队。迄今为止，能够实现欧冠三连冠的球队，也只有皇马、阿贾克斯与拜仁。

这期间不乏旷世名局，比如1971—1972赛季，阿贾克斯2∶0击溃国米的比赛，是欧冠决赛历史上差距最大的对垒之一。比分无法体现两支球队在场面上的鸿沟，如果类比当代的话，甚至接近2010—2011赛季巴萨与曼联的差距。还有1971—1972赛季欧冠8强战，"克圣"率领阿贾克斯4∶0击溃"贝皇"（贝肯鲍尔）率领的拜仁，这也是"双骄时代"中，两人作为核心人物，比分差距最大的一次对决。击败一生之敌并实现欧冠三连冠，这种场景永远是梦幻的。

那个时期的费耶诺德，在荷甲中与阿贾克斯算是分庭抗礼，而且球队还先于死敌拿到了属于荷兰人的第一个欧冠冠军。1969—1970赛季，恩斯特·哈佩尔率队击败了三年前的欧冠冠军凯尔特人，帮助费耶诺德实现了梦想。其后的很长时间，费耶诺德依然保持着不俗的竞争力和人才出产效率，虽然在欧洲顶级舞台上难有作为，但其贡献是不可磨灭的。

除了"两强"之外，那时的荷兰系还有其他能力突出的球员，最有代表性的就是"克圣"在国家队的"左使"罗布·伦森布林克。他很早就在比利时的足球联赛效力，与荷兰国内两大阵营毫无瓜葛，但凭借其出色的实力，甚至能在派系博弈中，挤掉阿贾克斯系的"重臣"凯泽尔，成为国家队首发球员，这足见他出众的能力与智慧。

只可惜这个阶段的荷兰国家队，并没有拿到任何一个大赛冠军。1974年世界杯，米歇尔斯回归帅位，荷兰队几乎收获了全世界的赞誉，被称为超越时代的梦之队。然而在决赛中，克鲁伊夫的冠军梦被贝肯鲍尔亲手击碎，这也成为他的一生之憾。

1976年欧洲杯，被寄予厚望的"橙衣军团"，原本很有希望与联邦德国队会师决赛，并亲手了结两年前的恩怨。然而半决赛的一场大雨浇灭了荷兰队的希望之火，在一片混乱中，"黄金一代"被捷克斯洛伐克队爆冷淘汰，"克圣"与他的黄金时代也就此落幕，令人唏嘘不已。

联邦德国系这边的情况，与荷兰系有些区别，尽管核心班底也是由两家俱乐部的成员构成，但这两家基本呈现出分庭抗礼的态势。在如今"德拜"一词深入人心的情况下，球迷也许很难想象，贝肯鲍尔时代的拜仁，居然会有门兴格拉德巴赫（下文简称门兴）这样的对手，并且留下了一段对抗与合作并存的光辉岁月。

在前一章我们已经提到，拜仁在20世纪60年代之前，属于无名之辈，甚至不是1963—1964赛季德甲的创始球队。但也正是从这个节点开始，拜仁的青年队呈现出人才井喷的态势，先是贝肯鲍尔、盖德·穆勒与塞普·迈耶登上历史舞台，更为年轻的保罗·布莱特纳与乌利·赫内斯（即后来的球队功勋主席）紧随其后。

其中"贝皇"的角色定位比较复杂，他刚出道时赶上"424"阵形渐入佳境，经过一番尝试之后，开始扮演一个全能中场的角色。他属于那种身体素质好、运动能力强，拥有超越一般的联邦德国球星的脚下技术，而且极具球场领导力的人物。而其更为后世熟悉的自由人角色，则是在20世纪70年代之后才开始深入人心的。

早年意式的"人盯人+清道夫"防守策略，前面的章节也有详细介绍，当时的清道夫主要是负责游击扫荡、查漏补缺，多数时间是隐藏在防线之后做机动兵。而贝肯鲍尔所代表的新式清道夫，不光要扮演防守者的角色，在进攻中也是枢纽一般的存在，甚至需要凭借自身能力直接攻城略地。这种进可直捣黄龙、退可镇守四方的清道夫，一般被称为"自由人"，而"贝皇"就是这个角色最为典型的代表。

盖德·穆勒则是"进球机器"的代名词，几十年来一度成为足坛传说，时至今日仍是很多传奇进球纪录的保持者。他没有出众的身体素质和脚下技术，速度不快，侵略性也不算很强，然而就是这样一个貌不惊人甚至被称为"矮胖子"（1.75米左右）的前锋，却成为最会进球的人。

从本质上说，盖德·穆勒与众不同的腿部肌肉结构，成为他的杀手锏。根据相关记载，他的腿部肌肉极其发达，小腿更是异常粗壮，这让他拥有了超乎想象的爆发力。当他与对方同时预判到了某个位置，盖德·穆勒的启动爆发总是快人一步，从而抢到最佳得分位置。作为足球历史上补射水准最高的球员之一，他如同特异功能般的操作，令人佩服得五体投地。

另外，盖德·穆勒的身体协调性极好，他经常能在身体极度扭曲的情况下保持平衡，用怪异的姿势将球打进。拜仁后辈托马斯·穆勒也是深谙此道的高手，但是距离老前辈还有不小的差距。盖德·穆勒多次在关键比赛中施展神技，成为后世楷模。

与克鲁伊夫唯我独尊的地位不同，拜仁这两位球星算得上各有千秋，尽管贝肯鲍尔的"江湖地位"高于盖德·穆勒，但后者是用进球说话的杀手，如果在特定年份实现大爆发，他完全有加冕金球奖的能力。而荷兰系这边，只要克鲁伊夫保持巅峰状态，他的地位几乎没有队友可以撼动。至于拜仁系的其他几位球星，虽然也都是各自位置上的翘楚，甚至称得上传奇球星，但在属于"克贝"二人的时代，想要成为"金球先生"，还是差了些火候。

门兴这边的水准不遑多让，球队在传奇名帅亨内斯·魏斯魏勒的指导下，培养出一批青年才俊，"小马驹"的名号也流传至今。彼时队中最为出众的球星，当数中场核心冈特·内策尔，他是划时代的大师级人物，飘逸的球风、细腻的技术以及运筹帷幄的指挥，让人很难相信他是一名联邦德国球员。再加上一头飘逸的长发，甚至让人产生恍惚感，以为是"橙衣军团"的那位"灵魂导师"瞬移了。从个人绝对能力上说，他也是球队中最接近"金球先生"级别的人物。

除了内策尔之外，当时门兴队中的国内生力军也不在少数：防线领袖贝尔蒂·福格茨是足球历史上最出色的右后卫之一，他的缠斗能力极强，甚至被安排单独盯防克鲁伊夫；锋线大将约瑟夫·海因克斯（即后来的拜仁功勋主帅），作为全能射手甚至能跟巅峰期的盖德·穆勒争夺德甲"小钢炮"（德甲金靴奖），还在"欧洲三大杯"（欧冠、欧洲联盟杯、优胜者杯）

比赛中均获得金靴奖。

多面手莱纳·邦霍夫适应性极强，从前到后、从边到中，他的存在始终令人印象深刻，一脚重炮轰门更是球队摧城拔寨的利器，这样的球员在任何时代都会受到追捧。队中还有"铁肺"赫伯特·维默尔这样不知疲倦的球员，在一众大佬身边，他就像卫士那样解决很多细节问题，为球队保驾护航。

当时门兴主打快速进攻，踢法赏心悦目，无论是魏斯魏勒还是后来的乌多·拉特克执教时期，球队的人气都是有目共睹的，其能在拜仁一众天才崛起的时候与之对垒，绝非等闲之辈。

在这段彼此厮杀的岁月中，拜仁先在1971—1972赛季到1973—1974赛季收获德甲三连冠，门兴随即在之后的三个赛季回应以同样的三连冠。欧洲赛场上也是比拼激烈，拜仁在1973—1974赛季到1975—1976赛季收获了欧冠三连冠，门兴则多次闯入初创的欧洲联盟杯（下文简称联盟杯）的决赛，并于1974—1975赛季和1978—1979赛季两度夺魁。欧冠赛场上的门兴则与巅峰期的利物浦杀得昏天黑地，1976—1977赛季拿到亚军，1977—1978赛季也只是在半决赛遗憾败北。

有了如此出众的两支球队，联邦德国队的成绩自然有了保障。球队经历了20世纪60年代末的蛰伏之后，从1972年开始真正崛起。球队拿下了1972年欧洲杯和1974年世界杯的冠军，在1976年欧洲杯中又收获亚军。这代人实现了真正的大满贯，这段时光称得上德国足球历史上最为辉煌的时期。

介绍完波澜壮阔的时代背景，每一年金球奖的评选细节，还需要根据具体情况来具体分析。

1970年 "进球机器"

这是风云际会的一年，也是承上启下的连接点，伴随着一届无与伦比的世界杯，金球奖的形势变得扑朔迷离。雷米特杯属于历史上最为闪耀的巴西队，而欧洲区域内陷入焦灼，亚军意大利队英才辈出，成为争夺金球奖的势力中较为重要的一部分。

一直以来，意大利队能参评金球奖的核心人物，主要是里维拉、法切蒂、桑德罗·马佐拉与里瓦。在1970年世界杯这个节点上，他们同处于巅峰年龄，因此在金球奖榜单中的排名先后就要看综合发挥了。这一年，意大利队主帅相对固执，由于桑德罗·马佐拉和里维拉两个10号球员任务有所重叠，他坚持让二人各踢半场，出场时间的减少影响了评奖的得分，二人自然而然就被边缘化了。

法切蒂此前的"高光"时刻主要来自俱乐部赛事，在国家队大赛年，作为后卫的他一般只能"陪跑"，这次也不例外。最终脱颖而出的球队中锋里瓦，他不仅在世界杯8强战与4强战中都有关键进球，而

且在俱乐部的发挥对其加成也很大。

里瓦所效力的卡利亚里，在任何时期都算不上意甲豪门球队，然而在1969—1970赛季球队却一鸣惊人，凭借里瓦的高效输出（28场21球），以及自由人皮耶尔路易吉·切拉领衔的"钢铁防线"（30场仅丢11球，创下五大联赛历史纪录），拿到了宝贵的意甲冠军。

然而令人遗憾的是，里瓦在这"神仙打架"的一年中，仅仅位列金球奖榜单的第3名，甚至还不如前一年的亚军。如果他能在世界杯上最终问鼎，也许情况会大不相同。

既然世界杯成绩最好的欧洲球队没能捧出"金球先生"，那么就得观察一下当年的欧战比赛。欧冠与优胜者杯算是冷门频出，1969—1970年赛季的欧冠冠军归属于荷甲新锐费耶诺德，球队的核心前锋金德瓦尔，虽然是金球奖榜单的老面孔，但硬实力想要更上一层楼相当困难；亚军凯尔特人便是3年前的"里斯本雄狮"，更是难以从中挑选当家人物。

优胜者杯的冠军被曼城拿到，尽管科林·贝尔、弗朗西斯·李与尼尔·扬都算得上名震一方的人物，但仅凭这座奖杯以及在世界杯上的些许发挥，他们显然不足以在金球奖竞争中占据上风。

最终收获荣耀的是这一年"颗粒无收"的盖德·穆勒，他所在的联邦德国队与拜仁，在当年都没有冠军入账，他个人却凭借惊为天人的进球表演，力压队内"老大哥"贝肯鲍尔，成为德国历史上第

一位"金球先生"。

他在1969—1970赛季的德甲中出场33次、打进38球，至今除了2020—2021赛季的罗伯特·莱万多夫斯基以外，没有其他德甲球员达到过这样的层次。当然他最闪耀的还是在世界杯赛场，前5场比赛打进10球，而且名场面众多。

联邦德国队在小组赛首战遇到摩洛哥队，球队不太适应墨西哥炎热的气候，最后靠着盖德·穆勒的绝杀涉险过关。随后两场比赛，他更是连续上演帽子戏法，自他之后的球员，再也无人能在世界杯上做到这一点。8强赛是与英格兰队的宿命之战，球队在0∶2落后的情况下顽强抗争，最终也是穆勒在加时赛中打入制胜球，以3∶2完成了这次惊天逆转。

半决赛与意大利队的较量，在2022年世界杯决赛之前，普遍被认为是世界杯历史最佳比赛，被称为"世纪之战"。双方在常规时间内1∶1握手言和，却在加时赛的前20分钟打入5球，而这更像是穆勒与"蓝衣军团"全队的较量。

在贝肯鲍尔肩膀脱臼的情况下，穆勒在这期间打进了两粒标志性进球，与对面的里瓦和里维拉交相辉映。只可惜最终AC米兰"金童"完成了致命一击，护送意大利队进军决赛。联邦德国队虽然输掉了这场比赛，但能与对手共同缔造传世名局，也算是一种荣耀。而本场最为耀眼的盖德·穆勒，自然也在金球奖的竞争中拿到了重要筹码。

另外，贝肯鲍尔与他的中场搭档沃尔夫冈·奥弗拉特，也通过世界杯的这些名局受益良多。"贝皇"在同英格兰队的比赛中奉献经典远射，在同意大利队的"世纪之战"中臂缠绷带坚持斗争，如此领袖气质最终让他收获了金球奖第4名。而脚法出众的科隆核心奥弗拉特，也紧随他拿到了第5名。

相对令人感到意外的是博比·穆尔拿到第2名，在1966年的章节，我们已经阐述了他的伟大之处，但由于其效力的西汉姆联并非豪门球队，在平时难有作为，因此他只能通过国家队大赛的表现竞逐金球奖。

在世界杯中，穆尔虽然没能率领英格兰队走得更远，但在同巴西队的比赛中，他单挑"桑巴军团"几大天王，其精准铲断的画面早已成为经典，这样一位划时代的天才中卫，获得褒奖算是实至名归。虽然考虑到其位置和荣誉，第2名的排名还是略微偏高，但是以他的实力和发挥来说，也没有太大的争议。

由于荷兰队没能打进1970年世界杯，阿贾克斯在这一年也没有制霸欧洲赛场，克鲁伊夫只能屈居第7位。不过从此刻开始，属于他的时代到来了。

1970年金球奖排名 Top5

排名	球员	年龄	总得分
1	盖德·穆勒	25	77分
2	博比·穆尔	29	70分
3	路易吉·里瓦	26	65分
4	弗朗茨·贝肯鲍尔	25	32分
5	沃尔夫冈·奥弗拉特	27	29分

1971年　"球圣"出世

世界杯之后的一年，沉寂多半是主旋律，但是1971年，足球世界迎来了新王的登基，那便是后世顶礼膜拜的约翰·克鲁伊夫。虽说"克圣"在金球奖榜单中已经盘踞许久，但由于缺乏重量级的冠军，他还是与最终目标失之交臂。

不过从1970—1971赛季开始，阿贾克斯这艘"巨舰"正式启航，其主打的"全能足球"对于同时代的一些球队来说属于"降维"打击。虽然足球是比拼技术能力的项目，但如果双方的比赛强度不在一个层次上，技术水准便没了用武之地。

阿贾克斯球员的跑动能力很强，甚至有人每场比赛可以突破1万米，尽管后来外界指控他们涉药，但终究是老皇历，已无从考证。当一支球队的跑动与轮转达到了几十年后的水准，同时代那些还在从老派足球中慢慢转型的球队自然没有了招架之力。

当赛季的欧冠，阿贾克斯一路相对平顺，最终拿到队史上首冠，克鲁伊夫的发挥不必用数据来衡量，他永远是场内最闪亮的那颗星。当一个智者具备了巅峰的速度与爆发力，那种观赏性是难以用言语描述的，当你身临其境，一切尽收眼底。

由于这一年拜仁并没有出众的成绩，"贝皇"与穆勒的竞争力大幅度减弱，根本无力撼动克鲁伊夫的地位。两人最终分列金球奖榜单第5、6位，只能算是正常发挥。不过在这样一个小年，还是有些许亮点值得关注。

国米的桑德罗·马佐拉拿到了第2名，这也是他职业生涯在金球奖榜单中的最高排名。与法切蒂、里维拉、里瓦相比，马佐拉似乎不太受到金球奖榜单的青睐，长期排在几位同级别队友之后。其实他在进攻端的作用无人可以取代，纵向冲击力更是堪称一绝。在1970年世界杯上，意大利队主帅派他踢上半场，也是看中了他这一点，利用他消耗对手之后，再换上控场型选手里维拉。

他在这一年其实并没有像"大国际时代"那时的巅峰期"高光"，不过一座意甲冠军奖杯，再加上个人不俗的发挥，已经足以使他在小年进入榜单前3名。

排在第3名的是乔治·贝斯特，自从1968年后他的受关注度直线下滑，一方面是由于其自身沉湎于酒色，另一方面是因为曼联的成绩在巴斯比走后不如从前。从自身球技角度出发，1971年算是贝斯特最后的巅峰期，即便没有奖杯加持，获得第3名也算圆满。唯一令人遗憾的是，这一年他才25岁，自此之后就浪迹天涯了。

排名第4的则是门兴"鬼才"内策尔，上文已经介绍了他的技术特点，其球感的细腻程度令人拍案叫绝，在率队拿到德甲两连冠之后，成为金球奖热门人选也在情理之中。以他的才华来看，即便是在联邦德国队，也可以与"贝皇"、穆勒一较高下。

1971年还有一个亮点，那便是与盖德·穆勒并列第6名的南斯拉夫射手斯约西普·斯科布拉尔，他本身并非出类拔萃的球星，却在1970—1971赛季的法国足球甲级联赛（下文简称法甲）中，36场打进44球，创造历史纪录。后世的埃丁森·卡瓦尼、兹拉坦·伊布拉西莫维奇（下文简称伊布）、基利安·姆巴佩等人，距离改写这一纪录还有一段距离。

1971 年金球奖排名 Top5

排名	球员	年龄	总得分
1	约翰·克鲁伊夫	24	116 分
2	桑德罗·马佐拉	29	57 分
3	乔治·贝斯特	25	56 分
4	冈特·内策尔	27	30 分
5	弗朗茨·贝肯鲍尔	26	27 分

1972年 "贝皇"登基

这是极具标志性的一年，从1971—1972赛季开始，联盟杯正式取代以前组织相对松散的博览会杯，成为欧足联旗下的第三大赛事。其参赛球队主要是各国联赛冠军与杯赛冠军之外的强队，延续三十年的"欧洲三大杯"的格局也就此形成。

尽管相对于欧冠来说，优胜者杯与联盟杯的影响力有限，但在一些小年，特别是欧冠出现冷门、另外两大杯赛出现现象级球员的时候，还是能左右金球奖格局的。不过1972年可是标准的超级大年，欧洲杯与"欧洲三大杯"交相辉映，令人无比期待。

欧冠层面，阿贾克斯延续了此前的强势，以8场不败（6胜2平）的成绩杀入决

赛，并以2：0轻取巅峰末期的国米。这场比赛并不像比分看起来那么"焦灼"，"蓝黑军团"尽管依然坐拥法切蒂、马佐拉、雅伊尔、塔尔西斯奥·布尔尼什等功勋核心，但在阿贾克斯旋风般的打击之下，几乎没有还手之力。当双方强度不处在一个级别的时候，比赛只能沦为攻防演练。

不过稍显遗憾的是，荷兰队没能闯进1972年欧洲杯的决赛圈（当时只有4个名额），尽管克鲁伊夫的俱乐部赛事数据比前一年有所提升，但考虑到大赛光环的影响，这一年的机会还是不大。

荷兰系出现致命短板，联邦德国系的机会自然就来了，球员们在大赛中的发挥有目共睹，下限都是可以保证的。不过当时联邦德国队内部情况比较复杂：贝肯鲍尔在威利·舒尔茨淡出之后，正式成为国家队的自由人；盖德·穆勒在德甲34场比赛中狂轰40球创造历史，助拜仁拿回了德甲冠军；而内策尔的上升势头又很迅猛，大有剑指金球奖的势头。金球奖到底归谁，还得看各自在比赛中的发挥。

在欧洲杯上，他们倒是呈现出百花齐放的姿态：盖德·穆勒在半决赛和决赛中都梅开二度，是明面上的最大功臣；内策尔在这届比赛中，取代了之前"贝皇"与奥弗拉特的双核模式，通过自己的创造力将进攻梳理得飘逸而高效，很多球迷都认为他才是联邦德国队在这届欧洲杯中夺冠的最大功臣。

然而我们依旧要注意到贝肯鲍尔的伟岸形象，正式转型成为自由人之后，他真

正成为球队的核心。尽管在防守端有"保镖"护航不用小心翼翼，但在防线上随时查漏补缺、球权转换后充当枢纽的出球以及个人插上的威慑力，都让他看起来那么不可替代。

最终，联邦德国队的队长、万世膜拜的"恺撒大帝"，在"陪跑"6年之后，终于成为"金球先生"。尽管在队友的"绞杀"中脱颖而出十分艰难，但一切都称得上实至名归。盖德·穆勒和内策尔以2分之差并列亚军（79：81），差距之小令人惊叹。

克鲁伊夫最终拿到第4名，73分的得分与前3名的差距也不大，足见外界对他个人能力的认可。不过作为"绝对双骄"之一，他必须率领荷兰队有所作为，只靠一条腿走路的话，面对联邦德国系大军终究难以抵挡。

这一年值得特别关注的，还有波兰队的崛起，球队中场核心卡奇米尔兹·德耶纳与"神锋"弗洛德兹米尔斯·卢班斯基，都是不可多得的天才。前者至今都被认为是波兰历史最佳球员的竞争者，后者则保持着欧冠最年轻球员的进球纪录。在1972年率领波兰队拿到奥运会男足金牌之后，德耶纳荣膺金球奖第6名，卢班斯基则位列第7名。

1972年金球奖排名 Top5

排名	球员	年龄	总得分
1	弗朗茨·贝肯鲍尔	27	81分
2	盖德·穆勒	27	79分
2	冈特·内策尔	28	79分
4	约翰·克鲁伊夫	25	73分
5	皮埃特·凯泽尔	29	13分

1973年 梅开二度

大赛年之后，俱乐部比赛的权重再度上升，欧冠基本上左右了这一年的金球奖格局。尽管名帅米歇尔斯在1971年之后就离开阿贾克斯去了巴萨，但接班的科瓦奇不仅没有辜负黄金班底，还做到了升华——球队在克鲁伊夫的率领下继续制霸欧洲足坛，最终在1972—1973赛季实现了欧冠三连冠。

相比于前两冠的波澜不惊，阿贾克斯的这一次晋级历程含金量更高，球队在8强赛遇到了贝肯鲍尔率领的拜仁，"贾府"两回合以总分5：2解决掉对手。这两场比赛即便不能直接左右当年"金球先生"的归属，从"双骄争霸"的角度来看，也算是意义非凡的比赛。其后阿贾克斯又在半决赛中淘汰皇马，在决赛中小胜尤文，成为那个时代的超级霸主。

克鲁伊夫自然还是当仁不让的绝对核心，虽说进球数与过去相比有些下滑，但在科瓦奇治下的他愈发全能，把更多的精力放在串联队友上，扮演统帅的角色，帮助球队一路击溃强敌完成霸业。与之前稍有不同的是，他在下半年选择离开球队，追随恩师米歇尔斯去了巴萨。

彼时的"红蓝军团"（巴萨的绰号）正在谷底，十余年无缘西甲冠军不说，克鲁伊夫去的时候甚至排在西甲降级区。不过荷兰人通过三个月的努力，就将球队带到了争冠集团，这给他争夺金球奖增添了很重的砝码。最终他毫无悬念地第二次获得金球奖。

不过其他位次的竞争格局稍有变化，尽管拜仁蝉联了联赛冠军，但欧冠赛场上的惨败影响很大。盖德·穆勒依旧凭借联赛中33场36球的表现拿到第3名，贝肯鲍尔则掉到了第4名。而在他们身前则出现了一个意大利新人。

迪诺·佐夫被认为是足球历史上最伟大的门将之一，作为身高1.85米的非"大型门将"，他的特点是无短板、门线技术扎实且具备领袖才能。不过他的职业生涯并非一帆风顺，不仅早年效力乌迪内斯与那不勒斯等二线球队拿不到什么冠军，在国家队还长期被恩里克·阿尔贝托西压制，只能充当替补。

他的生涯转折点在1972年加盟尤文之后，其地位开始扶摇直上，他也坐稳了意大利国家队首发的位置。佐夫是一名真正的"铁人"，生涯最后16个意甲赛季15次全勤，在尤文效力的11个赛季更是打满330场联赛，其稳定性令人惊叹。

1973年佐夫迎来了个人的"高光"时刻，他先是率领尤文杀进了欧冠决赛，而且队内中前场核心阿尔塔菲尼、罗伯托·贝特加与弗朗哥·考西奥等人或老或小，难以撼动他的地位。这个欧冠亚军对他的加持很大，不过他在国家队层面也同样出彩。

在整个1973年，佐夫代表"蓝衣军团"在超过12场比赛、长达1143分钟中一球未丢，零封纪录一直延续到1974年世界杯。最终被海地队球员打破"金身"，那已经是1974年世界杯小组赛的事情了。结果揭晓，他荣膺金球奖第2名，成为门将球员的传奇。要知道除了雅辛之外，只有佐夫和詹路易吉·布冯（2006年）两位门将跻身过金球奖前两名，奥利弗·卡恩、伊戈尔·卡西利亚斯与曼努埃尔·诺伊尔等名角都未曾做到。

小年的另外两个杯赛也值得关注，特别是门兴与利物浦之间的联盟杯决赛，可谓是后来欧冠厮杀的预演。不过最终获胜的"红军"延续了"靴室"传统，始终以香克利等人为掌舵者，球员之中还没有太过出众的人物，那时候的凯文·基冈也仅满22岁。输球的门兴竞争力自然下滑，内策尔最终勉强挤进前10名，已经算不错的结果。

1973年金球奖排名 Top5

排名	球员	年龄	总得分
1	约翰·克鲁伊夫	26	96分
2	迪诺·佐夫	31	47分
3	盖德·穆勒	28	44分
4	弗朗茨·贝肯鲍尔	28	30分
5	比利·布莱姆纳	31	22分

1974年　绝代双骄

如果要评选足球历史上最伟大的一年，那么1974年一定榜上有名，"绝代双骄"在这一年终于迎来了生涯决战，还是在世界杯决赛如此重要的舞台上。从金球奖的层面考量，一场定胜负似乎在情理之中，然而事情的波折与发展，出乎了很多人的预料。

当年的世界杯预选赛（下文简称世预赛），荷兰队的晋级历程极为不顺，球队在和比利时队的生死战中，靠着对手一个被取消的进球才勉强挤进了正赛。但这样一支浴火重生的"橙衣军团"，随即震撼了全世界。

在世界杯正赛的赛场上，荷兰队将"全能足球"的优势体现得淋漓尽致，特别是与南美洲两强乌拉圭队、阿根廷队的比赛，仿佛是跨时代的对决。对手还在一板一眼地准备施展技术，荷兰队球员却用旋风般的跑动和令人窒息的压迫打法，让对方连通过半场都极其困难，多回合连续进攻的方式，逼得对手喘不过气来。最终荷兰队连克乌拉圭队、阿根廷队与巴西队这"南美洲三强"，顺利杀进决赛。克鲁伊夫还上演了戏耍门将与"飞翔的荷兰人"两大经典进球画面，各方面的曝光量早已到达峰值。

从前面的比赛观感上来说，"橙衣军团"完全领先了时代，不仅是夺冠的最大热门球队，还被认为重新定位了足球的发展方向。尽管前些年阿贾克斯的表现足够震撼，但世界杯的影响力无与伦比，这一次，足球世界真正变天了。

反观联邦德国队，作为欧洲杯冠军和世界杯东道主球队，球队内部却出现了动荡局面。球员在赛前因为比赛奖金没谈拢，要罢赛，最终贝肯鲍尔等人出面才平息了内乱。但是开赛之后主力阵容都不确定，甚至连"隔壁"的民主德国队都没战胜，外界的猜疑也随之而来。

不过从第二阶段小组赛开始，主帅赫尔穆特·舍恩开始拨乱反正，扶正了贝恩德·赫尔岑拜因与邦霍夫等人，结合之前的阵容组成了完整的班底。其实联邦德国队的踢法与荷兰队也有类似之处，跑动覆盖能力强，显得相当现代化，只不过没有荷兰队那么激进。最终球队在第二阶段小组赛获得三连胜，有惊无险地进军决赛。

后世关于这场终局之战有着太多渲染，在此并不过多着墨。一个核心点在于，克鲁伊夫面对福格茨的全场防守，多数时间都远离对手的禁区，队友把握机会的能力也不够强，又恰逢状态相对低迷的盖德·穆勒突然灵光闪现，如果不是他的第二个进球遭遇误判，荷兰队最后就不止输一个球了。

按照金球奖评选的惯例，这场比赛就可以判定克鲁伊夫出局，至于联邦德国系那边如何"分配"，那是他们内部的事情。毕竟这一年，拜仁还拿到了德甲冠军和欧冠冠军，"贝皇"的领袖作用依旧，盖德·穆勒包揽了德甲金靴奖和欧冠金靴奖，布莱特纳也展现出远超实际年龄的"大心脏"。然而足球之所以能进步，是因为有时候并不光依靠纸面上的这些荣誉和数据。

这一年的克鲁伊夫，除了获得世界杯亚军之外，只在巴萨拿到了一个西甲冠军，虽然是将球队从谷底捞起，使巴萨拿到了阔别14年的冠军，但是跟联邦德国系比起来微不足道。然而，进步的足球思想在这一年照耀了足球世界。

最终克鲁伊夫以11分的优势（116：105）击败贝肯鲍尔，收获了个人的第三座金球奖奖杯。对此我们只能感叹，那个时代的奖项评委，是真的对足球有着很深刻的理解，他们完全不像今天一样唯数据论、唯荣誉论。因为克鲁伊夫和他的荷兰队引领潮流，踢出了超越时代的足球，他们对球场的空间有着全新的理解，将足球这项运动向前推进了一大步，这不是任何奖杯能够覆盖的，哪怕是大力神杯，所以这一年克鲁伊夫获得金球奖不仅是实至名归的，而且从价值观上来说，他推动了一种正向理念的传达。站在一个绝对高度来看，这次获奖的意义是非同寻常的。

除了"绝代双骄"之外，世界杯冠、亚军成员也有不少收获，布莱特纳凭借技术能力和关键的进球拿到金球奖第4名，内斯肯斯拿到第5名，状态有些下滑的盖德·穆勒拿到第7名（世界杯7场4球）。

世界杯季军波兰队则是本届金球奖意外的亮点，其踢法已经快追赶上时代潮流，完全领先于南美洲的"零敲碎打"。尽管球队核心前锋卢班斯基因伤报销，但在德耶纳的统筹下，球队的攻击线展现出了凶悍的火力。原本是游弋型踢法的格热戈日·拉托突然爆发，他以7球斩获世界杯金靴奖，而左边锋罗伯特·加多查更是展现了极强的突破和助攻能力，最终以5次助攻拿到了世界杯"助攻王"。

金球奖选票也报答了他们，德耶纳获得了第3名，这是当时波兰球员的最高排位。在1994年波兰历史最佳球员的评选中，他也拔得头筹，即便是今天的莱万多夫斯基与其竞争，他们在波兰人民心目中的地位仍不相上下。拉托和加多查分列第6名和第8名，均达到了生涯巅峰。

1974 年金球奖排名 Top5

排名	球员	年龄	总得分
1	约翰·克鲁伊夫	27	116 分
2	弗朗茨·贝肯鲍尔	29	105 分
3	卡奇米尔兹·德耶纳	27	35 分
4	保罗·布莱特纳	23	32 分
5	约翰·内斯肯斯	23	21 分

1975年　推陈出新

克鲁伊夫与贝肯鲍尔领衔的两派势力，激战了五年之久，外围圈层别说冲击金球奖，连撼动基本格局都做不到。从前文已经可以看出，两个派系的垄断力量太过强大，不过这一切在1975年终于发生了改变，而打破旧秩序的居然是一名苏联巨星。

在本章的背景介绍中，已经提到了苏联名帅洛巴诺夫斯基，他是那个时代东欧"全能足球"的践行者。尽管由于环境的封闭性，他不为很多外界球迷所知，但在圈内的地位是公认的。而且在那支与时俱进的基辅迪纳摩队中，就有一位不可多得的天才前锋——奥列格·布洛欣。

他出生在一个体育世家，母亲是短跑运动员，布洛欣继承了她的速度优势。在十几岁的时候，他还处于足球与短跑"双修"的状态，甚至被当时苏联的田径队教练看上。很多人误认为白人选手在短跑项目上毫无竞争力，然而就是这个看上布洛欣的教练，带出了1972年慕尼黑奥运会男子百米冠军瓦列里·鲍尔佐夫。不过布洛欣最终还是选择了足球道路。

身为一名锋线球员，速度自然是重要的优势，他的绝对冲刺能力放眼整个足球历史都是具备竞争力的。更为可贵的是，他与生俱来的球感更是令人叫绝，高速行进中的触感极为柔和，令他的犀利盘带与急停急转都很出色，一系列华丽动作之后的射门更是一箭穿心。布洛欣几乎包揽了苏联足坛历史上所有的"射手王"称号，说他是整个苏联地区有史以来最出色的前锋也不为过。

不过稍显遗憾的是，在"克圣"与"贝皇"二人争锋最激烈的那几年，布洛欣刚刚出道，并没有什么交流的机会。俱乐部层面没能更进一步，苏联国家队还因为苏联与智利当局的分歧，自己放弃了竞争1974年世界杯名额的机会，导致年轻的超新星错过了那届举世瞩目的杯赛。

不过，1975年23岁的布洛欣等来了一生仅有一次的机会，这一年那两位统治者的状态出现了下滑的趋势，而他所在的基辅迪纳摩拿到了优胜者杯的冠军。尽管不是分量最重的欧战冠军，但作为苏联球队第一个欧战冠军，还是极具价值的。

更重要的是，布洛欣全程发挥出色，不仅在优胜者杯决赛中打进一球，在其后的欧洲超级杯中，更是包揽了两回合的三粒进球，帮助球队双杀了欧冠冠军拜仁。这一下让布洛欣声名大噪，俨然成了金球奖的热门人选。再加上代表苏联国家队也有不错的发挥，最终他成功问鼎。

尽管贝肯鲍尔率队卫冕了1974—1975赛季欧冠冠军，但就个人而言，他的光芒完全被布洛欣掩盖。从之前几年的评选我们也能发现，"贝皇"即便如此独特，但在与同级别的锋线球员——哪怕是与自己的队友较量时，都时常处于下风，这一次也不例外。最终他连续两年收获金球奖次席，二度加冕还需要等待一个时机。

至于克鲁伊夫，在加盟巴萨之后受限于球队的整体实力，胡安·阿森西与卡洛斯·雷克萨奇等人能给予他的帮助十分有限。所以在那几年，"克圣"的俱乐部荣誉大打折扣，在非大赛年冲击金球奖的难度很大，最终败给布洛欣与贝肯鲍尔，位居第3名算是合乎情理。

当然即便布洛欣夺魁，这一年的主旋律还是德、荷两大阵营的竞争。拜仁的欧冠冠军帮助球队的门将迈耶首次跻身金球奖前5名；门兴斩获联盟杯冠军，也助力福格茨拿到第4名，海因克斯收获第7名。克鲁伊夫在阿贾克斯的后辈路德·吉尔斯，也身处第6位。总的来说，这是主旋律下极富惊喜色彩的一年，"绝代双骄"对于金球奖的垄断终于被打破了。

1975 年金球奖排名 Top5

排名	球员	年龄	总得分
1	奥列格·布洛欣	23	122 分
2	弗朗茨·贝肯鲍尔	30	42 分
3	约翰·克鲁伊夫	28	27 分
4	贝尔蒂·福格茨	29	25 分
5	塞普·迈耶	31	20 分

1976年 落日余晖

欧洲杯的年份再度来临，舆论最期待的自然还是"克贝"二人再战一次，不过双方的对垒情况发生了些许变化。荷兰队这边基本保留了核心班底，但联邦德国队进入了阵痛期。

1974年世界杯之后，盖德·穆勒与布莱特纳等人，因为与联邦德国足协的矛盾不可调和，选择退出国家队。虽然球队补充了迪特·穆勒这样的生力军，但两位核心球员的缺口是无法弥补的。

从比赛的实际进程来看，联邦德国队一路走来确实不太顺利，最终打进决赛仅收获亚军，球队的最后两场比赛开局都是0∶2落后，靠着坚忍的意志才将比赛拖到最后。从硬实力上来看，这支王朝球队已近黄昏，实力无法与几年前相提并论了。

荷兰队则更为可惜，球员无法控制好自己比赛时的情绪，痛失冲击冠军的大好机会。"橙衣军团"原本在预选赛中淘汰了波兰队、意大利队等劲敌，却在与捷克斯洛伐克队的半决赛中遭遇了突如其来的大雨。

此役中，克鲁伊夫与其他球员的心态有些失衡，踢得非常急躁，靠着对手的一粒乌龙球才勉强打进加时赛。最终一蹶不振的荷兰队被对手连入两球送回了家，克鲁伊夫也错失了最后一次打败贝肯鲍尔的机会，令自己抱憾终生。于他个人而言，大赛年无缘冠军，再结合年龄的因素，也宣告他彻底与金球奖无缘了。

俱乐部层面，贝肯鲍尔率队实现了欧冠三连冠，也算致敬了宿敌克鲁伊夫。在这种情况下，1976年的金球奖自然失去了悬念，31岁的贝肯鲍尔二度当选"金球先生"，不过这只是落日余晖，这一年的金球奖势力划分出现了重大变化，德、荷垄断的时代即将结束。

紧随贝肯鲍尔的第2名伦森布林克，虽然是克鲁伊夫在国家队的"左使"，但前文提到他一直在比利时的俱乐部踢球，与荷兰国内瓜葛不大。在技术特点方面，他可以算作弱化版的克鲁伊夫，也具备单独带队的能力，这一年也是他大放光芒的开始。

1975—1976赛季，他首次率领安德莱赫特杀进了优胜者杯的决赛，并且夺得个人首冠。此后他又连续两个赛季率队打进优胜者杯决赛，还成为杯赛历史最佳射手，几乎可以锁定"优胜者杯之王"的位置。再加上在国家队中的稳定发挥，他拿到金球奖次席也可以理解。

也是在这一年，利物浦大将凯文·基

冈开始崛起，他是一名速度极快且耐力很好的前锋，虽然得分爆发力不及顶级前锋，但身体素质保证了他的下限。当一个颇具"吨位"的选手冲起来且不知疲倦的时候，胜利似乎是注定的。

1975—1976赛季他率领利物浦拿到了联盟杯的冠军，这也是佩斯利执教时代的首个欧战奖杯。球队在晋级过程中还淘汰了克鲁伊夫率领的巴萨，可以说这个冠军含金量十足。而他本人在一个强调团队的集体中也算光彩夺目，最终斩获金球奖第4名。

更令人惊奇的是，同年法国一名21岁的小将异军突起，他在法甲中31场打进22球，并且随同法国队参加了蒙特利尔奥运会。尽管外界此时对他所知不多，但看过他比赛的评委还是将他抬到了第5名的高度。这个少年名叫米歇尔·普拉蒂尼，属于他的时代还很遥远，但是金子很早就会发光。

本年度最后值得一提的是欧洲杯冠军捷克斯洛伐克队，尽管队中的核心是安东·昂德鲁什、安东尼·帕连卡等人，但球队门将伊沃·维克托的发挥有目共睹。作为对他力保球队夺冠的嘉奖，最终他获得了金球奖第3名，对于门将位置来说，这是难得的荣誉。

1976 年金球奖排名 Top5

排名	球员	年龄	总得分
1	弗朗茨·贝肯鲍尔	31	91 分
2	罗布·伦森布林克	29	75 分
3	伊沃·维克托	34	52 分
4	凯文·基冈	25	32 分
5	米歇尔·普拉蒂尼	21	19 分

■ 总结

克鲁伊夫与贝肯鲍尔的时代可谓荡气回肠，尽管两人及其团队瓜分了大多数资源，但相互间的竞争已经让那时的球迷大呼过瘾。足坛第一次出现了两位同时代的巨星持续对抗的局面，这也让"绝代双骄"之名流芳百世，时至今日也被人常常忆起。

而1976年之后，随着"双骄"的逐渐老去，足坛又进入了全新的时代，金球奖的竞争格局会再度洗牌。但是有果必有因，其实未来的一个时代的形势，在本章所述的内容中已经可以找到蛛丝马迹，那将是另一番较量的开始。

首位三夺金球奖的球员

　　1974 年，贝肯鲍尔拿到了他能拿到的所有冠军、所有球员能想象到的荣誉：作为拜仁的队长，他率队获得了德甲冠军和欧冠冠军；作为联邦德国队的队长，他率队在慕尼黑击败荷兰队之后，获得世界杯冠军。这三重荣誉的背后，是贝肯鲍尔独树一帜的风格和不俗能力的表现。但是即便如此他仍不足以击败克鲁伊夫。金球奖的评委再次青睐了荷兰人，克鲁伊夫也历史性地超越了迪斯蒂法诺，成为第一个三次夺得金球奖的球员。

第 四 章

1977—1981 年
英德对决时代

细看这 5 年的金球奖榜单，不难发现英格兰与联邦德国的俱乐部占据了主导地位。尽管双方国家队的实力相比于巅峰期都有所下滑，但在"欧洲三大杯"的比赛中，却时常能看到双方俱乐部活跃的身影，这些球队是 4 强赛的常客，晋级决赛也如同探囊取物，因此在很大程度上影响了金球奖的人选。

——引言

在前一章所述的时代（1970—1976年）中，明面上是克鲁伊夫与贝肯鲍尔的"二人转"，但从金球奖的竞争格局来看，他们的背后是荷兰系与联邦德国系两股强劲的力量。那时国家队之间的对抗，主宰了整个时代的进程，而到了本章所述的岁月（1977—1981年），决定足坛走向的势力却变成了俱乐部。

细看这5年的金球奖榜单，不难发现英格兰与联邦德国的俱乐部占据了主导地位。尽管双方国家队的实力相比于巅峰期都有所下滑，但在"欧洲三大杯"的比赛中，却时常能看到双方俱乐部活跃的身影，这些球队是4强赛的常客，晋级决赛也如同探囊取物，因此在很大程度上影响了金球奖的人选。

联邦德国这边的情况，其实在前一章就有详细叙述，拜仁与门兴在欧洲赛场的统治力令人赞叹，但在二者竞争力下降之后，德甲才真正迎来百家争鸣的昌明时代。

从球队的年龄结构上看，门兴从1977年开始走下坡路，随着海因克斯、维默尔与邦霍夫等人的退役或离队，趋势变得愈

发明显。不过球队还是抓住了日薄西山时的最后余晖，拿下1976—1977赛季的欧冠亚军，闯进1977—1978赛季的欧冠4强，于1978—1979赛季第二次拿下联盟杯冠军。如果不是两次遭遇巅峰期的利物浦，球队问鼎欧冠的概率很大。

不过"小马驹"的阵容相对比较均衡，没有极其突出的个人，在这段时间当中，真正处在镁光灯下的也只有丹麦的"足球精灵"阿兰·西蒙森一人。他是那种身材不高大却机动灵活的全能前锋，速度快、技术细腻、双足能力均衡，与门兴主打的攻防转换、快速推进的体系很吻合。尽管个人数据并不耀眼（每个赛季在联赛中大约打进十几球），但踢法还是赏心悦目的。

拜仁这边则告别了以贝肯鲍尔与盖德·穆勒为首的"黄金一代"，不过随着卡尔-海茵茨·鲁梅尼格的崛起，球队仍然保留了一定的竞争力。他是德国足球历史上罕见的拉丁派攻击手，活跃于传统中锋之后、中场球员身前，他的脚下技术在同类球星中算得上出类拔萃，同时具备很强的得分能力，热衷于各种高难度射门尝试，如此球风很容易博得舆论的青睐。同时由

于位置关系，鲁梅尼格也具备了一定的组织能力，堪称"全能战士"。

与此同时，"南部之星"还迎回了短暂效力于皇马的布莱特纳，早年司职左后卫的他，如今凭借出众的脚法与意识，已经成为中场指挥官。

在上述两人的率领下，拜仁依然保有冲击德甲与欧战冠军的能力，尽管与几年前相比不可同日而语，但特定时期的成绩，仍然足以保证队内球员竞争金球奖。

两强之外，其他德甲球队也在各条战线上发挥出了高水平，从1977年到1981年，汉堡、杜塞尔多夫、法兰克福都至少杀进过一次欧战决赛。如果将条件放宽到半决赛，科隆、柏林赫塔、斯图加特与杜伊斯堡等球队则榜上有名。德甲球队甚至包揽了1979—1980赛季联盟杯的4强，前一个赛季也占据了4强中的3个席位，这样的垄断力甚至可以和十余年后鼎盛的意甲相提并论。

从金球奖的角度考量，其中部分球队也有巨星坐镇。汉堡在资方的支持下，于1977年夏天挖来了当时英格兰头牌球星凯文·基冈，他原本就是金球奖热门人物，有了成绩的加持更是如鱼得水。科隆这边则发现了一块块宝，那就是18岁出道使惊艳众生的贝恩德·舒斯特尔。

他是一名令人羡慕的中场天才，拥有出众的身体条件、远超国内其他球员的技术能力，在攻守两方面都无可挑剔。而且他个人还具备上天赋予的灵性，能够成为运筹帷幄的绝对核心，如果未来他没有拿

到金球奖，那一定是足球世界的错。在很多经历过那个时代的人看来，舒斯特尔是球队中最完美的单后腰，他可以胜任一切位置。后世很多球队采取双后腰模式，是因为再也找不到下一个舒斯特尔。

另外值得一提的是，这一时期亚洲巨星已经开始登陆德甲，并且有着不俗的发挥。科隆接纳了来自日本的边路好手奥寺康彦，他是第一位登陆欧洲足球五大联赛（英甲、西甲、意甲、德甲、法甲）的亚洲球员，并在1978—1979赛季欧冠半决赛中对阵诺丁汉森林打入1球，为后辈树立了标杆。

法兰克福则引进了25岁的韩国天才前锋车范根，他是得分能力极其出众的球员，而且边路与中路都可以胜任。他通过多年努力成为德甲的外籍射手王，在欧战中还帮助球队斩获了1979—1980赛季联盟杯冠军。如果不是近些年孙兴慜的横空出世，车范根依然可以坐稳亚洲足坛第一人的位置。只可惜当时非欧洲国籍球员无法参评金球奖，不然上述两位球星都有挤进大名单的实力。

英格兰这边的情况相对复杂，"三狮军团"缺席了1974年和1978年世界杯正赛，但国内俱乐部一直呈现出高歌猛进的状态。十余年间，像利物浦、诺丁汉森林、利兹联、热刺、狼队、西汉姆联等球队都至少杀进过一次欧战决赛。从1976—1977赛季到1981—1982赛季，英格兰球队更是垄断了欧冠冠军，而且"欧洲之王"利物浦和"奇迹缔造者"诺丁汉森林无论是成

绩还是话题性都居于前列。

不过从金球奖层面考量，英格兰球队与联邦德国球队比起来还是处于弱势。本土球星凯文·基冈大约是从1976年真正起势，但在拿到1976—1977赛季欧冠冠军之后，就被德甲的汉堡以超过原先20倍的年薪挖走了。

后续接替他的肯尼·达格利什，尽管被球迷尊称为"国王肯尼"，但其个人踢球的风格更加团队化，在本就讲究集体性的佩斯利治下，想要一枝独秀的难度太大。除了他以外，当时的利物浦并没有竞争金球奖的潜在人选。

另一支备受瞩目的球队就是诺丁汉森林，但和利物浦一样，球队的核心人物也是主教练。布莱恩·克拉夫可称为当年的"穆里尼奥"，对内以铁腕治军，对外善于在媒体中制造话题，是绝对意义上的"流量担当"。仅靠一帮东拼西凑的球员，居然实现了"乙级冠军—甲级冠军—欧冠冠军—成功卫冕"的四连跳，堪称传奇中的传奇。

这种主教练"一家独大"的模式，自然不利于队内球星争夺金球奖。而且队内草根球员居多，只有特雷弗·弗朗西斯、彼得·希尔顿、马丁·奥尼尔等人算得上知名球星，但他们受限于能力、伤病和位置等因素，即便荣誉等身，也很难在金球奖榜单中跻身更靠前的位置。

以上就是本章所述的时代背景，在俱乐部赛事主导的年份下，再结合国家队大赛的背景，接下来将对各年金球奖榜单进行详细分析。

1977年 北欧独苗

克鲁伊夫与贝肯鲍尔的争斗硝烟散去，又逢环境相对凋敝的奇数年，俱乐部的成绩自然在金球奖的评选中占据主导，而这一年属于登峰造极的利物浦。自1974年香克利突然离任之后，其同门挚友佩斯利不仅迅速稳定了军心，而且只花了三年时间，就将球队带到了从未有过的高度，"欧洲之王"也正是从1976—1977赛季开始启航。

"靴室"一脉始终有别于多数英格兰球队，其提倡所谓的传跑踢法，更讲究地面配合而非高空轰炸。但在香克利执教时期，"红军"对于边路和高空球的依赖还是很大的，无论采取什么阵形，都无法突破时代的局限性。

不过在佩斯利接手之后，作为球队多年的战术设计师，他着手打造一套更加"大陆化"的"442"体系。球队不再重用英式高位边锋，而是增加了内切之后的游弋组织，更多选择在肋部组织串联，同时中场的控制力也有所增强，对比赛的掌控要好于"香帅"时期。

球队头牌凯文·基冈也正是从"佩帅"接手后开始步入巅峰，他与约翰·托沙克在锋线上组成了著名的"一高一快"组合。两人的配合异常默契，基冈有速度和冲击力，而且可以不停地跑动穿插，托沙克则扮演了"桥头堡"的角色，帮助队友攻击对方的要害。

1975—1976赛季，利物浦收获了联赛冠军与联盟杯冠军，而之后的一个赛季才是征服欧洲的时刻。这个赛季球队三线全面迸发，大有成为英格兰首支"三冠王"球队的架势。最终利物浦卫冕了联赛冠军，拿到了队史上首个欧冠冠军，只是在足总杯决赛中惜败曼联，无论从哪个角度来看，这都是一个无比成功的赛季。

从基冈的个人角度来看，当赛季他的联赛输出（38场12球）和欧冠输出（8场4球）都很稳定，即便不考虑后半年的表现，拿到金球奖似乎是板上钉钉的事情。更为重要的是，利物浦在欧冠决赛中击败的，正是基冈最大的对手阿兰·西蒙森率领的门兴，然而最终的金球奖票选结果，却出乎了多数人的意料。

西蒙森以3分的优势（74∶71）力压基冈成为1977年的"金球先生"，一时间引发舆论热议。客观来说，"北欧精灵"这一年的发挥也很出色，在海因克斯等人"廉颇老矣"的情况下，他作为核心球员率队实现了德甲三连冠，拿下了欧冠亚军，再结合个人数据，受到追捧也是合乎情理的。

但问题就在于，他跟基冈比起来还是稍显逊色，无论是荣誉还是个人发挥，都在对方之下。虽然基冈因为年中转会汉堡，产生了数月的磨合期，以及在欧洲超级杯中0∶6惨败老东家利物浦，拉低了印象分，但也不至于会败给西蒙森。在后来对基冈本人的采访中，他也对这一年的结果相当不满，如果不是后来的进程天遂人

愿，这可能成为他心中一生的芥蒂。

其他靠前的位次，倒没有利物浦与门兴两队的球员，毕竟他们的硬实力还没有达到这个级别。位列第3名的是普拉蒂尼，尽管彼时他仍在法甲南锡效力，没有奖杯和欧战履历的加持，却依靠自己光彩夺目的发挥，以及相当可观的数据（38场25球），被评委捧到了未来欧洲第一新锐的位置。

第4名罗伯托·贝特加则是当时意大利最全面的攻击手，自身实力远超知名度。他的结合球水准、速度以及抢点能力累加起来，在"蓝衣军团"的历史上也是出类拔萃的，属于在锋线上可以胜任多个位置的球员，其犀利程度令对手后卫胆寒。

1976—1977赛季，他作为球队的绝对核心，帮助尤文拿到了意甲与联盟杯的双冠，个人的发挥也相当出色，特别是在联盟杯贡献了12场5球的数据，还打进了决赛第二回合锁定胜局的客场进球。如果未来球队的成绩更进一步，他甚至能够成为"金球先生"的最热门人选之一。

克鲁伊夫这一年在巴萨的表现中规中矩，不过因为率领荷兰队挺进世界杯正赛（后退出国家队），他还是收获了第5名的好成绩，这也是一代宗帅在镁光灯下的绝唱了。他的著名"僚机"、前一年高居金球奖榜单次席的伦森布林克，由于在优胜者杯决赛中输球，掉到了第6名。如果想要登上最高峰，他还得等来年的机会。

排名	球员	年龄	总得分
1	阿兰·西蒙森	25	74分
2	凯文·基冈	26	71分
3	米歇尔·普拉蒂尼	22	70分
4	罗伯托·贝特加	27	39分
5	约翰·克鲁伊夫	30	23分

1977 年金球奖排名 Top5

1978年　"三无先生"

世界杯年到来了，不过金球奖的悬念，在比赛还没开始之前，就被抬到了一个全新的高度。前一年的状元和榜眼所在球队都没有入围决赛圈，如果说丹麦队是因为刚解除禁令（此前职业球员不得入选国家队）还在适应期，还情有可原；英格兰队连续两次无缘世界杯正赛，实在让人大跌眼镜。

虽然金球奖头两个热门人选无缘世界杯，但当比赛结局尘埃落定的时候，"金球先生"的归属还是显得扑朔迷离。前三名中冠军与季军都是南美洲球队，亚军荷兰队的克鲁伊夫没来参赛，真正算得上当打之年的巨星的，也只有伦森布林克一个人。

尽管他本人在本届世界杯发挥不错，面对伊朗队还上演了帽子戏法，但在本届5个进球中有4个点球，多少还是缺乏一些说服力。不过考虑到在此前的优胜者杯决赛中，伦森布林克梅开二度帮助球队夺

冠，在世界杯的发挥也一直不错（7场5球），结合来看，他依然算是金球奖的热门人选之一。

世界杯4强另一支劲旅意大利队，属于典型的多核球队，前场"三叉戟"贝特加、保罗·罗西与弗朗哥·考西奥虽然极为犀利，运动能力处在巅峰期的三人频繁穿插，进攻火力堪称本届世界杯之最，但真到了票选的时候，他们势必会出现分票的情况，更何况防线上的队友安东尼奥·卡布里尼等人也有着不俗的发挥，这都是"蓝衣军团"的"劣势"。

国家队大赛无法成为金球奖的决定性因素，欧冠的重要性自然被抬了上来，但1977—1978赛季欧冠的冠军依然是利物浦，只不过球队核心从基冈换成了达格利什。前文提到"国王肯尼"的踢法更加注重团队，虽然他拥有不俗的得分能力，但更愿意扮演不徐不疾的组织者，在禁区附近看似漫不经心的组织，却经常能送出穿透性传球。

这种踢法导致他在利物浦球迷群体以外的存在感并没有其他巨星那么强，虽然他这个赛季在欧冠决赛中打入唯一进球，但也很少有人把他与"金球先生"联系起来。而且在世界杯上，他与苏格兰队的发挥也只能算中规中矩，爆冷击败荷兰队的比赛，焦点人物也不是他，所以"国王肯尼"的情况也不是很乐观。

在扑朔迷离的情况下，最终金球奖的得主出乎大多数人的预料，甚至比前一年更加"惊悚"。新的"金球先生"名叫凯

文·基冈，就是那个前一年功败垂成，而这一年没参加世界杯、在俱乐部零荣誉、总进球数也不过十几个的球员。时至今日，他也是历史上唯一在获奖时没有参加过世界杯的金球奖得主。

从最开始的一段时间看，基冈加盟汉堡是彻头彻尾的错误，他对一切都不适应。整支球队的氛围也不好，他在教练、队友中显得格格不入，仿佛这个高傲的英国佬，除了挣钱多外一无是处。在一场友谊赛中，情绪失控的基冈甚至与对手厮打起来，遭到了禁赛8场的重罚。

不过从1978年春天开始，球队的情况有了转机，门兴前名宿内策尔退役之后，成了汉堡的体育主管。他找来了之前带领贝肯鲍尔等人创造辉煌的南斯拉夫名帅布兰科·泽贝茨执教，基冈也在"拨乱反正"后逐步找到了状态。

从1978—1979赛季开始，基冈有了明显的复苏趋势，特别是临近金球奖颁奖日期的时候，连续打进了几个精彩的进球，赚了不少印象分。但无论从哪个角度来看，1978年的基冈，与"金球先生"这个头衔都不能画等号，如果说是为了弥补前一年，那么金球奖的公信力将备受质疑。事实也正是如此，那段时间官方承受了巨大的压力，再这样下去，二十多年积累的威望可能付诸东流。

结果公布后，最绝望的应该还是伦森布林克，基冈作为"三无选手"都能获奖，前者在世界杯决赛常规时间的绝杀球如果进了，故事肯定就是另一个结局了：

他将率领"橙衣军团"首夺大力神杯，个人也将荣膺金球奖，成为克鲁伊夫之后荷兰的"第二球王"。只可惜这些都是梦境中的幻象，事实上他只拿到了这一年金球奖榜单的第3名。

第2名最终归属于奥地利的汉斯·克兰克尔，他是极为优秀的射手，被认为是继马特西亚斯·辛德勒之后奥地利的最佳球员。世界杯上他与中场核心赫伯特·普罗哈斯卡一起，率领奥地利队闯入了第二阶段小组赛，并且3∶2击败了宿敌联邦德国队，打破了47年不胜对手的魔咒，在奥地利被称为"科尔多瓦奇迹"。

克兰克尔在比赛中先是凌空抽射打入一球，随后又在左路施展"一条龙"奔袭破门。考虑到他当时还在奥地利足球联赛效力，影响力十分有限，在世界杯上的发挥（6场4球）特别是击败联邦德国队的表现，是他最终位列金球奖榜单次席的主要原因。

意大利队的"双杰"贝特加与罗西分获第4、5名，考虑到分票的情况，这是意料之中的结果。不过值得强调的是，部分球迷通过1982年之后的比赛，认为罗西只是无球能力强、靠嗅觉支撑的"偷猎者"，实际上在1980年之前，巅峰期的罗西持球时冲击力十足，而且与队友的跑动换位极为频繁，对对手防线的威慑力比之后强很多。其他位次的球员没有值得过多介绍的，这样一个足球大年却草草收场，着实令人遗憾。

1978 年金球奖排名 Top5

排名	球员	年龄	总得分
1	凯文·基冈	27	87 分
2	汉斯·克兰克尔	25	81 分
3	罗布·伦森布林克	31	50 分
4	罗伯托·贝特加	28	28 分
5	保罗·罗西	22	23 分

1979年　实至名归

这是真正属于基冈的一年，在球队走上正轨之后，他的个人能量也彻底得到释放。1978—1979赛季，基冈在34场德甲比赛中打入17球，此前他在利物浦从未达到过如此的高度。最终他率领汉堡拿到了队史上第一个德甲冠军（不统计1963年之前的分区联赛），这是弥足珍贵的冠军，要知道在曾经辉煌的乌韦·席勒时代，球队都与此无缘。

冠军拿了，进球数多了，金球奖自然再度向基冈招手，这一次算是实至名归，他也洗刷了过去两年的冤屈。当然汉堡这支球队也值得一提，在体育主管内策尔上任之后，球队从教练到阵容都完成了更迭，锋线上的霍斯特·赫鲁贝施，中场的费利克斯·马加特（即后来的德国名帅），防线上的曼弗雷德·卡尔茨，都是"金球先生"的得力助手。

这其中最值得关注的还要数卡尔茨，他是脚法极为出众的边后卫，在大卫·贝

克汉姆成名之前，可以算是"香蕉球"的集大成者。在德甲球队中，他的传中球总是兼具美感与威胁，这一年卡尔茨也凭借出色的发挥，斩获金球奖第4名。

当然汉堡系仅靠一个联赛冠军，就能在金球奖榜单中如此强势，还因为当年"欧洲三大杯"的情况比较惨淡。欧冠中诺丁汉森林虽然上演了奇迹，但球队阵容中"星味"不足，能够打响名号的弗朗西斯，还因为伤病问题长期缺阵，而仅靠欧冠决赛中的进球是难有竞争力的。

联盟杯这边，西蒙森与福格茨又一次率领门兴夺冠，但此时的球队早已不复当年之勇，收获冠军算是落日余晖。再结合个人的发挥来看，西蒙森也不可能再去竞争金球奖。优胜者杯的冠军归属于巴萨，但克兰克尔、卡洛斯·雷克萨奇等人，虽然都能算得上一号人物，却不可能站在世界之巅。

事实上这一年"欧洲三大杯"捧出的球星，最终连金球奖前5名的门槛都没摸到。第2名的鲁梅尼格，迎来了属于自己的拜仁时代，尽管球队还未能斩获重要冠军，但他已经从"黄金一代"的小弟，成为独树一帜的扛旗者，并获得了评委的认可。第3名的克罗尔，是那个时代荷兰系的现象级左后卫，生涯中后期开始主打自由人的位置，1978—1979赛季帮助阿贾克斯收获国内双冠，结合他的个人能力，跻身前3名没有问题。

年轻的普拉蒂尼依然延续着个人的"高光"，这一年从南锡来到圣埃蒂安，尽

管还是难以在最高的舞台上展现自己，但他的禀赋依旧支撑他收获第5名。保罗·罗西在这一年的表现算是中规中矩，从意甲保级队维琴察到争冠队佩鲁贾的转换，也昭示着他的未来，位列第6名只是暂时的，到20世纪80年代可能会有所不同。

欧冠冠军诺丁汉森林的头牌弗朗西斯仅位列第7名，不过与他并列的利亚姆·布拉迪倒是值得关注。他是当时阿森纳的中场核心，出众的球技让人看不出这是来自爱尔兰的球员，他率领"枪手"（阿森纳的绰号）在1978—1979赛季足总杯决赛中3∶2绝杀曼联夺冠，缔造了足总杯百余年历史上的一场经典决赛，他个人也就此蜚声海外，最终成为爱尔兰足坛历史上的最佳球员，甚至没有"之一"。

1979 年金球奖排名 Top5

排名	球员	年龄	总得分
1	凯文·基冈	28	118 分
2	卡尔–海茵茨·鲁梅尼格	24	52 分
3	鲁德·克罗尔	30	41 分
4	曼弗雷德·卡尔茨	26	27 分
5	米歇尔·普拉蒂尼	24	23 分

■ 1980年　德系爆发

到了欧洲杯年，联邦德国队的球员迎来了爆发点，虽说联邦德国队的整体实力比前几年下滑不少，但稳定性依然是其他欧洲强队难以比拟的。如今这支球队的领袖换成了无坚不摧的鲁梅尼格，他的身后则站着20岁的天才球员舒斯特尔，防线上汉斯·彼得·布里格尔、卡尔茨、乌利·施蒂利克、托尼·舒马赫等名角，也都是值得大书特书的。

尽管主力前锋克劳斯·菲舍尔因伤缺阵，但联邦德国队的战斗力依然不容小觑。在鲁梅尼格的支援下，克劳斯·阿洛夫斯与赫鲁贝施两名前锋都找到了感觉，前者对阵宿敌荷兰队上演帽子戏法，后者则在决赛中梅开二度，帮助球队最终捧杯。

如果论功行赏的话，鲁梅尼格自然是核心人物，尽管这届欧洲杯中他不像在拜仁那样倾向于得分，但在场上的作用显而易见，这样的串联位置极其重要，一般只有球队的绝对核心才能胜任。当然在夺冠的历程中，舒斯特尔的光芒也是难以掩盖的。

这位天生的帅才，面对大场面毫不怯场。由于1980年欧洲杯的特殊赛制，小组赛中面对荷兰队的比赛几乎就是生死战，赢了晋级决赛，输了就很有可能铩羽而归。舒斯特尔在本场比赛的发挥，不亚于历史上任何一位中场大师，你很难想象一个少年拥有如此运筹帷幄的能力，他的梳理组织、盘带过人乃全拦截与射门，都让人印象深刻，几乎以一己之力摧毁了"橙衣军团"的信心，帮助球队拿到了至关重要的胜利。

在金球奖的最终评选中，鲁梅尼格毫无悬念地捧起奖杯，20岁的舒斯特尔紧随其后，这算是对二人最好的褒奖。特别是对于后者来说，未来只要正常发展，依托国家队以及豪门俱乐部，他成为"金球先生"似乎只是时间问题。他们的冠军队友，赫鲁贝施、汉斯·穆勒、卡尔茨也都位列前10名，联邦德国的球员迎来了大丰收。

欧洲杯的亚军比利时队也有收获，此时的"欧洲红魔"（比利时队的绰号）尽管没有了老队长范希姆斯特，但球队上升的势头肉眼可见。锋线"尖刀"换成了23岁的扬·瑟勒芒斯，他的锐度令人胆寒，冲击型的踢法让很多球队饱受折磨，闻风丧胆。而在他的身后，35岁的中场老球员威尔弗雷德·范莫尔掌控全局，两人一张一弛地将球队带进了欧洲杯决赛，并双双入围金球奖前5名。

稍显遗憾的是在欧洲杯之外，"欧洲三大杯"与1979年一样疲软，很难捧出令人印象深刻的巨星。欧冠中诺丁汉森林卫冕成功，球队还是集体主义当道，不可能涌现突出的巨星；基冈虽然把汉堡带进了欧冠决赛，但个人整体发挥比起前一年有所下滑，球队也没有冠军入账，自然失去了竞争力。

联盟杯决赛法兰克福击败了门兴，队中像车范根、贝恩德·赫尔岑拜因等人，显然也不可能是"金球先生"的角逐者。至于优胜者杯决赛，阿森纳与瓦伦西亚踢得相对沉闷，利亚姆·布拉迪在点球大战中失手，目送瓦伦西亚夺魁，他个人也只能在金球奖榜单中位列第8名，比之前还有所下滑。

真正稳定的还要数普拉蒂尼，他在加盟国内劲旅圣埃蒂安之后，保持了稳定的输出。更为重要的是，这一年他首次踏上了欧战的赛场，并且贡献了7场5球的数据。金球奖评委从来不吝惜对这位天才少年的欣赏之情，这次再度把他投到了第3名，他的未来肯定是一片光明。

1980 年金球奖排名 Top5

排名	球员	年龄	总得分
1	卡尔－海茵茨·鲁梅尼格	25	122 分
2	贝恩德·舒斯特尔	21	34 分
3	米歇尔·普拉蒂尼	25	33 分
4	威尔弗雷德·范莫尔	35	27 分
5	扬·瑟勒芒斯	23	20 分

1981年 继续主宰

虽然国家队大赛的硝烟散去，但这一年仍是联邦德国的球员主宰欧洲足坛，统治力比之前有过之而无不及。鲁梅尼格迎来了自己的巅峰期，他率领拜仁蝉联了德甲冠军，自己也收获了第二座德甲"小钢炮"（34场29球），尽管球队在欧冠半决赛中惜败利物浦，但并不影响他个人的声望。

另外在这一年的世预赛中，鲁梅尼格也展现出了不俗的发挥，他在3场比赛中独进8球，还包括"背靠背"上演帽子戏法。联邦德国队以全胜战绩挺进1982年世界杯正赛。鲁梅尼格也靠着双线的超强发挥，顺理成章地蝉联了"金球先生"，其他对手暂时无法对其构成任何威胁。

第2名的布莱特纳，此时早已转型为中场球员，他不仅在拜仁队内辅佐鲁梅尼格，还在挚友的劝说下重返了联邦德国队。要知道自从1975年与有关方面彻底闹掰以后，布莱特纳已经远离国家队6年之久，此番回归令人欣喜。事实上他的脚法与意识早在多年前就已经得到了大众的认可，作为贝肯鲍尔之外的第二出球点，20岁出头的他就已经是金球奖前5名级别的选手，如今老来重返巅峰，着实令人欣慰。

第3名的舒斯特尔，在1980年欧洲杯后转会去了巴萨，但他的发挥没有受到影响。那时的"红蓝军团"整体实力有限，想在西甲或者欧冠等舞台上问鼎稍显困难，但舒斯特尔还是帮助球队拿到了国王杯的冠军，争取到了来年参加优胜者杯的资格。考虑到他始终如一的高水平发挥，跻身前3名也很正常。这是联邦德国球员继1972年之后再度包揽金球奖前3名，他们的实力可见一斑。

"欧洲三大杯"的颓势还在继续，这也成了1980年前后的常态。利物浦重新拿到了欧冠冠军，但达格利什居然连金球奖榜单的前20名都进不去，防线核心阿兰·汉森更是无从寻觅。联盟杯这边伊普斯威奇很强势，但英格兰球队依旧延续了"队强人不旺"的特点，多次打入关键球、被视为"进球机器"的中场球员约翰·沃克，在率队拿下冠军之后仅排在第9位，令人唏嘘不已。在优胜者杯上，第比利斯迪纳摩与卡尔蔡斯耶拿两支黑马球队会师决赛，最终前者问鼎，拉马兹·申格利亚与亚历山大·奇瓦泽分列第7、8位。

不过苏联这边最大的惊喜，还要数布洛欣跻身金球奖榜单第5名，这也是他自1975年夺魁之后的最高名次。这一年他在俱乐部没什么值得大书特书的成就，但是在世预赛中的关键进球，帮助苏联队在12年后重回世界杯正赛，显得异常珍贵，也博得了评委的印象分。毕竟在1974年与1978年的两次失意之后，他已经年过三旬了，没有多少时光可以蹉跎。

"前五收割机"普拉蒂尼依然稳定如初，他在圣埃蒂安收获了自己的第一个法甲冠军，也巩固了金球奖第4名的位置。自从他1976年杀入榜单前列之后，如此稳定却不登顶的表现令人五味杂陈。也许法国这片土壤不够肥沃，瑰宝般的"普天王"（普拉蒂尼）还需要另谋生路，不过那是下一个时代的故事了。

1981年金球奖排名 Top5

排名	球员	年龄	总得分
1	卡尔·海茵茨·鲁梅尼格	26	106分
2	保罗·布莱特纳	30	64分
3	贝恩德·舒斯特尔	22	39分
4	米歇尔·普拉蒂尼	26	36分
5	奥列格·布洛欣	29	14分

总结

这一段英格兰与联邦德国双方俱乐部争霸的岁月，英系球队在成绩上占据上风，连续五次欧冠夺魁令人印象深刻。但球员个人却显得星光黯淡，在与对手的金球奖角逐中长期处于下风。就连本土头牌凯文·基冈，还是在德甲效力时斩获至尊荣耀，不失为一种黑色幽默。

总体来说，这是一段黄金期之后的过渡阶段，不曾出现克鲁伊夫、贝肯鲍尔那般震古烁今的巨擘，却也在百花齐放中延续着足球的香火。这样的"空窗期"，往往都在孕育着一股力量，待到未来喷薄而出，那便是又一个足坛盛世。

"第四圣人"

在 1979 年金球奖评选中，共有 26 名评委选择了基冈，而且在 26 名评委中，有 18 人将基冈放在了第一人选的位置，6 人放在第二人选，2 人放在第四人选。总分 130 分，基冈得到 118 分，平均下来每个评委给了他 4.54 分。从这次选举中至少可以看出三件事：第一，基冈没有任何竞争对手，这是很明显的。这对基冈个人是好事，但是就整体大局来看，多少有些遗憾；第二，1979 年并不是精彩的一年，不管是从比赛、进球还是戏剧效果方面都是如此；第三，拉丁派足球在欧洲足坛派系中全面溃退，而欧洲足坛呈现三大势力：联邦德国、英格兰和荷兰。拿到这个金球奖之后，基冈就与三位神圣的人物齐名：迪斯蒂法诺（1957 年、1959 年）、克鲁伊夫（1971 年、1973 年、1974 年）和贝肯鲍尔（1972年、1976 年）。

Ballon d'Or

第 五 章

1982—1986 年
觉醒——三连加冕

从 1956 年金球奖创立以来，还没有哪一名球员实现过"三连庄"，即使在 1958 年迪斯蒂法诺没有被剥夺评选资格，要想完全击溃科帕也是有困难的。不过时间到了 1985 年，金球奖终于迎来了新的历史时刻，率领尤文首夺欧冠冠军的普拉蒂尼，连续三午蝉联"金球先生"，成为这个时代欧洲足坛的王者。

——引言

从此前两章所述的情况可以看出，进入20世纪70年代之后，英格兰与联邦德国的俱乐部表现极为亮眼，也左右了特定年份的金球奖格局。细心的球迷朋友肯定会注意到，曾经辉煌的意甲，那个米兰城与都灵城交相辉映的时代，似乎一去不返了。

从纸面数据来看，传统的欧洲四大联赛（西甲、德甲、意甲以及英甲）在20世纪70年代的境遇天差地别，在英甲与德甲制霸欧洲足坛的阴影之下，西甲依靠克鲁伊夫领衔的荷兰系，尚能搅动一方天地，他本人的后两个金球奖也是以巴萨球员身份拿下的。反观20世纪60年代雄踞一方的意甲，在里维拉、法切蒂这代人老去之后，在金球奖榜单中的竞争力大不如前，显得有些落寞。

事实上意甲兴盛与衰落的原因非常直观，作为欧洲最早大规模引进外援的主流联赛，其对于这批人的依赖程度是非常高的。在1929—1930赛季意甲成立初期，由于当局收紧政策，明面上禁止了外援参赛，一些"灵活"人士就从南美挖来大批意大利后裔，既不违反联赛规则，也带来

了外在的即战力，那时的联赛与意大利国家队也因此获益良多。

二战之后的意甲，更是迎来了百花齐放的时代。当时很多主流的足球联赛，还有着严苛的工资帽制度（工资限制条款），即便是大牌球星的收入，也与普通球员拉不开差距。而以意甲和西甲为首的联赛，则没有他国联赛那般看似牢不可破的枷锁，以高昂的薪水吸引各地的球星加盟，与本国才俊一起将联赛发展壮大。

尽管西甲那边引入的迪斯蒂法诺与普斯卡什等人名气更大，但要说"广撒网"缔造的繁荣，意甲这边可谓是独一档的存在。只要其侦测到哪里有足球天才，招至麾下似乎就只是时间问题，例如，1948年奥运会上扬名的瑞典队"三叉戟"与丹麦队"三天王"，很快就被AC米兰与尤文瓜分，并引领了那几年意甲争冠的主旋律。

后期意甲各队的野心与日俱增，阿根廷队在1957年美洲杯上发挥出色，意甲就把西沃里、安杰利洛与马斯基奥三员大将"打包"购入，将来他们还能代表意大利国家队出战。彼时已经崭露头角的巴西队，像儒利尼奥这样的"表演型"天才，

最终的目的地也是意甲的佛罗伦萨。

周边受到工资上限影响的足球强国，其知名球星也很容易被意甲的高薪诱惑。例如当时英格兰队的顶级射手吉米·格里夫斯、苏格兰队的超新星丹尼斯·劳以及联邦德国队的后防全能王施内林格，都在黄金期转投意甲，足以看出当时意甲无与伦比的魅力。

与此同时，随着里维拉、法切蒂、桑德罗·马佐拉、里瓦等本土球星的成长，整个亚平宁半岛显得生机勃勃。他们不光在20世纪60年代捧出了两位"金球先生"，更是在金球奖的竞争中长期占据核心地位，不过辉煌的岁月随着一纸禁令戛然而止。

意甲大批量引进外援，固然在短期内增强了各支球队的实力，但管理难度也是可以想见的。特别是南美球员的大量涌入，在一定程度上破坏了联赛的环境，当他们代表意大利队出战的时候，代表的就是意大利的形象。1962年世界杯就是事态崩盘的导火索，整届比赛差点成了"武斗大会"，意大利队与智利队那场臭名昭著的"圣地亚哥之战"，更是成为足球历史上永远的耻辱。

在这届世界杯之后，国际足联全面禁止了归化球员，意大利足协方面也痛定思痛，着手考虑禁止外援参加本国联赛。在几年的酝酿之后，借着1966年世界杯输给朝鲜队的"东风"，亚平宁半岛彻底对外籍球员关上了大门，由此开始了近15年的低潮期。

其实在漫长的低潮期中，意大利并非没有出众的球员，锋线上的贝特加与保罗·罗西、防线上的"门神"佐夫、顶级清道夫加塔诺·西雷阿、"盯人之王"克劳迪奥·詹蒂莱与"伟大的左后卫"卡布里尼，都算得上顶尖人物。当意大利队在国际大赛中（1978年世界杯和1980年欧洲杯）取得好成绩时，金球奖榜单的前列，也会出现他们的身影。

然而致命的问题在于，意甲不允许外援加盟，导致各支球队的竞争力明显下滑，除了尤文这种近乎全员国家队的班底，其他球队在欧战中的疲软是可以预见的。非国家队大赛年，"欧洲三大杯"的参考价值还是很大的，意甲球队长期无法再诞生一位"金球先生"，也就在情理之中了。

不过随着时间的推移，曾经的伤痕逐渐淡化，球星跨越国界的交流变得愈发普遍，很多俱乐部也借助强力外援取得成功，意大利足协自然将这些看在眼里。1980年春天，有关方面成功肃清了足球彩票引发的"托托内罗"假球案，勒令涉案的AC米兰与拉齐奥两队降入乙级，保罗·罗西等球星被长期禁赛。在大力度整顿联赛的同时，外援禁令也被解除，颇有些"打扫干净屋子再请客"的意味。

虽说一开始意甲各队的外援名额只有两个，但对于深谙此道的亚平宁诸强来说，一出手便是惊天动地的买卖，英格兰与联邦德国的俱乐部加起来恐怕都望尘莫及。从1980年到1984年，短短的5年时间中，意甲的外援水准不仅达到了禁令前的巅峰水准，甚至有明显的逾越趋势。

从前文的叙述也可以看出，这一阶段意甲各队不缺锋线和防线上的人才，中场核心方面却有重大缺口，于是各队的引援也很有针对性。马拉多纳、济科、保罗·罗伯特·法尔考、苏格拉底、普拉蒂尼、鲁梅尼格、格雷姆·索内斯、利亚姆·布拉迪、赫伯特·普罗哈斯卡这些欧美最优秀的中场球员，在短时间内都涌入了亚平宁半岛，他们是当时世界上最出众的一批巨星，几乎代表了那个时代足球的最高水平。

而且当时意甲各家俱乐部的购买力相当均衡，不光是传统的"北方三强"出手果断，像那不勒斯、乌迪内斯、桑普多利亚与佛罗伦萨等球队，也能拿下马拉多纳、济科等传世巨星，各支球队彼此争霸的联赛，水准之高是可以想见的。而从金球奖的角度考量，天平也慢慢开始远离英甲与德甲，向意甲倾斜。

从欧洲外援的角度来看，本章所述的时段内（1982—1986年），普拉蒂尼与鲁梅尼格是王中之王，自然也是"金球先生"的最大热门。二者在1982年与1984年先后来到意大利踢球，他们的迁徙极具代表性，凸显了欧洲足球重心南移的过程。

鲁梅尼格的技术风格前章已有提及，而与他同龄的普拉蒂尼，则是完全不同类型的选手。早年由于在法甲效力，他长期在金球奖榜单的高位"陪跑"，而加盟尤文之后，再结合法国国家队的复苏，他成为新时代最有前途的巨星。

在所谓的"殿堂级"巨星之中，普拉蒂尼其实算是异类，他没有出众的盘带能力，持球突破过人并不犀利，与传统认知中的"球王"风格似乎有些出入。但"普天王"有他自己的独到之处，首先是大局观极好，他在球场的任何位置，都能通过意识主导比赛的进程，而且他的传球威慑范围甚至比肩凯文·德布劳内，无论是横跨半场的过顶球，还是中近距离的身后球，都能让防守队员"望球兴叹"。

更为关键的是，作为前锋身后的组织者，普拉蒂尼的得分能力极强。他的脚下与头上功夫都达到了顶级水准，无论是凌空劲射、远距离弧线球，还是门前包抄与头球冲顶，都只是他的"常规武器"。他在巅峰期曾经连续三个赛季拿到意甲金靴奖，在国家队更是经常贡献关键进球，再结合他运筹帷幄的能力，如此这般的攻击手永远是防守方的噩梦。

在以普拉蒂尼为首的一批巨星的加持下，意甲开始全面复苏，也许一段时间内他们还无法居于统治地位，但从最基础的欧战开始，各队的竞争力定会慢慢上升。再结合两年一次的国家队大赛，意大利本土才俊还是有闪光的机会，在经历了20世纪70年代的低谷之后，20世纪80年代的意甲，也许会缔造下一个金球奖盛世。介绍完背景之后，下面照例带来逐年的细致分析。

1982年 罗西归来

按照常理来说，世界杯年的金球奖，应该是鲁梅尼格与普拉蒂尼的"二人转"。前者率领的拜仁如日中天，联邦德国队也是新晋的欧洲杯冠军，冲击"金球先生"实现"三连庄"，似乎是触手可及的目标。普拉蒂尼则在这一年中期转会尤文，尽管在俱乐部层面错过了收获冠军的机会，但当时法国国家队已经渐入佳境，"高卢雄鸡"（法国队的绰号）同样是大力神杯的有力争夺者。

然而事情的发展出乎绝大多数人的预料，最终在世界杯上成为英雄的，居然是早已被人遗忘的保罗·罗西。受到"托托内罗"假球案的牵连，他起初被禁赛3年，不过由于"蓝衣军团"的锋线实在无良将可用，有关方面考虑到即将到来的世界杯，在1982年春天（距离世界杯开赛不足3个月）的时候，提前解除了对他的禁令。

当时的罗西已经被尤文回购，并且随队训练有一段时间了，在进行了几场比赛之后，罗西被恩佐·贝阿尔佐特招入了意大利国家队。以他当时的情况来看，世界杯之旅似乎只是走个过场，一个远离赛场两年的人，看上去难有建树。

开赛初期的情况，倒是符合大众的预期，意大利队状态低迷，攻击线更是疲软。球队3场小组赛仅仅打进2球，场场首发的罗西存在感聊胜于无。最终球队仅以3连平的成绩勉强位列小组次席，尽管闯进

了下一阶段小组赛，但接下来面对巴西队与阿根廷队，让意大利队看上去似乎只是去"陪跑"的。

然而，进入决胜阶段的"蓝衣军团"毫无征兆地爆发了。从对阵阿根廷队开始，球队的攻击线慢慢恢复了状态，罗西也用关键的助攻宣告自己的归来，意大利队2比1力克阿根廷队，并迎来了与"桑巴军团"的生死战。

根据当届世界杯的规则，第二阶段每个小组的头名才能晋级半决赛，而那支华丽无比的巴西队，只需要战平意大利队就能出线。按照纸面情况对比来看，即便"蓝衣军团"的铜墙铁壁令人胆寒，在济科、苏格拉底、法尔考、托尼尼奥·塞雷佐组成的魔幻中场面前，防守也似乎成了徒劳。

不过令人惊讶的是，意大利队用进攻吹响了不屈的号角，罗西开场就头槌破门，给了对手一个下马威。后来双方的攻防博弈异常激烈，罗西还是利用对手的疏忽反超比分，而在法尔考的远射将比分扳平之后，足球历史上令人难忘的一幕还是来了。

意大利队利用角球的机会在对手门前制造混乱，如有神助的罗西，又一次扮演了"偷猎者"的角色，他用震古烁今的帽子戏法，终结了巴西队的冠军梦。此时的罗西已不再是四年前那个灵动的少年，他的身体机能大幅衰退，只能化身为"无球战神"，但却在最需要他的场合，亲手熄灭了艺术足球的火种。济科曾说："这一天足

球'死了'，而那个弑神的勇士，便是王者归来的罗西。"

后续的半决赛和决赛，罗西如同被打通任督二脉一般，延续了火热的状态。对阵波兰队的比赛他梅开二度，决赛又在焦灼的情况下首开纪录，联邦德国队在天降战神的情况下也只能感慨命运的不公。罗西用生死战3场6球的表现，率队斩获大力神杯，个人加冕最佳射手奖，也顺利拿到了1982年的金球奖。在他的光芒面前，当年的其他人和事，都显得黯淡无光。

原本被寄予厚望的鲁梅尼格与普拉蒂尼，都受到了伤病的困扰。前者在小组赛中状态不错，面对智利队更是上演了帽子戏法，但第二阶段小组赛时的伤病，阻碍了他的封神之路。面对法国队的半决赛，鲁梅尼格直到加时赛才替补出场，尽管很快打入一球并最终帮助联邦德国队晋级决赛，但伤势的累积导致他在终局之战中碌碌无为。再考虑到此前在欧冠决赛中输给了阿斯顿维拉，鲁梅尼格与金球奖"三连庄"渐行渐远，最终只收获第4名。

普拉蒂尼的情况更加复杂，法国队的状态起伏不定，队内还曝出一些球员作风有问题，看上去很难继续前行。不过主帅米歇尔·伊达尔戈的调整能力出众，第二阶段小组赛中，他就确立了普拉蒂尼、让·蒂加纳与阿兰·吉雷瑟的中场配置，球队各方面理顺了，晋级四强也就是顺理成章的事情。

其实，半决赛中普拉蒂尼的发挥相当不错，但对方门将舒马赫的恶意犯规，

以及加时赛中菲舍尔的神来之笔，葬送了"高卢雄鸡"的所有梦想。因为在世界杯上无缘决赛，在俱乐部又还没来得及发光发热，普拉蒂尼掉到了金球奖第9名，这是他成名以来的最低名次。倒是队友吉雷瑟广受好评，作为法国队中场三人组中的"润滑剂"，他的作用令人印象深刻，得到了专业人士的认可，斩获金球奖第2名。

波兰队的核心兹比格涅夫·博涅克拿到了第3名，他是德耶纳与卢班斯基那代人之后波兰足球新的扛旗者。作为一名技术能力出众且相当全能的锋线球员，他在世界杯比赛中上演帽子戏法，并帮助球队收获季军。考量其个人发挥并结合带队成绩，算得上"德配其位"。

榜单中其他排名靠前的球员，基本都是世界杯冠、亚军队的成员：意大利队"魔翼"布鲁诺·孔蒂位列第5名，40岁的"门神"佐夫斩获第8名；联邦德国队的锋线尖刀皮埃尔·利特巴尔斯基冲到第7名，没参加世界杯的舒斯特尔则滑落到第10名。本年度的金球奖几乎完全被世界杯主宰，"欧洲三大杯"赛事相对边缘化，只能等待在足球小年提升存在感。

1982 年金球奖排名 Top5

排名	球员	年龄	总得分
1	保罗·罗西	26	115 分
2	阿兰·吉雷瑟	30	64 分
3	兹比格涅夫·博涅克	26	53 分
4	卡尔－海茵茨·鲁梅尼格	27	51 分
5	布鲁诺·孔蒂	27	48 分

1983年 天王降临

历经7个赛季的蛰伏之后，普拉蒂尼终于在1982—1983赛季达到了生涯巅峰。尤文显然是比圣埃蒂安和南锡更高的平台，当时的意甲也在顶尖外援的加持下强势崛起，他只要延续之前的发挥，斩获金球奖只是时间问题。初来乍到的普拉蒂尼展现出了不俗的得分能力，以30场16球的数据拿下个人首个意甲金靴奖。

尽管"斑马军团"在成绩上有所波动，联赛排名被罗马压过无缘冠军，欧冠决赛也输给了后基冈时代的汉堡，但普拉蒂尼个人的发挥还是有目共睹的。同赛季他还帮助"斑马军团"拿下了意大利杯的冠军，再结合个人数据与多年来积累的声望，在足球小年成为"金球先生"完全合乎情理。

1983年的金球奖榜单，除了"普天王"实至名归以外，其余排名则充满了各类争议与疑惑。首先是排名次席的达格利什，1982—1983赛季利物浦只是蝉联了联赛冠军，连欧冠4强都没进，"国王"本人的表现也只是那些年的平均水准。然而前几年"红军"战绩更出色的时候，达格利什甚至难以跻身前5名，本年度却突然位列第2名，不免让人感觉突兀。

榜单第3名的阿兰·西蒙森则更令人诧异，作为1977年的"金球先生"，他在随后几年的存在感并不突出。哪怕是在1981—1982赛季追随巴萨拿下了优胜者杯冠军，

金球奖榜单中也难寻他的踪迹。1981—1982赛季结束之后，他先是出人意料地加盟了英格兰足球乙级联赛（当时英格兰的第二级别联赛）球队查尔顿，随后又返回了丹麦的足球联赛，看上去就是准备安度晚年了。

然而就是这样一个"无欲无求"的西蒙森，居然被评委抬到了第3名的高位。我们试图探究他在当年到底有何作为，却只发现在年末的欧洲杯预选赛中，西蒙森贡献了几粒关键进球。这样的表现的确帮助了丹麦队进军正赛，但放在金球奖评选中来看，也只算是一些添头。

与之形成鲜明对比的是，欧冠冠军汉堡的核心球员马加特只排在第5名，尽管他的个人天赋并不出众，但在特定年份带队取得历史性突破，却不敌鲜有建树的西蒙森，着实令人费解。优胜者杯冠军阿伯丁的核心球员、苏格兰队一代中场大师戈登·斯特拉坎，也只排在第4名，他是亚历克斯·弗格森早期优秀弟子的代表，也是"弗爵爷"（弗格森）早年扬名立万的舵手，列于西蒙森之后着实令人唏嘘。

普拉蒂尼的老对手鲁梅尼格，在1983年的发挥其实也符合预期，在俱乐部的进球效率虽然不及前两年，但在国家队9场8球的高效数据，还是帮助联邦德国队顺利挺进欧洲杯正赛。只可惜他在拜仁没有收获任何冠军，只排在金球奖并列第8名，"三连庄"之梦遥遥无期。

1983 年金球奖排名 Top5

排名	球员	年龄	总得分
1	米歇尔·普拉蒂尼	28	110 分
2	肯尼·达格利什	32	26 分
3	阿兰·西蒙森	31	25 分
4	戈登·斯特拉坎	26	24 分
5	费利克斯·马加特	30	20 分

1984年 "双响"无疑

这一年完全属于普拉蒂尼，属于法国队与尤文，如果要评选金球奖历史上最无悬念的获奖者，1984年的"普天王"必然名列前茅。他率领"斑马军团"拿下了意甲冠军和优胜者杯冠军，个人也蝉联了意甲金靴奖。他在欧洲杯上的发挥更是堪称历史最佳，5场9球与"背靠背"帽子戏法，将个人能力展现得淋漓尽致。

当时的"高卢雄鸡"完全围绕以普拉蒂尼为首的中场线展开，"魔幻四方阵"各司其职，蒂加纳的持球冲击令人过目难忘，兼具实用性与视觉效果；吉雷瑟的黏合属性极强，能够通过游弋串联的方式将各方效能最大化；新崛起的路易斯·费尔南德斯则充当托底的角色，"稳压"与控制是他的职责。

有了几位中场干将的加持，再加上锋线中两个为他冲锋陷阵的"耗材"，"普天王"的得分欲望完全释放了。不讲理的禁区外抽射，发力属性完全不同的两次远距

离头球破门，还有诡异的弧线任意球，让他在5场欧洲杯比赛之后便彻底封神。

普拉蒂尼率队拿到了法国队的首个大赛冠军，在国内掀起足球热的同时，个人自然也蝉联了金球奖。不过这次身边受益的队友从吉雷瑟换成了蒂加纳，他凭借在欧洲杯上的发挥，成功斩获金球奖第2名。毕竟他在半决赛顶住葡萄牙队的强大压力，冲刺奔袭助攻普拉蒂尼打进绝杀球的画面，至今令人难以忘怀。

除了法国队之外，本届欧洲杯的"造星"运动颇为成功，丹麦队的核心前锋普雷本·埃尔克耶尔-拉尔森异军突起，最终位列榜单第3名。他是如同脱缰野马一般的野兽派中锋，球风极具狂野气息，虽然进球效率不算很高，但观赏性与实用性都很强，在欧洲杯上率领丹麦队打进4强，也为自己登上巅峰开拓了道路。当然属于他的传奇才刚刚拉开帷幕，一年后他与维罗纳的神奇故事，更值得大书特书。

另一位通过欧洲杯扬名立万的球星，要数葡萄牙队的传奇边锋费尔南多·查拉纳，即便在这个盛产边路天才的国度，他也称得上"皇冠上的明珠"。他是那种"小快灵"边锋的代表人物，速度快、柔韧性好，能够在极小的空间内闪转腾挪，并且有着不俗的传射意识。

在1984年之前，他就曾随本菲卡在欧战的关键比赛中亮相，不过直到在欧洲杯半决赛中两度助攻鲁伊·若尔当击碎法国队的防线，个人名号才彻底被叫响。最终他位列金球奖榜单的第5名，尽管生涯中后

期饱受伤病困扰影响了成就，但查拉纳在1984年的表现，足以载入史册。

在欧洲杯之外，这一年的"欧洲三大杯"对金球奖也有贡献，欧冠冠军利物浦成为最大赢家。其实"红军"早已制霸欧洲足坛十余年，但受制于各种因素，球员个人的荣誉并不突出。1983—1984赛季达格利什的状态又开始明显下滑，不过伊恩·拉什与索内斯兜住了球队的下限。

拉什早在20岁的时候，就在佩斯利治下坐稳了"红军"首发中锋的位置。不过他是相对依赖队友"喂球"的嗅觉性射手，如果得分效率等数据不够突出，很难在个人评选中占得一席之地。在1983—1984赛季，拉什在联赛中41场打进32球，帮助利物浦拿到三连冠；在欧冠9场比赛中贡献5球，与球队一起拿到了阔别3年的至尊奖杯。以上成就综合起来，将拉什抬到了金球奖第4名，显然符合他的发挥。

索内斯则是当时"红军"中场的"定海神针"，说他是英国足坛有史以来最出色的中前卫之一，恐怕也没有争议。巅峰期的索内斯如同"司令塔"一般，负责球队的攻防转换、组织梳理，脏活累活一把抓，只要有他在，球迷便可安心。最终他也获得了评委的认可，拿到了金球奖第6名。

鲁梅尼格的情况依然值得关注，这是他在拜仁的最后一个赛季，联赛29场打入26球的数据，完全令人满意。可惜他只拿到了一个无足轻重的德国杯冠军，后来便转投国米。欧洲杯上因为舒斯特尔拒绝回归，鲁梅尼格无法平衡好中场与锋线的权

重，最终联邦德国队止步小组赛，创下了球队16年来的最差战绩。在如此种种不顺之下，他只能排在金球奖榜单的第8名。

1984 年金球奖排名 Top5

排名	球员	年龄	总得分
1	米歇尔·普拉蒂尼	29	128 分
2	让·蒂加纳	29	57 分
3	普雷本·埃尔克耶尔－拉尔森	27	48 分
4	伊恩·拉什	23	44 分
5	费尔南多·查拉纳	25	18 分

1985 三连金球

从1956年金球奖创立以来，还没有哪一名球员实现过"三连庄"，即使在1958年迪斯蒂法诺没有被剥夺评选资格，要想完全击溃科帕也是有困难的。不过时间到了1985年，金球奖终于迎来了新的历史时刻，率领尤文首夺欧冠冠军的普拉蒂尼，连续三年蝉联"金球先生"，成为这个时代欧洲足坛的王者。

从前文所述的情况可以看出，1981年之后，普拉蒂尼在金球奖中唯一稳定的对手就是鲁梅尼格，然而在后者登陆亚平宁半岛之后，这位老对手的成绩就出现了滑坡。

1984—1985赛季，"普天王"率领"斑马军团"拿到了梦寐以求的欧冠冠军，尽管在决赛前发生了"海瑟尔惨案"，比赛的进程显得非常局促，连属于"斑马军团"

的颁奖仪式都没有。不过纵观整个赛季的表现，尤文问鼎欧冠是实至名归的。

这个赛季普拉蒂尼的个人发挥依然"爆表"，凭借联赛30场18球的表现第三次获得意甲金靴奖；在欧冠中9场7球的数据，自然也使他成为球队夺冠的最大功臣。在没有国家队大赛的年份，且在鲁梅尼格颗粒无收的情况下，普拉蒂尼实现金球奖"三连庄"显得非常轻松。而近几年持续"陪跑"的联邦德国队领袖，只收获了第5名。

从欧洲足球的角度出发，1985年还是充满故事性的，金球奖榜单的位次也体现了这一点。埃尔克耶尔比去年上升一位，来到次席，而他在1984—1985赛季所做的一切，在任何时代都堪称奇迹。在拥有马拉多纳、普拉蒂尼、鲁梅尼格、济科等巨星的意甲之中，草根球队维罗纳居然获得了冠军，其夺冠难度甚至不亚于31年后的莱斯特城。

位列第3名的舒斯特尔，也是金球奖榜单的常客，加盟巴萨之后他的水平持续走高，只不过因为常年缺席国家队大赛，加上巴萨在争夺各项冠军上一直处于劣势，导致舒斯特尔的排名始终无法更上一层楼。1985年就不一样了，在他率领巴萨时隔11年重夺西甲冠军之后，评委立刻把他抬到第3名，但这样的发挥距离金球奖还有差距，这也成了他职业生涯的真实写照。

还有几位排名在前列的巨星，基本也都是尤文与维罗纳的翘楚，第6名的博涅克

是尤文夺得欧冠冠军的重要功臣，第8名的布里格尔则是"维罗纳奇迹"的参与者。稍显意外的是米歇尔·劳德鲁普冲到了第4名，年仅21岁的他在这年年中刚刚加盟尤文，仅凭几年来展现出的禀赋，就达到如此的高位，着实令人惊诧。

在光环之外，皇马的球员显得相当令人遗憾，他们在1984—1985赛季的联盟杯比赛中，打出了可能是历史上最为荡气回肠的比赛。球队在决赛之前，先后经历了第二轮第一回合1∶3、第二回合3∶0，第三轮第一回合0∶3、第二回合6∶1，半决赛第一回合0∶2、第二回合3∶0，三次逆转翻盘，并最终夺得冠军。只可惜彼时的"皇马五鹰"（埃米利奥·布特拉格诺、米格尔·帕德萨、马丁·巴斯克斯、马诺洛·桑奇斯、米歇尔）稍显稚嫩，无法在金球奖榜单中占据更高的位置。

1985 年金球奖排名 Top5

排名	球员	年龄	总得分
1	米歇尔·普拉蒂尼	30	127 分
2	普雷本·埃尔克耶尔－拉尔森	28	71 分
3	贝恩德·舒斯特尔	26	46 分
4	米歇尔·劳德鲁普	21	14 分
5	卡尔－海茵茨·鲁梅尼格	30	13 分

1986年 巅峰"白鼬"

这一年的世界杯是马拉多纳一个人的舞台，时至今日每当我们回溯世界杯的历

史，1986年与马拉多纳总是绕不开的话题，但是从金球奖的角度考量，欧洲足坛这边的情况就显得纷繁复杂。长期较劲的鲁梅尼格与普拉蒂尼，在世界杯上的成绩都还可以，一个亚军一个季军，基本盘算是稳住了，但二人的发挥一言难尽。

鲁梅尼格早在世界杯之前就饱受伤病困扰，直至开赛也没法保证出勤，更多以替补身份登场。后续的关键比赛他虽然强行首发出战，但整体效果并不好，尽管在决赛中还打入一球，但可以明显看出他与球队的颓势，很难招架住阿根廷队的反扑。再加上另一位"尖刀"利特巴尔斯基同样伤病缠身，这一年的联邦德国队无法推选出在金球奖榜单中一骑绝尘的领袖球员。

普拉蒂尼的情况也好不到哪儿去，他与法国队都显得有些乏力，比起两年前的巅峰状态下滑明显。尽管一些硬仗仍然能够拿下，甚至不乏淘汰巴西队的旷世名局，但从个人发挥来看，"普天王"明显心有余而力不足。季军的成绩看上去很体面，却已经无法支持他连续第四次冲击"金球先生"。

世界杯中欧洲区的核心球队缺乏代表人物，那就只能结合"欧洲三大杯"以及联赛的成绩，再参考在世界杯上的发挥，选出一些有说服力的球星。这其中比较有代表性的，要数苏联队、西班牙队和英格兰队的三位前锋，他们分别是伊戈尔·别拉诺夫、埃米利奥·布特拉格诺与加里·莱因克尔。

别拉诺夫是继布洛欣之后，基辅迪纳摩培养出的又一位锋线"尖刀"，不似前辈那般快速飘逸，身材矮小且有些谢顶的他，是一位干脆利索的射手。他踢球时没有多余的动作，停球、传球、转身相当连贯，射门动作的衔接迅捷麻利，一脚抽射令人感觉神清气爽。在1985—1986赛季的优胜者杯上，别拉诺夫携手生涯暮年的布洛欣拿下冠军，其个人也贡献了不错的数据。

欧战的出色成绩，让基辅名帅瓦列里·洛巴诺夫斯基备受苏联足协的青睐，他也在世界杯前被任命为国家队主帅。洛巴诺夫斯基顺势把他在基辅迪纳摩的那一套高压战术以及相关的执行人员全部搬到了苏联队。尽管在墨西哥的骄阳下，这种高消耗的踢法并不经济，但别拉诺夫没有不适应的问题，迅速用进球回报了主帅的信任。

特别是在1/8决赛苏联队与比利时队的巅峰对决中，别拉诺夫上演了帽子戏法，作为单箭头的他可谓风光无限。不过当场比赛的裁判吹罚有很大问题，对一些明显的越位情况视若无睹，最终苏联队3∶4被淘汰，别拉诺夫的努力前功尽弃。这是世界杯历史上争议最大的比赛之一，不过尽管结局有遗憾，但也为别拉诺夫"刷"足了存在感。

布特拉格诺是"皇马五鹰"的领军人物，司职前锋的他被人称为"秃鹫"，足见其对机会的把握能力，天生的嗜血属性也有助于他在球场上取得成功。1985—1986赛季，他帮助皇马卫冕了联盟杯冠军，而且比前一个赛季更夸张的是，皇马居然在第三轮首回合1∶5落后的情况下，次回合4∶0逆转门兴，这可能是在2017年巴萨上演"诺坎普奇迹"之前，欧战历史上最不可思议的大逆转，而这也正是所谓"华尼托精神"成为皇马的代名词的时间节点。半决赛中皇马又在首回合1∶3落后的情况下，次回合通过加时赛连续第二年逆转国米，最终在决赛轻松击败对手夺冠。

除了欧战的奇迹之外，布特拉格诺在联赛中也有两位数的进球入账，帮助皇马在进入20世纪80年代之后首夺联赛冠军。另外在世界杯西班牙队对阵丹麦队的16强赛中，他利用对手失误开启屠戮模式，连续打进4球帮助西班牙队淘汰了实力强劲的对手，展现"秃鹫"本色的同时，也增加了斩获金球奖的可能性。

莱因克尔是一位从莱斯特城走出的嗅觉性射手，早年就展现出了不俗的进球效率，不过受制于当时球队的实力，一直无法达到更高的层次。在1985—1986赛季，他来到了当时的英甲豪门埃弗顿，球队是前一个赛季的联赛和优胜者杯冠军，仅仅在足总杯决赛中不敌曼联，可以说是势头正盛。

莱因克尔也没有辜负新的平台，他在当赛季联赛中出战41场打进30球，创造了职业生涯的新纪录，足总杯中也有6场5球的输出，帮助球队打进决赛。只可惜面对达格利什刚刚执教的巅峰"红军"，埃弗顿在两项赛事中都屈居亚军，而且受到"海

瑟尔惨案"的影响，球队无法参加欧冠比赛，这些都给莱因克尔争夺个人奖项蒙上了一层阴影。

不过他在世界杯上的表现足够争气，"三狮军团"在经历了小组赛前两场的混乱之后，末战中莱因克尔找到状态，在上半场就上演了帽子戏法，帮助球队挺进淘汰赛。最终他以6球力压马拉多纳，成为当届世界杯的最佳射手，还在马拉多纳上演"上帝之手"和"世纪进球"的比赛中打入一球，如果比赛时间再延长一些，莱因克尔甚至有可能与约翰·巴恩斯一起改写历史。

综合来看，以上三位前锋之间其实拉不开差距，各自在世界杯上都有一场堪称"进球盛宴"的代表作，俱乐部层面也都有过硬的成绩，最终只能看评委的裁决了。年底金球奖结果揭晓，别拉诺夫夺魁，莱因克尔位居次席，布特拉格诺拿下季军，也算是可以接受的结果。

前两年如梦如幻的埃尔克耶尔在世界杯上发挥尚可，最终拿下了第4名；连续打出"高光"表现的伊恩·拉什，也收获了第6名的成绩。另外值得关注的，一个是并列第4名的法国队边路"魔翼"曼努埃尔·阿莫罗斯，他从20岁崭露头角开始，就成为世界上最好的边后卫之一；另一个是排在第8名的罗马尼亚队门将赫尔穆特·杜卡达姆，他在1985—1986赛季欧冠决赛点球大战中如有神助，高接低挡让巴萨4球全丢，帮助布加勒斯特星拿到了东欧球队历史上的第一个欧冠冠军。

当然这份榜单的中后段，也有一些当时不起眼，但必须点出的名字。并列第8名的阿贾克斯前锋范巴斯滕，第17名的埃因霍温多面手路德·古利特，以及第24名的联邦德国队中场"发动机"洛塔尔·马特乌斯，他们将在下一个时代成为金球奖榜单的主宰者。

1986 年金球奖排名 Top5

排名	球员	年龄	总得分
1	伊戈尔·别拉诺夫	26	84 分
2	加里·莱因克尔	26	62 分
3	埃米利奥·布特拉格诺	23	59 分
4	普雷本·埃尔克耶尔－拉尔森	29	22 分
4	曼努埃尔·阿莫罗斯	24	22 分

■ 总结

在这段马拉多纳与普拉蒂尼分庭抗礼的岁月中，"球王"在国家队与俱乐部层面实现了自己的宏愿，但欧洲足坛这边的情况就显得有些寂寥。自从普拉蒂尼加盟尤文之后，他在俱乐部和国家队同时迎来巅峰期，加上鲁梅尼格的衰落，让金球奖的争夺失去了悬念。

不过随着时间的推移，20世纪60年代出生的球星开始登上历史舞台，在经历了"普天王"一家独大的时代之后，足球世界亟待重回百家争鸣的岁月。然而在起伏的浪潮之中，一位50岁的米兰大亨在不经意间改变了足球历史的进程，他的名字叫作西尔维奥·贝卢斯科尼。

三连金球　前无古人

长久以来，金球奖并不青睐法国球员，最初有科帕，而科帕之后就后继无人。我们也在询问，有没有一个天才球员能够命名一个时代、一种风格？于是，普拉蒂尼诞生了。技术大师普拉蒂尼同时也是战术大师，他的广泛视野、长短传球可以让球路随时变幻，根据最优的选择优雅地打击对手。

过去的每个赛季都在延长普拉蒂尼的荣誉榜单，都在丰富他的头衔。1985 年，两个重要的荣誉添了上去，分别是欧冠冠军和洲际杯冠军。而在场下，他也过上了货真价实的明星生活，球员、明星、商人，这多重角色并不是那么容易扮演的。

对于普拉蒂尼来说，1983 年的金球奖证明了他站上欧洲足坛之巅；1984 年的金球奖证明了他成为那个时代最伟大的冠军之一，不局限于足球，而是所有运动；而 1985 年金球奖则是前无古人，因为从来没有一名球员能够连续 3 年夺得金球奖，就连克鲁伊夫也只是 4 年内 3 夺金球奖。普拉蒂尼的金球奖奖杯是最沉的，也是最光荣的。

第 六 章

1987—1992 年
疯狂的 "小世界杯"

"小世界杯"的风起云涌，催生了足球世界的又一个高峰。虽然 AC 米兰的君临天下一定程度上打破了平衡，但以国米"三驾马车"为首的抗衡力量，还是让金球奖的争夺充满看点。

——引言

自从1980年开放外援政策之后，伴随着意大利经济的高速发展，意甲的复苏进入了快车道。从20世纪80年代中期开始，以1985年的"海瑟尔惨案"为节点（英格兰球队被禁止参加欧战5年），"欧洲第一联赛"的名号就此易主。而从金球奖的层面来考量，尤文一家俱乐部就连续霸榜4年（1982年—1985年），多支球队都呈现出"军备竞赛"的态势，亚平宁半岛可谓风光无限。

不过细心的球迷可能会发现，在意甲逐步崛起且尤文一枝独秀的那几年，像那不勒斯、罗马、国米甚至维罗纳等球队都有着较强的存在感，各队的球星即便因为各种因素无法斩获金球奖，也能成为一方诸侯。然而在意甲百家争鸣的氛围中，却缺少了一股重要的力量，那便是意大利足坛的第一支欧冠冠军球队——AC米兰。

从二战之后算起，"红黑军团"的排名始终保持在意甲高位，长期参与意甲冠军的争夺自不必说，只要球队的调教达到一个高点，便很容易在欧洲赛场有所斩获。不过从20世纪70年代中期开始，随着人员的更迭，球队的竞争力开始明显下滑。

这一时期球队还得仰仗曾经的"金童"里维拉，如今他已是"垂暮之年"的功勋"队魂"。1979年的夏天，在率领球队时隔11年再度斩获意甲冠军之后，36岁的里维拉宣布退役，而这也成为AC米兰堕入谷底的开始。

1979—1980赛季，作为上个赛季的意甲冠军，他们却没能守住底线。由于卷入了"托托内罗"假球案，"红黑军团"与拉齐奥被勒令降入乙级，这也让球队元气大伤。对于任何一支球队来说，前一个赛季夺冠、后一个赛季降级，都是难以承受的重大打击。而这又发生在球队更新换代的时期，可谓是雪上加霜。

此后的几年当中，饱经风霜的AC米兰无力回天，虽然在被罚后很快升回到意甲，但一个赛季之后因为实力不济再度降级。在1986年2月之前，AC米兰历经坎坷稳定在了顶级联赛的中上游水平，大抵与今天的罗马、拉齐奥近似，算是高不成低不就，但考虑到球队辉煌的过往，这是"红黑军团"球迷难以接受的。

就在那个原本平淡的冬春之交，土生

土长的米兰大亨西尔维奥·贝卢斯科尼一掷千金，收购了家乡的球队AC米兰。彼时的他未及半百，正是春风得意之际，在20世纪七八十年代意大利经济高速发展的浪潮中，他通过房地产、传媒以及金融业务，打造了自己的商业帝国。1986年前后，他不仅在意大利一手遮天，即便放眼欧洲与世界，也是赫赫有名的企业家。

此时的贝卢斯科尼野心勃勃，他大手笔收购球队的目的，就是要重现家乡球队的荣光。在那个足坛逐步开放的时代，通过金钱的运作，实现霸权的速度比以往要快很多。贝卢斯科尼接手时队内就有弗朗哥·巴雷西、保罗·马尔蒂尼、毛罗·塔索蒂等国内才俊，随后又收购了罗伯托·多纳多尼、达尼埃莱·马萨罗、吉奥瓦尼·加利、卡尔洛·安切洛蒂等人，本土班底堪称豪华，球队在联赛中的竞争力飞速提升。

不过要想真正实现贝卢斯科尼的宏愿，AC米兰还需要顶级的外援，当时意甲为每支球队开放了3个外援名额，贝卢斯科尼选择了最为快速便捷的方式，用"钞能力"让球队完成了华丽蜕变。在1987年前后，以古利特、范巴斯滕和弗兰克·里杰卡尔德为首的荷兰系球员迅速崛起，"红黑军团"立即挥舞着支票在一年内将"三剑客""打包"挖走，古利特的转会费还创造了当时球员身价的世界纪录。

这三人的位置交相辉映，特点也相当互补，可谓天作之合。范巴斯滕是有史以来最受赞誉的中锋之一，1.88米的身高、魁梧健硕的身材使他显得孔武有力，在以力量为主的足球环境的熏陶下更显得无坚不摧。更为可贵的是，如此壮汉却拥有超一流的球技，他的柔韧性无与伦比，经常能够在极小空间中做出类似芭蕾舞演员的腾挪动作，因此被称为"乌得勒支天鹅"。

从一名中锋的角度来说，范巴斯滕的能力极其全面，停、传、射、带样样精通，阵地战中可做"桥头堡"摧城拔寨，反击中的高速推进也是犀利无比。虽然后世出现了像罗纳尔多这般的旷世巨擘，但每当我们提到最完美的中锋模板时，范巴斯滕总是绕不开的名字。

古利特则是当时荷兰队的战术核心，也是足球历史上能力最为全面的球员之一，号称"六边形战士"。他的球风充满激情，似乎有着无穷无尽的活力。作为身高1.90米左右的大个子，他也是身体与技术完美结合的产物，如此"巨兽"频繁持球冲击，对于防守球员来说就是噩梦。在生涯巅峰期，古利特较多出现在锋线上（长期搭档范巴斯滕），或者回撤到右边路负责撕裂对手的防守，当然他的活动范围极大，是所在球队的"发动机"。

里杰卡尔德是两位锋线战神之后的"舵手"，也是荷兰系阵中的基石级人物。他的主打位置是后腰和中后卫，擅长控场、"稳压"与调度，没有攻击手那么锋芒毕露，但在球场上的贡献也是可以想见的。拥有与上述前两人一般无二的出众的身体素质，如果解放他去前场，那也是"核威慑"级别的存在，球队中有这样一名攻守兼备的球员，是所有球队梦寐以求的事情。

除大肆引援之外，贝卢斯科尼还做出了一个改变足球历史的决定，那便是聘请无名的阿里戈·萨基来执教。他是一个从来没有踢过职业足球，且此前只在低级别球队帕尔马执教的"素人"，只因在意大利杯中率队击败了"红黑军团"，就被贝卢斯科尼相中，成为AC米兰的掌舵人。

这可能是贝卢斯科尼在足球历史中书写得最为光辉的一笔，萨基不仅带队取得了辉煌的成绩，更为重要的是，他对于球场空间的理解以及强化区域属性的实践，将足球整体的思潮向前推进了一大步。在后世的主流评选中，他被认为是有史以来最伟大的主帅之一，是改变了足球历史进程的先驱。

坐拥豪华阵容与圣贤主帅，"红黑军团"迅速在意甲乃至欧洲赛场刮起旋风。球队在1987—1988赛季收获了久违的意甲冠军，其后在1988—1989赛季和1989—1990赛季又两次拿到欧冠冠军，成为那个时代欧洲足坛的霸主。而队中的荷兰系与意大利系精英，自然也成了"金球先生"的热门人选，当然具体年份还需要结合各自在国家队的大赛成绩。

除了AC米兰之外，那个阶段的意甲也迎来了全盛时期，不仅超越了其过去半个多世纪的成就，放眼整个足球历史也是独树一帜般的存在，被后世称为"小世界杯"。与某些联赛喜欢挖掘特定地区的球星不同，当时的意甲呈现出全方位的网罗状态，各个层次的球队都尽力去招揽全

世界的人才，在几年间便打造了空前的盛世。

当年红极一时的那不勒斯，核心班底是马拉多纳、安东尼奥·卡雷卡与阿莱芒组成的"南美三杰"，再辅以安德烈亚·卡尔内瓦莱、费尔南多·德纳波利与奇罗·费拉拉等意大利本土球星，球队在意甲和欧战中都上演过精彩绝伦的表演。时至今日，这也是这支意大利南部球队历史上最闪耀的阶段，如今球队时常在缅怀马拉多纳时期的荣光，却再也追不上曾经的自己。

国米同样雄心勃勃，一年内陆续挖来了马特乌斯、安德烈亚斯·布雷默与尤尔根·克林斯曼，组建了所谓的"三驾马车"与荷兰"三剑客"抗衡。毫不夸张地说，这两股势力的纠缠就是当时足坛争霸的主旋律，即便将南美球员考虑其中，"三驾马车"与"三剑客"的锋芒依然难以被掩盖，由此可见当时的意甲竞争有多么紧张激烈。

虽然尤文要经历后普拉蒂尼时代的阵痛，不过以"斑马军团"的财力，东山再起只是时间问题。在20世纪80年代与90年代的交接点，尤文借着时代的东风，依靠谢尔盖·阿列尼科夫与亚历山大·扎瓦罗夫等苏联巨星打头阵，仍然是意甲不可忽视的力量。

当然，如果仍是传统豪门在联赛中唱主角，其他球队只有零星闪光，意甲仍然配不上"小世界杯"的名号。在1990—1991赛季开始之前，意甲的宣传图从侧

面印证了伟大时代的来临——18支球队各自的牌面人物，组成了一幅震撼的宣传海报。

在几大劲旅之外，像桑普多利亚的罗伯托·曼奇尼、罗马的鲁迪·沃勒尔、亚特兰大的克劳迪奥·卡尼吉亚、卡利亚里的恩佐·弗朗西斯科利、巴里的弗洛林·拉杜乔尤、热那亚的托马斯·斯库赫拉维以及都灵的马丁·巴斯克斯等，无一不是当时足坛名声响亮的巨星。这其中的一些人，更是在同年夏天的世界杯中发挥出色，彼时戴着光环来到意甲。如此多的当红人物汇聚一堂，此等联赛怎能不令人热血沸腾。

纵观那几年的欧洲足坛格局以及球星的竞争力，金球奖很难逃出意甲体系的掌控。只不过具体年份的问题仍要酌情看待，在时代背景阐述完之后，照例带来每一年的具体分析。

■ 1987年 寂静之争

经历了轰轰烈烈的1986年世界杯之后，1987年的足坛显得有些沉寂。这样年份的"金球先生"一般要参考"欧洲三大杯"比赛的成绩，但1986—1987赛季欧战却没有刺激大众神经的场面上演，更让足球小年的个人奖项评选变得扑朔迷离。

波尔图在1986—1987欧冠决赛中爆冷击败了拜仁，虽说葡萄牙的球队在欧战中的底蕴相当深厚，本菲卡与葡萄牙体育早在20多年前就曾创造辉煌，但对于波尔图来说这还是开天辟地的头一次。这支球队其实也是阵容相对均衡的新贵，队内并没有出类拔萃的超级巨星，锋线上的保罗·富特雷与拉巴赫·马杰尔等人，已经算个中翘楚了。

最终在金球奖的评选中，还是富特雷更受评委的青睐，作为葡萄牙足球历史上最出众的边锋之一，他完全继承了葡萄牙球员的技术水准与灵动性。从20世纪60年代尤西比奥身边的西蒙斯开始，到20世纪80年代崭露头角的查拉纳，再到彼时，富特雷的出现再度令人眼前一亮。他犀利的盘带与高效的突破，如同利刃一般直插对手的防线，在这个属于波尔图的"高光"年份，他与球队一同到达山巅，年底斩获金球奖第2名，成为继尤西比奥之后葡萄牙足球的又一面旗帜。

联盟杯的前两名是瑞典足球超级联赛的哥德堡与苏格兰足球超级联赛（下文简称苏超）的邓迪联，这两支球队的球员无法建构竞争金球奖的势力，也是可以理解的。优胜者杯这边情况稍好一些，渐入佳境的范巴斯滕率领阿贾克斯夺冠，他个人在多条战线上的进球数据也达到了场均1球，上升势头异常迅猛。不过评委只把他投到了第6位，距离问鼎还有很长的路要走。

回过头来再看这一年其他几位高顺位的球星，多少有些出人意料，倒不是质疑他们的水准，而是他们在1987年的成绩确实不够出彩。比如"皇马五鹰"之二的布特拉格诺与米歇尔，在榜单中分列第3、第4名。他们二人作为球队的王牌前锋与中场核心，确实率队拿下了1986—1987赛季的西甲冠军，但皇马在欧冠半决赛首回合1∶4不敌拜仁，让他们的排名欠缺一些说服力。而且他们的输出也不处在生涯最佳的节点上，对于比赛的贡献显然还可以更上一层楼，只能说在足球小年，一些位置的球员确实难以抉择。

莱因克尔在1986—1987赛季转会去了巴萨，在西甲中依然保持着高水准的发挥（41场20球），但并未帮助"红蓝军团"拿到任何一个冠军。年末能收获金球奖第5名，他在国家队的发挥可能是至关重要的，这一年他代表"三狮军团"出战7场打进9球，率队挺进了1988年欧洲杯正赛，但对于这样一位去年高居金球奖榜单次席的巨星来说，这点成就实在难以作为来年继续霸榜的筹码。

与范巴斯滕并列第6位的约翰·巴恩斯，是利物浦队史上罕见的天才选手，他拥有蛮牛般的身形和猎豹般的速度，持球冲刺时几乎不可阻挡。更令人吃惊的是，他还拥有拉美球员那般灵活的脚下功夫。早在1984年的时候，未满21岁的他就在巴西的马拉卡纳体育场英格兰队对阵巴西队的热身赛上上演连续突破多人后射门得分，一度震惊足球世界。

但必须要指出的是，1987年夏天巴恩斯才从沃特福德转会到利物浦，尽管新赛季伊始就用表现征服了球迷，但整年度并未斩获重磅荣誉，自身也在适应新环境。

如果按照能力划分，巴恩斯毫无疑问达到了"金球先生"的水准，但这一年显然不是他收割的节点，一块璞玉还需要时间打磨。

在一片混乱之中，岁末夺魁的是"荷兰战神"古利特，其实他能拿到金球奖，与年中转会AC米兰后的发挥关系不大，主要还是靠前半年在埃因霍温以及荷兰国家队积累的声望。那个时代的荷甲竞争激烈，但1986—1987赛季，古利特用持续不断的进球（34场22球），帮助埃因霍温拿下了荷甲两连冠。尽管进球效率与范巴斯滕相比还有差距，但作为一位多面手，他踢前锋的表现已经超越了大多数专职选手，这显然更加可贵。

另外这一年古利特在荷兰国家队也贡献了5球，大部分奉献给了欧洲杯预选赛，也帮助球队顺利入围决赛圈。"橙衣军团"在1982年和1986年连续无缘世界杯正赛之后，终于在"三剑客"的率领下重回正轨，古利特的贡献自然是不可磨灭的。至此他在同代人的竞争中拔得头筹，这是一个令人欣喜的开端。

1987 年金球奖排名 Top5

排名	球员	年龄	总得分
1	路德·古利特	25	84分
2	保罗·富特雷	21	62分
3	埃米利奥·布特拉格诺	24	59分
4	米歇尔	24	22分
4	加里·莱因克尔	27	22分

1988年 橙色荣耀

如今我们一提到1988年欧洲杯，总会想到绚烂无比的"橙衣军团"，以及君临天下的范巴斯滕。然而当我们仔细回溯那段历史及其背后构筑的金球奖势力，有很多细节值得重新回味，或者说是应对过去的认知偏差进行修正。

首先在1987年夏天，范巴斯滕加盟AC米兰之后，他并没有一飞冲天，而是遭遇了严重的伤病困扰。时至赛季末、距离欧洲杯很近的时候，他才仓促复出，伤病可能还没有完全恢复。时任荷兰队主帅米歇尔斯非常谨慎，甚至考虑将他放在替补席上，为此还不惜与克鲁伊夫产生激烈的对峙。

事实上在1988年欧洲杯荷兰队首战对阵苏联队的比赛中，范巴斯滕就是在第60分钟左右才替补出战，并且没有什么建树。次战即与英格兰队的生死战，是他主动请缨强烈要求首发，米歇尔斯才给了他这个机会。最终范巴斯滕用完美的帽子戏法完成了自我救赎，自此才完全摆脱伤病的困扰，踏上了征服之路。

其次，当届欧洲杯强队林立，荷兰队的实力并不突出，其小组赛的对手有苏联队、英格兰队与爱尔兰队，没有一个是好啃的骨头。"橙衣军团"首战就被洛巴诺夫斯基治下的苏联队"黄金一代"给震慑住了，吞下了0∶1的败果，小组出线形势不容乐观。

次战依靠范巴斯滕的爆发，荷兰队

3∶1拿下"三狮军团"，但球队并没有就此摆脱泥沼，晋级之路仍然艰辛。末战对阵杰克·查尔顿执教的爱尔兰队，尽管对面缺少了当家核心利亚姆·布拉迪，但荷兰队依旧踢得非常艰难，到比赛的最后时刻才勉强完成绝杀，这与后世描述的豪强形象有着不小的差距。

后面两场生死战更是不可能轻松，荷兰队在半决赛面对东道主联邦德国队，对手的班底就是以"三驾马车"为核心、两年后夺得世界杯冠军的那批人。最终也是依靠范巴斯滕的绝杀，"橙衣军团"才惊险晋级，决赛之前几乎场场都是绝命比赛，没有任何"福利局"可言。

终局之战荷兰队又遇到了老熟人苏联队，后世常会渲染古利特的劲爆头槌进球，还有范巴斯滕流芳百世的零度角破门，但那时状态正佳的苏联队并非没有机会，要不是前"金球先生"别拉诺夫罚丢了关键点球，苏联队是有希望追平甚至反超比分的。所以这个欧洲杯冠军完全是"三剑客"率队一场场拼下来的，可以说是拳拳到肉、刀刀见红，其夺冠艰难程度放眼整个足坛历史都很有竞争力。

不过荷兰队最终捧起了德劳内杯，论功行赏还是必须要做的，金球奖榜单自然也会参考这个分量十足的欧洲杯冠军。最终范巴斯滕高居榜首，古利特位列第2名，里杰卡尔德首次进入前3名。继1972年和1980年的联邦德国之后，又出现了同国球员包揽金球奖"领奖台"的盛况。另外值得一提的是，1988年年末结果揭晓的时候，三人均效力于AC米兰，这是单家俱乐部球员首次包揽金球奖榜单前3名，三个荷兰人可谓双喜临门。

不过在榜单中的荷兰系球员，我们最想强调的反而是第5名的罗纳德·科曼，2023年他正担任荷兰国家队的主帅。科曼是同时代最出色的自由人之一，但他所扮演的角色与传统清道夫天差地别，比当年贝肯鲍尔的进攻权重甚至更大，所效力的球队非常倚仗他在攻防转换中的枢纽作用，一脚调度常常拨云见日，任意球更是能直接带来胜利。

1988年，他不仅追随"三剑客"拿到了欧洲杯冠军，还帮助埃因霍温在1987—1988赛季成为"三冠王"（荷甲、荷兰杯、欧冠）。作为欧冠冠军球队的头号核心，如果不是三个同胞势力太过强大，他的排名甚至有可能更进一步，只可惜生不逢时，成为"陪跑"的巨人。

其他几个靠前的位次，也与欧洲杯有着强大的关联。欧洲杯亚军苏联队的进攻核心，阿列克谢·米哈伊利琴科拿到了第4名，扎瓦罗夫拿到了第8名。前者是技术精湛的攻击型中场，后者则是过人能力出众的前锋，这两人也都曾在意甲短暂效力，其水准已经无需赘述。

闯入欧洲杯4强的联邦德国队，"三驾马车"之二的马特乌斯与克林斯曼也广受好评，前者拿下了第6名，后者并列第8名，整体上也算比较体面的成绩。另一支4强劲旅意大利队也有收获，AC米兰后卫巴雷西同样拿到并列第8名，而第7名的詹卢

卡·维亚利，是当时桑普多利亚的全能射手。2023年1月6日，就在本书筹备期间，维亚利先生因为癌症复发去世，享年58岁，在此对他致以崇高的敬意。

1988年金球奖排名 Top5

排名	球员	年龄	总得分
1	马尔科·范巴斯滕	24	129分
2	路德·古利特	26	88分
3	弗兰克·里杰卡尔德	26	45分
4	阿列克谢·米哈伊利琴科	25	41分
5	罗纳德·科曼	25	39分

1989年　米兰王朝

这是属于AC米兰的一年，也是"红黑军团"制霸欧洲的开端。当球队的中前场坐拥巅峰期的荷兰"三剑客"，防线由马尔蒂尼、巴雷西、亚历山德罗·科斯塔库塔与毛罗·塔索蒂构成，对手未战先降都是有可能的。前一个赛季球队拿到了久违的意甲冠军，1988—1989赛季的重心则放到了欧冠层面，其展现出的战斗力是惊人的。

球队的晋级历程说不上一帆风顺，但整体来看还是比较平缓的，并没有陷入极端的困境之中。在欧冠半决赛的第二回合中，AC米兰5：0痛击皇马，中场球星安切洛蒂远射首开纪录，创造了其生涯的代表作。有意思的是在安切洛蒂后来执教皇马期间，他的办公桌上就摆放着这场比赛中

他射门时的照片。

决赛中AC米兰面对罗马尼亚足坛新生代偶像格奥尔基·哈吉率领的球队，还是取得了4:0的完胜。整场比赛似乎被范巴斯滕与古利特统治，两人在进攻端予取予求，各自梅开二度也只是常规表现。仅用了半场时间，“红黑军团”就奠定了胜局，没有给对手任何反扑的机会。

在团队荣誉的加持下，个体实力本就杰出的AC米兰众星，自然成为金球奖热门候选人。与1988年一样，“红黑军团”的球员包揽了这一年金球奖榜单的前3名，范巴斯滕蝉联奖项，里杰卡尔德再度成为探花，而巴雷西斩获第2名，算是不小的惊喜。

以后世的眼光来看，巴雷西自然是足球历史上最出色的中卫之一，他的果敢上抢、不屈斗志与领袖才能，都是AC米兰球迷津津乐道的话题。然而他其实是大器晚成的球员，出道时赶上AC米兰降级的最低谷，在意大利国家队也被传奇自由人西雷阿压制，有时甚至连“蓝衣军团”的大赛名单都挤不进去。

不过在1988年之后，年近而立的巴雷西终于迎来了曙光，米兰王朝扬帆起航，他也是当仁不让的防线领袖。意大利队这边西雷阿淡出，他顺理成章地完成接班，一跃成为当时世界上最好的中卫，甚至没有“之一”。1989年能跻身金球奖榜眼的位置，对他来说是莫大的荣耀。

AC米兰之外的势力，在这一年相对单薄，只能在榜单相对边缘的位置徘徊。第

4名的马特乌斯，是国米斩获1988—1989赛季意甲冠军的绝对功臣。在特拉帕托尼治下他变得愈发全能，甚至能够扮演球队的“大脑”，此时又恰逢他身体机能的巅峰期，如永动机般的表演令人咋舌，作为中场甚至能在当赛季的意甲打入9球，超过了不少“正印”前锋。

第5名相对有些意外，授予了40岁的英格兰队老门将彼得·希尔顿。希尔顿也是在生涯中后期才崛起的巨星，早年被“门神”班克斯的光芒掩盖，中期虽然随诺丁汉森林创造奇迹，但在更高层面还是要与利物浦传奇门将雷蒙德·克莱门斯争夺位置。大约从1982年开始，他才真正坐稳了英格兰队头号门将的位置。

自那之后希尔顿的知名度一路走高，1986年世界杯马拉多纳上演“上帝之手”与“世纪进球”，他不幸沦为历史的背景板，不过以这种方式被人记起总比被彻底遗忘要好。值得注意的是，无论希尔顿发挥得如何，他与那几年的金球奖前几名都毫无瓜葛，在不惑之年收获如此惊喜，着实有些意外。

这一年希尔顿的功绩主要有两点：其一是率领实力相对平庸的德比郡拿到了英甲的第5名。其二是追随英格兰队打入了1990年世界杯正赛，他在如此高龄还出战了11场，堪称厥功至伟。

其他几个位置就没有太多亮点了，南斯拉夫队的新生代中场大师斯托伊科维奇排在第6名，饱受伤病困扰的古利特掉到第7名，率队打进欧冠决赛的哈吉位列第

8名，帮助斯图加特拿到联盟杯亚军的克林斯曼，则与他并列。总体来说，1989年算是标准的足球小年，情况不复杂，但也缺少惊喜，不过整体上依旧值得关注。

1989 年金球奖排名 Top5

排名	球员	年龄	总得分
1	马尔科·范巴斯滕	25	119 分
2	弗朗哥·巴雷西	29	80 分
3	弗兰克·里杰卡尔德	27	43 分
4	洛塔尔·马特乌斯	28	24 分
5	彼得·希尔顿	40	22 分

1990年 神奇小子

1990年世界杯一触即发，相比于过往的几届，本届赛事中欧洲球队的优势相对明显，自然也会引发金球奖势力的大洗牌。从赛前的情况来看，荷兰队、联邦德国队、意大利队乃至英格兰队，都算是被看好的夺冠大热门，最终问鼎的球队很有可能捧出1990年的"金球先生"。

最终的结局整体上在意料之中，不过个别球队的发挥还是让人大跌眼镜。联邦德国队在连续两届折戟决赛之后，这次终于得偿所愿，"三驾马车"撑起了日耳曼人的脊梁，队长马特乌斯的发挥尤其亮眼，他终于在29岁这一年斩获了金球奖。

从更长的时间跨度来看，马特乌斯算是努力型球员，与舒斯特尔这样的天赋型球员差距明显。十年前，当20岁的舒斯特

尔在欧洲杯上呼风唤雨之时，马特乌斯还是个默默无闻的替补。然而时过境迁，天赋相对一般的人勤恳耕耘十年，众人眼中的天才却因为桀骜不驯而长期偏安一隅，只能目送从前各方面都不如自己的同辈站上世界之巅。

"三驾马车"的另一位球星布雷默，也因为在世界杯上的出色发挥，斩获了金球奖第3名。他是双足能力极其均衡的边路之神，其攻防一体的属性令人印象深刻。尤其是他的定位球能力，在大赛中往往有一锤定音的主宰力。在1986年世界杯上，联邦德国队就凭借他的任意球破门送走了法国队与普拉蒂尼，4年后的世界杯决赛中，马特乌斯由于半场更换球鞋感到不适，布雷默承担了主罚点球的重任。再结合他在淘汰赛中有3场都贡献了关键进球，排在如此高位实至名归。

克林斯曼在1989—1990赛季转会国米，与另外两位同胞携手并进。不过他在国家队中的地位并不突出，在世界杯上发挥尚可，虽然也贡献了经典进球，但在金球奖评选中只能排在第6名的位置，与两位老大哥还有差距。

意大利队虽然遗憾止步半决赛，但季军的成绩符合预期，金球奖的评委也认可球员的表现。不过代表"蓝衣军团"收获金球奖第2名的，却是一个开赛前不为人熟知的名字——萨尔瓦托雷·斯基拉奇。

斯基拉奇在1989—1990赛季加盟尤文，此前只是在低级别联赛中摸爬滚打，显然算不上天赋出众的人物。虽说斯基拉

奇在自己的首个意甲赛季中发挥尚可（30场15球），还帮助 "斑马军团" 拿到了联盟杯的冠军，但在 "蓝衣军团" 的阵容中，他依旧是无名之辈，正常来说连登场都有困难。

不过令人意外的是，意大利队的头牌前锋维亚利状态不佳，世界杯小组赛踢了一半就被换下，他的搭档卡尔内瓦莱也令人不满意。在这种情况下，替补上场后表现抢眼的斯基拉奇，与 "全民宠儿" 罗伯托·巴乔一起首发了。

尽管 "忧郁王子" 的球风华丽，对阵捷克斯洛伐克队的奔袭进球更是 "吸粉" 无数，但真正帮助 "蓝衣军团" 在世界杯中前进的还是斯基拉奇。很难解释像他这样一位 "机会主义者"，为何会在4场淘汰赛中都有进球，而且多是关键进球，也许这是上天对东道主球队的恩赐，在那个梦幻的意大利之夏，意大利队收获了足球的馈赠。

不过这届世界杯也是斯基拉奇职业生涯中唯一的 "高光" 时刻了，世界杯结束后，"神奇小子" 的光环突然变得黯淡，无论在哪个俱乐部，他都没能重振雄风，在国家队层面更是碌碌无为。他一共为 "蓝衣军团" 打入7球，其中有6球都出现在1990世界杯上，当代的黑色幽默无非如此了。

除此之外，意大利队的巴雷西与巴乔也获得了广泛的赞誉，前者镇守后防拿到了金球奖第5名，后者惊艳出道收获第8名。虽然传奇性相比斯基拉奇还有些差距，但他们显然才是 "蓝衣军团" 可以长

期仰仗的人物。

同样闯进世界杯4强的英格兰队，也诞生了一位大师级人物，那便是被球迷歌颂至今的保罗·加斯科因。如果仅从比赛判断，根本无法想象这是一名来自英格兰的球员，他的技术水准甚至超过了很多拉丁派球星，那种从容自在的飘逸感在同派系的球员中可谓绝无仅有。只可惜英格兰队在点球大战中不敌联邦德国队，加斯科因最终只拿到金球奖第4名，令人有些遗憾。

这一年最失败的球队当数荷兰队，最郁闷的球星自然是曾经呼风唤雨的 "三剑客"。尽管他们率领AC米兰蝉联了欧冠冠军，但荷兰队在世界杯上的发挥实在一言难尽，16强角逐中就被联邦德国队送回了家。古利特因为膝盖伤病状态大不如前，范巴斯滕可能是经年累积的疲劳值达到了顶峰，整届比赛的表现如同梦游。这两人都没出现在金球奖的榜单之中，只有唯一发挥正常的里杰卡尔德最终斩获第9名，算是为 "三剑客" 挽回了一点颜面。

1990 年金球奖排名 Top5

排名	球员	年龄	总得分
1	洛塔尔·马特乌斯	29	137 分
2	萨尔瓦托雷·斯基拉奇	26	84 分
3	安德烈亚斯·布雷默	30	68 分
4	保罗·加斯科因	23	43 分
5	弗朗哥·巴雷西	30	37 分

1991年 金球"回家"

在这个波澜壮阔的时代，1991年显得有些另类，欧冠的赛场上诞生了第二支来自东欧的冠军球队，金球奖则第一次颁给了来自法甲的球员。值得注意的是，此时距离金球奖始创已经过去了35年，法国人自己的联赛终于扬眉吐气了一番。

在过去的二三十年间，法甲的存在感一直不高，在欧战中除了兰斯、圣埃蒂安等球队创造过辉煌，其余球队大部分时间都在扮演"陪太子读书"的角色。不过随着足坛商业化浪潮的兴起，法甲内部也孵化出了所谓的"独角兽"，那便是1990年前后在法甲一手遮天的马赛。

当时马赛的老板是商人伯纳·塔皮，他的建队方式与贝卢斯科尼比较类似，以本土核心球员为班底，再斥巨资引进大牌外援，这样球队的战斗力在短时间内就会有质的飞跃。在那几年间，马赛的知名内援有老"铁三角"之一的蒂加纳、普拉蒂尼的国家队队友阿莫罗斯，以及当时水准颇高的中卫巴西莱·博利等人，当然也包括了1991年镁光灯下的主角让-皮埃尔·帕潘。

外援层面更是百花齐放，英格兰队的著名"魔翼"克里斯·瓦德尔，是当时全世界最优秀的边锋之一；加纳队的中场指挥官阿贝迪·贝利（乔丹·阿尤与安德烈·阿尤的父亲），巴西队中卫卡洛斯·莫泽尔，以及南斯拉夫队头号核心斯托伊科维奇。在这批人的加持之下，马赛几乎

垄断了1988—1989赛季到1994—1995赛季的法甲冠军，但最出挑的还是本土射手帕潘。

帕潘是身体素质并不出众的机会主义射手，但他有着自己的独门绝技——号称历史最佳的凌空射门。与其他球员偶尔灵光闪现不同，凌空抽射是帕潘的常规武器，职业生涯至少有几十个类似的进球入账。而且与多数人接高空球直接抽射不同，帕潘常常会等球落地，反弹几次后找准适合的高度抽射得分。有时他甚至会将地面的球挑起，实现人球分过之后再抽射破门，将观赏性与实用性有机结合。

从1987—1988赛季到1991—1992赛季，帕潘连续5个赛季收获法甲金靴奖，又帮助马赛拿到了4个法甲冠军。而在1990—1991赛季的欧冠比赛中，他率队达到了真正的巅峰，虽然马赛在决赛中遗憾落败，但球队在8强赛中淘汰了不可一世的AC米兰，一个小插曲甚至让对手失去理智，马赛在场内外取得完胜，在舆论中掀起了波澜。

综合这一年的表现，帕潘以较大的优势成为新科"金球先生"，其实在前两年他就已经在榜单的第10名左右徘徊，找准一个机会便能登上巅峰。他也就此打破了德荷势力对于金球奖的垄断，属于那个时代的一股"清流"。

欧冠冠军贝尔格莱德红星的球员也获得了评委一致的褒奖。南斯拉夫足坛在20世纪80年代末涌现出了一批巨星，他们在1987年世青赛上的表现令人印象深刻。而

由德扬·萨维切维奇、罗伯特·普罗辛内斯基和达尔科·潘采夫等人领衔的贝尔格莱德红星，夺得了1990—1991赛季欧冠冠军。这批人可以算是南斯拉夫足坛最顶尖的球员，他们将这一地区特有的素质发挥到了极致，灵动中不乏硬朗，将技术与身体完美结合。

最终萨维切维奇与潘采夫并列金球奖第2名，普罗辛内斯基收获第5名，贝尔格莱德红星的罗马尼亚籍中卫米奥德拉格·贝洛德迪奇排在第8名。一支欧冠冠军球队诞生了4位排在金球奖前10名的球星，可谓收获颇丰。

联盟杯冠军归属于国米，这也是德国"三驾马车"的又一次胜利，不过今朝的国米只捧出了马特乌斯，没有像前一年那般大包大揽。马特乌斯与"红星双杰"并列金球奖次席，他与帕潘的差距十分明显，蝉联奖项是遥不可及的梦想。

其他几个位次相对平淡，率领热刺拿下足总杯冠军的莱因克尔，最终排在第6位；帮助桑普多利亚拿到意甲冠军的维亚利，凭借出色的发挥拿下第7名；而优胜者杯冠军曼联的队员则不显山不露水，只有前锋马克·休斯代表他们收获了第8名。这是弗格森执教"红魔"的第一座欧战奖杯，从球员个体不突出的情况来看，此时的曼联就已经成为由教练主导的团队，"弗爵爷"才是球队的唯一核心。

1991年金球奖排名 Top5

排名	球员	年龄	总得分
1	让-皮埃尔·帕潘	28	141分
2	德扬·萨维切维奇	25	42分
2	达尔科·潘采夫	26	42分
2	洛塔尔·马特乌斯	30	42分
5	罗伯特·普罗辛内斯基	22	34分

1992年 最后一剑

虽说在本章所述的时代，AC米兰与荷兰系是金球奖绝对的主导，但经历了1990年和1991年的失意之后，其声望已经跌入谷底。对于"三剑客"来说，1992年是他们必须重整旗鼓的一年，但因为AC米兰在前一个赛季的欧冠罢赛，1991—1992赛季"红黑军团"被禁止参加欧战，所以"三剑客"只能通过欧洲杯找回昔日荣光。

其实1992年欧洲杯对于荷兰队来说形势相当有利，最为强劲的几个对手，南斯拉夫队因为国内问题丧失了参赛资格，意大利队在预选赛中折戟，没有入围正赛，英格兰队虽然打进了决赛圈，但加斯科因与约翰·巴恩斯等核心球员的重伤，让"三狮军团"的战斗力大打折扣。整体来看，"橙衣军团"卫冕的最大障碍，还是老对手德国队，当然这次"日耳曼战车"（德国队的绰号）形成了统一的整体，马蒂亚斯·萨默尔与托马斯·多尔等原民主德国队的强援加入，让形势变得与两年前的世界杯不太一样。

然而令人感到意外的是，荷兰队在小组赛击败了德国队，结果在半决赛却被黑马丹麦队淘汰。要知道丹麦队在预选赛中已被淘汰，临时顶替南斯拉夫队才获得正赛门票，而且球队头号核心米歇尔·劳德鲁普还因为私人原因，并没有随队参赛，就是这样一支球队居然可以淘汰拥有"三剑客"和丹尼斯·博格坎普的"橙衣军团"。

出局了就必须有人担责，从几场比赛来看范巴斯滕的责任最大，他不仅一球没进，还在对丹麦队的点球大战中罚丢点球，这是令人难以理解的。不过随着丹麦队的"一黑到底"，金球奖的形势变得愈发扑朔迷离。

丹麦队在头牌缺席的情况下，实际领袖是彼得·舒梅切尔与布莱恩·劳德鲁普，但这两位与"金球先生"肯定还有距离，无论从哪方面来看都欠缺火候。而荷兰队这边，博格坎普在欧洲杯上打进3球，此前还率领阿贾克斯拿到了1991—1992赛季联盟杯冠军，看上去欧洲杯的最终结局，并不影响他争夺个人奖项。

在"欧洲三大杯"中，巴萨在1991—1992赛季夺得队史上首个欧冠冠军，队内的核心球员是几个外援：锋线上的赫里斯托·斯托伊奇科夫、中场核心米歇尔·劳德鲁普，以及防线自由人罗纳德·科曼。这其中米歇尔·劳德鲁普最为可惜，如果他随丹麦队参加了欧洲杯，坐拥双料冠军的核心身份，金球奖肯定十拿九稳，如今却显得有些吃力。

科曼的处境也不是一片光明，同样受制于荷兰队的成绩，他与博格坎普事实上都处于待定状态。斯托伊奇科夫在俱乐部的发挥固然出色，却没有参加欧洲杯，所以他的顺位并不比上述两位靠前。

在一片混乱之中，年底的金球奖居然颁给了老熟人范巴斯滕，各界对此都存有异议。虽说他在1991—1992赛季，用31场25球的表现帮助AC米兰拿到了联赛冠军，在11月份的一场欧冠比赛中，还奉献了惊艳的"大四喜"。但无论怎么辩驳，就所得荣誉来看他毫无优势可言，个人表现也没有明显领先其他对手，与前两次获奖相比，这次获得金球奖缺乏必要的说服力。

斯托伊奇科夫与博格坎普分列第2、3名，对于两人来说也算不错的结果，但在没有明显劣势的情况下输给范巴斯滕，多少显得有些可惜。丹麦系球员收获颇丰，舒梅切尔斩获第5名，布莱恩·劳德鲁普排在第6名，没有参加欧洲杯的米歇尔·劳德鲁普掉到了第7名。另外，科曼排在第8名，也算是对其获得欧冠冠军的一种鼓励。

在剩下的球员中，唯一值得提及的就是第4名的托马斯·哈斯勒，他是整个20世纪90年代德国足坛技术能力最出众的中场球员，从核心属性上来说可与斯特凡·埃芬博格并列，而且场外的不安定因素更少，可称得上这一时期"日耳曼战车"的舵手。尽管有些可惜，但哈斯勒在随队拿到欧洲杯亚军之后，评委还是认可了他的技术水准，拿下这样的高位也算是在情理之中。

1992 年金球奖排名 Top5

排名	球员	年龄	总得分
1	马尔科·范巴斯滕	28	98分
2	赫里斯托·斯托伊奇科夫	26	80分
3	丹尼斯·博格坎普	23	53分
4	托马斯·哈斯勒	26	42分
5	彼得·舒梅切尔	29	41分

总结

"小世界杯"的风起云涌，催生了足球世界的又一个高峰。虽然AC米兰的君临天下一定程度上打破了平衡，但以国米"三驾马车"为首的抗衡力量，还是让金球奖的争夺充满看点。

不过从意甲盛世的侧面来剖析，金球奖的局限性被无限放大，作为一方诸侯的那不勒斯，只因核心多是南美球员，便从未被列入金球奖势力的考察范围。而随着20世纪90年代国际形势风云变幻，金球奖势必也要迎来重大变革，而这是下一章的故事了。

缺乏竞争者的金球奖

帕潘虽然在 1990—1991 赛季的欧冠决赛中失利，但却赢得了一场没有对手的竞争：在 1991 年金球奖 29 名评委参与的投票中，他获得了 141 分，而满分是 145 分！只有英格兰、马耳他和南斯拉夫的评委没有把第一顺位选票投给他。大多数评委选了帕潘出于以下多种原因：首先，他的进球非常具有观赏性；其次，他一直保持着较高的进球效率；最后，就是马赛完成战胜 AC 米兰这样"不可能的任务"。客观地说，当年金球奖的确缺乏有分量的竞争者。

在这次评选中，马特乌斯、潘采夫、萨维切维奇 3 人并列第 2 名，这也是金球奖历史上少见的。继科帕（1958 年）、普拉蒂尼（1983 年、1984 年、1985 年）之后，帕潘为法国足球带来了第五座金球奖奖杯。

Ballon d'Or

第 七 章

1993—1997 年
终迎全球化浪潮

经过了数十载的守望，金球奖终于开放怀抱迎接
全世界的英才，不过此时欧洲的球星仍旧占据主导地
位，哪怕是南美的才俊也未能形成集团之势，去冲击
前者的主导地位。不过当这扇门打开之后，每一年我
们都会满怀憧憬地畅想未来。

——引言

在本书的序言中，我们阐述了金球奖诞生的时代背景，无非是随着足球竞技性的提升，一较高下的需求与日俱增。球队之间可以通过比赛决出胜负，但球星的评判体系则需要单独建构，《法国足球》杂志领风气之先，肩负起了这样的重任。

所以从根源上来说，创立金球奖的目的就是选出世界上最好的球星，时代更迭，人才辈出，褒奖他们的丰功伟绩，也是足球这项运动蓬勃发展的佐证。然而稍显遗憾的是，从1956年到1994年，只有拥有欧洲国家国籍的球员（拥有双重国籍亦可）可以参评金球奖，南美各国以及世界其他国家的天才球星，被无情地拒之门外。

究其原因，我们可以从主办方与球员两个维度来分析。第一，在金球奖创立初期，世界足坛还处于人员流动和信息流通壁垒较高的时期。按照《法国足球》杂志社的要求，各国负责投票的媒体，需要密切关注各大联赛整个赛季的比赛进程，才能知晓各个球星的具体发挥。当时大部分比赛（特别是联赛），是没有稳定的电视转播的，记者只能奔走于现场实时观察，欧洲足坛自然成了主阵地。

虽然当时欧洲东部较为闭塞，很多记者无法亲临当地的比赛现场，但通过"欧洲三大杯"与国家队的常规比赛，还是可以考察东欧球星的状态，整体的信息收集并不存在障碍。但如果将评判范围扩展到全世界，那成本就呈几何倍数地增长，那时调动如此多的人员在世界范围内跟踪报道并不现实，而且无法通过电视观看多数国家的足球比赛，即便想与当地同行建立起稳定的联系，也是相当困难的事情。

"球王"贝利就是典型的案例，以后世的评判标准来看，他就是无可争议的"球王"，但对于当时欧洲的记者来说，想观摩贝利踢球并不容易。固定的渠道就是世界杯的转播，以及桑托斯赴欧踢商业赛，然而他在巴西国内与南美地区的常规比赛，欧洲方面很难及时了解，但这才是评判他日常表现的核心依据。

第二，从当时世界各地（欧洲以外）球员的角度来看，他们的情况也比较复杂。足球发达的南美各国，多数球星更偏好在国内发展，除了部分人为了更高的报酬希望前往欧洲外，那时的主流联赛对外援名额都有严格的限制，意甲更是长期存在外援禁令。再考虑到当时漂洋过海后的适应难度很大，旅欧对很多球员来说都是三思而后行的事情。

所以在很长的一段历史时期内，欧洲各大联赛的外援数量极其有限，在金球奖评委目之所及的范围内，并没有多少欧洲以外的球员值得为其单开赛道。试想一下，如果那时解除各种外援限制，南美巨星鱼贯而入，在主流联赛占比达到今天的水平，那金球奖可能就不会限制参评人的国籍了，但时代的局限性无法逾越。

至于当时的"足球第三世界"，虽然偶有巨星产出，但数量极其有限。而且很多人选择留守本国联赛，终其职业生涯都与欧洲赛场无缘，自然也不可能促成金球奖架构的调整。

不过随着人类科技水平的飞速进步，进入20世纪90年代之后，一切都发生了翻天覆地的变化，曾经横亘在面前的难题迎刃而解。从主办媒体的角度来说，当时的国际旅行频次与洲际通信效率都大幅提高，互联网逐步普及之后信息壁垒更是完全消失。各路记者可以在世界足球圈内快速游弋，获取第一手的资料，并做出及时的报道。

更为关键的是，从20世纪80年代后期开始，足球比赛的电视转播开始普及，连日常的联赛都有了系统性的转播。在20世纪90年代的中国，经济发展还处在起步阶段，但只要你有一台电视机，就可以看到世界各地的比赛实况。像美洲等地区的比赛即便没有直播，精华集锦一类的专题

片也不胜枚举。而欧洲作为足球世界的中心，当时的资料丰盈程度可想而知。

从欧洲以外的球员角度出发，时代的进步也令他们受益良多。其一，20世纪90年代出国甚至跨洲生活已经非常普遍，适应异国他乡的环境及找寻共鸣群体并不困难；其二，欧洲各大联赛在陆续放开外援限制，最有代表性的是意甲，其在1992年将3个外援名额扩展到6个，给众多非欧洲球员提供了新的机会；其三，随着《博斯曼法案》的出台，球员的转会壁垒被彻底瓦解，欧战的"3+2"外援限制也随之解除，此时的足坛正朝着全球化大步迈进。

另外随着时间的推移，过去那些足球欠发达地区，球员的整体水准也有了长足的进步。最为典型的就是非洲，到了20世纪90年代，其不仅能产出数量不少的巨星，还能诞生尼日利亚队这样的劲旅，在世界杯与奥运会上搅动一番天地。这批人作为那时世界足坛的生力军，批量登陆欧洲各大联赛自然是顺理成章的事情，一个百花齐放的时代到来了。

结合以上改变，欧洲的奖项主办方可以轻松追踪到世界足坛的一举一动，世界各地的球员也能随时来到欧洲踢球，并且几乎没有什么限制。在这种情况下，金球奖作为目标宏大且承载着历史重任的奖项，再限制参评人的国籍就显得不合时宜了，于是在1995年，风暴来临。

这一年金球奖进行了有史以来最大规模的改革，解除了所谓的国籍限制，但并没有完全放开。当时的新规规定，凡是评

选周期内在欧洲踢球的球员，都可以参与竞逐。但投票的评委，仍然来自欧洲各大权威媒体。金球奖将"欧洲理念"贯彻下去，但对于世界各国的球星来说，这已经是昌明的时代了。

规则的变更必然带来金球奖格局的洗牌，给本就混乱的形势又添了一把烈火。前一章所述的时代（1987—1992年），AC米兰几乎垄断了核心资源，意甲的竞争力也与日俱增。不过到了本章所述的时代（1993—1997年），情况发生了些许变化。

荷兰"三剑客"受到伤病和年龄的影响，其竞争力在1993年之后就光速下滑，尽管AC米兰还是广纳贤才，但这些球员想要达到前人的高度是极其困难的。而且这一阶段"红黑军团"鲜有南美巨星，从金球奖的角度来看，在规则开放之后，欧洲球员在金球奖榜单中的竞争力明显下滑，AC米兰的球员想在榜单中占据一席之地愈发困难。

与此同时，意甲也在经历变革，逐步从几年前的"小世界杯"时期过渡到20世纪90年代中期的"七姐妹"时代。直观来说就是优势资源更加集中，1990—1991赛季18支球队头牌都能亮相的盛景很难再现，多数球星都集中到了头部的7支队伍当中。在"红黑军团"下滑趋势明显的情况下，其他球队却逐步补强，填补了金球奖竞争格局中的空白。

另外值得关注的就是皇马与巴萨两队，过去西班牙本土球员水准有限，但在开放非欧外援评奖之后，两支顶流豪门球队便

开始大展拳脚。尽管与巅峰期的意甲各队抗衡还不现实，但显然已经走在了蓄势待发的路上，未来不可限量。介绍完了时代背景，下面照例开始单年度的详细分析。

■ 1993年 忧郁王子

按照常理来说，这一年的荷兰"三剑客"仍处在当打之年，如果正常发挥的话，自然还是金球奖势力中不可或缺的一环。然而范巴斯滕与古利特的踢法太过极端，在而立之年的门槛上，就有解甲归田之势，且充满了辛酸与无奈。

范巴斯滕的脚踝受伤似乎是命中注定的，身高接近1.90米的中锋，却经常做出大幅度的极限扭转，如同芭蕾舞演员那般依靠脚踝承重，出道后没多久便遭遇了相关位置的伤病。当1992年年底他再度被铲伤之后，情况变得严重起来。

这次受伤让他休养了近半年之久，直到1992—1993赛季欧冠决赛前夕才复出，而决赛中马赛中卫博利的致命重击，则让这位优雅的战士彻底倒下了。当时谁也无法料到，这竟然成为"乌得勒支天鹅"职业生涯的绝唱。

古利特的膝盖伤病同样严重，早在加盟AC米兰之初，他的出勤率就很难得到保证。其踢法充满激情，自然很依赖爆发力，多次手术之后竞技水平明显下滑，到了1992—1993赛季，新帅法比奥·卡佩罗

逐步将他边缘化，他自然也不可能再去竞争金球奖。

虽说核心球员遭遇了严重的伤病危机，但实力雄厚的"红黑军团"依然打进了1992—1993赛季欧冠决赛，之后却输给了前章所述的处在巅峰期的马赛。后者类似法国版的AC米兰，源源不断的投入让其在国内联赛中一枝独秀，历经波折之后在欧战赛场也实现了夙愿。

不过从金球奖的角度考量，这支球队并没有突出的箭头人物，1991年的"金球先生"帕潘离队加盟了AC米兰，像阿伦·博克西奇、迪迪埃·德尚、马塞尔·德塞利等球星自然引人注目，但从球员个人的能力与威望来说，距离当时最佳的水平还有差距。最终马赛只捧出了金球奖第4名，他就是来自克罗地亚的博克西奇，作为身高1.90米的精壮前锋，他的冲击力与技巧并存，是新生代前锋中的佼佼者。

与"平平无奇"的欧冠相反，1992—1993赛季的联盟杯却诞生了一位英雄人物，那便是几代人的偶像罗伯托·巴乔。"忧郁王子"早在1990年世界杯上就已经扬名世界，但在加盟尤文的头两个赛季，在激烈的竞争环境中并无多少成绩，不过作为那个时期意大利足坛个人能力最耀眼的进攻球员，他率队爆发只是时间问题。

作为标志性的意式"九号半"球员，他从不把自己定义为前锋或是组织者，而是通过对比赛的理解，做出最合理的选择。巴乔的脚下技术和推进能力极为出色，即便是在拉丁派属性浓厚的亚平宁半岛，也鲜见球技如此出众的天才。与此同时，他对于球门的威慑力也是有目共睹的，无论是个人通过出众的脚法破门得分，还是吸引对方防守之后分球给队友，都能制造巨大的威胁。

在这个赛季的联盟杯中，巴乔几乎以一己之力率领球队前进。与巴黎圣日耳曼的半决赛，球队一度0∶1落后，他在关键时刻的一脚贴地远射扳平比分，又在最后时刻上演任意球绝杀的好戏，令当时的尤文球迷陷入疯狂。最终两回合比赛他包揽了尤文的全部3粒进球，球队也双杀了对手挺进决赛。

决赛的对手是实力强劲的多特蒙德，但巴乔的球队却在第一回合就终结了悬念。"斑马军团"在客场3∶1击败了"大黄蜂"，巴乔又贡献了两粒关键的进球，第二回合只是走个过场，最终以6∶1的总比分成功登顶。

除了欧战之外，1992—1993赛季巴乔在联赛的发挥也很出众，27场21球的数据是他职业生涯的最佳表现。在双线成绩优异的加持之下，巴乔在年底收获了金球奖，终于登上了个人荣耀的顶峰。无论从哪个角度来说，这都是一座完美的奖杯，在最好的年华被授予给了彼时还明媚灿烂的"忧郁王子"，仿佛童话故事那般令人神往。

相较于金球奖的最终得主，榜单后面的几个位次存在一些竞争，而且很多人的差距并不明显。榜眼得主是前一年的探花博格坎普，他在阿贾克斯的最后一个赛季中，依然交出了联赛28场26球的华丽数据，再结合在世预赛中连续进球的表现，再次进入前3名也算实至名归。

榜单的第3名算是个相对陌生的名字，那便是彼时曼联的"国王"埃里克·坎通纳。他是法国足坛中生代的领袖人物之一，高傲的气质与细腻的球风形成了鲜明反差，在英式"442"体系中，他作为活动范围较大的前锋球员，扮演着"红魔大脑"的角色。1992—1993赛季，坎通纳在弗格森的调教下，率队拿到了英格兰足球超级联赛（1992年开始成为英格兰足球顶级联赛，下文简称英超）元年的冠军，这也是"红魔"26年来的第一个顶级联赛冠军。坎通纳作为队内头牌拿到金球奖的探花席位，算得上实至名归。

米歇尔·劳德鲁普凭借在巴萨的稳定发挥，拿到了金球奖的第5名；AC米兰防线的两位领袖，巴雷西与保罗·马尔蒂尼分列第6、7名。值得一提的是第8名，保加利亚队的前锋埃米尔·科斯塔迪诺夫强势上榜，他在这一年世预赛末轮的生死战中，用读秒阶段的绝杀亲手埋葬了法国队，帮助自己的祖国重返世界杯赛场。

1993年金球奖排名 Top5

排名	球员	年龄	总得分
1	罗伯托·巴乔	26	142分
2	丹尼斯·博格坎普	24	83分
3	埃里克·坎通纳	27	34分
4	阿伦·博克西奇	23	29分
5	米歇尔·劳德鲁普	29	27分

■ 1994年　承上启下

这是旧时代金球奖的最后一年，1995年非欧洲球员即将参与竞争，在这最后的窗口期，欧洲球星可谓摩拳擦掌，想借着美国世界杯的势头做最后一搏。可谁曾想当年美利坚骄阳似火的盛夏，却演变成了冷门的温床。

英格兰队与法国队，在预选赛阶段就被淘汰，正赛还没开始就令满怀期待的球迷大失所望。正赛打响之后，开赛初期表现不俗的阿根廷队，在马拉多纳被禁赛之后一蹶不振，16强比赛中就被罗马尼亚队淘汰。至于德国队、荷兰队、西班牙队等，也都在8强阶段就打道回府，欧洲豪门球队中，只有意大利队的成绩符合预期。

其实"蓝衣军团"在小组赛的发挥一言难尽，攻坚能力孱弱，防线核心巴雷西受伤，主帅萨基与罗伯托·巴乔之间的矛盾路人皆知，球队到了摇摇欲坠的边缘。意大利队仅以小组第3名的成绩勉强挤进淘汰赛，看上去随时会卷铺盖走人。

不过从16强比赛开始，那个彼时还不忧郁的男人觉醒了，前一年的"金球先生"展现出了在大赛中必备的瞬时爆发属性。对阵尼日利亚队的比赛，意大利队长时间处于落后的状态，依靠巴乔在第88分钟的破门才将比赛拖进加时赛，随后又是他的点球护送"蓝衣军团"挺进8强。

面对西班牙队的比赛，巴乔延续了良好的状态，在最后时刻打入绝杀球。半决赛迎战黑马保加利亚队，巴乔又上演了五分钟内梅开二度的好戏。尽管因为伤病影响，他在决赛中的发挥一般，还在点球大战中留下了那个永恒经典的落寞背影，但他的表现足以载入史册，也成为这届世界杯中欧洲强队主将鲜有的亮点之一。

不过由于意大利队在世界杯决赛遗憾落败，罗伯托·巴乔无缘蝉联金球奖，只获得了第2名。夺走他荣耀头衔的，是在世界杯上大放异彩的保加利亚队前锋斯托伊奇科夫，在经历了1992年的遗憾之后，这一次他终于得偿所愿。

斯托伊奇科夫成名多年，长期在巴萨"梦一队"担当锋线核心，他被人称为"霹雳火"，这个词可以完美诠释其球风。作为一名冲击力极强的锋线球员，他的杀伤力有目共睹，而且在高速行进中还能保持良好的触球感觉，射门选择上也令人过目难忘。

1993—1994赛季，他与罗马里奥搭档，率领巴萨实现了西甲四连冠，在欧冠中也收获了亚军，在世界杯开始之前，外界对他的期待值就已经拉满。不过令人惊讶的是，保加利亚队"黄金一代"在世界杯中的战斗力不可限量，其在小组赛中2：0击败了上届亚军阿根廷队，正是斯托伊奇科夫的进球为球队打开了胜利之门。

后来的8强战面对上届冠军德国队的比赛，更是成为传世经典。保加利亚队在0：1落后的情况下，依靠斯托伊奇科夫绝妙的任意球扳平了比分，随后依靠约尔丹·莱切科夫的绝杀球终结了悬念。斯托伊奇科夫率队闯入4强，这是他的前辈格奥尔基·阿斯帕鲁霍夫与赫里斯托·博内夫不敢奢望的事情，"霹雳火"做到了。

最终保加利亚队收获了世界杯第4名，斯托伊奇科夫以6球的成绩，与俄罗斯队前锋奥列格·萨连科分享了金靴奖。在俱乐部与国家队成绩的双重加持下，斯托伊奇科夫脱颖而出，成为旧时代最后一位"金球先生"。两年前的遗憾已经成为过去，是金子总会发光的，他正朝着保加利亚足球历史第一人的目标迈进。

第3名归属于1994年同样出彩的保罗·马尔蒂尼，这一年在荷兰"三剑客"集体淡出的情况下，正值巅峰的他率领AC米兰拿到了1993—1994赛季的欧冠冠军。特别是在最终的决赛，在巴雷西与科斯塔库塔两大中卫停赛的情况下，马尔蒂尼领衔的防线零封了巴萨的豪华锋线，令人印象深刻。

世界杯开赛之后，巴雷西因为伤病被迫接受手术，马尔蒂尼顶替他来到了彼时还没那么熟悉的中卫位置，但他依然用现象级的发挥，一路护送意大利队进入了决赛。可以这样说，如果他不是一名后防球员，这样的成就足以竞争"金球先生"，只可惜这项运动还是属于得分手的盛宴，强如马尔蒂尼也只能感叹时运不济。

除此之外，世界杯上一些发挥出色的小国球队的核心，也都拿到了不错的名次。罗马尼亚队的指挥官哈吉与瑞典队的核心托马斯·布洛林并列第4名；后者的队友，"门神"托马斯·拉维利因为在1/4决赛点球大战中的出色发挥，拿到了第7名的好成绩。对于非足球强国的门将来说，这已经算是职业生涯的巅峰了。

榜单前列中稍显异类的，要数第6名的克林斯曼，他在世界杯上的表现相当出色，5球的进球数是个人在所参加的三届世界杯中之最，不过德国队出局较早，他个人很难继续向上攀登。但是作为除意大利队之外，金球奖前几名中唯一来自传统足球强国的选手，也算是为劲旅守住了尊严。

1994 年金球奖排名 Top5

排名	球员	年龄	总得分
1	赫里斯托·斯托伊奇科夫	28	210 分
2	罗伯托·巴乔	27	136 分
3	保罗·马尔蒂尼	26	109 分
4	格奥尔基·哈吉	29	68 分
4	托马斯·布洛林	25	68 分

1995年 全新时代

历经了近40年的等待，金球奖终于开启了全球化时代，尽管参评球员仍被限定在欧洲联赛范围内，但打破了国籍壁垒之后，非欧洲巨星终于可以冲击至尊王座了。

不过稍显遗憾的是，在1995年这个节点上，历来盛产巨星的南美足坛，却正在经历新老交替的阵痛。巴西这边，以济科、苏格拉底为首的一代人早已老去，罗纳尔多、里瓦尔多等人刚刚崭露头角，处在当打之年且具备冲击世界最佳球员能力的巨星，只有"独狼"罗马里奥一人。

阿根廷这边，马拉多纳已近生涯暮年，加夫列尔·巴蒂斯图塔、埃尔南·克雷斯波与阿里尔·奥特加等人还在成长期，暂时难有作为。至于乌拉圭那边，恩佐·弗朗西斯科利已是年近35岁的"老王子"，正值黄金期的鲁本·索萨等人还欠火候，新生代球员还在萌芽之中，整体没有什么竞争力。

更令人遗憾的是，唯一具备顶尖水准的罗马里奥，在巴萨的第二个赛季就已经踢得心不在焉。尽管他偶尔还能奉献绝妙的进球，将他的杀手本能展现得淋漓尽致，但此刻他已经归心似箭，欧洲人的生活方式终究不适合他，巴西联赛才是他内心的归宿。几经折腾之后，连出勤率都无法保证的"独狼"，自然不可能竞争新时代的第一个金球奖。

在这种情况下，金球奖评委的目光还得落回到欧洲球员身上，但这一赛季欧冠的形势也出乎不少人的意料。荷兰名帅范加尔执教的阿贾克斯，居然连克拜仁与AC米兰拿下冠军，其中半决赛5∶2大胜"南部之星"的名局，直到今天都是球迷难以忘怀的谈资。

这支青年军的阵容十分均衡，除了生涯暮年的里杰卡尔德，其他核心都是冉冉升起的新人。像帕特里克·克鲁伊维特、埃德加·戴维斯、克拉伦斯·西多夫与埃德温·范德萨，日后都成了荷兰队的中坚力量，但此时去竞争"金球先生"还是稍显稚嫩。

最终评委选出的是"芬兰冰刀"亚里·利特马宁，他是相当全面的攻击手，在"343"阵形中占据了核心位置，是球队进攻的主导者。利特马宁不仅具备组织梳理与撕裂防线的能力，得分效率更是为人称道，1994—1995赛季他在荷甲中攻入17球，在欧冠中打进6球，此等数据甚至达到了核心前锋的水准。以这样的发挥最后荣膺金球奖第3名，是合情合理的。

纵观"欧洲三大杯"比赛中的其他两大杯赛，再结合国内联赛的发挥，也很难挑出出类拔萃的欧洲球员。稍微出挑的可能是尤文的老将维亚利，他在1994—1995赛季意甲中的输出相当稳定（30场17球），球队也拿到了国内双冠（意甲与意大利杯冠军）。联盟杯中也随"斑马军团"闯入决赛，尽管屈居亚军，但综合来看他的竞争力还属上乘。

不过令人意外的是，维亚利仅排在金球奖榜单的第19位，而在英国《世界足球》杂志1995年的年度最佳评选中，他高居榜首。尽管两者的评价体系不尽相同，但差距如此之大，还是让很多人无法理解。

最终的金球奖得主可能出乎绝大多数人的预料，他确实不是一位欧洲球员，而是来自利比里亚的维阿。尽管多年前他就已经加盟法甲的摩纳哥，并且近年来在欧战赛场上发挥不俗，但对于很多球迷来说，这仍是个稍显陌生的名字。

维阿具备了撒哈拉以南非洲球星的典型特质，出众的爆发力令他拥有猎豹般的加速度，持球冲击的威慑力相当惊人。另外他的射门方式选择也值得称道，尽管算不上效率极高的射手，但整体贡献在合格线以上。

然而在整个1995年，他在各方面的发挥都很难与"金球先生"的头衔画上等号。1994—1995赛季，他在10场欧冠比赛中打进7球斩获金靴奖，但所效力的巴黎圣日耳曼止步4强，而这已经是他当年唯一拿得出手的成绩。后半年维阿加盟AC米兰之后，表现也只能算中规中矩，数据方面也无更多亮点，结果却能杀出重围，着实令人惊讶。不过无论如何，维阿的实力还是有目共睹的，作为非洲迄今为止唯一的金球奖得主，他仍然是后辈们仰望的高峰。2017年年底，51岁的维阿当选利比里亚总统，从绿茵场转战政坛的他，依旧在为这片热土奉献着一切。

第2名属于个人发挥出色的克林斯曼，1994—1995赛季效力于热刺的他，贡献了41场20球的数据，达到了职业生涯的巅峰。同年在欧洲杯预选赛上，克林斯曼也用连场的破门护送德国队入围正赛。在这样一个规则变更且略显混乱的足球小年，如此表现足以支撑他跻身高位。

第4名奖励给了这一年异军突起的亚历桑德罗·德尔·皮耶罗，作为意式灵动锋线的新锐，他被看作是巴乔的接班人。第5名则属于在1994—1995赛季欧冠决赛打入绝杀球的克鲁伊维特，尽管在阿贾克斯中还是新人，但如此"大心脏"依旧让人对他的未来充满期待。

1995 年金球奖排名 Top5

排名	球员	年龄	总得分
1	乔治·维阿	29	144 分
2	尤尔根·克林斯曼	31	108 分
3	亚里·利特马宁	24	67 分
4	亚历桑德罗·德尔·皮耶罗	21	57 分
5	帕特里克·克鲁伊维特	19	47 分

■ 1996年 全新"恺撒"

南美足坛处于新老交替的时期，本年度又迎来了扩军之后（8支球队变为16支）的首届欧洲杯，看上去金球奖回归欧洲应该是顺理成章的事情。然而在岁月的演进之中，总有天纵奇才降临凡间，以世人难以理解的方式改变历史的进程。1996年足坛迎来了罗纳尔多，从此凡人的认知被彻底颠覆了。

这个彼时年方二十的少年，拥有风驰电掣般的速度、无与伦比的技术能力以及独属于"桑巴天才"的灵动性。他的盘带可以轻松摧毁任何防线，从对手防守腹地持球突破连过数人之后，晃过门将破门更是家常便饭。即便是纵横足坛数十年的资深人物，也未曾目睹过如此惊艳众生的鬼才。

从1994年登陆荷甲埃因霍温开始，他就用奇幻的表现不断刷新天才的上限，场均接近1球的进球数成为"标配"，用精

妙技巧戏耍对手防线的操作，可以制作电影般时长的集锦。尽管中途曾遭遇伤病困扰，但两年之后这个少年已经睥睨天下，他就是下个时代的王者。

1996年夏天，求贤若渴的巴萨将其招至麾下，1996—1997赛季中，他奉献了可能是足球世界有史以来最为震撼的进攻表演。他的足球表演令人沉醉，迅疾如风的雷霆启动、正面强突的暴风推进以及无视门将的闪转腾挪，让诺坎普球场乃至对手的球场一次次陷入狂欢。

这年秋天，巴萨在西甲中对阵孔波斯特拉，罗纳尔多从中场开始持球启动，面对六七名防守球员的围追堵截，一路狂飙推进，中途对手的生拉硬拽都无法阻止他前进的步伐。最终在速度与技巧的结合之下，20岁的"鬼火少年"突入对方禁区抽射得分，缔造了足球历史上最经典的进球之一。此球也成为巅峰期罗纳尔多的标志性瞬间，一个足以让他竞争金球奖的黄金时刻。

不过当年罗纳尔多仅有一个荷兰杯冠军入账，缺少重要冠军也让他在年底的金球奖投票中以1分的劣势屈居榜眼，着实令人遗憾。如果成功当选的话，他将成为历史上最年轻的"金球先生"。而那个击败他的人，正是率领德国队拿下欧洲杯冠军的新"恺撒"——马蒂亚斯·萨默尔。

与此前我们熟悉的德国球星不同，萨默尔来自原民主德国地区，相对闭塞的环境让他不为更多的球迷所知。不过在他23岁那年两德统一，他顺利加盟了德甲的

斯图加特，也成为首位代表德国队（统一后）出战的来自民主德国队的球员。

后期被多数球迷熟悉的萨默尔，是类似早年贝肯鲍尔那样的顶级自由人，甚至被称为足坛最后一位"王牌清道夫"。不过早些年他主打的位置是中场，有些类似现在的高阶"B2B"（全能中场）球员，攻防一体且往返能力极强，插上得分的能力尤其惹人注目。不过当时的德国队还处在"三驾马车"的统治时期，马特乌斯与克林斯曼等人的名气远在他之上，所以尽管萨默尔已经作为主力球员代表德国队参加了世界杯，但他依然没有站在舞台中央。

然而强者只需要一个契机，便可以登上巅峰。从1993—1994赛季开始，能力全面的萨默尔便改踢自由人，成为"贝皇"那种司令塔式的清道夫，进攻端运筹帷幄，防守中身先士卒，只有队内绝对核心能胜任这个位置。

当时的德国国家队也在坚持老式的盯人体系，但自由人的位置被马特乌斯占据，不过他与时任德国队主帅福格茨的关系并不好，后者对于刺头球员几乎零容忍。所以到了1996年欧洲杯的时候，马特乌斯与斯特凡·埃芬博格等人都无缘名单，萨默尔成为自由人的首选、球队的实际核心。

这届欧洲杯，德国队受到了严重的伤病困扰，从首战就开始减员，最后甚至想从国内临时征召人员来填满替补席。不过就在如此逆境之中，萨默尔攻防一肩挑，成为球队真正的灵魂人物，防守端他面面俱到，进攻端他还能在关键时刻终结比赛

（比如8强赛对阵克罗地亚队打入的逆转球）。

在克林斯曼饱受伤病折磨的情况下，萨默尔的领袖风范一览无余，最终凭借奥利弗·比埃尔霍夫的神奇发挥，德国队成功问鼎1996年欧洲杯，萨默尔也成为无可争议的冠军队头号核心。考虑到他还帮助多特蒙德在1995—1996赛季实现德甲两连冠，最终成为1996年的"金球先生"，没有任何争议可言。

第3名属于阿兰·希勒，他是那个时代最令人闻风丧胆的射手。称霸英超的进球效率暂且不论，在1996年英格兰欧洲杯上，尽管"三狮军团"止步半决赛，但希勒的赛事金靴奖（5场5球）依然得到了外界的认可。

进步飞速的皮耶罗，依然稳定在了第4名的位置，虽然在欧洲杯上机会寥寥，但他在尤文收获了1995—1996赛季的欧冠冠军，在关键比赛中也有不俗表现，未来充满希望。

榜单前列的其他人物也都是锋线出身，被寄予厚望的克林斯曼原本有着光明的前途。1995—1996赛季他追随拜仁拿到了联盟杯的冠军，在欧洲杯上只要正常发挥，他就依然是球队的老大，但最终伤病阻碍了一切，他只能目送"外来人"萨默尔站上世界之巅。

克罗地亚队前锋达沃·苏克拿到了第6名，他在1996年欧洲杯上有着不俗的发挥，"会拉小提琴的左脚"总能演奏出曼妙的乐章，成为那个时代最具特色的瞬间之

一。曼联的坎通纳虽然无缘欧洲杯名单，却率领"92班"的小弟们实现了惊天逆转，"红魔"在英超中一度落后纽卡斯尔联12分之多，却在"国王"的感召下夺回了冠军，如此的发挥位列第7名，证明了评委的眼光。

1996 年金球奖排名 Top5

排名	球员	年龄	总得分
1	马蒂亚斯·萨默尔	29	144 分
2	罗纳尔多	20	143 分
3	阿兰·希勒	26	107 分
4	亚历桑德罗·德尔·皮耶罗	22	69 分
5	尤尔根·克林斯曼	32	60 分

1997年 天神下凡

前一年罗纳尔多用现象级的发挥征服了世界，可惜团队荣誉层面无力与萨默尔抗衡，最终铩羽而归。不过随着他加盟西甲豪门巴萨，冠军奖杯便不再是问题。1996—1997赛季，他帮助球队收获了优胜者杯的冠军，再结合与此前一致的非凡表现，成为新科"金球先生"没有任何悬念。

如今当我们回溯这一年的罗纳尔多，数据与荣誉能助他斩获头衔，但球迷记住的永远是他无与伦比的表演。仅仅一个赛季，除了此前对阵孔波斯特拉的世纪奔袭，他还上演了加速钻缝过人破门、倒地后飞速起身偷袭成功的经典之作，考虑到后来他遭遇的伤病，这段时间的罗纳尔多可以说是最好的罗纳尔多。

年底金球奖颁发时，罗纳尔多年仅21岁96天，由此成为历史上最年轻的"金球先生"。当同龄人还被称为"小将"，甚至为了在球队立足而迷茫时，他已经站在了世界之巅，俯瞰众生的挣扎。其他天才球员诸如乔治·贝斯特、迈克尔·欧文以及梅西，获得金球奖的时候都已经年满22岁，在未来罗纳尔多的这项纪录也几乎不可能被打破。

本年度还有一位值得关注的巨星出世，那便是25岁的尤文新宠齐内丁·齐达内。虽说"齐祖"在后世的地位很高，常被列入历史前十巨星，但在生涯的起步阶段，他的经历并非一帆风顺。由于他早年一直在法甲效力，得到的关注较少，1996年首次代表"高卢雄鸡"出征欧洲杯，整体发挥也不尽如人意。所以在那个时期，齐达内并没有进入一线球星的范畴。

不过随着1996年夏天他转会尤文，身体中蕴藏的能量终于爆发。"齐祖"的硬性天赋是绝佳的，壮如蛮牛的身体素质，保证了他在愈发激烈的对抗中占据优势；精妙绝伦的脚下技术，更是让他在复杂的环境中游刃有余。他是专为这个时代而生的中场大师，将艺术足球推向了全新的高度。

1996—1997赛季，齐达内就帮助尤文斩获联赛冠军，并在欧冠中拿到亚军。在双线的加持下，曾经游离于金球奖榜单边缘的"齐祖"，成功拿到了第3名。从当时的情况看，如果事情正常发展，他迟早有一天会加冕称王。

这一年的第2名，有些出乎意料，是皇马前锋普雷德拉格·米亚托维奇。他是一名相对全能的机会主义射手，在那个时代特点不算突出，但早期稳定的进球效率确保了他的地位。他用14粒进球帮助皇马在1996—1997赛季夺回了西甲冠军，国家队层面也帮助南斯拉夫队闯入了世界杯正赛，略微爆冷冲入前排，也不算不可接受的结果。

第4名是阔别金球奖核心位置许久的博格坎普，经历了意甲的低谷期后，他在阿森纳重新找回了自己。1996—1997赛季，"枪手"迎来了法国主帅温格，博格坎普在他手下逐渐找回感觉，虽然球队依旧被弗格森的曼联压制，但大众已经看到了阿森纳逆势崛起的苗头。更何况在1997年博格坎普还用连续的进球帮助荷兰队打进世界杯，获得评委的认同并不奇怪。

巴西队的传奇边卫罗伯托·卡洛斯，也在这一年声名鹊起，他是皇马夺得西甲冠军阵容中的一员，在国家队的发挥同样令人过目难忘。这一年的四国邀请赛，卡洛斯不仅发挥出色，还打出了一粒反物理规律的超远弧线任意球，此球时至今日依然是足球历史上最诡异的进球之一。作为边后卫他跻身金球奖第5名，也算为这个位置正名了。

从以上的分析可以看出，这一年的"欧洲三大杯"赛事相对尴尬，除了罗纳尔多之外没有捧出榜单前5名的球员。事实上1996—1997赛季的欧冠冠军多特蒙德的球员确实不太出众，领袖萨默尔饱受伤病困扰，已经不是一年前的"战神"；安德烈斯·穆勒虽然攻守兼备，但与"金球先生"的要求还相距甚远；保罗·索萨、于尔根·科勒尔等人不可谓不出色，但明显还欠些火候。最终安德烈斯·穆勒拿下第6名，于尔根·科勒尔拿下第9名，萨默尔掉到第10名，相差不大的排名只能说是团队的胜利。

1997年金球奖排名 Top5

排名	球员	年龄	总得分
1	罗纳尔多	21	222分
2	普雷德拉格·米亚托维奇	28	68分
3	齐内丁·齐达内	25	63分
4	丹尼斯·博格坎普	28	57分
5	罗伯托·卡洛斯	24	47分

总结

经过了数十载的守望，金球奖终于开放怀抱迎接全世界的英才，不过此时欧洲的球星仍旧占据主导地位，哪怕是南美的才俊也未能形成集团之势，去冲击前者的主导地位。不过当这扇门打开之后，每一年我们都会满怀憧憬地畅想未来。

而当20世纪70年代出生的球星登上历史舞台、开始争奇斗艳的时候，伴随着开放包容的时代，足球世界将开启一个崭新的纪元。又一个黄金盛世来临，金球奖的竞争格局同样值得期待。

金球是如何炼成的

金球奖的奖杯杯如其名，造型是一颗金色的足球，由法国著名珠宝品牌"Mellerio dits Meller"制作。Mellerio 家族成立于 1613 年，是欧洲历史最古老的珠宝制造商之一。目前金球奖奖杯的外观造型是从 1983 年开始使用的，在那之前，金球奖奖杯比较小巧玲珑。现奖杯底座由黄铁矿构成，整体高度 31 厘米，"金球"直径为 23 厘米，重量略大于 7 公斤。"金球"是两块黄铜板焊接而成的球体，内部填充蜡状材料。最后将球放入熔化的 18K 黄金中，在表面镀上总重量约 5 公斤的黄金，外观熠熠生辉，散发着金色光泽。

Ballon d'Or

第 八 章

1998—2002 年
百家争鸣的盛世

足球世界迎来了百家争鸣的时代,"1970 后"的巨星淋漓尽致地展现着自身才华,为球迷奉献了多届经典的国家队大赛。与此同时金球奖的竞争也日趋白热化,尽管罗纳尔多因为重伤长期淡出,但整体的格局依旧扑朔迷离,很多时候不到最后一刻,都无法预知最终的答案。这便是属于足球的黄金岁月,那么璀璨且令人神往。

——引言

如果要评选足球历史上最出色的一代球员，那么必定充满争议，普斯卡什与迪斯蒂法诺领衔的"1920后"，开创了二战后足球世界的新纪元；以贝利、克鲁伊夫与贝肯鲍尔为首的"1940后"，将这项运动推向了第一个巅峰；而如今还在活跃的"1980后"，更是涌现了以梅西、C罗为首的"黄金一代"，延续了足球的香火，创造了移动互联网时代的传播奇迹。

不过在众多球迷心中，"1970后"是永远无法抹去的金色记忆，这代球员是那么与众不同，他们以百家争鸣的姿态共同谱写了世纪之交的华丽乐章。时至今日，1998年世界杯与2000年欧洲杯，仍是"足坛总统山"级别的经典赛事，故事的主角正是日臻成熟的"1970后"球员。而从金球奖竞争的角度考量，本章所述的时代（1998—2002年），也正是他们站上舞台中央制霸足坛的开端。

一般而言，足球人才的井喷，多数是从传统强国开始的，这一次当然也不例外。"桑巴军团"在济科与苏格拉底那代人归隐之后，整体的星光便稍显黯淡，尽管罗马里奥的异军突起，曾帮助巴西队斩获大力神杯，但巴西人对于足球的执念不止于此，他们既为荣耀欢呼，又希望看到巨星在赛场上肆意挥洒天赋的盛景。

自罗纳尔多起势之后，这一时代巴西队球员的激情似乎被调动起来了，神鬼莫测的里瓦尔多、沉稳老练的卡福、永不止步的卡洛斯，当他们融合在一起时，"桑巴军团"便迎来了全新的篇章。甚至是在中后卫层面，也出现了卢西奥这般值得信赖的巨星。在过去的几十年中，巴西队的天才攻击手与顶尖中卫往往无法同时降临，然而在"1970后"球员当家的时代，终于出现了转机。

世纪之交的那几年，只要球星保持身体健康，巴西队的纸面水准都是令人生畏的。在拜仁呼风唤雨的"神锋"吉奥瓦尼·埃尔伯，居然长期无缘"桑巴军团"的大名单，在他最为巅峰的1998年与2002年，都与世界杯的末班车擦肩而过，这是个人职业生涯的遗憾，却也凸显出那时巴西队无与伦比的豪华配置。

老对手阿根廷队也不遑多让，后马拉多纳时代的重建来得异常迅猛。"潘帕斯雄鹰"（阿根廷队的绰号）在坐拥加夫列尔·巴蒂斯图塔的情况下，又迎来了全能前锋埃尔南·克雷斯波。尽管在那个双前锋盛行的时代，两人的特点并不兼容，但如此丰富的人才储备足以帮阿根廷队应对各种突发情况。在孔武有力的中锋身侧，还有灵动的"小毛驴"阿里尔·奥特加，他早期所展现出的球性与突破能力，即便不能与马拉多纳相提并论，成为那个时代的巨星也还是绰绰有余的。

球队的中场配置更是豪华至极，负责调度全局的胡安·塞巴斯蒂安·贝隆，防守强硬的迭戈·西蒙尼与马蒂亚斯·赫苏斯·阿尔梅达，还有冉冉升起的大师胡安·罗曼·里克尔梅、古灵精怪的"梅西的偶像"巴勃罗·艾马尔，如果他们同时可供调遣，教练可能会面临幸福的烦恼。防线上罗伯托·阿亚拉与哈维尔·萨内蒂早已跻身世界级球星的行列，后来居上的"岩石"瓦尔特·萨穆埃尔是那个时代铁血型后卫的代表人物。在这套班底的加持下，阿根廷队有望摆脱马拉多纳离开后的阴影，依靠多核心模式走出新时代的道路。

欧洲足坛这边最出众的要数法国队，其实从普拉蒂尼那代人淡出之后，"高卢雄鸡"经历了长时间的低潮期。我们不能说坎通纳、帕潘、大卫·吉诺拉等球星不出色，但他们仿佛被诅咒了一般，法国队连续两届世界杯无缘决赛圈（1990年和1994年），在1992年欧洲杯的发挥也不尽如人意。不过当艾梅·雅凯接过球队教鞭之后，可供他挑选的年轻一代，显得那么星光熠熠。

法国队新生代球员中，中场球员的水准最为出色，齐达内作为其中的旷世帅才，几乎能以一己之力串联起球队的核心框架。最近几年（2014年至今）的法国队也呈现出人才井喷的趋势，但就是缺少"齐祖"这样一位主心骨，导致球员的潜力无法被充分激发出来。

那时核心球员身边也不缺少保驾护航的人物，勤勉的埃马纽埃尔·佩蒂特是那个时代欧洲豪门俱乐部的"御用保镖"，克里斯蒂安·卡伦布在三后腰体系中也能扮演"加固城墙"的角色。后期还出现了克劳德·马克莱莱这般"一夫当关，万夫莫开"的角色，甚至成为防守基石的代名词。

当然法国队中也有攻守兼备的创造性人才，那便是当时（"齐祖"巅峰期在2000年前后）已经崭露头角的帕特里克·维埃拉与罗贝尔·皮雷斯。前者在年轻时往返能力极其出色，是永不停歇的"B2B"中场，在英超中与罗伊·基恩算得上难分伯仲，引领了双雄争霸的时代。后者则是套边型前腰的先驱，在局面复杂的情况下，利用节奏的变换打开空间，往往就能拨云见日。

法国队的锋线与防线方面，"1970后"的球员相对少一些，但也不乏杰出的代表。年少成名的蒂埃里·亨利早期就占据了国家队核心边锋的位置，随着他在阿森纳渐入佳境，慢慢地成为当家前锋。他虽然在国家队的表现逊色于在俱乐部，但大赛中也有名场面奉献，他的很多时刻成为一代球迷的群体回忆。

防线上最出众的人物，自然是"全能铁卫"利利安·图拉姆了。他的身形结构与运动能力结合得恰到好处，是极少数能一对一单防全盛时期的罗纳尔多且不完全落于下风的人物。他的静态防守十分专注，很少会被对手的假动作欺骗，动态跟防的效率同样堪称一绝，绝大多数人的起速与急停急转根本无法突破他的防守范围。生涯早期他更多地扮演边后卫的角色，后期因运动能力下降改打中后卫，但无论在哪里，他都是那个最显眼的"防线之魂"。

欧洲另一个新生代球员扎堆井喷的国家，便是足球热土意大利，亚平宁半岛的本土球员，几十年来从未断档，而且"1970后"球员所展现出的数量与质量优势，是前人难以比拟的。先说门将这个相对独立的位置，在詹路易吉·布冯之外其还拥有弗朗西斯科·托尔多、安格罗·佩鲁济与克里斯蒂安·阿比亚蒂等球星，这是让其他足球强国都艳羡的配置，但他们中的很多人，甚至需要为一个国家队替补席位而战。

防线厚度一直都是"蓝衣军团"赖以生存的基石，这代球员自然也不例外。亚历山德罗·内斯塔与卡纳瓦罗，都是世界足坛历史上顶级的中后卫，而且一个精准果敢，一个热血昂扬，搭配起来非常互补，成就了一段佳话。第二梯队的马克·尤利亚诺、马尔科·马特拉齐等人也是各具特点，甚至在内斯塔与卡纳瓦罗出问题的情况下能够迅速顶上，在当时那个时代也算得上一号人物。

边后卫阵容比起过去稍有逊色，不过像詹卢卡·佩索托、克里斯蒂安·帕努奇、詹卢卡·赞布罗塔，甚至突然爆发的法比奥·格罗索等人，也都有值得回味的细节。不过其中部分人并非专职的边后卫，所以在特定位置上的存在感较弱，但比起别的国家队来说依然够用。

这一时期最值得欣喜的是锋线上的收获，无所不能的"重型装甲"克里斯蒂安·维耶里、灵动飘逸的"斑马王子"皮耶罗、"狼王"弗朗切斯科·托蒂以及"活在越位线上"的菲利波·因扎吉，无一不是当时声名显赫的前锋。而且他们几乎同时扬名于亚平宁半岛，在刚及弱冠的年龄，就已经被视作意大利队未来的顶梁柱，让人感慨后生可畏。

相对遗憾的是同期的中场球员类型较为单一，都是类似于迪诺·巴乔、路易吉·迪比亚吉奥这种偏硬派的"工兵"，而像德梅特里奥·阿尔贝蒂尼这种颇具文艺范儿的球员，在场上的功能却比较单一，无法承担起组织核心的重任。1979年出生的安德烈亚·皮尔洛，与上述前后两条线的巨星有些错位，虽然赶上了末班车，但还是错过了最好的年华，令人唏嘘不已。

另一个必须仔细研究的国家就是荷兰，虽说从克鲁伊夫时代之后，"橙衣军团"从未面临过长时间的人才断档，但每段时间的情况还是有所区别。例如"三剑客"同时达到巅峰的那几年，荷兰队的配置其实存在很大缺陷，除了罗纳德·科曼与门将汉斯·范布鲁克伦之外，就没有能在足坛扬名的巨星，其至可以说这支球队只是靠四五个人支撑起来的。

不过到了"1970后"当家做主的时代，情况发生了明显的变化，这次荷兰队的"三线建设"取得了相对均衡的成果。锋线上涌现出了克鲁伊维特、鲁德·范尼斯特鲁伊、罗伊·马凯与吉米·哈塞尔巴因克这"四大金刚"，即便与巴西队和意大利队相比也不逊色。而且出众的克鲁伊维特和范尼斯特鲁伊，巅峰期还正好错开，同年同月同日生的两位天才，撑起了"橙衣军团"十几年的脊梁。

防线上的雅普·斯塔姆与弗兰克·德波尔的搭配可谓相得益彰，前者是足球历史上最出众的防守球员之一，超过1.90米的身高、健硕魁梧的体形，给了他无惧任何前锋的对抗能力，而在此基础上，他的灵活性也符合要求，能够及时补位与解围。后者作为"橙衣军团"的队长，脚法出众，更偏向于盯人时代的清道夫，查漏补缺的掌控、由攻转守的出球，都是他的拿手好戏。

在门将位置上，荷兰队也终于迎来了顶尖巨星，这便是阿贾克斯新王朝的"守夜人"埃德温·范德萨。身高接近2.00米的范德萨，是"巨型"门将的代表人物，他的控制面积极大，而且静态天赋出众，并不依赖动态的爆发力，生涯延续性有保证，可称得上是荷兰队历史最佳门将之一。

中场核心过去一直是"橙衣军团"的短板，其多数时候把组织调度的重任交给了清道夫去做，但这一代人终于摆脱了枷锁。埃德加·戴维斯是新时代中场的"阵眼"，他是无所不能的"六边形战士"，而且每项属性都能达到最顶尖水平的85%以上。在大赛中，这种勤勉又全能、攻防两端均能拉满输出的中场球员，虽然风评无法与齐达内、哈维等人媲美，但对于自己团队的重要性是不言而喻的。除他以外，像西多夫这样的"副核"，尽管不能独挑大梁，但在团队中仍然是高级拼图般的存在，着实值得信赖。

欧洲片区除了这三支较为突出的"1970后大军"球队，其他一些传统强队也有亮点。比如英格兰队，其中就有著名的"红魔92班"，像大卫·贝克汉姆、保罗·斯科尔斯、加里·内维尔等人都是同时代的翘楚，还有利物浦的罗比·福勒与史蒂夫·麦克马纳曼，都是红极一时的人物。除此之外，陆续涌现的还包括迈克尔·欧文、索尔·坎贝尔、里奥·费迪南德、弗兰克·兰帕德等，这样的班底即便算不上出类拔萃，在同时代也足够有竞争力了。

西班牙队与德国队还处在黎明前的灰暗时代，"1970后"球员与其巅峰一代球员相比，存在着不小的差距。不过两边依然培养出了诸如劳尔·冈萨雷斯、米夏埃尔·巴拉克这样的顶尖巨星，反观当下，"斗牛士军团"与"日耳曼战车"可曾出现如此让人赞不绝口的巨擘？

当然这个时代能成为百家争鸣的好年景，非传统足球强国的崛起也是关键因素，毕竟没有新鲜血液注入的领域终会消亡。最有代表性的就是葡萄牙队的"黄金一代",像路易斯·菲戈、鲁伊·科斯塔、若奥·平托等人都是生于20世纪70年代,哪怕是后期入队的德科(归化球员)、里卡多·卡瓦略等人,也都是生于这一年代的大佬。

更加"生僻"的足球小国也迎来了不少标志性的巨星,比如芬兰队的利特马宁、斯洛文尼亚队的兹拉特科·扎霍维奇、爱尔兰队的罗伊·基恩、捷克队的内德维德、威尔士队的吉格斯、乌克兰队的安德烈·舍甫琴科等,无不是欧洲足坛的中坚力量。从世界范围内来看,非洲足坛诞生了奥古斯丁·奥科查、迪迪埃·德罗巴,亚洲足坛诞生了中田英寿、阿里·卡利米、马克西姆·沙茨基赫等,哪怕是在2002年世界杯上口碑不佳的韩国队,你也不能否认队中"1970后"球员的出色发挥。"万年足球荒漠"大洋洲,也诞生了属于澳大利亚队的"黄金一代",哈里·科威尔、马克·维杜卡与蒂姆·卡希尔等人,今天回忆起来依旧历历在目。

一个伟大的时代需要厚重的铺陈,不过具体年份的金球奖,依然需要结合俱乐部和国家队的情况综合分析,下面便是这部分的内容。

■ 1998年 "齐祖"玄学

万众瞩目的法国世界杯,在这一年盛夏火热开战,作为扩军为32支球队后的首届世界杯,时代巨擘自然是摩拳擦掌,誓要在即将告别20世纪的节点上,留下属于自己的印迹。不过从金球奖的层面考量,最具竞争力的还得是罗纳尔多与齐达内,其他球星在如此的足球大年要么个人实力稍显逊色,要么所在球队短板明显,很难对这二人产生实质性的威胁。

巧合的是在1998年世界杯开打之前,罗纳尔多与齐达内在俱乐部层面算是打了个平手。意甲方面,"齐祖"的尤文正面击败了大罗的国米夺冠,但比赛中争议点颇多,两人自然无法决出胜负。

从欧战层面来看,罗纳尔多率领"蓝黑军团"拿下了联盟杯冠军,而且在决赛中的发挥颇为亮眼,不仅留下"钟摆式"过人的名场面,还让当时风华正茂的亚历山德罗·内斯塔疲于奔命,这一冠军含金量十足。齐达内虽然率领"斑马军团"连续第二个赛季杀入欧冠决赛,但球队再度输球、屈居亚军,更何况"齐祖"在队内的权重与大罗在国米的段位相比还有些距离,所以虽然比赛层次存在差距,但在"欧洲三大杯"赛事方面二人没有决出高下。

在这种势均力敌的情况下,世界杯的成绩将决定金球奖的归属,即便两人最终未能夺冠,成绩较好的一方只要在可接受范围内(4强左右),大概率就能成为岁末新王。巴西队与法国队,在那时都称得上兵强马壮,而且没有核心减员,正常发挥的话拿下前3名是基本要求。

从比赛进程来看,两人都算不上一帆

风顺,甚至经历了重大波折。罗纳尔多在世界杯前其实一直有伤,整体来看身体并不处在最佳状态,但对外他依然保持高姿态,甚至放话要打破方丹保持的单届世界杯进球纪录。结果三场小组赛下来,罗纳尔多才打进1球,而且正面持球的冲击力与过往相比差距明显,后续的路自然不会走得轻松。

不过以淘汰赛的大样本来看,"外星人"(罗纳尔多)的发挥还是符合预期的,不仅攻入3球稍微挽回了颜面,而且在对阵荷兰队时的发挥堪称惊艳。无论是突然启动摆脱防线的穿裆破门,还是在加时赛中持球狂奔大半场戏耍荷兰队众星,都在向世界宣告当代第一巨星的价值。

只可惜决赛前他突发怪病,一度被主帅马里奥·扎加洛排除出了首发名单,最终及时调整才站在了圣丹尼斯的法兰西体育场的决赛草坪上。然而"外星人"全场梦游一般的表现,将他当时的身体状态展现得淋漓尽致,这是最差的罗纳尔多,他不该出现在决赛场地。当巴西队0∶3输球之后,金球奖也与他渐行渐远,因为对面捧起大力神杯的,正是齐达内率领的法国队。

其实"齐祖"在整届杯赛的经历,也算非常惊险,小组赛第二场就因为恶意犯规被禁赛两场,即便球队小组出线,后续的比赛也被蒙上了阴影。16强对阵"悍匪"巴拉圭队,齐达内只能作壁上观,没有了他,球队的进攻运转极为不畅,"生锈的锋线尖刀"也无法破局,最终依靠中卫

洛朗·布兰科在加时赛中打入的"金球",才勉强逃出生天,"齐祖"算是被队友抬进了8强。

不过生来自带"玄学气质"的齐达内,只要上场就可能改变战局。1/4决赛意大利队来势汹汹,在"蓝衣军团"凶狠的压迫之下,法国队的中场很容易失控,"齐祖"却用他精湛的脚法和出众的意识稳住局面,帮助"高卢雄鸡"渡过了难关。在如此高压之下,如果换了一名领袖,球队恐怕凶多吉少。

在半决赛中,前一场消耗极大的齐达内,再度迷失了自我,好在图拉姆铁树开花,用一生一次的梅开二度,护送球队进军决赛。随后的故事我们都很熟悉,独属于齐达内的"玄学剧本"呈现在世人面前,他用两次并不常见的头球破门,终结了比赛的悬念。本土世界杯的冠军来之不易,"齐祖"在险些化身为全民公敌的情况下,用间歇性的发挥完成了自我救赎,也就此拿下了当年的金球奖,手下败将罗纳尔多只能位居第3名。

榜眼的人选有些出乎意料,在皇马的整个赛季都表现得飘忽的达沃·苏克,在世界杯上又找回了状态。他用不断的进球率领克罗地业队前进,这种能与意一般卸下"天外来球"并完美调整的前锋,似乎就是为了关键比赛而生。最终克罗地亚队拿到了世界杯亚军,斩获6球的苏克当选最佳射手,跻身金球奖前3名也就显得顺理成章了。

第4名给了英格兰队的"追风少年"迈

克尔·欧文，他在世界杯前一个赛季才正式出道，不过很快就用惊人的速度、能力以及不俗的射术霸占了媒体头版。在个人首个英超完整赛季就斩获金靴奖，在世界杯上他从替补做起，迅速成为队中最具杀伤力的前锋，对阵阿根廷队的奔袭破门更是成为传世经典，作为英格兰球员能在高速奔袭中保持如此优秀的脚感，这种与生俱来的球性是很罕见的。

剩下的几个靠前的名次，基本也给了世界杯上发挥出色的球员，巴西队的副手里瓦尔多排在第5名，法国队防线最为出彩的图拉姆位列第7名，"荷兰双骄"博格坎普与戴维斯并列第8名。稍显沉寂的是第6名的巴蒂斯图塔，虽在世界杯小组赛中再度上演帽子戏法，但在淘汰赛中却无法贡献更多，令人遗憾。

1998 年金球奖排名 Top5

排名	球员	年龄	总得分
1	齐内丁·齐达内	26	244 分
2	达沃·苏克	30	68 分
3	罗纳尔多	22	66 分
4	迈克尔·欧文	19	51 分
5	里瓦尔多	26	45 分

■ 1999年 盛世"瓦刀"

国家队大赛年之后，金球奖的争夺往往会迎来低潮期，但1999年的情况有所不同。传统的"欧洲三大杯"赛事，在1998—1999赛季迎来绝唱，这个赛季之后联盟杯与优胜者杯即将合并，欧冠则要扩军到32支球队。从此之后，欧洲赛事形成了欧冠一家独大的格局，欧冠对于金球奖的影响力也会达到空前的程度，所以旧有"欧洲三大杯"赛事的最后一年，还是格外引人关注。

这个赛季的欧冠比赛尤为精彩，24支球队最终只有8队进军淘汰赛，从小组赛开始就看点十足。特别是曼联、拜仁与巴萨构成的"死亡之组"名局众多，坚韧的"红魔"与"红蓝军团"两场3∶3的史诗级对决，更是成为永恒的经典。从当时的纸面实力来看，曼联并没有什么优势，球队也只是以小组第二勉强突围，"弗爵爷"要想带队取得突破还是难上加难。

毕竟当时英格兰足坛的思想还比较保守，传统的"442"体系，即便在"92班"的加持之下，面对欧洲大陆球队还是存在明显的劣势。不过在1999年，贝克汉姆迎来了大爆发，他精湛的传球脚法与超越时代的覆盖能力，使其成为决定比赛胜负的人。

在整支球队当中，虽然队长基恩攻防兼备的全能性无可匹敌，处在巅峰期的吉格斯撕裂防线的能力可圈可点，安迪·科尔与德怀特·约克这对"黑风双煞"的得分效率也令人满意，但真正掌控比赛的人还是贝克汉姆。他用传球影响着比赛进程，半场以内的任何位置，都可以用标志性的弧线球找到前插的队友，定位球水准更是举世无双，从小组赛血战巴萨开始，到8强淘汰国米，半决赛逆转尤文，再到决赛上演补时奇迹，曼联能够形成进球的射门，一多半都有小贝的直接参与，他自然是这支球队当之无愧的第一核心。

在后世的主流舆论中，贝克汉姆外在的光环笼罩了一切，年轻的一代人并不了解他过去在球场上创造的辉煌，甚至会把他定义为禁不起推敲的"花瓶"。然而当你认真还原足球层面的贝克汉姆，才会发现他的实力是如此出众。

除了欧冠之外，这个赛季的曼联在其他阵线也是高奏凯歌，在英超与足总杯中，都是踩着阿森纳夺得冠军，贝克汉姆的发挥同样令人印象深刻。英超末轮生死战，在球队落后的绝境中，他的进球帮助"红魔"扳平比分，曼联最终完成逆转；足总杯半决赛正面对抗阿森纳，贝克汉姆首开纪录的破门异常精彩。综合来看，他在曼联三线征途中的决定性无可替代，可惜最终只位列金球奖第2名，错失了此生最好的登顶时机。

击败贝克汉姆的里瓦尔多，靠的是双线齐头并进，毕竟巴西国家队取得成就的机会，要远大于英格兰队。如今"瓦刀"更多地被定义为中场球员，其实他是一个比较纯粹的攻击手。有别于罗纳尔多、内马尔这样正统的桑巴风格球员，里瓦尔多的动作看上去并不协调，持球的姿势甚至有些怪异，但在实战中效果非常好。

在传、射、带层面，他最出众的能力还是射门得分，在巅峰期的数个赛季中，"瓦刀"在联赛中时常能贡献20多球的数据，不仅堪比高效前锋，甚至有能力冲击金靴奖。1998—1999赛季，虽说他没能率领巴萨从欧冠中突围，但在联赛中他率队力压一众豪强蝉联西甲冠军，还是值得称道的。而且1999年是巴萨的百年庆典，这个冠军的意义显然远超过往。

在国家队层面，1999年的美洲杯成为里瓦尔多的个人秀场。尽管当时"桑巴军团"的核心还是罗纳尔多，但在那个节点上"外星人"的状态并没有调整到最佳，反而是载誉归来的"瓦刀"更令人信服。几场关键的淘汰赛他都有进球，帮助球队2∶1力克老对手阿根廷队，决赛中还用梅开二度的表现，帮助巴西队实现了卫冕。他个人被评选为美洲杯最佳球员，并且将金靴奖收入囊中，俱乐部与国家队成绩的有机结合，最终让里瓦尔多力压贝克汉姆，收获了旧千年的最后一个金球奖。

这一年的探花舍甫琴科同样值得关注，23岁的他自出道以来就展现出了惊人的天赋，被视为东欧地区诞生的又一位奇才。"舍瓦"生涯早期的冲击力极强，而且并非只在禁区内实施打击，还能长距离持球推进，晃开多名防守球员破门得分。他21岁便代表基辅迪纳摩在诺坎普球场上演帽子戏法，一时间名震欧洲。

1998—1999赛季，他迎来了生涯的第一个高峰，洛巴诺夫斯基治下的球队，在舍甫琴科的引领下，一路冲进了欧冠半决赛，并且在第一回合与拜仁战成了3∶3，双方斗得昏天黑地，留下了旷世名局。表现出色的"舍瓦"也在年中被AC米兰顺势挖走，并且延续了火热的势头，登陆亚平宁半岛的处子赛季便收获金靴奖，这对于一个外籍球员来说这是难能可贵的。

巴蒂斯图塔蛰伏了数年之后，也在1998—1999赛季达到了生涯巅峰，他用28场21球的输出，帮助佛罗伦萨拿下了意甲季军，在"七姐妹"时代书写了浓墨重彩的一笔。要不是在年初遭遇伤病错过了一个多月的关键比赛，"紫百合"甚至有机会冲击意甲王座，在这样最圆满的一年，这也算是不小的遗憾。

后续的几名球员，都是在团队的加持下跻身高位的。第5名的菲戈也是当时巴萨的核心，但面对巅峰期的"瓦刀"还是逊色一筹，只能继续等待属于自己的机会。曼联队长罗伊·基恩是球队的精神领袖，在场上的作用类似如今的卡塞米罗，但在更出挑的贝克汉姆面前，还是无法收获更多。末代优胜者杯冠军拉齐奥，也捧出了自己的核心，克里斯蒂安·维耶里与贝隆分获第7、8名，这对于"蓝鹰"来说也是值得欣慰的成就。

1999 年金球奖排名 Top5

排名	球员	年龄	总得分
1	里瓦尔多	27	219 分
2	大卫·贝克汉姆	24	154 分
3	安德烈·舍甫琴科	23	64 分
4	加夫列尔·巴蒂斯图塔	30	48 分
5	路易斯·菲戈	27	38 分

■ 2000年 菲戈加冕

新千年的第一缕阳光令人沉醉，但彼时的足球世界气氛却显得有些紧张，"外星人"罗纳尔多在迈入新时代的门槛时遭遇重伤，其他人则嗅到了登顶世界的机会。1999—2000赛季是一次纷繁复杂的旅程，欧冠扩军、联盟杯与优胜者杯合并（仍叫联盟杯），打破了原有的赛事格局，各大球星自然需要重新适应。

不过考虑到2000年夏天的欧洲杯，这一年俱乐部赛事的权重不及往常，但在这个节点上，各支劲旅都在摩拳擦掌，众星也已归位，期待着登顶欧洲。经过筛选，金球奖的竞争主要集中在齐达内、贝克汉姆、菲戈与劳尔身上。

齐达内和菲戈的核心优势，主要还是各自国家队的实力。法国队作为上届世界杯的冠军，经过两年的沉淀，亨利、维埃拉等小将都取得了长足进步，其他多数核心还在当打之年，从阵容的均衡性来说，比1998年的配置有过之而无不及。葡萄牙队的"黄金一代"也在2000年左右迎来了巅峰期，球队尽管未能闯进1998年世界杯正赛，但在2000年欧洲杯上的发挥还是可圈可点的。

劳尔与贝克汉姆的优势在俱乐部层面，前者率领皇马在三年内两次拿下欧冠冠军，后者则帮助曼联卫冕了英超冠军。而且在这个节点上，两人都处在黄金期，西班牙队与英格兰队虽说在大赛上的发挥始终不尽如人意，但在欧洲杯上只要取得及格线以上的成绩，两人就仍有希望成为"金球先生"。

至于意大利队与荷兰队，尽管整体实力非常强劲，但球星层面显得太过均衡。"蓝衣军团"的锋线球员和防线球员根本拉不开差距，无论捧谁都显得突兀；荷兰队原本的旗帜人物博格坎普已迈入生涯暮年，阿贾克斯系的生力军没有一枝独秀的人物，在个人奖项的评选中注定是"陪跑"的角色。

从欧洲杯的结果来看，齐达内又一次成为赢家。尽管他个人的表现仍有起伏，但在8强赛与4强赛中的决定性发挥，为其赚得了不少印象分。虽然在决赛有失水准，却靠着队友的发挥实现逆转，不得不令人感叹命运的眷顾。更为重要的是，贝克汉姆在小组赛结束便打道回府，劳尔与菲戈都是被"齐祖"亲手淘汰，看上去金球奖的争夺已经失去了悬念。

然而事情到这里并没有结束，齐达内经常失控的脾气，左右了最终的结局。在2000—2001赛季尤文同汉堡的一场欧冠比赛中，他因为不理智的犯规吃到红牌，而此时正处在金球奖投票前夕。很多评委都熟悉"齐祖"的情绪管理能力，对此感到失望至极，别说把第一选票给他，甚至末位选票上都不会有他的名字。在这种诡异的氛围下，"法国天王"白白流失了不少支持者。

此次事件最大的受益者是菲戈，尽管他在年中因为与弗洛伦蒂诺·佩雷斯·罗德里格斯的"对赌"失败，被迫从巴萨转会皇马，缔造了所谓的"世纪叛逃"，但他在球场上的发挥无可指摘。特别是欧洲杯层面，他率领葡萄牙队逆转英格兰队的那场比赛，就赚足了评委的好感度，后续的半决赛输给法国队，也只是一粒点球的事情。更何况菲戈崛起已有多年，早就具备了斩获金球奖的实力，2000年登顶并没有那么突兀。

令人意外的是，除了前两名的菲戈与齐达内，后续的名单与欧洲杯的关联性反而不大。第3名的舍甫琴科并没有参加欧洲杯，而是靠着在意甲处子赛季斩获金靴奖的表现，又一次征服了各路球迷，他如果生在一个足球强国，在步入新千年的时候就有机会登顶。

第6名的里瓦尔多与第7名的巴蒂斯图塔，更是与欧洲杯毫无瓜葛，两人都是凭借在俱乐部的稳定输出以及多年积攒的名望，长期盘踞在榜单前列。这也充分说明了此时的金球奖，不像后来某些时段注重团队荣誉的堆砌，还是更看重球员个体的发挥。

其他几个好位置属于欧洲杯中的"二线球星"，在本届赛事中发挥不错的亨利斩获第4名，当然他在阿森纳处子赛季的亮眼发挥也有加成。欧洲杯亚军意大利队捧出的头牌内斯塔，最终只排在第5名，如果他在决赛读秒阶段没有那个失误，也许情况就完全不同了。稍显失意的是劳尔与贝克汉姆，最终只位列第9名和第10名。

2000 年金球奖排名 Top5

排名	球员	年龄	总得分
1	路易斯·菲戈	28	197 分
2	齐内丁·齐达内	28	181 分
3	安德烈·舍甫琴科	24	85 分
4	蒂埃里·亨利	23	57 分
5	亚历山德罗·内斯塔	24	39 分

2001年 追风少年

这是一个独特又奇幻的年份，告别了国家队大赛的喧嚣，俱乐部内部的战场却暗流涌动。2000—2001赛季的欧冠比赛，齐达内、菲戈、贝克汉姆等人所在的球队，都没有闯进4强，拜仁与瓦伦西亚闯入了决赛，金球奖竞争的格局变得十分微妙。

拜仁这边，当时最出众的人物要数卡恩、埃芬博格与吉奥瓦尼·埃尔伯，但三人各自都有短板。卡恩作为门将，在个人奖项的评选中天然占据劣势；埃芬博格是整支球队的中场指挥官，但他的作用很难通过明面上的数据展现出来，其场外作风还让很多人嗤之以鼻；埃尔伯虽说是那个时代德甲的王牌前锋，但究其个人水准，与当时的金字塔尖前锋仍有差距，想斩获个人荣耀不太现实。

瓦伦西亚队这边，唯一能上台面的只有中场核心盖兹卡·门迭塔，但当时他并非巨星，只能算是常规的一线球星。更何况年中他以高价转会拉齐奥之后，随即陷

入低谷，整体的状况是无法参与金球奖竞争的。

这场欧冠决赛被称为"点球决赛"，两队在常规时间和点球大战一共罚了17个点球，最终凭借卡恩的神勇发挥，拜仁笑到了最后，也弥补了两年前的遗憾。而他个人自然也成为出挑的"代言人"，斩获金球奖第3名，对于一位门将来说，这几乎是至高无上的褒奖了。

虽然欧冠层面平均主义至上，但在2000—2001赛季中，部分巨星在各自联赛中的表现都达到了生涯巅峰。最为典型的是劳尔与贝克汉姆，"指环王"在这一赛季率领皇马重夺联赛冠军，个人也在36场比赛中打进24球，生涯最后一次拿到本土联赛金靴奖。"万人迷"则率领"红魔"实现了英超三连冠，而且那时"红魔"整体的统治力达到了空前的高度，个别赛季甚至能够提前五六轮问鼎，贝克汉姆作为当家头牌，其贡献是不可磨灭的。

只可惜当金球奖排名公布的时候，劳尔拿下探花，小贝位列第4名，都与最高目标擦肩而过。另一位在联赛中实现突破的"罗马王子"托蒂，携几十年难得一见的意甲冠军，也只拿到了第5名，他们都成了"追风少年"的"陪跑者"。

答案正式揭晓，2001年的"金球先生"是颁奖时刚满22岁的迈克尔·欧文，他也是金球奖成立67年以来第二年轻的获奖者，仅次于1997年的罗纳尔多。当结果公之于众的时候，部分球迷会感到意外，毕竟当赛季他的个人输出只是生涯的平均

水平，利物浦也没拿到英超和欧冠的奖杯，他为何能站在最高处？

首先要明确一点，生涯前几年的欧文，的确达到了"金球先生"的层次，他是速度、技术与射术的完美结合，如果中后期没有受到伤病的困扰，成就肯定会更上一层楼。在2000—2001赛季，欧文率领利物浦拿下了所谓的"五冠王"，即联盟杯、欧洲超级杯、足总杯、英格兰联赛杯（下文简称联赛杯）与英格兰慈善盾杯（2002年更名为英格兰社区盾杯）的冠军，虽然没有核心赛事冠军，但奖杯数量上足以服众。

而且在关键比赛中，欧文的发挥是有目共睹的，特别是在足总杯决赛，他在球队陷入绝境的时候，利用个人能力在短时间内梅开二度，帮助利物浦逆转阿森纳夺冠，成为"红军"队史上的经典时刻。后来的欧洲超级杯，他也攻破了卡恩的十指关，帮助球队3∶2击溃欧冠冠军，站在了荣耀之巅。

当然最终确立他"金球先生"地位的，还要数2001年9月的世预赛。当时英格兰队与德国队迎来关键比赛，在只有小组头名可以直接出线的情况下，每场比赛都显得异常重要。结果在这场生死攸关的比赛中，欧文用一个帽子戏法，帮助"三狮军团"5∶1狂胜对手，这也是德国队少见的惨败。要知道德国队（含联邦德国队成绩，不含民主德国队成绩）整个20世纪只输掉了一场世预赛比赛（1985年0∶1不敌葡萄牙队），而这场比赛是其在21世纪输掉的第一场世预赛比赛，也是其在当届预选赛中唯一输掉的比赛。

最终英格兰队力压德国队拿到了直通韩日世界杯的门票，欧文的关键发挥也被无限放大。自此他成为继凯文·基冈之后，22年来首位拿到金球奖的英格兰球员。巧合的是，1979年12月基冈最后一次领奖时，欧文刚刚来到这个世界。

2001年金球奖排名 Top5

排名	球员	年龄	总得分
1	迈克尔·欧文	22	176分
2	劳尔·冈萨雷斯	24	140分
3	奥利弗·卡恩	32	114分
4	大卫·贝克汉姆	26	102分
5	弗朗切斯科·托蒂	25	57分

2002年　王者归来

自从罗纳尔多受伤之后，金球奖又变成了"欧洲内战"，不过"外星人"之所以不同凡响，不仅是因为他过去在球场上那些惊为天人的表演，还体现在他不向绝境低头的韧性上。1999年以来，他的膝盖连续遭遇了两次毁灭性大伤，远离赛场整整两年，当他在2001年秋天回归的时候，足坛早已变了天。

按照以前的经验来看，复出之后迎来世界杯年，"桑巴军团"凭借强大的整体优势，应该能够帮助罗纳尔多找回状态。然而失去了他之后，原本风光无限的巴西队突然陷入动荡，世预赛期间战绩一落千丈，换了3名主帅才缓过来。36岁的罗马里奥甚至都被找回来"救火"，主帅路易斯·斯科拉里在巨大压力之下，勉强将球队拖进了正赛。

大伤初愈的罗纳尔多并非处在最佳状态，很多时候还需要单独训练，在俱乐部比赛中找状态也是间歇性的，虽然几个月之后世界杯才开打，但他的情况不容乐观。从后来的发展来看，尽管他在"蓝黑军团"逐步找回了进球感觉，意甲10场7球算得上优秀，但2002年5月5日那个昏暗的日子，却几乎击垮了他彼时脆弱的神经。

那一天国米在大好形势下，联赛末轮被拉齐奥逆转取胜，丢掉了唾手可得的意甲冠军。罗纳尔多在替补席上掩面哭泣，不知令多少球迷感到心碎，而26天后世界杯即将揭幕，没有人知道等待他的是不是又一段炼狱般的旅程。

反观他的老对手齐达内，虽然在1998年之后没再拿过金球奖，但随着他2001年夏天转会皇马，其生涯迎来了大的转机。来到西甲的处子赛季，他就拿到了梦寐以求的欧冠奖杯，决赛中还奉献了流芳百世的"天外飞仙"，不仅让自己的生涯得以圆满，还在金球奖的争夺中遥遥领先。

不过随着世界杯的日益临近，"齐祖"与"外星人"的情况却出现了一定程度的反转。在一场法国队同韩国队的热身赛中，齐达内不慎拉伤了腿部肌肉，将错过小组赛的部分场次。而经过调整的罗纳尔多气色不错，似乎要在遥远的东方找回

"外星人"的魔力。

不过尽管有所铺垫，但开赛之后的情况还是出乎了多数球迷的预料。失去了"齐祖"的法国队，虽然坐拥亨利、达维德·特雷泽盖与吉布里尔·西塞这些英超、意甲和法甲金靴奖得主，却连进一个球都很困难。尤里·德约卡夫与约翰·米库等人，根本无力承担全队的组织工作，上一届的冠军球队成了一盘散沙，德塞利与弗兰克·勒伯夫这对老迈的中卫组合，也被冲击力极强的对手肆意戏耍。

前两场比赛，法国队1平1负，到了被淘汰的边缘，伤势并未痊愈的齐达内，只得匆忙披挂上阵，参加末轮同丹麦队的生死战。但从他踉跄的脚步来看，他远未达到可以比赛的状态，最终法国队0∶2败下阵来。"高卢雄鸡"在小组赛不仅一场没赢，居然连一球都没能打进，成为世界杯有史以来表现最差的上届冠军球队，而齐达内的金球奖之路似乎也画上了句号。

罗纳尔多的情况则完全是镜像的，尽管两次大伤后他的爆发力不比从前，但门前的嗅觉与脚下的技术能力是不会随着身体机能受损而大幅退化的。这届世界杯他不再像过去那样深度回撤，在对手腹地持球频繁冲刺，而是更多地在对方禁区内扮演终结者的角色。

小组赛中他的进球显得毫不费力，巴西队也赢得非常轻松，同时罗纳尔多的个人进球数据追平了他在上一届世界杯的总和。到了淘汰赛，除了对阵英格兰队那场比赛受到小伤困扰之外，他的发挥堪称现

象级。特别是半决赛面对土耳其队的铜墙铁壁，他在4人围追堵截之下，一个不经意的脚尖捅射打破僵局，护送球队挺进决赛。此粒进球是天才的最好写照，也宣示他的王者归来。

决赛的梅开二度不必过分渲染，罗纳尔多在打破心魔之后，找回了曾经的自己。他的启动依然迅疾如风，让脱手的卡恩鞭长莫及；他的推射一如既往地精准，8粒进球个个精彩，打破了世界杯24年来最佳射手无法突破6球的魔咒。"五星巴西"在横滨的夜空下加冕，罗纳尔多完美演绎了王者归来，如果说曾经的少年惊艳了众生，那么如今的他成为完美的励志偶像，也顺利斩获了生涯第2座金球奖奖杯。

法国队折戟世界杯之后，"齐祖"掉到了金球奖第4名，追赶罗纳尔多的变成了德国队"门神"卡恩。在那届世界杯中沃勒尔治下的球队可谓平平无奇，阵中除了卡恩与巴拉克之外，再无一人称得上巨星。结果就凭这二位的发挥，"日耳曼战车"居然拿到了亚军。

巴拉克自然是攻防一肩挑，关键场次频频救主，但卡恩的发挥也是有目共睹的。身高1.88米的他算不上"巨型"门将，但与生俱来的气场颇具震慑力，再辅以他出众的身手，让对面的攻击手不寒而栗。韩日世界杯上他多次奉献神扑，如果不是他的保驾护航，德国队根本无法走到决赛。最终卡恩连续第二年斩获金球奖第3名，也成为截至2023年颁奖时唯一两次入围金球奖前3名的门将。而他的好搭档巴拉

克也得到了评委的认可，第5名的高位是他生涯的最佳名次。

排名次席的是"齐祖"与大罗共同的队友卡洛斯，作为一名边后卫，虽然他的曝光度不低，但要想竞争个人最高荣誉还是太过困难。不过2002年他成为欧冠与世界杯的双料冠军，加之劲爆的球风非常讨喜，在投票中高居第2位，这也是边卫球员在金球奖历史上的最高排名。

与他相比，亨利和劳尔都因为国家队成绩拖后腿，最终位列第6名和第7名。前者在2001—2002赛季率领阿森纳打破曼联的垄断，收获了英超与足总杯的"双冠王"，亨利原本也是大热门得主，却因为世界杯上灾难级的发挥失去竞争力。劳尔则是在坐拥欧冠奖杯的前提下，在世界杯关键之战中受伤，错过了与韩国队的比赛。如果他能够率领西班牙队走得更远，结果就不好预料了。

2002 年金球奖排名 Top5

排名	球员	年龄	总得分
1	罗纳尔多	26	169 分
2	罗伯托·卡洛斯	29	145 分
3	奥利弗·卡恩	33	110 分
4	齐内丁·齐达内	30	78 分
5	米夏埃尔·巴拉克	26	71 分

■ 总结

足球世界迎来了百家争鸣的时代，

"1970后"的巨星淋漓尽致地展现着自身才华，为球迷奉献了多届经典的国家队大赛。与此同时金球奖的竞争也日趋白热化，尽管罗纳尔多因为重伤长期淡出，但整体的格局依旧扑朔迷离，很多时候不到最后一刻，都无法预知最终的答案。这便是属于足球的黄金岁月，那么璀璨且令人神往。

不过值得注意的是，在国家队比赛之外，俱乐部层面的赛事体系已经发生了根本性的变革，影响金球奖的参考系，已经从过去的"欧洲三大杯"，变成了以欧冠为中心的体系，这是下个篇章的主题了。

大罗光芒掩盖"双冠王"卡洛斯

在 2002 年，罗伯托·卡洛斯的成绩其实并不亚于罗纳尔多，至少可以在竞争金球奖的起跑线上看到他们并驾齐驱的身影。尽管卡洛斯这个巴西小个子在 2002 年获得了世界足坛最重要的两个冠军（欧冠和世界杯），并且将他全面且细腻的技术风格带到了每场比赛中，非常独特新颖，但是罗纳尔多还是成了最后的胜利者。当时身材已经渐渐发福的罗纳尔多能够压倒队友卡洛斯获奖，只因他在世界杯上的出色表现和那个打破了 6 届世界杯魔咒的最佳射手奖（突破 6 球）。这怎能怪他呢？他实在太耀眼了！这次罗纳尔多的胜利，很容易令人回想起意大利人罗西在 1982 年世界杯上的胜利。当然，与意甲冠军失之交臂的罗纳尔多其实只是辉煌了一个夏天，但在那个夏天，他是何等的杰出！

第 九 章

2003—2007 年

足球的"托拉斯时代"

欧洲赛事体系的改革，逐步形成了欧冠垄断的局面，足球世界的"托拉斯"（垄断组织的高级形式之一）浮出水面。不过在资源相对集中的情况下，顶尖巨星的碰撞更加直观，也给金球奖评选提供了更直接的参考依据，经讨了几年的发展，"令球先生"的形势基本符合预期。

——引言

纵观整个20世纪的情况，主导金球奖格局的因素多种多样，每逢国家队大赛年（特别是世界杯和欧洲杯），"金球先生"往往就是冠军球队捧出的核心球员，或者是当届杯赛发挥极其出色的球员。如果遇到所谓的"小年"，俱乐部赛事的权重会大幅度提升，20世纪70年代初形成的"欧洲三大杯"，即是重要的参考依据。

从前一章所述的表象可以看出，世纪之交的欧洲赛事体系已经发生了深刻的变革，1999—2000赛季联盟杯与优胜者杯完成合并，欧冠随即扩军到32支球队。更多的劲旅开始在这项赛事上扎堆，以往"欧洲三大杯"分庭抗礼的时代，似乎一去不返了。

如果从根源上深究，足球这项运动被完全重塑，核心的推动力便是现代转播技术的进步。早在1970年世界杯的时候，电视转播全面铺开，便让全球观众见证了世界第一运动的魔力，自此之后各方对于传统体育赛事的商业化思考，进入了全新的阶段。

不过在20世纪90年代以前，电视等现代传播媒介，并没有大规模介入到日常的足球比赛之中。欧洲各国的主流联赛，以及"欧洲三大杯"的多数比赛，大多没有系统性的转播。当时各支球队的盈利模式，多限于传统的比赛日球票及周边消费，能依托俱乐部的品牌效应做一些辐射推广，已经算颇具前瞻性的尝试了。

当时一些有识之士已经注意到了电视转播的巨大潜力，也逐步意识到其可利用价值的上限。对于大多数比赛来说，吸引球迷目光的永远是那几支豪门球队，核心利润自然也是这些球队带来的，不过以当时的商业模式来说，创造价值最大的几支球队，并不能获得对等的回报，其需要给中小球队分一杯羹，这在彼时英格兰足球联赛的体系下显得尤为明显。

大约在20世纪80年代中期，豪门球队陆续开始觉醒，认为电视转播的普及有利于自身利益的最大化。也正是从那时起，英格兰联赛内部就着手进行相关的谈判，不过始终没能达成各方都满意的协议。最终在1992年一批球队自立门户，依托天空电视台的资金支持，成立了全新的英超。

英超体系的核心，就是巨额电视转播利润的再分配，以利物浦、阿森纳、曼联、热刺及埃弗顿为首的五大巨头，从"蛋糕"中切走了一大部分，剩下球队只能在残羹冷炙中果腹。如今的英超电视转播利润分配似乎是贫富均分模式，这是当年海外转播收益均分留下的遗产。那时英超的影响力相对有限，国内的转播权重远高于海外，将后者的利润均分算是安抚中小球队情绪的权宜之计。

只不过随着时代的发展，30年之后的英超已经成为遥遥领先的足坛霸主，每年的海外转播收益早已达到了天文数字，其利润分配也超过了本土转播收益均分的部分，这才给人一种贫富均分的错觉。然而从草创期"当权集团"制定政策的初衷来看，其远不是什么慈善家。

在时代的洪流面前，欧足联自然不会视若无睹，虽说"欧洲三大杯"作为一体化的金字招牌，在过去的30年中称得上声名远播，成为书写那段足球历史绕不开的核心体系。然而在电视转播全面铺开之后，一项赛事如果想攫取更多的利益，势必要集中优势资源，才能在谈判桌上占据有利位置。

于是我们便看到了世纪末的合并重组，欧洲足坛90%以上的豪门球队，成了欧冠的座上宾。合并之后的联盟杯，缺少了重量级球队压阵，沦为了二三线球队的练兵场，随着时间的推移越来越得不到重视。

从金球奖的角度考量，其竞争格局也随着欧洲赛事体系的改良，发生了巨大的变化。自此之后欧冠的权重被无限放大，

在俱乐部体系中可谓一枝独秀，如果当年没有国家队大赛，球员在欧冠中的表现几乎成为唯一有分量的筹码，而这只是足球"托拉斯"（垄断组织的高级形式之一）的开端。当欧冠茁壮成长之后，世界杯都会受到威胁，而到了某个特定的时间阶段，其自身也可能出现分裂重组，在利益的驱使之下，金球奖的根基也随着赛事的变迁不断摇摆。

不过就本章所述时代（2003—2007年）而论，欧洲众多豪门球队都处在巅峰状态，"完全体"的欧冠开辟了诸神之战的新赛道，对于乐于见到顶尖对决的普罗大众来说，算得上一件幸事。而金球奖的格局，也逐步被欧冠的纷争所左右，尽管远未达到后来的影响力，但已经初露峥嵘。

彼时的意甲正经历着最后的荣光，尽管"七姐妹"中佛罗伦萨、帕尔马等球队因为投资方的问题陷入危机，但背景坚挺的"北方三强"，依旧处在云层的顶端。AC米兰在1994年之后经历了长时间的低谷期，特别是欧战赛场的徘徊，看上去难现昨日荣光。不过随着舍甫琴科、皮尔洛、内斯塔等人的到来，他们在新帅安切洛蒂的掌舵下蒸蒸日上，而巴西天才卡卡的加入，更是让"红黑军团"如虎添翼，球队势要捍卫亚平宁半岛"欧战霸主"的地位。

国米与尤文的情况也称得上稳中向好，"蓝黑军团"虽然经历了长期的"球星黑洞"，主教练的更迭也如同走马灯，但在老板马西莫·莫拉蒂的大力支持下，国米一直不缺乏竞争力。虽然罗纳尔多最终与球

队不欢而散，但维埃里、阿德里亚诺·里贝罗等人依旧能撑起一片天，至少让球队保持在各条战线的争冠集团中。

"斑马军团"背靠阿涅利家族，阵容的高度与厚度，始终是首屈一指的。尽管皮耶罗重伤、齐达内出走对球队的影响较大，但随着时间的推移，"斑马王子"逐渐找回了状态，特雷泽盖、内德维德以及防线上的中坚力量，还是足以保证球队的下限。从那个年代的宏观情况来看，"北方三强"的格局十分稳固，即便放眼欧洲也都是颇具竞争力的。

西甲这边则迎来了全新的局面，2000年弗洛伦蒂诺成为皇马主席之后，开始了所谓的"一年一巨星"政策。虽然在他上任前球队三年两夺欧冠冠军，但弗洛伦蒂诺更注重球队的品牌效应，菲戈、齐达内、罗纳尔多、贝克汉姆与欧文等巨星纷至沓来，"银河战舰"的威名响彻欧洲。虽然此时球队的阵容平衡性存在巨大漏洞，为了巨星牺牲了马克莱莱这样的实力派球员，但溢出的球员天赋依旧保证了球队的竞争力，没有人能忽视这支球队的能量。

巴萨则在经历了几年的低谷期之后，迎来了新主席霍安·拉波尔塔，自他上任伊始，球队的运势便呈现出触底反弹的状态。以罗纳尔迪尼奥为核心打造的新体系，辅以德科、哈维、萨穆埃尔·埃托奥、卡莱斯·普约尔等拼图型球星，"红蓝军团"很快走出了泥沼，主帅里杰卡尔德又被视为球队的教父，甚至是所谓"梦之队"的基石。

英超的崛起同样不容忽视，不过这一时期的曼联出现了动荡，核心球员贝克汉姆与弗格森决裂后离队，老队长基恩也因为类似的原因出走，坚守的吉格斯、斯科尔斯、加里·内维尔等老臣，因为年龄和伤病开始走下坡路，仅凭同期引入的几位年轻球员，短期内显然不足以扛着球队前进。

此时从纸面阵容来看，相对有竞争力的是温格的阿森纳，以及"金元新贵"切尔西。"枪手"在前几个赛季与巅峰期的曼联抗衡时处于下风，但对手面临重建的窗口期，亨利、皮雷、维埃拉、索尔·坎贝尔、阿什利·科尔等人却正值巅峰，再算上老而弥坚的博格坎普，以及横空出世的塞斯克·法布雷加斯，阿森纳大有一统江湖的趋势。

不过就在这个节点上，2003年夏天远东巨富罗曼·阿布拉莫维奇（下文简称阿布）入主切尔西，随即掀起足坛有史以来最夸张的"金元浪潮"。在起初的两年当中，只要是"蓝军"看上的球星，几乎不会旁落他手。在已有约翰·特里、兰帕德的情况下，球队又挖来了德罗巴、阿尔扬·罗本、彼得·切赫、里卡多·卡瓦略等巨星，迅速跻身一线豪门行列。更为关键的是，阿布慧眼识珠，邀请当时意气风发的少帅若泽·穆里尼奥登陆斯坦福桥球场，势要颠覆整个英格兰足坛的格局。

德甲这边竞争力则稍逊一筹，彼时的拜仁在国内都无法实现制霸，诸如勒沃库森、沙尔克04、不来梅、斯图加特等球队，时常会给"南部之星"制造困难。经历了1999—2000赛季至2000—2001赛季的欧战巅峰之后，拜仁迎来了阵痛期，德甲的其他球队也未达到在欧冠中叱咤风云的水平，只能伺机寻找属于自己的突破口。

法甲那时还处于里昂一家独大的风光期，但这支球队整体实力有限，与今天的巴黎圣日耳曼相比不可同日而语。尽管里昂最终实现了法甲七连冠，但从欧冠球队的角度考量，其巅峰期也就是8强球队的水准，想更进一步都很难。至于主流联赛之外的势力，随着《博斯曼法案》的实施，已经逐渐凋零。毕竟在信息化、全球化的时代，任何有潜力的球员都逃不出豪门的"魔爪"，全新的时代就这样开启了。

以上就是本章的背景介绍，下面照例带来每一年的具体分析。

2003年 捷克"铁人"

在此前的几年中，齐达内、罗纳尔多、菲戈、劳尔、贝克汉姆等人，都是金球奖榜单的常客，对他们来说年度前5名算是"标配"，如果未能跻身前3名甚至算是失败。而在2003年这个微妙的节点上，得益于弗洛伦蒂诺震古烁今的"巨星政策"，他们居然齐聚皇马，也颠覆了金球奖的竞争格局。

如此多的时代巨擘聚在一起，颇有些一荣俱荣、一损俱损的意味。如果皇马成功拿下了重要赛事冠军，届时球员个人筹码的分配都是问题；要是在关键比赛中马失前蹄，对于"唯恐天下不乱"的舆论圈来说，就能欣赏到一出好戏了。2002—2003赛季的欧冠比赛，就满足了部分看客的好奇心。

兵强马壮的皇马，虽然以旋风之势征服老特拉福德球场，但在半决赛中，由于菲戈罚丢了关键点球，球队被尤文淘汰出局。最终的决赛是"斑马军团"与"红黑军团"的意甲内战，两队都已阔别最高舞台数年，一番激战不可避免。

这场决赛倒是延续了那些年亚平宁半岛的基调，120分钟双方破门乏术，最终AC米兰通过点球大战击败对手，9年后又一次站上了欧洲之巅。从前几年的情况来看，"红黑军团"的"核弹头"舍甫琴科长期在金球奖榜单前列徘徊，距离登顶就差一个重要的冠军，此番应该可以得偿所愿了。

然而不巧的是，2002—2003赛季算是"舍瓦"出道以来相对低潮的一段时间，他因为膝盖的伤病缺席了大量的比赛，意甲中仅交出了24场5球的成绩单，在欧战中的11场4球也只能算是及格。在球队漫长的征途中，他不像之前几个赛季那样出类拔萃，评委自然考虑到了这一点，最终只把他排在了第4位。

"红黑军团"阵中最引人注目的，反倒是35岁的老队长保罗·马尔蒂尼。彼时的他已经成为球队的常备中卫，与新搭档内斯塔联手，迎来了生涯的第二春。其实就他的综合能力而言，主打中后卫完全没有问题，在此前多届世界杯中，他都顶替过中卫位置，并且发挥极其出色。如今在生涯末期，又一次跻身金球奖前3名，也足见外界对他的认可度。

欧冠冠军AC米兰的球员"折戟沉沙"，彼时的联盟杯也沦为陪衬，想要选出"金球先生"，就得从其他赛事上来筛选了。随着时间的推移，"海布里之王"亨利与"斑马军团"的内德维德浮出了水面，两人颇有些龙争虎斗的意味。

亨利在2002—2003赛季迎来了个人生涯的巅峰，他在英超中贡献了24球、20次助攻的超豪华数据，这种联赛层面"20+20"的逆天表现，在此后20年间也只有梅西等寥寥数人曾做到过。稍显遗憾的是，2002—2003赛季的阿森纳高开低走，在赛季结束前的春天还领先曼联10分左右，却在赛季末颓势尽显，最终积分被曼联反超，遗憾地丢掉了英超冠军。

不过在当年夏天，在齐达内缺席的情况下，亨利率领法国队拿到了联合会杯冠军，自己也斩获了赛事金靴奖和最佳球员，所以他在金球奖的竞争中仍然不落下风。

然而最终的荣耀属于捷克人内德维德，这是属于他的一年。其实后世对于他的认知是有偏差的，诚然硬汉精神、不屈不挠、满场飞奔等都是他的标签，但这不代表他的球风如同真纳罗·加图索、马克莱莱那般，只是一位勤勉的防守型

"铁闸"。

事实上内德维德的主打位置，一般是双前锋身后的腰位球员，或者是更偏进攻的左前卫。他甚至不是以防守起家、偶尔参与进攻的角色，在当时的尤文和捷克国家队，内德维德可以说是进攻发动机般的存在。他的持球推进属于上乘，传球脚法虽然谈不上多么精细，但准确找到空当完成一脚出球毫无问题。

更何况他还有着不俗的得分能力，特别是双脚无差别远射，以及大范围跑动前插后的包抄得分，都是对手防线的噩梦。在意甲的十余个赛季，每年他都能稳定贡献5—10球，2002—2003赛季也是如此。

而且他在这一赛季率领尤文拿下了意甲冠军，欧冠中也淘汰皇马挺进决赛。特别是与"银河战舰"的第二回合比赛，他的经典反击抽射锁定胜局，无形中增添了评委的印象分。虽然因为意外的黄牌，这位"铁人"错过了欧冠决赛，但这并不影响他的风评。更何况他所在的捷克国家队整年保持不败，并顺利入围了2004年欧洲杯，为他最终登顶增添了重要的砝码。在马索普斯特获奖41年之后，捷克终于又诞生了一位"金球先生"。

除了前4名之外，其他几个位置相对平淡，皇马的齐达内、劳尔、卡洛斯分列第5位、第7位和第8位，作为队友共同参与竞争自然会有所牺牲。曼联的范尼斯特鲁伊倒是值得一提，他在2002—2003赛季帮助"红魔"夺回了英超冠军，个人也以25球拿下联赛金靴奖，这是他在与亨利的个

人争锋中仅有的一次胜利。那次经典的半场奔袭，铸就了他洞穿范德萨十指关的神作，也为这个金球奖第6名增光添彩。

2003年金球奖排名Top5

排名	球员	年龄	总得分
1	帕维尔·内德维德	31	190分
2	蒂埃里·亨利	26	128分
3	保罗·马尔蒂尼	35	123分
4	安德烈·舍甫琴科	27	67分
5	齐内丁·齐达内	31	64分

2004年　冷门之年

竞技体育的魅力在于不可预知性，而2004年所发生的一切，则将这样的属性推向了极致。2003—2004赛季的欧冠比赛，以及2004年的欧洲杯，如果你亲历过那段岁月，应该会留下刻骨铭心的回忆。在一片混沌与惊喜之中，过往的认知不再具有参考价值，金球奖的竞争变得扑朔迷离。

当赛季的欧冠堪称"豪门坟场"，只要是有名有姓的劲旅，能从小组赛突围那就算胜利了。8强中只剩下了皇马、AC米兰与阿森纳"三杰"，新贵切尔西在那时还只能算是生力军。然而令人难以置信的是，所谓"三杰"在8进4的比赛中全部折戟，最终波尔图、拉科鲁尼亚、摩纳哥与切尔西挺进半决赛。

前面的众多比赛跌宕起伏，不乏16强战次回合，波尔图在老特拉福德球场绝平曼联晋级，穆里尼奥飞奔庆祝的名场面；也不缺少8强战中，拉科鲁尼亚在首回合1∶4落后AC米兰的情况下，次回合上演绝地翻盘的好戏，被后世称为"里亚索奇迹"。在那个春天里，天空中似乎都弥漫着一股不凡的气息，注定要改写足坛旧有的格局。

最终波尔图与摩纳哥两支黑马会师决赛，穆里尼奥治下的"巨龙"3∶0横扫德尚率领的法甲铁军，17年后重回欧洲之巅。但令金球奖评委感到焦虑的是，冠军球队中好像没有那么出类拔萃的人物。

综合来看，波尔图的中场核心德科算是台面上的人物，作为归化的巴西裔技术流中场，他的真实水平倒是远在名气之上。德科的小技术相当出众，且能够从容控场完成一脚出球，他的场上作用远不像其面容那样平淡，只可惜在那时还没有引起广泛关注。

虽然欧冠成为传统强队的噩梦，但好在这一年还有欧洲杯，然而这又是一个充斥着黑色幽默的舞台。从赛前的舆论看，法国队、英格兰队、荷兰队等还是夺冠大热门，谁也不会料到巴尔干半岛的南端异军突起，原本无名的希腊队会书写属于自己的"希腊神话"。

此前的几十年间，希腊队在整个足球世界存在感极低，虽然涌现过瓦西里斯·哈奇帕纳吉斯这般"球王"级的人物，但他只是漂泊海外的过客，与希腊的足球土壤毫无瓜葛。如此环境下经过数年的沉浮，当奥托·雷哈格尔率领的球队问鼎2004年欧洲杯之时，自然不会获得多少关注。

这支球队的战术风格非常鲜明，主打的就是防守反击，扎紧篱笆来抵御对手的狂轰滥炸。进攻端完全依靠安耶洛斯·查理斯特亚斯的高空球打击能力，定位球是希腊队的常规武器。雷哈格尔当年在德甲不来梅成名时，提倡的还是进攻，如今却也懂得审时度势，用最现实的方式去争取好成绩。

希腊队一路晋级的历程堪称传奇，小组赛揭幕战就以2∶1力克东道主葡萄牙队。随后8强战，查理斯特亚斯用最简单的头球击溃了"齐祖"的法国队；半决赛中，特拉亚诺斯·德拉斯的头槌"银球"则葬送了捷克队的冠军梦；当决赛中查理斯特亚斯再度祭出"铁头功"、二度埋葬东道主球队的时候，全世界的球迷早已哑口无言。这是属于当代足球的神话，他们亲眼见证了奇迹的诞生。

然而对于金球奖的主办方来说，两大赛事的结局给他们制造了巨大的麻烦，平民希腊队别说捧出"金球先生"，哪怕是叫得上号的球星都屈指可数。为了褒奖希腊队集体所取得的成就，老队长兼中场核心蒂奥多罗斯·扎戈拉基斯收获金球奖第5名，这已经是团队红利加持下的最好结果，屡建奇功的查理斯特亚斯只排在第11名。

经过层层分析之后，德科登顶的呼声慢慢变高，毕竟他是欧冠冠军球队的头号核心，又追随葡萄牙队拿下了欧洲杯亚军，尽管遗憾是无法释怀的，但他已经证明了自己的绝对实力。从前葡萄牙队的"黄金一代"以鲁伊·科斯塔为中场核心时，从未达到如此高度。更何况他本人还时常在大赛中被不同的主帅换下，德科作为归化的新核心，迅速展现了自己的价值。

不过最终的结果揭晓，他只收获了榜眼的位置，距离登顶看似一步之遥，实则欠缺了岁月的积淀。与之形成对比的是，最终获奖的舍甫琴科已经在高位"陪跑"了五六年，如今在一个充满冷门的年份，他演绎了王者归来的戏码。

2003—2004赛季，舍甫琴科彻底从伤病中走了出来，尽管冲击力已经不比从前，但进球效率依然值得信赖。意甲中他出场32次打进24球，帮助"红黑军团"时隔5年重夺意甲冠军，虽说欧冠层面遭遇了耻辱的逆转，但他个人的发挥同样无可指摘。更加值得一提的是，这一年"舍瓦"还率领国家队在世预赛中高歌猛进，距离乌克兰独立后国家队首次进军世界杯正赛这一天，似乎越来越近了。对于足球小国的"孤勇者"来说，舍甫琴科已经做到了一切。

这一年的第3名倒是声名显赫，那便是"快乐足球"曾经的代言人罗纳尔迪尼奥。巴西足坛从不缺乏艺术足球大师，但像小罗这般将表演与实战结合得如此完美的巨星，自这项运动诞生以来还是很罕见的。他不仅拥有魔幻般的脚法，可以用身体的任何部位，在看似不可能的情况下完成触球，并且还可以让局面豁然开朗。然而对他来说，这些灵性层面的演绎只是其天赋的一部分，我们同样不能忽视他出众的身体素质，尤其是惊人的静态力量，能够帮助他在行进间随时发力输出，甚至能在原地摆腿的情况下，完成不可思议的重炮轰门。

只可惜在2003—2004赛季他没有帮助巴萨夺得有分量的赛事冠军，个人也没有参加2004年的美洲杯，但是仅靠在球场上的表演便跻身金球奖前3名，也能看出圈内人士对他的认可程度。另一位巴西天才阿德里亚诺·莱特·里贝罗也在同年崭露头角，他帮助巴西队拿到了美洲杯冠军，并且在国米有着稳定的输出，最终拿下了第6名。

亨利这边在经历了2003年的遗憾之后，2004年也没有一个圆满的结果。尽管在2003—2004赛季，他帮助阿森纳以38轮不败的成绩拿到英超冠军，创造了英格兰顶级联赛115年以来的新纪录。个人也在联赛中打进30球，创造了英超生涯的最高纪录，但由于在欧冠中迟迟无法取得突破，导致他在个人奖项的追逐中功败垂成，最终仅名列第4位，只剩一声叹息。

特别值得一提的是，这一年榜单的第12名，是一位19岁的葡萄牙少年。彼时的他刚刚在曼联踢完了处子赛季，并且在欧洲杯上用不断的进球帮助球队挺进决赛，凭借其出众的发挥强势挤进榜单。这个少年的名字也第一次为大众熟知，他就是克里斯蒂亚诺·罗纳尔多。

2004 年金球奖排名 Top5

排名	球员	年龄	总得分
1	安德烈·舍甫琴科	28	175 分
2	德科	27	139 分
3	罗纳尔迪尼奥	24	133 分
4	蒂埃里·亨利	27	80 分
5	蒂奥多罗斯·扎戈拉基斯	33	44 分

2005年 足球精灵

从构建金球奖框架的角度来说，2004—2005赛季的欧冠依然是绝对主角，但两年前红极一时的皇马，如今的颓势已不可挽回。尽管前一年球队又引进了欧文，将欧洲几位当打之年的"金球先生"悉数招入麾下，但高层干预导致的阵容失衡与主帅更迭，正将这支球队推向深渊。虽说七大巨星的光环依旧耀眼，但足球是一项团队运动，球队实力不等于每位球员的个体累加，他们的实际战力已经很难达到顶尖水准。

细致分析的话，当时最有希望竞争欧冠冠军的，还是处于全盛期的AC米兰。自从安切洛蒂执掌教鞭以来，球队的欧战成绩基本令人满意，之前一个赛季沦为背景板纯属意外，球队的阵容配置及稳定性，在欧洲豪门中居于第一梯队。而且随着新人卡卡的成长，以及指挥官皮尔洛的成熟，"红黑军团"还有一定的上升空间。

安切洛蒂主打的是一套接近"4321"

的体系，被后世称为"圣诞树阵形"，米兰的豪华防线无需赘言，锋线上舍甫琴科与因扎吉的类型也很互补，做到了人尽其用。中场层面，指挥官皮尔洛负责后撤组织，卡卡则在前腰的位置上伺机而动。尽管上天赐予卡卡的"绝世容颜"让球迷为之倾倒，但他并非小技术细腻的"桑巴舞者"，而是爆发力极强的碾压型重武器，能够在前场完成极致的平推与突破，用最简单直接的方式撕裂对手的防线。两人身边还有西多夫、加图索等"高级僚机"，球队整体运转得非常流畅。

从球员综合能力层面考量，"红黑军团"的最大对手应该是新晋崛起的切尔西。2004年夏天穆里尼奥接过球队教鞭之后，伴随着部分天才球员的引进，"蓝军"的竞争力如同火箭般蹿升。球队的防线坚如磐石，在英超中平均每2.5场才丢1球，锋线上还有罗本这样的尖刀人物，勤勉的德罗巴也会扮演好支柱的角色，球队的反击体系一旦找到状态，一般的对手根本无力招架。

步入欧冠淘汰赛之后，AC米兰的状态符合预期，尽管在半决赛遇到了埃因霍温的顽强抵抗，但其在前两轮淘汰国米与曼联的比赛还是令人信服的。毕竟哪怕是王朝球队，在欧战层面的晋级过程都不会是一帆风顺。

切尔西那边其实也在稳步向前，在16强赛与崛起中的巴萨斗得昏天黑地，凭借铁血意志笑到了最后，这是"蓝军"晋升豪门过程中极其重要的一次历练。然而令人困惑的是，如此强势的切尔西，居然在半决赛输给了阵容平平无奇的利物浦，尽管过程有些争议，但结果是无法更改的。

当时的"红军"仍处在反复重建的过程中，欧文已经离开球队加盟了皇马，阵中唯一能称得上巨星的只有史蒂文·杰拉德，后来扬名天下的哈维·阿隆索此时刚加盟球队，一切都还在初始阶段。利物浦在英超中的发挥，连拿到一个欧冠资格（英超前4名）都显得很吃力，然而几代人积累下来的欧战底蕴，却帮助球队在"海瑟尔惨案"20年之后，重回欧冠决赛的舞台。

关于在伊斯坦布尔的终局之战，后世的渲染已经到了登峰造极的程度，我们在这里就不赘述了。从金球奖的角度考量，AC米兰意外输球，给评委制造了极大的困难。毕竟利物浦当时能捧的球星只有杰拉德一人，而作为冲击型的英式中前卫，他的综合水准显然还达不到"金球先生"的要求，最终在榜单中高居第3名，也是对这次神奇夺冠的褒奖。

"红黑军团"这边则集体偃旗息鼓，舍甫琴科与马尔蒂尼分列第5、第6名，卡卡则落到了第9名，实在有些遗憾。另一支强势球队切尔西，在错失欧冠冠军后，头牌兰帕德也只收获了金球奖第2名。2004—2005赛季，他帮助"蓝军"拿到了50年以来的第一个顶级联赛冠军，个人打满了38轮联赛并且贡献了13球，如果不是在欧冠折戟，他有机会一飞冲天。

最终的荣耀归属于罗纳尔迪尼奥，如

果你热爱足球,这位"足球精灵"就是你痴迷这项运动的最佳理由。如果前一年的小罗还稍显稚嫩,2005年他就用西甲冠军和联合会杯冠军的成绩,彻底征服了各路评委。在奖杯之外,他超越现实的球场巡演,是每个人都不愿意错过的盛宴,哪怕是死敌皇马的拥趸,也会在他用两次奔袭破门攻陷伯纳乌之后,给他送上经久不息的掌声。如此种种,塑造出了足球世界的新王,他让这项运动重新焕发了生机与活力。

亨利在这一年依旧原地踏步,维持住了第4名的位置。不过随着阿森纳新球场计划的实施,球队的经济形势每况愈下,竞争力也在慢慢衰退。另外随着阿布的强势介入以及曼联的逐步复苏,留给亨利与阿森纳征服世界的时间所剩无几了。

阿德里亚诺在这一年迎来小爆发,他不仅在国米维持了高水平发挥,还在联合会杯中帮助巴西队夺冠,个人荣膺了赛事最佳球员,还顺带捧回了金靴奖。只可惜2005年竞争相对激烈,他的名次相比之前反而下降了一位,最终排在第7名。

2005年金球奖排名 Top5

排名	球员	年龄	总得分
1	罗纳尔迪尼奥	25	225分
2	弗兰克·兰帕德	27	148分
3	史蒂文·杰拉德	25	142分
4	蒂埃里·亨利	28	41分
5	安德烈·舍甫琴科	29	33分

2006年 金球后卫

无论从哪方面考量,这原本都是属于罗纳尔迪尼奥的一年。26岁的黄金年龄、渐入佳境的巴萨以及坐拥"魔幻四重奏"的"桑巴军团",听上去一切都很完美。事情的发展也很顺利,2005—2006赛季,小罗与巴萨一起达到巅峰,他率领球队拿下了西甲与欧冠的"双冠王","梦二队"的名号正式叫响。

在世界杯开始之前的节点上,小罗无疑是当年"金球先生"的最大热门,后续的世界杯中哪怕没有问鼎,只要自身表现尚可,球队的成绩能被舆论接受(4强左右),基本就可以着手准备去《法国足球》杂志社接受采访了。然而事情的发展超出了多数人的预期,巴西队居然成了阻隔小罗与金球奖再续前缘的绊脚石。

在2006年世界杯中,"桑巴军团"的阵容极其豪华,大罗、小罗、卡卡、阿德里亚诺等,无不是如雷贯耳的天才人物,但主帅卡洛斯·佩雷拉的思路出现了偏差,打造了一套类似"4222"的阵形,一味堆砌巨星而不注重实际效能。更令人绝望的是,其中有些人的状态远未达到正常水平。

最为典型的就是小罗,如果说大罗和阿德里亚诺位置重叠、功能冲突,小罗单纯就是因自身状态低迷导致全场梦游。几个月前还活灵活现的"足球精灵",在世界杯上变得迟钝又迷茫,潇洒的舞步与实用的突破都不见踪影，也没有承担起组织核心的重任，倒是身边的小弟卡卡表现得可圈可点，兜住了球队的下限。

小罗的状态断崖式下滑，可以参考1990年世界杯的范巴斯滕。他过往两年在俱乐部的消耗极大，还在前一年参加了联合会杯，到了2006年夏天的节点上，疲劳的累积达到了峰值，球场之上的魔力自然不复存在。而与范巴斯滕不同的是，小罗的私生活相对混乱，他长期沉醉于花花世界当中，甚至无法保证正常的训练，走到这一步也可以理解。

巴西队在8强赛中就被法国队淘汰，小罗在那届世界杯毫无亮点，遭到了各方的口诛笔伐。虽然他此前在俱乐部的"高光"表现令人印象深刻，但那时世界杯的权重无与伦比，根据小罗在世界杯上的表现，在金球奖的争夺中，他基本上已经沦为"高阶边缘人"，很难实现卫冕的宏愿了。第4名的结果在意料之中，已经体现了评委对他的认可。

世界杯中逆势而上的是意大利队，赛前国内的"电话门"丑闻爆发，不少国脚甚至主帅马尔切洛·里皮都被牵连其中，他们集训时每天都提心吊胆，出征之前相当低调，没有被外界视为夺冠热门。然而到了球场上，就是另一番天地了。

这支意大利队的特点就是极其均衡，三线都有可以倚仗的巨星，卢卡·托尼、皮尔洛、卡纳瓦罗、内斯塔与布冯构筑的脊梁体系，与任何对手相比都不落下风。主帅里皮的风格保持着激进的底色，防守反击不是他的信条，他坚信全力出击的才是王者之师。

不过在"蓝衣军团"前行的路上，锋线球员的表现相对一般，队内的最佳射手只打进2球，没有出现众星捧月的角色。中场大师皮尔洛虽然已经步入成熟期，也解决了意大利队过去多年"豆腐腰"的顽疾，但那时的他各方面素质还有提升空间，对球队和比赛的掌控力还未达到2012年欧洲杯的水平，所以也只能算是多核心之一，并不是独领风骚的头牌。

真正出彩的是防线球员，在内斯塔受伤之后，卡纳瓦罗成为"混凝土防线"的屏障人物。他是矮个中卫（1.76米）的代表人物，爆发力强，弹跳出色，擅长上抢、缠斗与绞杀，虽说因为球风问题容易出现失误，但其视觉冲击力不可估量，对攻击手的威慑力也很强。在这届世界杯上，他无限放大了自己的长处，短板方面则没有被完全针对。

纵观整届世界杯，他仿佛古罗马斗兽场中的勇士，不惧怕与任何对手高空争顶，敢于在核心腹地与对手纠缠，还能适时送上提振士气的拦截和抢断，打出了顶级中卫的表现。在"蓝衣军团"夺冠之后，卡纳瓦罗便具备了冲击金球奖的可能性，虽然他的位置不占优势，虽然他在俱乐部的表现平平无奇，但这个夏天的7场比赛足以令他征服世界。

最终的投票结果出炉，卡纳瓦罗高居榜首，成为首位纯后卫出身的"金球先生"。很多人将他与贝肯鲍尔或者萨默尔一起比较，但其中的不同点是显而易见的，相比于那两位踢过前场多个位置的传奇球星，卡纳瓦罗对于防守这件事的理解更加纯粹。更加难得的是，他的队友布冯收获了金球奖第2名，这是继迪诺·佐夫之后，30余年来门将在金球奖榜单中的最高排名。皮尔洛的锋芒被掩盖了一些，最终只拿到了第9名。

其实2006年还有一名热门的竞争者，那便是"陪跑"多年的亨利。2005—2006赛季，他率领的阿森纳队史上首次进军欧冠决赛，虽然输掉了比赛，但他整个赛季的贡献不能被抹去。而且他还追随法国队拿到了世界杯亚军，看上去双线都有不错的筹码。

但问题就在于，亨利在法国队的发挥一直不太稳定，尽管在本届世界杯打入了淘汰巴西队的制胜球，但在多数比赛中并没有令人印象深刻的发挥，决赛中又早早受伤陷入低迷，很难被视作法国队的灵魂人物。最终他倒是力压小罗排名第3，虽然无缘登顶，但也算是能接受的水准了。

亨利的队友、世界杯上"回光返照"的齐达内，在争议与荣耀并行的情况下，拿到了金球奖第5名。值得一提的是，他在世界杯结束之后就宣布退役，在颁奖时处于这种状态的选手，居然还能跻身前五名，在历史上也是头一遭。

另外还有两个人物值得一提，首先，是第7名的米洛斯拉夫·克洛泽，作为非顶级前锋，到了世界杯年他却往往能迎来爆发。2005—2006赛季，他创造了俱乐部生涯的代表作，以25球收获德甲金靴奖，并拿到了赛季最佳球员奖。在世界杯上，克洛泽打入5球，并收获了季军的成绩，无论从哪方面看都称得上圆满，第7名也是他在金球奖榜单中的最高位次。

其次，在并列第20名的位置，有一个不起眼的阿根廷人，他当时只有19岁，在巴萨算是一个主力轮换球员，逐步受到外界关注。他代表国家队首次参加世界杯，打进了处子球，看上去是一支潜力股。不久之后，人们会注意到他的名字——利昂内尔·梅西。

2006 年金球奖排名 Top5

排名	球员	年龄	总得分
1	法比奥·卡纳瓦罗	33	173 分
2	詹路易吉·布冯	28	124 分
3	蒂埃里·亨利	29	121 分
4	罗纳尔迪尼奥	26	73 分
5	齐内丁·齐达内	34	71 分

2007年 上帝之子

这一年的金球奖规则有所改变，在不限制参评球员国籍的基础上，也不再要求参评人必须效力于欧洲联赛，同时也开放了非欧洲媒体的投票资格，自此金球奖正式实现了全球化的目标。

如今一提到这个年份，主流舆论的观点出奇的一致，那便是属于卡卡的一年。当一个人的表现足以定义一整年，那他一定奉献了惊天动地的表演。对于卡卡来说，2007年注定是不平凡的，如果你有幸目睹过他的表演，亦会终生难忘。

事实上这个阶段的AC米兰，正处在风雨飘摇的十字路口，"电话门"事件掀起巨大波澜，"红黑军团"被扣掉了2005—2006赛季的30个积分，最终拿到下赛季的欧冠资格都很侥幸。2006—2007赛季，AC米兰在联赛中更是从"-8分"起步，夺冠看上去遥不可及，只能把希望寄托在欧冠上。

从阵容上来看，2006年夏天当家前锋舍甫琴科离队，因扎吉不仅是33岁的老将，还有反复的伤病，更是雪上加霜。考虑到球队的整体情况，球队的实力比起前些年有了明显下滑，唯一值得信赖的人物，便是刚刚步入生涯巅峰的卡卡，这也是彼时队内少有的顶尖王牌。

卡卡也把自身的全部热情，几乎都投入到了2006—2007赛季的欧冠比赛中，小组赛阶段他就初露峥嵘，帽子戏法的表演令人难以忘怀。既然球队的锋线不及过往，中场核心也可以扛起重任，用进球引领球队稳步向前，是最令人信服的表现。

不过卡卡真正迎来大爆发，还是在淘汰赛阶段。上文已经提到，彼时AC米兰的阵容，已经很难碾压任何球队，16强遇到苏超霸主凯尔特人，"红黑军团"就陷入了苦战。最终两回合180分钟战罢，总比分居然还是0:0，加时赛中卡卡站了出来，他用标志性的长途奔袭演绎了暴力美学，一脚冷静地射门，护送球队挺进8强。

后续面对拜仁的比赛，是他相对没有那么惊艳的场次，但在首回合依然有着关键的点球入账，不然AC米兰在主场都难守住"金身"，去往慕尼黑定会困难重重。当然真正让卡卡锁定"金球先生"的表演，还是对阵曼联的半决赛。

首回合在老特拉福德球场的激战，卡卡在上半场就大放异彩，他在15分钟内梅开二度，精妙过人摆脱加夫列尔·海因策与帕特里斯·埃弗拉的围堵，更是成为欧冠历史上的经典画面。虽然"红黑军团"2:3输掉了这场比赛，但卡卡贡献了2粒宝贵的客场进球，还是为球队续上了"香火"。

次回合在圣西罗球场的决战在大雨中进行，卡卡依然脚感火热，开场11分钟就在禁区前劲射破门，吹响了球队总攻的号角。最终"红黑军团"3:0击溃了年轻的"红魔"，时隔1年重返欧冠决赛，对手正是那个让其夜不能寐的宿敌——伊斯坦布尔的战神利物浦。

虽说在决赛中因扎吉的发挥更令人印象深刻，在整个赛季意甲表现低迷的情况下，他在最需要的场合挺身而出，帮助球队在雅典完成了复仇，但卡卡的作用不可被低估，在全场被哈维尔·马斯切拉诺纠缠的情况下，还是为因扎吉送出了穿透性极强的直塞球，间接帮助球队锁定了胜局。这座分量最重的奖杯到手，卡卡成为"金球先生"，只需要等待年底的颁奖典礼即可。令人唏嘘的是，如今16年过去了，他依然是巴西最后一位获得金球奖的人。

在卡卡一枝独秀的年份，金球奖榜单却不乏看点，这一年22岁的C罗和20岁的梅西异军突起，从被外界广泛看好的潜力新人，一跃成为当世最好的球员之二。他们的提升速度令人咋舌，包揽金球奖第2、第3名，则宣示着未来的大幕已经拉开。

其实C罗刚到曼联的几个赛季，球队正处在新老交替的阵痛期，他个人也更多地在边路活动，还沉迷于不实用的脚下炫技，整体上来说提升不大。不过从2006—2007赛季开始，他迎来了生涯的蜕变，从一位华而不实的边路突击手，变成了进攻端高产高效的"万花筒"。这个赛季C罗的活动范围不再局限于边路，他直接攻击球门的欲望明显变强，在英超中34场打进17球，创造了生涯数据新高，也帮助球队时隔4年再度问鼎英超。

梅西的崛起铺垫更少，前一年还相对"边缘"的他，2007年伊始便惊艳了全世界。尽管他并没有收获像样的冠军，但个人的发挥震撼力极强，人们称他是下一个"马拉多纳"，阿根廷人苦等30年的新"球王"似乎要横空出世了。

这一年的3月，他在巴萨同皇马的比赛中，上演了职业生涯的首个帽子戏法，也留下了那场荡气回肠的名局。一个月之后，他又在国王杯比赛中复刻马拉多纳连过五人的破门，而在赛季末，他甚至用"上帝之手"致敬了阿根廷人的"上帝"马拉多纳。尽管这是一个违背规则的进球，但当舆论需要造势的时候，与马拉多纳的近似点往往是热议的话题。

经历了夏天美洲杯的洗礼，2007—2008赛季的梅西，在巴萨队内的权重稳步上升。小罗已经到了与球队决裂的边缘，而在里杰卡尔德治下，哈维与伊涅斯塔还没有被完全激活，此时的梅西开始肆意挥洒天赋，虽然球队陷入了低潮期，但他的成长速度是有目共睹的，最终跻身金球奖前3名，是"球王"的必由之路。

2007年还有一位颇具竞争力的人物，那便是切尔西的"神锋"德罗巴。这个科特迪瓦人早在2004年就加盟了"蓝军"，但早期的他进球效率较低，更多承担战术支点的职责，并没有引起外界广泛的关注。不过在2006—2007赛季他迎来了爆发，联赛进球数首次达到20个，还在足总杯与联赛杯决赛中包揽了球队全部3粒进球，也顺势拿下了两座奖杯。只可惜当赛季"蓝军"在英超和欧冠中都功败垂成，少了高含金量的冠军加持，不利于德罗巴竞争更高的位次，但第4名的成绩已经足够耀眼，是他职业生涯的最高峰。

剩下的球员中也有值得关注的人物，皮尔洛逐步迈入了掌控全局的阶段，也顺利斩获了金球奖第5名，这也是他职业生涯的最高位次。第11位的"中超名宿"弗雷德里克·卡努特，在2007年时还是西甲塞维利亚的核心前锋，他在2006—2007赛季联赛中用21粒进球帮助球队拿下了季军，并且长期跟皇马与巴萨保持竞争关系。他在联盟杯中更是率队一路前行，最终实现了卫冕，也拉开了球队在这项赛事中统治的序幕。

第29位的伊拉克球员尤尼斯·马哈茂德，率领自己的国家队在战火中拿下亚洲杯冠军，鼓舞了无数身处逆境中的人们。他也幸运地收获了金球奖的选票，成为亚洲足球历史上首位做到这一点的球员。

2007 年金球奖排名 Top5

排名	球员	年龄	总得分
1	卡卡	25	444 分
2	克里斯蒂亚诺·罗纳尔多	22	277 分
3	利昂内尔·梅西	20	255 分
4	迪迪埃·德罗巴	29	106 分
5	安德烈亚·皮尔洛	28	41 分

总结

欧洲赛事体系的改革，逐步形成了欧冠垄断的局面，足球世界的"托拉斯"（垄断组织的高级形式之一）浮出水面。不过在资源相对集中的情况下，顶尖巨星的碰撞更加直观，也给金球奖评选提供了更直接的参考依据，经过了几年的发展，"金球先生"的形势基本符合预期。

不过那时的球迷恐怕很难想到，以2007年为分界点，此后的10年时间，金球奖不再是众星一齐追逐的目标，而是成为"二人转"般的系列演出。世界的变化，就是这般令人猝不及防，但我们仍然要昂首挺胸地迎接新的一天。

一次获奖两个金球

2007年12月2日，是金球奖历史上重要的一天。这一天，是这个传统奖项国际化后第一次颁奖。这一天，也是卡卡职业生涯最重要的一天，25岁的巴西人卡卡，获得了第52届金球奖，正式迈入这个古老贵族院的大门。就像金球奖评选首次全球化一样，这也是颁奖历史上的第一次：一个金球奖得主，获得两个金球。第二个金球不是简单的复制品，而是一个等比例缩小了一千倍的小金球。《法国足球》编辑部特意为它串上了金链子，这个小金球也就因此成了一件意义独特的首饰。卡卡开心地说："大金球我要放在床边，每天都能看到它。小金球我要带在身边，它会给我带来好运！"

第 十 章

2008—2012 年
梅西缔造新时代

金球奖从百家争鸣的时代，过渡到了双雄争霸的
格局，而在原本均衡的对垒之中，梅西又携"梦三"
巴萨占据了主导地位。

——引言

从2022年的岁末到2023年的仲夏，热闹纷繁的足球世界，陆续传来了两条令人唏嘘的消息。37岁的C罗和35岁的梅西，先后加盟了沙特阿拉伯的利雅得胜利与美国的迈阿密国际，从此告别了欧洲主流联赛，也为这个彼此争锋的时代画上了句号。

回头来看，两人自2007年双双入围金球奖前3名之后，就被视为未来足坛非常值得期待的新锐。然而，古往今来这般期许并不罕见，即便最终兑现天赋的才俊数不胜数，那时沉浸其中的专业人士和广大球迷，恐怕也都无法料到会出现如此"空前绝后"的竞争格局，他们两个人便垄断了足球世界。

在2008年那个节点上，率先脱颖而出的是23岁的C罗，彼时的他登陆英超已有五年，尽管一步一个脚印的成长历程令人信服，但距离登顶世界还有不小的差距。英格兰的足球环境，多年来并未受到颠覆性的冲击，C罗加盟曼联的早期，边路仍然是多数球队的生命线，他也被长期固定在边路充当爆破手，但整体的进攻效率一般，甚至有些徘徊不前的感觉。

不过随着穆里尼奥在切尔西取得成功，"433"阵形受到了各方的关注，其在锋线层面的人员配置，也成了众人研究的对象。大约从2006年世界杯之后，弗格森也开始探索全新的踢法，2001年重金引入贝隆的失败，并没有动摇他变革的决心。这一次他采用了"433"体系，并且重用自己培养起来的C罗与韦恩·鲁尼，再搭配另一位新锐前锋卡洛斯·特维斯，"三头怪"的组合横空出世。

早些年鲁尼的声望在同龄的C罗之上，但随着时间的推移，自律勤勉的后者逐步得到了"弗爵爷"的青睐。在全新的跑动流体系中，前场三人组的交叉换位非常频繁，C罗开始更多地往中路靠拢，直接冲击球门的机会大幅增多。2006—2007赛季，他就已经交出了53场23球的成绩单，到了2007—2008赛季，这一数据更是飙升到了49场42球。要知道这样的成绩在曼联队史上排在第2名，仅次于1963—1964赛季的丹尼斯·劳（46球），而1964年他正是凭借这华丽的进球数成为"金球先生"。

在C罗完成转型并取得长足进步的同时，曼联也在后"92班"时代重新崛起。

除了耀眼的锋线配置，"弗爵爷"还打造了里奥·费迪南德与内马尼亚·维迪奇这对顶级中卫组合，即便放眼足球历史，他们也都是极具竞争力的存在。再加上正值当打之年的左后卫埃弗拉，以及生涯暮年回暖的"门神"范德萨，球队的防线也达到了令人艳羡的程度。

中场配置虽然稍显星光黯淡，但人员搭配的合理性也是可圈可点的。患眼疾之后各方面机能都有下滑的斯科尔斯，无法再像年轻时那样冲锋陷阵，便选择拖后做了调度型指挥官，尽管个人脚法与身体素质都有缺陷，但他的传球意识与整体性思维，还是确保其可以胜任这个位置。加上从拜仁转会来的"铁腰"欧文·哈格里夫斯，中场层面的硬度得到了空前的加强，再搭配功能型球员诸如迈克尔·卡里克，曼联在遇到任何强队时都不会感到惧怕。

这支新"红魔"在那段时间横扫各个赛场，从2006—2007赛季到2008—2009赛季实现了英超三连冠，致敬了"92班"的精英前辈。更令人惊叹的是在欧冠赛场，从2007—2008赛季到2008—2009赛季，曼联创造了连续25场不败的纪录，直到2009年罗马奥林匹克球场的决赛之夜，弗格森与C罗才遇到了真正的挑战。那个打破"红魔"不败金身的人，便是梅西。

虽说从2006年以来，梅西的成长速度超乎预期，但彼时的巴萨已经有了走下坡路的趋势。由于核心球员罗纳尔迪尼奥不够自律，从2006—2007赛季开始，他的魔力就已经大幅减弱，身体机能很难支撑他

再去做那些杂耍般的动作，实战中带给对手的威胁也小了很多。

他个人的问题，也间接引发了队内的各种矛盾，何塞·埃德米尔森松这样的球员甚至公开指出队内出现了所谓的害群之马，小罗也被推到了风口浪尖。

球队后来便到了分崩离析的边缘，主帅里杰卡尔德也无法控制局面，2008年巴萨一边在联赛中被皇马4∶1击溃，一边在欧冠中坐拥哈维、德科、伊涅斯塔与亚亚·图雷等球星，中场却被哈格里夫斯、斯科尔斯、朴智星等人完全压制，不推倒重建显然是没有未来的。

当时梅西处于自由发挥的状态，小罗与球队闹掰之后，梅西的球权比例自然得到提升。当时的他身体机能开始达到最佳水平，各种眼花缭乱的过人方式让看客们拍案叫绝。不过那时他的得分能力还没有被充分挖掘出来，加之哈维、伊涅斯塔的能力没有得到完全开发，球队整体上给人一种散兵游勇的感觉。

转机出现在2008年夏天，在克鲁伊夫的建议下，拉波尔塔任命菜鸟教练瓜迪奥拉为球队的新任主帅，随后发生的故事很快便载入了史册。瓜迪奥拉一上任就开始整肃纪律，小罗、德科等人陆续离队，而哈维等萌生去意的球星，在他的劝说下选择留队，他还着手从自己先前执教的巴萨B队提拔可用之才，塞尔吉奥·布斯克茨便是其中的代表人物。

后世关于瓜迪奥拉的战术改革有着诸多解读，从延续性的角度来说，他便是当

代推动"全能足球"理念前进的那个人。足球是一项考验空间理解能力的运动，有球时的充分轮转与无球时的多点压迫是最为核心的要素，前者能提升自己的空间利用率，后者则是挤压对手的空间。

瓜迪奥拉对于掌控球权这件事，有着与生俱来的执念，他充分挖掘队内技术型球员的潜质，打造了极致的三角传控体系。这种思路要求全队在运转中保持高效的跑动水平，在球场上呈现出多个三角形传递区域，从而更好地实现球的轮转。

而在丢失球权之后，瓜迪奥拉对于高位压迫的要求，即便不算开时代之先河，也是将这一理念推向极致。队内那批脚下技术出色的球员，还都是个子小且耐力出众的球员，他们能在球权易主后迅速集结，通过两三个人的小组围抢，在对手腹地重夺球权，进而组织二次进攻。这与1974年荷兰队的指导理念高度一致。只是随着时代的发展，瓜迪奥拉时代的球员综合素质大幅提升，"全能足球"的观感从蛮荒随性进化为了科学精确，这便是岁月赋予的魔力。

从细节层面来剖析，瓜迪奥拉在用人方面也是独树一帜的，此前准备加盟拜仁的哈维，在他的指点下迎来了史诗级的进化。早年在小罗与德科身边，他的位置相对靠后，还承担了不小的防守职责。如今我们都知道哈维的强项是用传球带动队友跑位，以及纵向的渗透性传球，这种特长在较深的位置是无法施展的。

瓜迪奥拉果断地将哈维的位置前推了

10—15米，使他成为球迷熟悉的前腰角色，也就此开始了"绝对大脑"的征途。伊涅斯塔早年的定位也比较飘忽，最适合他的自然是左中场靠前的位置，这样可以充分发挥他的边锋属性，也能在肋部与队友打出各种套路。同期在路易斯·阿拉贡内斯执教的西班牙队，右脚选手伊涅斯塔居然还在司职右边锋，这种顺足理念显然跟不上时代潮流了，而在瓜迪奥拉治下，他逐步被固定在了左路，也取得了长足的进步。

至于梅西，早年限制他的因素本就不多，虽然是名义上的右边锋，但以他的能力只要获得了球权，整个中前场都是他的活动范围。到了瓜迪奥拉执教时期，梅西的位置与中路产生了更多联系，得分能力也有了质的飞跃。毕竟一名锋线球员各方面技术再出众，没有数据做支撑，在这个时代仍会给舆论留下话柄。

一批天才球员，遇到了最适合自己的天才主帅，他们迅速颠覆了足球世界。这支无与伦比的巴萨，缔造了所谓的"梦三王朝"，在许多球迷及专业人士眼中，其便是有史以来最强的球队，一支令同时代所有对手闻风丧胆的"梦之队"。在金球奖竞争的格局中，尽管C罗早一年抢占了先手，但梅西携巴萨的宇宙冲击波，迅速夺回了高地。一个奇幻又真实的时代，明晃晃地出现在世人眼前。

另外还有一点值得关注，那便是2010年，"金球奖"与"世界足球先生"完成合并，更名为"国际足联金球奖"。事实上在过去的20余年，这两个奖项互为竞品，由国际足联背书的"世界足球先生"来势汹汹，一直在威胁着金球奖的江湖地位，不过随着移动互联网时代的到来，在全新的传播浪潮中，抱团取暖似乎成为比较稳妥的方式。

然而必须强调的是，合并之后的"国际足联金球奖"，评委从单纯的媒体记者，扩展成了由记者、国家队主帅、国家队队长组成的团体，权威性受到了外界的质疑。毕竟在本书正文的第一章中，我们就阐述了金球奖的根基所在。球员与教练的职责是专注于比赛，只需要了解自身的对手即可，而作为全球性个人奖项的评委，需要眼观六路、耳听八方，全面细致地掌握足坛的动向，显然只有部分媒体记者才能做到这一点。

只是时代的洪流很难逆转，当全新奖项摆在大众面前，我们只能选择接受新的模式。无论前路平顺或者坎坷，继续走下去都是唯一的选择。本章的背景就介绍到这里，下面照例带来具体年份的细致分析。

2008年 "红魔"7号

从俱乐部层面来说，这一年的C罗迎来了全面爆发。他的进攻天赋得到了充分释放，酣畅淋漓的长途奔袭，孔武有力的无解远射，劲爆夺目的暴力头槌，乃至标志性的"电梯式"任意球，都让球迷看得大呼过瘾。仅从视觉冲击力上来说，这一年的C罗已经达到了登峰造极的水准，而且他创造的数据同样是生涯新高级别的。

2007—2008赛季，C罗在英超出战34场打进31球，这是截至当时英超38轮时代的进球纪录；他在欧冠层面也有11场8球的输出，帮助"红魔"斩获了"双冠王"。尽管他在欧冠半决赛和决赛都罚丢了点球，但瑕不掩瑜，这一年俱乐部的C罗近乎完美。

不过偶数年的国家队大赛同样重要，这方面C罗就明显处于劣势了。2006年世界杯之后，随着菲戈的淡出，此前葡萄牙队"黄金一代"的核心班底悉数离队，归化来投的德科，状态也出现了些许下滑。C罗独自带队出战的首届欧洲杯，球队呈现出一种青黄不接的态势，唯一值得信赖的球星队友，似乎只剩下了另一位归化球员佩佩。

与此同时，葡萄牙队在伊比利亚半岛的宿敌西班牙队，却在阿拉贡内斯的率领下步入巅峰。在这个节点上，尽管"斗牛士军团"的踢法与过去相比并没有颠覆性的改变，但一众天才球员的成熟，还是让球队有了脱胎换骨的变化。

彼时阿拉贡内斯主导的"442"体系，更提倡快速进攻的反击流打法，并不执着于掌控球，而是追求更高效的进攻转化。所以与后来瓜迪奥拉主导的时代相比，此时的球队虽说对比赛的掌控力一般，但进攻的威慑力并不逊色，而且中后场的防守水平也有了显著提升，"斗牛士军团"在苦等了44年之后，终于重获新生。

然而从金球奖的角度来看，虽然西班牙队成为欧洲杯冠军，但阵容的搭配相对平均，并没有像梅西那样一枝独秀的"球王"级人物，具体捧出谁来代表球队，还需要斟酌一番。锋线上的费尔南多·托雷斯、大卫·比利亚，中场的哈维、马科斯·塞纳，门将卡西利亚斯，都是不可或缺的人物，但结合各自在俱乐部的发挥，托雷斯似乎成为更加出挑的巨星。

24岁的托雷斯在2007年夏天转会利物浦，其在英超的处子赛季便展现出了爆炸性的得分能力。虽然身为欧洲拉丁派球员，但托雷斯的特长却是速度和力量，他的启动爆发力极其出色，往往能够直接碾压跟防的对手，干脆直接的射门选择也让防线球员闻风丧胆。2007—2008赛季的英超，他在33场比赛中打进24球，若不是遇到了巅峰期的C罗，他不仅大有希望斩获英超金靴奖，甚至还可以成为赛季最佳球员。

两相结合来看，托雷斯无疑是最有机会挑战C罗的人物，然而最终结果揭晓，葡萄牙足坛新天王高居榜首，托雷斯只拿到第3名，着实有些遗憾。梅西则收获了第2名，虽然算不上意外，但也足见外界对他个人能力的认可。2008年的前半年，他在巴萨并没有拿得出手的成绩，而北京奥运会的男足金牌，在顶级球员的角逐中并不是重要筹码。可能评委更多的是参考了瓜迪奥拉上任之后梅西在新赛季的出色表现，才将他选到了如此高位，也为他之后的一飞冲天埋下了伏笔。

西班牙队和皇马的双料"门神"卡西利亚斯高居第4名，如果他是非门将位置的同级别球员，欧洲杯冠军加蝉联西甲冠军的荣耀，也许可以帮助他进一步向上攀升。27岁的卡西利亚斯在这一年真正步入巅峰期，身高1.82米的他属于爆发力型"矮个门将"，在身体机能较好的阶段，其反应能力与门线前的身手令人惊叹，他的"神扑"数量放眼历史都足以名列前茅，一些极限操作时至今日还在刺激着新老球迷的神经。

第5名的获得者是哈维，这也是他走向全盛时期的开端，他在西班牙队的位置还相对靠后，依靠塞纳的保驾护航，可以尝试更多地向前输送威胁球。而在瓜迪奥拉的全新体系中，哈维则被委以重任，他是全队运转的绝对枢纽，在面对一些对手时，梅西的缺阵也许只影响球队的上限，但如果哈维不能出场，球队正常的体系就将崩塌。"千里马常有，而伯乐不常有"，哈维与瓜迪奥拉的相遇，很好地印证了这一点。

西班牙队的其他队员，也都收获了相应的名次，打入4球的金靴奖得主比利亚排在第7名，球队的"稳压器"塞纳则收获了第11名。不过本届欧洲杯最大的惊喜，还要数俄罗斯队球员安德烈·阿尔沙文，虽然此前他率领圣彼得堡泽尼特拿下了2007—2008赛季联盟杯冠军，但在欧洲杯之前，很少有人注意到这名实力出众的

"杀手"。

在小组赛前两场禁赛的情况下，解禁之后的阿尔沙文突然爆发，他先是在小组赛末轮破门帮助球队挺进8强，又在同荷兰队的加时赛中送出致命一击，率领球队创造了后苏联时代的欧洲杯最佳战绩。每当我们想起2008年欧洲杯时，阿尔沙文摊开手掌时的俏皮表情，都是绕不开的群体回忆。最终他拿下了金球奖第6名，在21世纪的俄罗斯球员中，完全是独领风骚的存在。

2008年金球奖排名 Top5

排名	球员	年龄	总得分
1	克里斯蒂亚诺·罗纳尔多	23	446分
2	利昂内尔·梅西	21	281分
3	费尔南多·托雷斯	24	179分
4	伊戈尔·卡西利亚斯	27	133分
5	哈维	28	97分

2009年 "梅罗"对决

虽说从2007年开始，C罗与梅西已经入围了金球奖前3名，但细致考量，彼时二人只能称得上隔空较量，依靠非直接对抗所取得的成绩来评判年度的座次。2007—2008赛季曼联与巴萨在欧冠半决赛有了直接交手，但此时双方球队的境遇差异较大，且两人的状态都称不上良好，也并非决定比赛的核心人物。所以在我们看来，"梅罗"真正展开正面对决是从2009年开

始的。

2008—2009赛季，曼联保留了此前的核心阵容，还高价引入了"潇洒哥"迪米塔·贝尔巴托夫，虽然"铁腰"哈格里夫斯遭遇毁灭性伤病，赛季报销，但"红魔"的竞争力仍能维持在高位。不过整体上来看，球队冲击英超三连冠的道路并不平坦，C罗的得分水准相较前一个赛季有所下滑，而焕发新生的利物浦紧追不舍，直到2009年春天形势都还不明朗。

不过在生死攸关的节点上，曼联依靠费代里科·马凯达这样的奇兵力挽狂澜，利物浦这边的核心球员却状况频发。最终韧性更强的"红魔"笑到了最后，弗格森实现了在英超的第二次三连冠。C罗交出了33场18球的答卷，虽然不是个人的巅峰水准，但在冠军的加持下，这样的数据依然很有竞争力。

欧冠赛场上曼联的不败纪录一直在延续，小组赛阶段C罗的表现有些沉寂，但进入淘汰赛之后开始持续闪光。先是在对阵国米的16强赛中，于次回合打进了锁定胜局的一球；后又在8强赛客战波尔图的绝境当中，用一脚40米外的超级世界波，击穿了不可一世的巨龙球场，此球不仅直接帮助曼联晋级，还获得了国际足联百届"普斯卡什奖"（年度最佳进球奖）。

半决赛曼联对阵阿森纳，C罗在次回合完成梅开二度的好戏，其中一脚40米左右的超远任意球破门，堪称经典中的经典。"红魔"连续两个赛季杀入欧冠决赛，淘汰赛已经打入4球的C罗，只要夺冠就能蝉

联金球奖。

巴萨与梅西这边同样蒸蒸日上，瓜迪奥拉的球队在度过了最初的磨合期之后，展现出了惊人的战斗力。巴萨在联赛中6：2击溃了死敌皇马，重夺冠军只是时间问题。梅西也从本赛季开始踏上了"数据之旅"，31场23球的水准，虽然与后来相比不值一提，但在那时已经是他的生涯新高了。

更为恐怖的是，此时的巴萨已经展现出极强的控制力，在遇到绝大多数对手的时候，都能将球牢牢掌控在己方脚下。只要这批人继续精进，就有希望用这种方式彻底统治足坛。巴萨的踢法在欧冠赛场上也所向披靡，8强战首回合甚至4：0横扫了拜仁，这是"南部之星"少见的大溃败，梅西的声望也随着这几场大胜达到了空前的高度。

尽管后来与切尔西的欧冠半决赛引发了巨大的争议，但"红蓝军团"还是笑到了最后，顶着舆论的压力挺进决赛。在那里等待着梅西的，正是他未来的一生之敌——C罗，从某种意义上来说，这场决赛谁笑到最后，谁就是当年的"金球先生"。

以今天的眼光来看，"梦三巴萨"拥有着无限魔力，其曾在2010—2011赛季的欧冠决赛中，让见多识广的"弗爵爷"双手颤抖，但在2009年的时候，情况完全不是这样。彼时的"红魔"正沉浸在欧冠25场不败的征途之中，尽管巴萨那边上升势头迅猛，但不管是外界舆论还是相关机构的数据，都更看好曼联一方。

然而比赛的进程出乎了很多人的预料，巴萨从一开场就掌控了局面，英式球队在如此令人窒息的技术流面前，很快就失去了招架之力。尽管双方的场面差距不及两年后那么大，但埃托奥在开场10分钟的进球让比赛进程完全失衡。面对对手强大的整体压迫力，C罗也显得孤立无援，虽然他过了半场就可以施展无死角的射术，但在做好充足准备的瓜迪奥拉面前，还是显得有些无力。

在这种情况下，巴萨还手握一球的领先优势，后续的比赛就有种自如随性的感觉。球队牢牢地把控着比赛走向，还凭借梅西罕见的头球扩大了优势，冠军自此失去了悬念。梅西不仅从C罗面前夺走了欧冠奖杯，还以12场9球的数据收获欧冠金靴奖。在这个节点上，金球奖似乎已经成了他的囊中之物。

尽管赛季结束后C罗就转会去了皇马，与卡卡、卡里姆·本泽马、阿隆索等人组成了全新的"银河战舰"二代，但他没有料到的是，梅西与巴萨更进一步，几乎成为不可一世的"宇宙队"。整个2009年，巴萨豪取历史上第一个"六冠王"，虽然皇马的新锐势力想要发起挑战，但还是遭遇了面对巴萨的联赛三连败，年末梅西首次加冕"金球先生"，C罗只能期待来年再战。

另外值得关注的是，2009年也是"哈白组合"成形的第一年，他们两人风格迥异，但组合在一起却成为有史以来最杰出的中场双人组之一。哈维是掌控全局的司令官，伊涅斯塔则是局部冲锋的爆破手，最终前者名列金球奖榜单的第3名，后者收获第4名。他们多年的老队友、欧冠决赛中扮演"开瓶器"的埃托奥，也拿到了第5名。

前10名中还有一个值得关注的人，那便是颠沛流离的伊布。他是身体天赋与技术能力的完美结合体，超过1.90米的大个儿，不仅体格硬朗，还拥有华丽的脚下技术，已经连续多年位列金球奖前10名。但他由于受经纪人米诺·拉伊奥拉的蛊惑，每隔一段时间就要申请转会，没有与某一支球队共同成长，始终无法更进一步。

2007年的"金球先生"卡卡，后续两年也维持了较高的水平，但由于"红黑王朝"的缔造者贝卢斯科尼开始走下坡路，球队无力继续投入资本完成补强，卡卡也只能在巅峰期扮演"陪跑"的角色。2009年年中他转会皇马，并最终位列金球榜单的第6名，如果来年逆势崛起，仍有希望和"梅罗"二人一较高下。

2009年金球奖排名Top5

排名	球员	年龄	总得分
1	利昂内尔·梅西	22	473分
2	克里斯蒂亚诺·罗纳尔多	24	233分
3	哈维	29	170分
4	安德雷斯·伊涅斯塔	25	149分
5	萨穆埃尔·埃托奥	28	75分

2010年　永恒争议

后世常常把2009年称为巴萨"梦三王朝"的元年，但从瓜迪奥拉执教的处子赛季情况来看，这支球队并未打磨成完全体。尽管巴萨拿到了所谓的"六冠王"，但明眼人都知道，如果球队不遇到重大变故，未来的一段时间才是其统治的开始。

事实上这一天来得很快，从2010年开始，巴萨就开启了"宇宙队"的制霸模式。此时几乎所有球队在与其对阵的时候，都会采取紧缩阵线打反击的策略，所以对于瓜迪奥拉的球队来说，常常要进行半场"攻防演练"。即便是皇马或者欧冠中的其他列强，面对如此的"外星来客"，也很难有招架之力。2009—2010赛季西甲的次回合国家德比，皇马吞下了联赛面对巴萨四连败的苦果，从那之后越来越多的人意识到，"世间苍生"要联合起来打响"地球保卫战"，集合足坛精英之力来挑战"梦三王朝"的霸权。

这一年巴萨以99分蝉联了西甲冠军，同样出众的皇马拿到了96分，却沦为了高分"陪跑"的头号输家。按照这个势头，欧冠冠军也是巴萨的囊中之物。但世事的发展往往超出多数人的预期，"宇宙队"意外触怒了"天庭"，来自冰岛的火山灰终结了"红蓝军团"的连冠梦想。

那是2009—2010赛季欧冠半决赛第一回合，巴萨客场挑战国米，因为冰岛火山爆发引起的环境问题，民航业受到了不小的冲击。当时巴萨不得已选择乘坐大巴出行，颠簸十几个小时才到达目的地。对于普通人来说，长时间的旅途尚且吃不消，对精力管理要求极高的顶尖球员而言，在舟车劳顿之后踢高强度的比赛，称得上是命中的劫数。

最终球队1∶3输掉了这场比赛，当然穆里尼奥治下的国米的发挥也是值得称赞的，其高效的反击打得巴萨措手不及，缔造了阻击"梦三王朝"的一场经典之战。次回合来到诺坎普球场，穆里尼奥仍然坚持死守到底的策略，最终成功淘汰不可一世的对手，挺进欧冠决赛。

如果巴萨卫冕欧冠成功，那么即便考虑夏天的世界杯，"金球先生"也将在梅西、哈维与伊涅斯塔之间产生。哪怕2010年"金球奖"与"世界足球先生"合并，产生了诸多不确定因素，绝对强者都是无所畏惧的。然而在国米捧杯之后，巴萨系的力量被大幅削弱，反而"蓝黑军团"的核心斯内德与迭戈·米利托进入了被讨论的范畴，前者是带队拿下"三冠王"的指挥官，后者则是"四球斩三冠"的优质射手，世界杯即将来临，金球奖势力的划分显得扑朔迷离。

梅西领衔的阿根廷队虽然在预选赛经历了波折，但球队的青年才俊呈现井喷态势，在国米大红大紫的迭戈·米利托只算是边缘角色，虽然主帅马拉多纳的选人策略饱受诟病，但"潘帕斯雄鹰"的前景还是值得期待。斯内德所在的荷兰队迎来了"四小天鹅"（斯内德、罗本、罗宾·范佩西、拉斐尔·范德法特）的巅峰期，尽管主帅范马尔维克主导的保守思潮违背了祖训，但在冲击大力神杯的路上，结果远比方式重要。

不过真正独领风骚的，还是依托巅峰巴萨之力全力出战的西班牙队。尽管缺少了梅西，但这支球队在"红蓝军团"的框架之下，还补充了皇马众星以及像比利亚、法布雷加斯这样的顶尖人物。主帅文森特·德尔·博斯克又是著名的平衡大师，他能解决好更衣室的派系问题，并充分调动球星的潜能，以取得最好的结果。

从比赛进程来看，西班牙队的水准是毋庸置疑的，其统治力丝毫不逊色于瓜迪奥拉的巴萨。虽然瑞士队与智利队等硬骨头给"斗牛士军团"制造了巨大的麻烦，淘汰赛的众对手还集体筑起了紧缩的防线，但在哈维的运筹帷幄之下，西班牙队仍然攻坚克难，一路杀进决赛。在半决赛面对德国队的比赛中，其控球率一度达到了75%，让强大的对手在前半个小时没有一脚射门，其压迫与窒息感可见一斑。

阿根廷队这边发挥欠佳，马拉多纳采用的是偏窄的"442"阵形，将持球型巨星堆积在中路，最后演化成了球权的争夺战。无论是梅西、特维斯还是安赫尔·迪马利亚，回撤拿球后都选择自己推进，整支球队如同一盘散沙，完全组织不起来成体系的攻势。最终0∶4惨败德国队止步8强，也给梅西蝉联金球奖的希望蒙上了一层阴影。

荷兰队这边虽然场面不再华丽，但结

果却是30多年来最出众的一次，斯内德发挥极其出色，用不断的进球拖着球队前行。"橙衣军团"在8进4的比赛中，甚至逆转战胜了夺冠大热门之一的巴西队，在逆势中勇往直前的斯内德，似乎也嗅到了金球奖的芬芳。

终局之战是西班牙队与荷兰队决战于约翰内斯堡，这场球赛的过程没有什么好赘述的，两边都将自己惯用的踢法发挥到了极致。最终凭借伊涅斯塔的加时绝杀球，西班牙队第一次夺得世界杯冠军，荷兰队则第三次在世界杯决赛饮恨，"无冕之王"的头衔彻底坐实。

然而从金球奖的角度考量，情况变得愈发复杂。西班牙队是集体作战的队伍，尽管哈维是无可争议的指挥官，是球队体系的头号基石，整届世界杯他用599次成功传球调动全队，创造了自1966年世界杯以来的新纪录，但他的作用并不在明面上，多次打进关键球的比利亚、在决赛打入绝杀球的伊涅斯塔以及关键场次奉献诸多"神扑"的卡西利亚斯，似乎每个人都有当选的理由。

荷兰队这边斯内德打进5球，抛开助攻数不看的话，已经达到了世界杯金靴奖的水准。再结合他率领国米完成"三冠王"的壮举，在金球奖的争夺者中自然也处在有利位置。然而令全世界球迷惊讶的是，2010年合并之后的首届"国际足联金球奖"，颁发给了无缘欧冠冠军与世界杯冠军的梅西。

关于结果我们不想过多讨论，但有一点值得球迷关注。2010年是梅西真正达到历史级巨星水准的一年，他全年打进60球（仅次于2012年的91球，位列生涯第2名），在西甲以35场34球首次拿下金靴奖，在欧冠中以11场8球蝉联金靴奖。只是在这个光芒万丈的足球大年，他没能拿下欧冠冠军，世界杯上的成绩未达预期且一球未进，蝉联"金球先生"自然会引发巨大的争议。

最终伊涅斯塔、哈维、斯内德分获第2名到第4名，这同样引发了舆论的不满。按照过去金球奖的投票规则，在记者群体中斯内德票数第一，如今掺杂了教练和球员之后，投票结果变得不伦不类。而综合来看哈维的年度贡献与斯内德是不相上下的，却被打进世界杯决赛绝杀球的伊涅斯塔力压，这在专业媒体人和部分资深球迷看来也有些不合逻辑。更为离谱的是，奠定国米"三冠王"基石的迭戈·米利托，居然连金球奖大名单都无法入围，更是让外界对于合并后的奖项失望至极，也许这真的是一次错误的"联姻"。

在"诸神混战"的同时，这一年的C罗有些落寞，俱乐部层面皇马被巴萨完全压制，国家队层面也来到了青黄不接的阶段。全年没有任何冠军斩获，数据上也没什么亮点，最后在榜单中只排在第6名，这是2007年之后的十余年间，C罗仅有的一次跌出金球奖前3名。

还有一名球员值得褒奖，那便是在世界杯上大放异彩的迭戈·弗兰。当年的乌拉圭队虽然颇具实力，但在开赛前并未被广泛看好，弗兰却用几脚漂亮的世界波，一路帮助球队杀进半决赛，这是40年来这支老牌劲旅在世界杯中的最佳战绩。他最终荣膺世界杯最佳球员，在首届"国际足联金球奖"的评选中，也排在了第5名，来到了生涯巅峰。

2010 年国际足联金球奖排名 Top5

排名	球员	年龄	得票比例
1	利昂内尔·梅西	23	22.65%
2	安德雷斯·伊涅斯塔	26	17.36%
3	哈维	30	16.48%
4	韦斯利·斯内德	26	14.48%
5	迭戈·弗兰	31	7.61%

■ 2011年 帽子戏法

经历了稍显混乱的世界杯年之后，奇数年的足坛回归了时代争霸的主旋律。此时的梅西和C罗都曾站上过世界之巅，其所代表的巴萨与皇马，则在同一片天空下为两人搭好了征服世界的擂台，2011年的争夺就在硝烟弥漫中开始了。

此时的"梦三王朝"依旧如日中天，在经历了伊布的水土不服之后，瓜迪奥拉挖来了早已扬名天下的本土射手比利亚，再结合埃托奥、亨利等人的离开，前场形成了以梅西、比利亚、佩德罗为首的"MVP"组合，他们也是"红蓝荣光"的锋线见证人。中场层面"哈白布"体系仍然独步天下，虽然有的球队曾有过强行挖

走组合成员的想法，但最终还是没有拆散"拉玛西亚三人组"。

唯一的隐患是防线，中卫方面普约尔年事渐高，且长期受到伤病困扰，年轻人暂时无法顺利接棒。边后卫层面埃里克·阿比达尔罹患癌症，尽管选择火线复出，但球队仍然需要做长远打算，毕竟在瓜迪奥拉的体系中，边后卫也是三角覆盖中的核心环节。

皇马这边则完成了多次迭代，2010年夏天穆里尼奥接过球队教鞭，他也被视为最有希望摧毁"梦三体系"的巨人。当时的卡卡饱受腹股沟伤病的困扰，在穆里尼奥时期新构建的体系中，攻击线的主体思路还是以C罗为反击核心爆点，辅以迪马利亚的冲击、本泽马等中锋的牵制。这套打法简单直接，讲究效率且能直击当时巴萨防线的软肋。

中后场这边，原本穆里尼奥并无越界的思路，但自从2010年11月底被巴萨5：0血洗之后，"狂人"就意识到需要做出极端的变革了。后来他构建了混凝土式的铜墙铁壁，在面对巴萨重压的情况下，甚至会祭出三后腰阵形，让阿隆索、佩佩、萨米·赫迪拉、拉萨纳·迪亚拉等人轮番扮演"肉盾"角色，试图在中场进行车轮式的围剿。在他们身后还有防线上的几员悍将，当时皇马的两层防线主打的就是7—8人的机动性绞杀策略，为了抵御巴萨，穆里尼奥几乎已经做到了极致。

巧合的是，就在2011年的4月份，皇马、巴萨两队在18天内将展开4次直接对

话，而且涵盖了三线的主战场。各方都在促成梅西与C罗的正面对话，这几场"天王山之战"，不仅将影响整个赛季的走向，也直接决定了金球奖的最终结果。

西甲层面巴萨仍处于一枝独秀的状态，皇马追赶上的机会微乎其微，但在联赛中遭遇五连败之后，穆里尼奥与C罗希望打个翻身仗。最终西甲的这场对决结果令人满意，皇马在全场被压制且少一个人的情况下，依靠坚忍的意志最终以1∶1逼平了巴萨，这场平局的意义非同凡响，是在瓜迪奥拉入主巴萨之后，皇马首次以非失败者的身份走出国家德比的战场。

国王杯决赛则更具里程碑意义，皇马早已习惯了场面上的劣势，球队抗击打能力达到了空前的水准。90分钟内双方战成0∶0，加时赛中依靠C罗的头球绝杀，皇马终于第一次扳倒了"梦三"巴萨，也是瓜迪奥拉时代的巴萨首次在国家德比中无法破门。对于彼时的皇马来说，这场胜利与这个冠军的意义，超越了过往很多辉煌的时刻，值得永久铭记。

然而国内双线取得阶段性成果的皇马，还是在最重要的战场败下阵来。2010—2011赛季欧冠半决赛两队狭路相逢，比赛的过程可以预见，但当时的舆论对于皇马的韧性已经有了全新的认识，结果还是值得期待的。然而首回合比赛的进程令人感到意外，原本的均势因为佩佩的红牌下场被打破，后续梅西凭借个人能力梅开二度，其中在中场开始启动、连过皇马数人的破门尤为精彩，也帮助巴萨锁定

了决赛名额。

随着"红蓝军团"又一次加冕欧冠冠军，梅西也锁定了连续第3个金球奖，成为继普拉蒂尼之后首位做到这一点的球员。其实这一年的C罗也达到了历史巅峰的水准，成为西甲中首位单赛季进球数突破40球的球员，各条战线的发挥也有目共睹，可惜一座国王杯奖杯不足以与梅西抗衡，只能静待来年的机会。

哈维和伊涅斯塔分列第3、4名，在没有国家队大赛的年份，他们显然只能成为梅西的"陪跑者"，对于两人来说是莫大的遗憾。第5名相对让人感到意外，那便是"红魔"的当家核心鲁尼，其实他从19岁开始，就成为金球奖榜单的常客，但随着C罗的持续进步，近些年已经无人把他视为足坛的领军人物了。

2011年他受到前一年膝盖伤势的困扰，续约方面也与球队产生分歧，最终整个2010—2011赛季打打停停，联赛中仅斩获11球，在冠军征途中的贡献远不如过往。欧冠层面虽然曼联打进了决赛，但鲁尼的发挥同样称不上独领风骚，只能说两相结合，再考虑到他多年来的稳定发挥，才将其抬到了这个位置。

这一年的美洲杯虽然影响力有限，且大众目光聚焦在梅西与阿根廷队的失败之旅上，但冠军乌拉圭队还是得到了外界的认可。前一年在世界杯因"手球事件"走红的路易斯·苏亚雷斯，如今已晋升为足坛准一线球星，他的"老大哥"弗兰也保持着良好的状态。两人最终分获第6、7名，

也算是寻回了这个国家曾经的足球底蕴。

2011 年国际足联金球奖排名 Top5

排名	球员	年龄	得票比例
1	利昂内尔·梅西	24	47.88%
2	克里斯蒂亚诺·罗纳尔多	26	21.60%
3	哈维	31	9.23%
4	安德雷斯·伊涅斯塔	27	6.01%
5	韦恩·鲁尼	26	2.31%

2012年 四连金球

转眼间又到了欧洲杯的年份，按照2010年的逻辑，金球奖应该还是梅西与西班牙队球员之间的巴萨内战。但不可一世的"梦三王朝"，正像一位"足球诗人"所慨叹的那样，在岁月的侵蚀下逐步凋零，队内球星的金球奖之路不再那么平坦。

2011—2012赛季巴萨的开局还算平顺，但随着时间的推移，核心哈维的老化以及伤病问题开始慢慢暴露，他不再像过去那样可以时刻支撑起球队的运转了，而处在巅峰期的法布雷加斯，也很难承担起如此的重任。在巴萨这边稍有衰退的情况下，皇马却在穆里尼奥的打磨下，迎来盼望已久的全盛期。

这个赛季"银河战舰"主打的思路还是防守反击，但整体的效率达到了历史新高，皇马在38场西甲比赛中打进121球，其中C罗、冈萨洛·伊瓜因与本泽马都突破了20球大关。凶悍的火力帮助球队以100分的成绩夺得西甲冠军，终于将落入凡尘的"梦三"巴萨击败，而C罗在诺坎普球场打入的一球，似乎也助力他在金球奖的争夺中占据先手。

不过令人感到意外的是，皇马与巴萨在当赛季的欧冠中均遭遇了滑铁卢，那个赛季半决赛的精彩程度与惨烈竞争堪称历史之最，皇马被即将步入巅峰的拜仁阻击，巴萨则意外输给了众志成城的切尔西"老男孩"。最终夺冠的是苦盼奖杯多年的"蓝军"，而对于金球奖评委来说，"世纪难题"即将出现。

2011—2012赛季结束，"梅罗"两人都打出了历史级别的豪华数据，然而皇马拿到了西甲冠军，巴萨仅收获一座国王杯奖杯，在即将举办欧洲杯的年份，这样的履历并不足以帮助他二人在金球奖竞争中获得优势。但是切尔西阵中的德罗巴、兰帕德、特里与切赫彼时都过了巅峰期，凭着铁血意志夺下了队史上最重要的冠军，但个人水准别说与"梅罗"相比，哪怕是与曾经的自己都无法比肩。所以综合来看，在欧洲杯结果揭晓之前，一切都显得扑朔迷离。

这届欧洲杯仍处在"西班牙王朝"的统治之下，尽管四年间两大前锋托雷斯与比利亚先后重伤，但博斯克顺势祭出了"460"阵形，主导了有史以来最为华丽的无锋传控表演。与前些年不同的是，在彻底拿掉传统中锋之后，中前场都是法布雷加斯、大卫·席尔瓦、伊涅斯塔、哈维、阿隆索等人，他们五六个人之间的默契传导，足以摧毁任何看似强大的对手。

最终这届比赛西班牙队几乎一路平推过去，成为历史上首支成功卫冕欧洲杯的球队。除了C罗所在的葡萄牙队，其他对手基本没有给"斗牛士军团"制造任何困难，欧洲杯历史上统治力最强的球队，就这样以王者的姿态出现在世人面前。

不过这届欧洲杯，西班牙队内部的权重发生了变化，状态下滑的哈维有些退居二线的意思，尽管仍然占据首发位置，但整体的疏导效率与制造威胁的欲望都有所下降。他的好搭档伊涅斯塔成功上位，尽管过去一直是所谓的"局部大师"，但他承担一部分组织职责也是毫无问题的，加上其独步天下的脚法和区域意识，一跃成为那段时间最出众的球星，也顺势斩获2012年欧洲杯最佳球员。

综合来看，夏天的赛事落幕后，金球奖的竞争格局依然十分混乱。伊涅斯塔、C罗、梅西等都有问鼎的机会，悬念要留到下半年揭晓。此刻鲜有人意识到，那个已经封神的25岁少年，又将带给世界怎样的震撼？

事实上在2012年上半年，梅西的进球数就已经引发舆论的热议，在2011—2012赛季的西甲当中，他在37场比赛中打进了不可思议的50球，创造了二战后欧洲主流联赛的最高纪录。同赛季的欧冠当中，他不仅连续第4次拿下最佳射手，还以14球的成绩追平了50年前AC米兰名宿阿尔塔菲尼的纪录。只是因为当年没有重量级奖杯的加持，多数球迷对于梅西的进球表演并没

有太过在意。

然而事情的发展几乎超过了所有人的预期，梅西在下半年的进球表现愈发夸张，而且是横跨俱乐部和国家队的无差别输出。最终在整个2012年，梅西在69场正式比赛中打进了91球，打破了盖德·穆勒在1972年创造的自然年进球纪录（85球），成为足球世界新的数据王者。

这一年进球对于他来说如同探囊取物，梅开二度是家常便饭，帽子戏法数不胜数，还包括2011—2012赛季巴萨狂胜瓦伦西亚时上演的"大四喜"、欧冠淘汰赛击溃勒沃库森的"五子登科"等。国家队层面，在阿根廷队与宿敌巴西队的友谊赛中，梅西也有一个令人震撼的帽子戏法，并率队4∶3击败了"桑巴军团"，为这一年的进球之旅创造了完美闭环。

最终梅西力压C罗（第2名）和伊涅斯塔（第3名），连续第4次获得金球奖，成为有史以来的第一人。尽管这一年缺少重要奖杯相伴，让梅西的获奖充满了争议，但如今回溯不可思议的2012年，他的那些美妙进球，成为陪伴一代人成长的金色记忆。

除了欧洲杯最佳球员伊涅斯塔之外，C罗的落选也令人感到遗憾。2011—2012赛季他在西甲中贡献了38场46球的数据，在欧冠中10场10球的成绩也颇为耀眼，可惜都被梅西遮蔽了锋芒，让他那座含金量十足的西甲奖杯，没有得到多数评委的重视。欧洲杯上C罗的发挥也相当出色，5场3球的输出，不仅率领葡萄牙队从"死亡之组"突围，还在半决赛中将巅峰的西班牙

队逼到了点球大战，只可惜在这个成王败寇的世界，你只有将一切做到极致且在所有人之上，才能确保一切天遂人愿。

状态下滑的哈维与仍在巅峰期的卡西利亚斯，算是吃到了西班牙队连冠的红利，两人分别斩获金球奖第4名和第6名，基本符合预期。在欧洲杯拖着意大利队一路前进的皮尔洛，迎来了2007年以来的生涯第二春，他用现象级的表演帮助"蓝衣军团"拿到了欧洲杯的亚军，自己也在金球奖榜单中位列第7名。

这一年还有两名大热门的前锋不能忽视，首先是第5名的"老虎"法尔考，他在2011—2012赛季西甲中贡献了34场24球的数据，在欧战中也有15场12球的发挥，还帮助马德里竞技（下文简称马竞）拿下了欧联（前身为联盟杯，2009—2010赛季更名为欧足联欧洲联赛，简称欧联）的冠军。在年中的欧洲超级杯中，他更是半场上演帽子戏法，率队4∶1击败了欧冠冠军切尔西，一时间声名大噪。稍显遗憾的是，"梅罗"二人当时正处在如日中天的阶段，法尔考能做的只是在两人的舆论间隙获得生存空间，即便如此他也值得被球迷长久铭记。

其次，范佩西在2012年迎来了大爆发，作为荷兰队"四小天鹅"中最为不瘟不火的一个，早年主打边路的他始终只是一名二线球星。但随着他在阿森纳被改造成中锋，久经磨砺之后他突然锋芒毕露，2011—2012赛季，他以30球的成绩力压"回光返照"的鲁尼斩获英超金靴奖，加

盟曼联之后，又用连续的进球表演扛着球队前进。在欧洲杯荷兰队发挥不佳的情况下，他依然收获了金球奖第9名，对他来说属于完全可以接受的成绩。

2012 年国际足联金球奖排名 Top5

排名	球员	年龄	得票比例
1	利昂内尔·梅西	25	41.60%
2	克里斯蒂亚诺·罗纳尔多	27	23.68%
3	安德雷斯·伊涅斯塔	28	10.91%
4	哈维	32	4.08%
5	法尔考	26	3.67%

总结

金球奖从百家争鸣的时代，过渡到了双雄争霸的格局，而在原本均衡的对垒之中，梅西又携"梦三"巴萨占据了主导地位。在本章所述的时代（2008—2012年）中，一生要强的C罗处于显著的劣势地位，但如果就此放弃，那他便不会成为今天的克里斯蒂亚诺·罗纳尔多，所以好戏才刚刚开始。

而在2010年，"金球奖"与"世界足球先生"完成合并，是这个时代的另一条发展脉络。令人遗憾的是，经过3年的试验，原本属于强强联合的尝试，却因为双方评选机制的不同，引发了诸多争议，成了一段失败的"联姻"，也许尽早了断才能及时止损。

第 十 一 章

2013—2017 年
C 罗的绝地反击

其实在 2012 年的时候，"红蓝军团"的颓势就已经显露出来，只是梅西缔造了年度 91 球的"神迹"，在缺乏团队荣誉的情况下逆天改命，实现了金球奖"四连霸"。不过也正是从这个节点开始，皇马与巴萨、C 罗与梅西两座天平，都开始朝另一方倾斜。

——引言

对于C罗来说，2008年之后的那段日子是苦涩的，那个曾经茁壮成长的少年，看上去就要成为新的时代王者，却没曾想一生之敌崛起的势头如此迅猛。如果仅仅是出现梅西这样一位绝世之才，对于一生要强的C罗来说，倒也是鞭策他不断精进的动力。然而与梅西一同降临的，还有彻底颠覆足球世界的瓜迪奥拉，两人与其他几位功勋球员携手创建的"梦三王朝"，从C罗手中夺走了他原本唾手可得的一切。

其实在2012年的时候，"红蓝军团"的颓势就已经显露出来，只是梅西缔造了年度91球的"神迹"，在缺乏团队荣誉的情况下逆天改命，实现了金球奖"四连霸"。不过也正是从这个节点开始，皇马与巴萨、C罗与梅西两座天平，都开始朝另一方倾斜。

巴萨遇到的最大问题，是瓜迪奥拉执意要在2012年夏天离开，相关的阴谋论不胜枚举，但一代宗师远走的事实不可更改。即便他的助手蒂托·比拉诺瓦深谙导师的精髓，完全沿袭前人的路径，也显然会被时代的浪潮所抛弃。更何况瓜迪奥拉那永不停歇的大脑，时常会迸发出异样的

能量，而他也敢于立刻付诸实践。但对于习惯副手角色的比拉诺瓦来说，能维持住"梦之队"的下限就不错了。

更为致命的是，比拉诺瓦的身体状况不好，接过球队教鞭没有多久，他罹患癌症的消息就传播开来。对于所有热爱这支球队的人来说，这无异于晴天霹雳，球迷不仅对他的重疾感到忧虑，还因巴萨无人掌舵而慨叹。最终比拉诺瓦也没有撑过太长时间，在瓜迪奥拉离开球队后不到两年，他便撒手人寰。

除了主帅的位置难觅接班人，球队的阵容也开始出现裂痕。年事渐高的哈维显得力不从心，作为主力已经难以承担指挥官的角色；回归的法布雷加斯位置飘忽不定，在比利亚重伤之后甚至踢过一段时间的"伪9号"，导致球队"大脑"的位置出现空缺。而这正是巴萨前些年"制霸宇宙"的根基所在，哈维这样不可多得的天才归隐之后，大众只能祈求命运再度眷顾拉玛西亚（巴萨青训营）。

防线的情况也不容乐观，比哈维年长两岁的普约尔，在伤病的摧残下举步维艰。从2012年开始，他就逐步淡出了球队

的核心阵容，而彼时足坛的顶尖中卫已经相当稀缺，即便巴萨手握重金也不一定能得偿所愿。队中的新人如马克·巴特拉，显然难以扛起大旗，只能依靠回撤的马斯切拉诺与状态起伏不定的杰拉德·皮克长期搭档，防线的可靠程度与前些年相比存在差距。

另外梅西个人的不确定性也值得关注，早些年在里杰卡尔德手下，梅西的生活习惯与职业态度还存在些许瑕疵，他当时的伤病情况相当棘手，还险些错过了2006年世界杯。不过瓜迪奥拉上任之后，力促梅西改掉了很多不好的习惯，在完善了细节之后，他在球队巅峰期的那几年出勤率极高，伤病隐患几乎不复存在。然而在瓜迪奥拉离开之后，梅西的情况就变得扑朔迷离起来，他的身体状况再度成为各界关注的焦点。

反观皇马这边，球队的延续性明显好于巴萨，毕竟"银河战舰"体系稳定且不断补充球星，而对手的极端强势过分依赖几位天才球员，在某个节点上对垒时情况会发生反转。

其实在穆里尼奥时期，球队的阵容配置相当合理，年龄结构也符合豪门球队的黄金比例，如果不是"梦三巴萨"的存在，皇马制霸西甲不说，在欧冠层面也很有机会创造属于自己的时代。当"红蓝军团"那边出现颓势之时，"银河战舰"中的C罗、本泽马、迪马利亚、塞尔吉奥·拉莫斯、马塞洛等人都处在黄金年龄，只要适当地换血且球队不出现内乱，打响翻身仗

是可以预见的事情。

事实也朝着预期的方向发展，随着卢卡·莫德里奇、加雷思·贝尔等人的加入，皇马的纸面阵容愈发强大。锋线上由C罗、本泽马和贝尔构成的"BBC"组合威风八面，中场坐拥阿隆索、莫德里奇、赫迪拉等多种类型的球星，防线上拉莫斯与佩佩的中卫组合坚如磐石，马塞洛、阿尔瓦罗·阿韦洛亚与卡西利亚斯等人的能力也不必赘述，这套班底可以说是武装到了牙齿。

尽管穆里尼奥因为队内矛盾拂袖离去，但接任的安切洛蒂同样身经百战，大众有理由相信他能迅速处理好球队内部问题，率领皇马重新起航。C罗个人此时也处在生涯的巅峰期，他明面上司职左边锋，但其活动范围自曼联生涯后期就已经不再受局限，持球推进撕裂防线是常规操作，无死角的射门尝试更是宛若炮弹出膛。一个身体、技术、心智同时达到完美的"战神"，即将吹响反击的集结号。

稍显遗憾的是，在"梅罗"争锋渐入佳境的这几年，皇马和巴萨以外的球队相对式微，西甲以外的球员，不仅很难重现2010年斯内德冲击金球奖的情况，哪怕是谋得一个好的排名，都是非常困难的事情。意甲的衰落尤为明显，自从2006年"电话门"事件之后，曾经对球星有着无限吸引力的亚平宁半岛，在经济衰退的影响下，逐渐变得冷冷清清。

AC米兰虽然还是贝卢斯科尼的"掌中宝"，但在2003年引进卡卡之后，已经

多年没有给球队带来现象级的球星。"红黑军团"的阵容实力也在岁月的侵蚀中稳步下滑，卡卡转投皇马，皮尔洛加盟尤文，而2012年夏天，在内斯塔、因扎吉与西多夫等功勋老臣集体告别的同时，正值当打之年的伊布和蒂亚戈·席尔瓦也被巴黎圣日耳曼挖走，标志着AC米兰黄金时代的落幕。从此红黑色的旗帜变得暗淡无光，那些光彩夺目的各色奖杯，沦为在博物馆中追忆往昔的承载物。

国米的情况也比较类似，在大环境的影响下，球队主席莫拉蒂的石油生意每况愈下，他也无法像十几年前那样一掷千金，为梅阿查球场带来英雄人物。随着2010年"三冠王"班底的分崩离析，球队从巅峰到谷底的速度令人瞠目结舌，而自幼就被"大国际时代"荣光感召的"老爹"，在2014年被迫卖掉了一生挚爱的"蓝黑军团"，从此米兰城的双子星堕入谷底。

尤文因背靠阿涅利家族，财政情况相对稳定，但2010年夏天安德雷亚·阿涅利掌舵球队以后，请来朱塞佩·马罗塔作为球队运营的核心负责人，这也预示着"斑马军团"不再像过去那般挥霍，即将开始精打细算的生活。

英超在2007—2009年迎来短暂的中兴，其球队连续三个赛季占据了欧冠四强中的三席，一时间风头无两。不过在2010年的节点上，各支豪门球队的情况都不容乐观。曼联在放走了C罗之后，没有进行任何实质性的补强，"一毛不拔"的格雷泽家族也成为"吸血鬼"的代名词，他们只是把"红魔"当作赚钱工具，至于球队成绩和球迷的感受，不到万不得已并不在资本大鳄的考虑之中。

切尔西这边在经历了挥金如土的岁月之后，阿布也变得愈发收敛。正是在曼联衰退的同期，"蓝军"斥资5000万英镑挖来了托雷斯，这也是其在漫长的历史周期内，最后一笔天价引援。在自负盈亏策略的驱使下，球队的竞争力自然受到影响，已经很难保持前几年在欧战中的竞争力，2012年切尔西"老男孩"自我燃烧拿到的欧冠冠军，算是给过去的峥嵘岁月一个交代。

阿森纳和利物浦则深陷资金匮乏的困局之中，"枪手"在多年前就开始修建新球场，球队的债务问题一直难以解决。时至2010年前后，阿森纳还在精打细算地过日子，难以负担大牌球星的招揽费用不说，诸如法布雷加斯、范佩西这样自己培养的球员，也在日复一日的蹉跎中挥手而去，留给"教授"温格的，最终是一地鸡毛。

利物浦原本有着不错的竞争力，但两个美国老板将球队折腾得面目全非，最后一度到了破产的边缘，幸亏芬威集团及时出手，才保住了百年豪门俱乐部的招牌。而几番折腾之后，像阿隆索、马斯切拉诺、托雷斯等功勋球员悉数离队，只剩而立之年的杰拉德苦苦支撑。数年间，几个欧冠4强的常客，沦落到连获得赛事资格都成了奢望。

德甲这边，拜仁的情况倒是稳中向好，2007年前后球队经历了丢掉联赛冠军、失去欧冠资格，在联盟杯当中被赫塔费逼入绝境、被圣彼得堡泽尼特血洗的耻辱之后，开始了大手笔的重建。几年间拜仁陆续引进了卢卡·托尼、克洛泽、里贝里、罗本、马里奥·戈麦斯、诺伊尔等强援，加上原本就处在巅峰期的菲利普·拉姆、巴斯蒂安·施魏因施泰格等人，球队的实力已然令人信服。

另外，彼时球队的主帅是荷兰人范加尔，他提拔年轻球员的眼光，放眼足球历史也难有人可以比肩。在拜仁时期他又挖掘了托马斯·穆勒、达维德·阿拉巴、霍尔格·巴德施图贝尔等人，他们与队内当打之年的球星相得益彰。

本章所述时代（2013—2017年）的背景就介绍完了，下面照例带来金球奖具体年份的细致分析。

2013年 争议再现

豪门球队内部只要存在各方面给予的压力，就永远不会有安定的那一天。在2012—2013赛季这个节点上，情况变得愈发复杂，皇马、巴萨乃至拜仁等劲旅，都有短期内无法解决的顽疾。球队的表现与成绩，又直接关系到当家球员在年底的金球奖评选，2013年混乱的局面由此展开。

原本形势最好的是巴萨，在比拉诺瓦接过瓜迪奥拉的教鞭之后，球队迅速迎来了一波小高潮。2012—2013赛季的上半段，巴萨在西甲中取得了18胜1平的成绩，哪怕是球队前几年的鼎盛期，也未曾打出过如此傲人的战绩。梅西的状态更是无比火爆，梅开二度成为每场比赛的"标配"，最终以自然年度91球的"神迹"收官。站在2013年的十字路口，"红蓝军团"显得踌躇满志。

然而美好的期许终究是一场梦，新年之后球队接连遭遇不测，形势急转直下。主帅比拉诺瓦罹患癌症，代理教练霍尔迪·鲁拉的水平有目共睹，完全无法期待更多；梅西虽然延续了进球势头，还创造了连续21轮西甲破门的历史纪录，但在春天到来之时，他开始遭受伤病的侵袭，这在瓜迪奥拉严控时期几乎是不存在的。

如果不是巴萨在前半个赛季积累的优势极大，西甲冠军都可能旁落他人。在当时的处境下，球队只能勉强熬完这个风雨飘摇的赛季，梅西想要实现金球奖的"五连霸"，看上去困难重重。

皇马这边在赛季初就陷入绝境之中，联赛的成绩一落千丈，两个月之后就丧失了争冠的可能性。更令人揪心的是，球队更衣室爆发了著名的"内鬼门"事件，穆里尼奥"三年魔咒"的闹剧准时上演，舆论的目光都聚焦在球场之外，当赛季的颓势似乎不可挽回。

虽说进入2013年之后，球队的情况稳定了不少，年初还在西甲和国王杯中击败了巴萨，但部分球员与教练的对立，几乎暴露在电视转播的镜头下。从那个节点来看，只有阔别了11年的欧冠奖杯，才能拯救"银河战舰"。

拜仁这边由于前一个赛季的"三亚王"，背负了巨大的心理压力。"南部之星"在夏天痛定思痛，斥资4000万欧元挖来了铁腰哈维·马丁内斯，这也是当时球队历史的标王。不过新赛季伊始，球队的伤病情况令人感到沮丧，罗本伤伤停停始终无法稳定出场，巴德施图贝尔还在2012年年底遭遇了膝盖重伤，不过球队在各条战线的成绩有了明显提升，起码重夺德甲冠军只是时间问题，但在赛季尘埃落定之前，没有人可以笑着面对一切。

令人欣慰的是，经历了波折之后，这三支当赛季欧洲足坛的顶流豪门球队，在欧冠半决赛中聚首了。对于梅西与C罗来说，这就是角逐2013年"金球先生"的主战场，拜仁那边似乎没有极其出挑的角色，但真正的实力派永远在默默蓄力。反倒是另一支德甲劲旅多特蒙德，坐拥马里奥·格策这般超级天才，抢走了拜仁不少的曝光量。

最终的结果出乎多数球迷的预料，在半决赛中，巴萨两回合总分0：7惨遭拜仁横扫，伤病缠身的梅西一度只能在替补席上苦笑。要知道"红蓝军团"前两年还是人人闻之色变的"宇宙队"，无情的岁月给了球队沉重一击，"七喜惨案"也成了巴萨球迷心中永远的痛，梅西的金球奖之路大概率因此中断。

皇马这边的情况也令人大跌眼镜，"银河战舰"首回合居然以1：4输给了"大黄蜂"，莱万多夫斯基上演了惊艳的"大四喜"，结合他在之后十年的关键比赛中的发挥，这场球可谓耗尽了其半生的运气。尽管"银河战舰"回到主场之后全力反扑，但距离决赛还是差了一粒进球。在抱憾出局之后，穆里尼奥的帅位摇摇欲坠，C罗重夺金球奖的希望也变得渺茫。

拜仁与多特蒙德两支德甲球队会师决赛，最终凭借罗本的绝杀球，"南部之星"在温布利球场举起了第5座欧冠奖杯。而这也给金球奖评委出了一道难题，球员实力如此均衡的球队，到底谁应该作为代表来接受个人层面的褒奖？

防线上的拉姆和诺伊尔，固然都是顶尖球星，但受限于位置，在这个流量与数据当道的年代，很难复制贝肯鲍尔与雅辛的传奇。中场核心施魏因施泰格，尽管作为腰位球员相当出彩，但与金球奖级别的球员尚有距离。锋线层面，前两年"进球如麻"的马里奥·戈麦斯，从2013年开始陷入沉寂，显然也被排除在了金球奖核心圈层之外。

最后能够引起各方瞩目的，还是里贝里与罗本两位传奇"魔翼"，但在这个斩获"三冠王"的赛季，两人的贡献值差别巨大。罗本在赛季中多次受伤，虽然都不严重，但相当影响状态。到了2012—2013赛季欧冠淘汰赛开始之后，他多数时间都坐在替补席上，由托马斯·穆勒出任右边路的首发。

后来是在拜仁与尤文的欧冠8强战首回合中，托尼·克罗斯开场不久后因伤报销，罗本这才重新回到了主力位置。海因克斯所做的调整，就是将穆勒移到"4231"阵形的前腰位，罗本回到了熟悉的右边路，这才促成了后来对阵巴萨和多特蒙德时，"小飞侠"王者归来的神奇表演。

综合整个赛季来看，对球队进攻端贡献最大的还是里贝里，他是那种绝对速度不快但是靠节奏和意识踢球的边锋。其脚下技术不俗，擅长在推进中审时度势，沿着侧翼突破到禁区腹地之时，内外线的选择相当丰富。既可以像罗本那样内切远射，也可以走内线，利用小技术连续变向过人，并给队友送出妙传。如果将罗本比作无坚不摧的利刃，那么里贝里就是全能的"瑞士军刀"，他是组织与得分兼备的帅才，理应获得外界的认可。

然而在"国际足联金球奖"的体系下，只有1/3的评委是专业记者，剩下的教练与球员，往往不太关注跟自己无关的比赛，只是根据名气选择球员。里贝里过去积累的声望，即便在队内也远不如罗本和拉姆等人，更别提去跟如日中天的"梅罗"竞争。所以到2012—2013赛季结束，里贝里虽然有一定的优势，但与"盖棺定论"还有一段距离。

按照往年的经验，下半年的情况一般波澜不惊，但是2013年进展有所不同。首先是梅西的伤病阻碍了他的前进，全年缺席超过三个月，显然不再适合参与金球奖的竞争。C罗则是被时任国际足联主席的布拉特暗讽，瞬间引爆了舆论，制造了无穷无尽的场外话题。只有相对低调的里贝里，按部就班地踢着比赛，事情如果就这样发展，他夺魁的概率不小。

结果，就在2013年11月，在葡萄牙队与瑞典队的世预赛附加赛的节点上，布拉特宣布金球奖投票延期，正好延期到这两回合的比赛之后。结合此前他的一些不当言论，难免让人想入非非。就是在这两场比赛中，C罗打进4球率队挺进世界杯正赛，次回合的帽子戏法更是堪称其生涯的代表作，瞬间改变了金球奖的最终归属。

其实在最终答案揭晓之前，舆论普遍已经认定C罗即将加冕，但公布结果的时候，还是引起了轩然大波。无数人在为里贝里鸣不平，火爆程度比起2010年有过之而无不及。我们在叙述完了全过程之后，并不想发表过多的看法。只是提醒大家不要忽略一件事，里贝里最终只排在第3名，连高挂免战牌许久的梅西都没有逾越，这反映的是评奖机制的问题；如果不加以改变，像2010年和2013年的争议，还会出现。

在争议之外，其他几个位次倒是颇有看点。伊布经过多年"陪跑"之后，终于拿到了第4名，他加盟巴黎圣日耳曼之后，在相对轻松的法甲一个赛季斩获三四十球不在话下。在欧冠层面，虽然他和球队被带伤复出的梅西淘汰，但8强的成绩尚在接受范围内，毕竟那时的"大巴黎"才刚刚起航。

来自巴西的超新星内马尔获得了第5名，自从2009年崭露头角之后，大众普遍认为他是足坛下一代的领军人物。与小罗一样，他的足球充满灵性，能带给球迷最初的悸动，除了梅西之外，你很难再见到过人如此轻盈又不失实用性的天才。2013

年他先是率领巴西队拿到了联合会杯的冠军，又在年中转会巴萨，开启了征服欧洲足坛的旅程。两相结合来看，21岁的新天王跻身如此高位，是为新时代做好铺垫。

2013年国际足联金球奖排名 Top5

排名	球员	年龄	得票比例
1	克里斯蒂亚诺·罗纳尔多	28	27.99%
2	利昂内尔·梅西	26	24.72%
3	弗兰克·里贝里	30	23.36%
4	兹拉坦·伊布拉西莫维奇	32	5.29%
5	内马尔	21	3.17%

2014年　后程发力

从前几年的投票结果就能看出，新时代的金球奖已经完全被梅西与C罗垄断，外部势力即便能取得不俗的团队成绩，在个人层面也很难与这二位一较高下。更何况在多数年份，巴萨与皇马并不缺乏团队荣誉，彼时唯一能改变金球奖结果的，还得是万众瞩目的世界杯。

当然在流量为王的时代，世界杯一锤定音的故事不复存在，外界要以一种全过程聚焦的方式来定夺"金球先生"的归属。开年之后梅西与巴萨的情况依然不容乐观，"红蓝军团"的新帅赫拉多·马蒂诺能力平平，甚至会在起用一堆小个儿球员的情况下，频繁祭出高球传中的战术，令看客哭笑不得，其实际效果不用赘述。

整个2013—2014赛季，尽管球队引进了内马尔，但成绩上并无起色。联赛层面虽然稳定在争冠集团行列，但随着马竞的崛起，巴萨的危机感越来越强，最终联赛末轮被对手逼平，错失蝉联联赛冠军的机会。欧冠赛场上巴萨同样无力回天，8强战中再度面对西蒙尼治下的"床单军团"，无力改变结果，只能接受四大皆空的事实。

梅西个人的情况也非常糟糕，离开瓜迪奥拉之后，他的健康问题引发了外界的广泛讨论。进入2014年之后，他频频被拍到在赛场内呕吐，这一情况贯穿了俱乐部与国家队的众多比赛。根据一些媒体的分析，当时的他应该是背负了过重的心理压力，再结合生理上的创伤，才导致异常情况的发生。带着这样的状态和心境奔赴巴西世界杯的赛场，梅西与阿根廷队的前景很难被人看好。

皇马与C罗的情况则要区别看待，安切洛蒂治下的"银河战舰"，进入2014年后实现升华，虽然错失了联赛冠军，但球队在欧冠中的表现有目共睹。在接连淘汰了德甲三强球队之后，又在决赛中上演"9248奇迹"，通过加时赛逆转同城死敌马竞，拿到了队史上第10座欧冠奖杯。

但C罗个人的前景却不容乐观，进入2014年之后，他的膝盖就遭遇了严重的伤病，随着治疗的深入，他的出勤率也开始大打折扣。抛开联赛层面不谈，在极为关键的国王杯决赛以及欧冠险些被多特蒙德逆转的8强战中，他都选择作壁上观。到了赛季末也只是强行复出，在欧冠的半决赛与决赛中带伤出战，虽然也有进球入账，但整体的发挥与受伤前相比，已经是天差地别。最终C罗选择带伤出战世界杯，前景自然蒙上了一层阴影。

暂时告别俱乐部的喧嚣，梅西与C罗把主战场挪到了遥远的巴西，世界杯的大幕徐徐拉开，对于早已征服足坛的两人来说，大力神杯自然成了终极梦想。然而从比赛的进程来分析，他们的经历也是迥然不同，而路途遥远的那一位，更是经历了一步之遥的痛楚。

C罗的这次世界杯之旅极其失败，葡萄牙队本就处在青黄不接的阶段，在2012年欧洲杯中取得好成绩，只能算是阵容搭配得当，且球员都处在最佳的状态。2014年的情况则完全不同，且不说C罗本人带伤出战，其他队友也无法提供更多的能量，唯一称得上巨星的佩佩，首战就因为不冷静获得红牌而早早下场。

葡萄牙队最终没能从小组中出线，C罗在三场比赛中的发挥极为平淡，伤病的折磨令他无从施展才华。末轮对阵加纳队的那个进球，只能算是心理慰藉，已经无法拯救球队的命运。

梅西这边，倒是迎来自己当家做主之后战斗力最为出色的一支阿根廷队。球队的主帅名叫亚历杭德罗·萨维利亚，是"潘帕斯雄鹰"功勋主帅卡洛斯·比拉尔多的信徒，主打相对保守的足球理念，以胜利而不是场面为最终导向。转换到当时的阿根廷队，这样的思路很好理解，前场交给梅西、迪马利亚与伊瓜因几位球星，中场依靠马斯切拉诺、卢卡斯·比格利亚等人完成过渡与绞杀，防线上虽然单兵能力不足，但如果三线联动并保持好距离，还是不容易露出破绽的。

在稳固的指导理念下，虽然球队的场面乏善可陈，但梅西的个人发挥还是可圈可点的。3场小组赛他一共打进4球，其中不乏招牌式的远射绝杀以及渐入佳境的弧线任意球，阿根廷队也在他的率领下三战全胜，昂首挺进淘汰赛。

不过进入淘汰赛之后，梅西的身体隐患逐步显露出来，16强战助攻迪马利亚破门，算是他在本届赛事最后的"高光"时刻。后续几场比赛，尽管球队一路晋级，但梅西的发挥相当平淡，他的体能也遇到了巨大挑战，对阵比利时队最后时刻绵软无力的单刀球，就是最真实的写照。

直至最终的决赛，梅西都没有找回最佳状态，面对诺伊尔的那个准单刀球，换成平常时候的他必然是十拿九稳，如果不是2022年最终圆梦于卡塔尔，那次单刀球失手或成为他此生最大的遗憾。甚至有人爆料，梅西在巴西世界杯后续的比赛中，也曾在赛场中出现呕吐情况，尽管没有转播画面做依据，但结合梅西当时的情况来看，身体抱恙是必然的事实。

巴西世界杯结束后，2014年金球奖的格局依然扑朔迷离。拿下欧冠冠军的C罗，却因为伤病放缓了脚步，在俱乐部的关键场次中建树不多，国家队层面更是令人失望。梅西这边，俱乐部深陷泥潭，国家队虽然称得上功败垂成，但他个人在中后段的低迷表现，仍然是评委要参考的减分项。

最终的世界杯冠军德国队，与4年前的西班牙队一样，是极其均衡的冠军之师。而且尽管拉姆、克罗斯、施魏因施泰格、克洛泽等人都有着出色的发挥，但队中最出挑的人物还是门将诺伊尔。他重新定义了门将的位置，活动范围之大与掌控力之强令人咋舌，世界杯16强赛面对阿尔及利亚队一役，他的跑动距离达到了5.5千米，创造了有统计以来的新纪录。

诺伊尔的这种创新型踢法，被球迷戏称为"门卫"，他的发挥确实无可挑剔，在理论贡献层面也算颇有建树。但门将这个特殊的位置，在金球奖争夺中本就吃亏，他的两大对手还是哈维这个级别都不曾扳倒的巨擘，所以即便在德国队刚夺冠的节点上，也很少有人相信"日耳曼战车"能够捧出一名"金球先生"。

在这种情况下，金球奖的争夺又延续到了下半年，这一次还是C罗笑到了最后。他在养好了伤病之后，尽管爆发力大打折扣，脆弱的膝盖也无法再支撑他尝试"电梯式"任意球，但也正是在自身条件的限制下，他转变成了极度高产高效的踢法，比以往更接近中路腹地，以得分为导向，火力全开。

在2014—2015赛季的前半段，C罗如同2012年的梅西那股势不可挡。西甲前15轮就打进了25球，放在很多赛季这已经是金靴奖的数据。更为重要的是，2014年年底，皇马在各条战线共取得了22连胜，个人与团队的成绩在金球奖投票的节点上同时达到巅峰，可谓天作之合。

梅西的情况就没那么理想了，虽说巴萨引进了乌拉圭"神锋"苏亚雷斯，但他因为在世界杯上的"咬人事件"被禁赛四个月，新赛季前半段的比赛是无法登场的，解禁之后还需要相当长的适应期，球队也在蹉跎中与皇马渐行渐远。虽说梅西个人在这段时间中亮点颇多，接连打破了西甲和欧冠的历史进球纪录，但在C罗光芒的遮蔽下，也只能目送一生之敌连续第2年成为"金球先生"。此时两人的金球奖总数之比来到了4：3，激烈的竞争还在继续，未来依旧是他们的天下。

在其他靠前的位次上，德国球员成为最大赢家，诺伊尔收获了第3名，作为一个门将来说，这几乎是至高无上的成就。托马斯·穆勒、拉姆与托尼·克罗斯分列第5名、第6名与第9名，也都达到了各自生涯的巅峰。

还有两名边锋值得一提，罗本在世界杯上的发挥极其亮眼，一条龙的突破频频上演，各种长途奔袭后的破门令人大开眼界，在30岁的年纪，他的身体、技术与心智终于完美融合，给世人呈现出了最好的"小飞侠"。只可惜荷兰队在半决赛中点球不敌阿根廷队，如果罗本能够率队捧得大力神杯，他对于"梅罗"两人构成的威胁，可能会超越前一年的里贝里。只是历史没有如果，这一年的罗本获得第4名，留下了无尽的遗憾。

第10名的迪马利亚，在欧冠和世界杯赛场都有着不俗的发挥。随着贝尔的到来，他在皇马阵中被安切洛蒂改造成了

"433"体系里三中场的侧翼选手，他也很快适应了这个角色。在欧冠决赛中，正是他在加时赛中的奔袭表演，力助贝尔打进了反超球，他本人也当选了欧冠决赛的最佳球员。

世界杯上他的贡献也不可被低估，特别是16强战的加时赛中绝杀瑞士队，帮助球队迈过了极其艰难的一道坎儿。可惜在8强战面对比利时队的比赛中，"天使"不幸折翼，错过了后面的比赛。如果他能够正常比赛并持续输出，最终跻身金球奖前5名都是有希望的。

2014年国际足联金球奖排名Top5

排名	球员	年龄	得票比例
1	克里斯蒂亚诺·罗纳尔多	29	37.66%
2	利昂内尔·梅西	27	15.76%
3	曼努埃尔·诺伊尔	28	15.72%
4	阿尔扬·罗本	30	7.17%
5	托马斯·穆勒	25	5.42%

2015年　五子登科

从2014年最后一个季度的情况来看，皇马高昂的势头似乎不可阻挡，巴萨的磨合则显得遥遥无期。而就在年关的节点上，梅西与新帅路易斯·恩里克的矛盾几乎公开化，他甚至被教练放到了替补席上，一时间转会的流言四起。然而足球就是如此美妙，眼前的一切并不代表着未来的方向，意料之外的反转随时可能上演。

2015年伊始，皇马在经历了22连胜后，整体的表现就开始出现波动。尽管当时下滑的迹象还不明显，但主帅安切洛蒂向来不擅长轮换，随着莫德里奇这样的核心受伤，球队在3月份迎来了至暗时刻。皇马在西甲4轮比赛中仅取得1场胜利，还被巴萨正面击败，不仅前半个赛季积攒的优势消耗殆尽，积分方面还逐步被对手拉开了差距。

欧冠层面，球队的卫冕之路同样坎坷，16强战遇到实力并不出众的沙尔克04，居然在主场3:4输给了对手，还成全了天才少年勒鲁瓦·萨内的扬名之战。要知道贵为"欧冠之王"的"银河战舰"，多年来很少在主场的欧冠比赛输球，此番居然被二三线球队挑落马下，足以反映出球队当时的窘境。

巴萨这边逆势崛起，多少让人感到意外。原本梅西、苏亚雷斯与内马尔构成的"MSN"组合，并不被多数球迷看好，其中质疑"苏神"的声音尤其刺耳，毕竟数年来他已经多次在场内外制造事端。然而这三个南美天才的磨合仅用了短短几个月，他们甚至有能力冲击历史上最强进攻"三叉戟"的宝座。

当时的梅西已近28岁，与年轻时相比，体能与冲击力出现滑坡，无法像几年前一样纵横全场，无差别地输出、威胁。此时的他选择适当回撤，扮演一个高位组织者的角色，当然以他的综合实力，盘带、射门依然信手拈来，在任何位置都会让防守人高度紧张。

内马尔在经历了欧洲赛场的历练之后，颇有些洗尽铅华的感觉。早年在南美赛场，炫技是他时刻都不忘的事情，毕竟在拿下比赛的同时，取悦观众也是必不可少的。但在更加严谨的欧洲高水平赛场，他需要提高效率、减少华而不实的操作。当"MSN"渐入佳境之时，他成为梅西身边充满活力的输出点，尽管还无法担当绝对核心，但凭借其技术能力及出众的配合意识，俨然成为"球王"身边的最佳拍档。

苏亚雷斯则是南美足坛都不多见的怪才，他对于空间、球路以及如何运用身体都有着独特的理解。与相对正统的中锋相比，"苏神"的动作堪称天马行空，经常让人拍案叫绝。在他的巅峰期，依靠出众的身体素质，其如同鬼魅般的过人、出其不意的攻门以及灵活多变的传球，都令对手防不胜防。

在锋线三人组磨合完成之后，巴萨的整体踢法也发生了改变。过去在瓜迪奥拉以及比拉诺瓦时期，沿袭的基本上是中场为王的思路，在哈维尚能征战的情况下，球队的控制力是有目共睹的。那段时间巴萨并不主张盲目地纵向输送，而是在掌控局面的情况下，通过不间断地传导再突然发动纵向打击，进而收割比赛。

不过在2015年的时间点上，哈维已经沦为替补，虽然伊涅斯塔与布斯克茨还在，但整体的控制力已经不可同日而语。新引进的伊万·拉基蒂奇，定位还是功能型中场，不可能承担球队"大脑"的职责。所以主帅恩里克果断简化了战术，增加了中场通向锋线的纵向传递，多数进攻由前场三个人配合完成，依靠个人能力解决问题。与"梦三王朝"时期相比，球队此时场面的压迫性下降了，但整体效率值得到提升，结果依然是明朗的。

巴萨先是逆转皇马重新夺回了西甲冠军，欧冠层面更是一路高歌猛进。淘汰赛中"红蓝军团"陆续击败了上赛季的英超冠军曼城、法甲冠军巴黎圣日耳曼、德甲冠军拜仁以及意甲冠军尤文，时隔4年再度捧起了欧冠奖杯。"MSN"组合也在短短几个月内威震天下，"红蓝军团"再度主宰欧洲足坛。

皇马没能逆转后半赛季的颓势，联赛中被巴萨反超，欧冠半决赛中，遭到了旧将阿尔瓦罗·莫拉塔的反戈一击，未能与重新崛起的巴萨会师决赛。在2014—2015赛季末的节点上，当年的金球奖之争已经失去了悬念，梅西帮助巴萨再度加冕"三冠王"，尽管"MSN"组合分流了部分数据，但他个人的发挥依然超越众生，无论是欧冠半决赛晃倒热罗姆·博阿滕的"犯罪式过人"，还是在国王杯决赛连过数人后内切破门的经典进球，都是其那段时间奉献的名场面。

C罗虽然在2014—2015赛季的西甲中交出了35场48球的恐怖成绩单，在欧冠中也与梅西、内马尔分享了金靴奖。但在"梅罗"二人的竞争中，一个"四大皆空"的赛季就意味着失败，即便考虑到阿根廷队在美洲杯决赛中遭遇滑铁卢，他也只能目送梅西第5次问鼎金球奖。

内马尔和苏亚雷斯，在度过了光芒万丈的一年之后，分别斩获了金球奖的第3名和第5名。相对意外的是第4名，给了拜仁前锋莱万多夫斯基。其实加盟球队的首个赛季，他在德甲中只打进了17球，欧冠中也没有惊天动地的发挥。但在评委投票的关键节点上，他在一场德甲比赛中9分钟打进5球，刷新了多项足坛纪录，令全世界球迷感到震惊，自然也征服了诸多评委。

2015 年国际足联金球奖排名 Top5

排名	球员	年龄	得票比例
1	利昂内尔·梅西	28	41.33%
2	克里斯蒂亚诺·罗纳尔多	30	27.76%
3	内马尔	23	7.86%
4	罗伯特·莱万多夫斯基	27	4.17%
5	路易斯·苏亚雷斯	28	3.38%

■ 2016年　终极宣战

自从2010年"金球奖"与"世界足球先生"合并之后，舆论从未停止过口诛笔伐。在我们看来，两个奖项创立的初衷也许高度一致，但其评委群体的构成决定了不同的走向。前者更加注重球员在自然年度的个人表现，后者则更青睐声名显赫的巨星。两大奖项合并的6年中，诸如哈维、伊涅斯塔、里贝里与罗本等实力派巨星，都在自己光芒万丈的年份与奖项失之交臂，实乃生涯之憾。

在经历了几年的尝试之后，《法国足球》杂志社与国际足联可能都意识到了问题所在，于是双方决定在2016年正式"分手"。也正是从这一年开始，金球奖恢复了传统的记者投票模式，尽管随着全球化的扩容，一些水平不够的记者也会制造事端，但整体还在可控范围之内，很难再出现合并时期的闹剧。

对于梅西和C罗而言，以他俩当时一手遮天的统治力，无论奖项的评选规则如何变化，最重要的还是做好自己。在保证基础数据的情况下，尽可能地收割荣誉，才能踩着一生之敌上位。在2016年初的节点上，双方的势头与前一年完全相反，而事情的发展却显得十分一致。

在皇马经历了一个"四大皆空"的赛季之后，2015年夏天拉斐尔·贝尼特斯回归皇马，执起了安切洛蒂留下的教鞭。然而他的想法有些偏离轨道，扶正技术相对粗糙的贝尔做"10号位"核心，甚至尝试淡化C罗的地位，在那时这是"冒犯天庭"的做法。仅仅半个赛季的时间，皇马不仅队内矛盾丛生，成绩也是毫无起色，几乎退出了对联赛冠军的争夺，想在欧冠有所作为也是困难重重。

2016年年初，弗洛伦蒂诺的耐心消耗殆尽，用自己的亲信齐达内替换了"贝大师"，颇有些"救火"的意味。那时的齐达内只担任过安切洛蒂的助教，没有任何一线队的执教经验，看上去只是一个过渡角色，球队亟待在夏天寻找新的接班人。

不过球员时期就有"玄学光环"护体

的"齐祖",成为教练之后依然是法力无边。作为能震慑更衣室的大佬,内务方面的问题不必多虑,他只要制定好战术、安排好球员,就能挖掘出球队的潜力。上任初期他逐步确立了莫德里奇、克罗斯与卡塞米罗的中场组合,这也是所谓的"典礼中场"征服世界的开始。

在联赛中,皇马与巴萨的差距太大,虽然后半程奋起直追,还在国家德比中取胜,但也都于事无补。所以齐达内把精力花在了欧冠赛场,试图扭转整个赛季的颓势。事实上,当赛季C罗在欧冠中状态不错,小组赛阶段就打进了11球,只是那时队内纷争不断,外界并没有过于关注他的发挥。

等到"齐祖"上任、内乱被平定之后,C罗的进球表演还在继续。16强战淘汰罗马、8强战淘汰沃尔夫斯堡,4场比赛他共计打入5球。特别是在8强战首回合0∶2输给"狼堡"的情况下,次回合他的"死亡瞳孔"震撼了世界,以神奇的帽子戏法赢得比赛,只留下对手愕然而落寞的背影。

后续的比赛C罗有些沉寂,但贝尔适时地站了出来,皇马艰难地跨过了崛起中的曼城,又在决赛中第二次击败巅峰期的马竞,问鼎欧冠,这也是皇马三年内两度击败同城对手问鼎欧冠。C罗在当赛季欧冠打进16球,仅次于2013—2014赛季(17球),位列欧冠单赛季进球榜第2名。就在半年之前,这还是一支风雨飘摇的球队,神奇的齐达内与不屈的C罗,改变了历史的进程。

2015年全年"高光"无限的巴萨,在皇马翻身的同时却陷入了困境。可能是此前的进球盛宴太过震撼,到了2016年春天前后,巴萨全队包括"MSN"组合在内,精力到达了枯竭期。他们在特定的时间段内并不兴奋,场上的求胜欲大不如前。球队在欧冠8强战中突然断电,又一次被马竞淘汰出局;在联赛中一度遭遇了3连败,若不是前期积累的优势足够大,连西甲冠军可能都无法保住。

将梅西与C罗的情况综合来看,在夏天的国家队大赛开始之前,葡萄牙人已经占据了先机。如果双方还是和往常一样在国家队碌碌无为的话,2016年的金球奖就将属于C罗。

但这个夏天的故事足够魔幻,为了庆祝南美洲足联成立暨首届美洲杯举办100周年,"百年美洲杯"应运而生,梅西有机会一扫2015年的阴霾,在这次杯赛上重振雄风。在这届美洲杯上,阿根廷队的运转相当流畅,进攻端更是打出了多年未见的流畅配合,球队以5连胜的成绩挺进决赛,单场打进三四球更是"标配",梅西有望实现在成年国家队零冠军的突破。

然而有时就是造化弄人,阿根廷队连续第二年在决赛中遇到智利队,尽管"潘帕斯雄鹰"刚刚在小组赛击败了对手,可到了决赛场上始终无法突破对手的铜墙铁壁。与2015年的决赛一样,双方又进入了点球大战,梅西上来就用一脚高射炮"祭天",球队最终二度饮恨。失望至极的"梅球王",甚至在赛后宣布退出阿根廷国家队，这件事给他带来的震撼程度超过他过去所做的一切。

C罗所在的葡萄牙队，在欧洲杯前自然无人看好，如果要预测最终结果的话，这支球队也就是七八名的水平。尽管年轻一代逐步成长起来，但在欧洲"群狼"的环伺之下，C罗和他的球队还是举步维艰。

比赛的进程与外界的判断差别不大，葡萄牙队在小组赛阶段一胜难求，末轮要不是C罗的梅开二度力挽狂澜，可能就打道回府了。最终球队以3连平的成绩勉强晋级16强，但由于当年的规则，葡萄牙队幸运地落到了整体实力偏弱的半区，避开了法国队、德国队、西班牙队、意大利队等热门球队，算是因祸得福了。

在后续淘汰赛中，葡萄牙队遇到的克罗地亚队、波兰队及威尔士队，客观来说并无绝对的劲旅，都是C罗带队可以应对的。最终他也拿出了领袖应有的发挥，率领球队一路挺进决赛，有机会完成了12年前葡萄牙队"黄金一代"未竟的事业。在终局之战前，C罗6场贡献了3球3助攻，算不上特别出众，但也达到了巨星的要求。

后来的故事大家都很熟悉，决赛中C罗被法国队的迪米特里·帕耶撞伤膝盖，仅踢了20多分钟就被迫告别赛场。但葡萄牙队命不该绝，对手前锋安德雷·吉尼亚克的绝杀球击中门框，无名的埃德尔却在加时赛中一剑封喉，为葡萄牙队带来了队史上第一个大赛冠军。

纵观整届欧洲杯，葡萄牙队是一支优秀的球队，老帅费尔南多·桑托斯的中场

车轮战效果甚佳，用跑动消耗磨死了一众对手。但C罗的发挥不可低估，他仍是这支球队当仁不让的核心领袖。当夏天结束的时候，金球奖的答案就已经揭晓，克里斯蒂亚诺·罗纳尔多第4次问鼎，全面处于劣势的梅西无力回天。

除了"梅罗"之外，2016年最为突出的就是安托万·格列兹曼了。如今我们提起他时，更多想到的是衔接球队中前场的枢纽，但当时他的得分能力值得称赞。彼时25岁的他正值巅峰，在单赛季西甲为马竞贡献20球不成问题，在欧冠中也有5球以上的输出；到了法国国家队，当德尚摒弃"433"体系，将他置于奥利维耶·吉鲁身侧扮演"杀手"之后，一位欧洲杯的金靴奖得主（6球）便诞生了。

这一年的格列兹曼本有机会登峰造极，却在欧冠和欧洲杯两项决赛中，都输给了那个不可逾越的男人。最终拿到金球奖第3名，也算是对他的慰藉了，毕竟在这个时代，在那两人之下就意味着站在了世界之巅。

"MSN"组合中的另外两位（内马尔和苏亚雷斯），大体上也延续了此前的发挥，最终分列第4、5名也在情理之中。而率领威尔士队打进欧洲杯4强，又在欧冠关键比赛中挺身而出的贝尔，同样得到了评委的认可，第6名的成绩对他来说也算是生涯巅峰了。

当然这一年还有两个名字值得永久铭记，那便是杰米·瓦尔迪与里亚德·马赫雷斯。2015—2016赛季之前，作为英超保

级队的莱斯特城几乎无人问津，然而到了赛季结束之时，"蓝狐"居然成为联赛的冠军。这是当代足球的一大奇迹，相比于前商业化时代的草根逆袭更有冲击力，马赫雷斯和瓦尔迪作为球队的代表，分列金球奖榜单的第7、8名，称得上是奇迹中的奇迹。要知道前者在两年以前，还是效力于法乙的无名之辈；后者在四年以前，仍是混迹于低级别联赛的业余球员。人与球队的命运，结合得如此紧密、不真实却又鼓舞人心。

2016 年金球奖排名 Top5

排名	球员	年龄	总得分
1	克里斯蒂亚诺·罗纳尔多	31	745 分
2	利昂内尔·梅西	29	316 分
3	安托万·格列兹曼	25	198 分
4	路易斯·苏亚雷斯	29	91 分
5	内马尔	24	68 分

2017年 分庭抗礼

对于C罗来说，2016年拿下欧冠和欧洲杯的双冠，并收获个人第4座金球奖奖杯，是他向梅西的终极宣战。毕竟在那时他的个人数据与梅西相比不分伯仲，俱乐部荣誉各有千秋，国家队成绩领先，而曾经差距巨大的金球奖数量（1：4），如今也已经无限迫近（4：5），只要来年再接再厉，完全可以趁势彻底抹平差距。

事实上，2017年这两人及其团队之间

的对决看点十足，皇马迎来了齐达内执教的首个完整赛季，欧冠的成功无疑让他更加冷静从容。此时球队的阵容水准处在高位，"典礼中场"渐入佳境，他们正朝着历史级别的传奇大幅迈进。

锋线上的"BBC"三人组也都处在巅峰期，虽然贝尔的伤病影响了出勤率，但状态火爆的伊斯科能适时填补空白。当他出场的时候，惯常的"433"阵形会演变成接近菱形的"442"搭配，变化之中尽显主帅的才华。防线层面，由凯洛尔·纳瓦斯、拉莫斯、拉斐尔·瓦拉内、马塞洛、丹尼尔·卡瓦哈尔等人构建的体系，在那个时期显得相当成熟。

巴萨这边的核心班底，与2014—2015赛季夺得欧冠冠军时区别不大，"MSN"组合尽管偶尔会开小差，但整体来看，他们的效率依旧惊人。起码在2016—2017赛季中，三人组合在一起，依旧能让对面的防线闻风丧胆。中场这边还是拉基蒂奇与布斯克茨等人挑大梁，年事渐高的伊涅斯塔权重逐步下降，但任何引援都难以弥补他的作用，这是"红蓝军团"的一大隐忧。

中卫方面原本是球队的重大短板，但皮克与马斯切拉诺的组合撑过了最难熬的几年，球队陆续补进了杰雷米·马蒂厄与萨米埃尔·乌姆蒂蒂等人。虽然从较长的周期来看，后防线的球员都受到了严重的伤病困扰，但就那时来说，一切仍然朝着好的方向发展。其他几个主要位置，恩里克手下也不缺可用之才，"MSN"与

"BBC"在这稳定又充满激情的一年，展开了终极对决。

只是事情的发展稍微有些出乎意料，更加均衡的皇马，在联赛与欧冠双线都展现出了比巴萨更好的状态。原本西甲层面巴萨占据绝对优势，从小罗入队开始，"红蓝军团"主导的"高精尖"体系，在联赛中保下限的能力就很突出，球队的踢法具有主导性，弱队在球权极少时很难创造奇迹。反观皇马的踢法一直大开大合，这种极具张力、变化多端的比赛方式，更适合顶尖杯赛，在联赛中容易出现走神儿或者失误，从而被中下游球队偷袭得手。

但是整个2016—2017赛季中，皇马的控制力与稳定性令人称赞，"银河战舰"最终拿到了93分的成绩，力压巴萨的90分夺冠。这种"神仙打架"的剧情，有些类似于"梦三王朝"统治期间两支球队之间的角力。从比赛的主宰力来说，这支皇马可以称得上21世纪球队历史最佳，毕竟像此前穆里尼奥治下的反击流劲旅，在掌控比赛方面还是有缺陷的。

欧冠层面就更是皇马的天下了，尽管其在小组赛中并没有巴萨那么平顺，但到了淘汰赛往往能爆发出惊人的能量。与前一个赛季在前段爆发不同，C罗在此赛季的小组赛阶段只打进2球，但在8强战和4强战中接连上演帽子戏法，尽管存在不少争议，但实打实地率队击败了强大的拜仁与马竞，连续第二年打进欧冠决赛。

决赛中面对实力远逊于自己的尤文，皇马在经过半场的试探之后，开启了所谓的"杀戮模式"。C罗延续了火热的状态，在决赛中梅开二度，并实现了3届欧冠决赛都有进球的壮举。最终皇马4∶1击败尤文蝉联了欧冠冠军，这是自1989—1990赛季的AC米兰之后，首支做到这一点的球队。

巴萨这边在欧冠16强赛中演绎了"诺坎普奇迹"，其在首回合客场0∶4输球的情况下，次回合回到主场实现了6∶1的超级逆转。其中，最后几分钟内球队连入3球，缔造了欧冠历史上最伟大的逆转之一。但随后巴萨颓势尽显，8强战首回合就以0∶3不敌尤文，随后再也无力翻盘，只能吞下被淘汰的苦果。

C罗在这个赛季的欧冠中打进12球，其中淘汰赛10球，连续第5个赛季拿下欧冠金靴奖。再结合联赛中的数据和成绩，在赛季结束的夏天，他就提前锁定了第5座金球奖奖杯。曾经如天堑般不可逾越的差距，经过葡萄牙人多年的不屈奋斗，如今在谈笑间成为历史。梅西在金球奖榜单上5年内4次"陪跑"，只叹巅峰期的"MSN"在成绩上始终无法更进一步。

其他位列榜单高位的球员，多数也是老面孔。内马尔虽然全年没收获什么有分量的奖杯，但有着稳定的输出表现，还在"诺坎普奇迹"的高潮部分打入2球、送出1次助攻，成为主导逆转的核心人物。最终他连续第2年收获第3名，如果始终在梅西身边，似乎很难更进一步。

皇马的莫德里奇与拉莫斯，作为欧冠两连冠的核心班底成员，虽然此前在金球奖榜单中并不十分亮眼，但作为巨星早已为大家熟知，他们分别位列第5、6名，倒也符合认知。老将布冯的发挥倒是出人意料，39岁的他用高接低挡的表现，护送尤文杀进了欧冠决赛，最终收获了金球奖第4名的好成绩，这也是他除了2006年获得榜眼之外的最高排名。

这一年榜单前列出现了两个稍显陌生的名字。第6名的基利安·姆巴佩，是2017年才横空出世的19岁新人。他是如欧文那般的"追风少年"，作为速度奇快的攻击手，他在高速行进中的触球感同样柔和，是难得一见的顶尖利刃。而且他的得分效率堪称优秀，首次踏上欧冠淘汰赛的舞台，就贡献了6场6球的数据，帮助摩纳哥打进半决赛，随后被巴黎圣日耳曼以1.8亿欧元的转会费挖走（先租后买）。他被视为多年来罕见的、令人心潮澎湃的超新星，甚至有可能成为下一个时代的领军人物。

榜单第7名的恩戈洛·坎特同样令人赞叹，他是前一个赛季"莱斯特城奇迹"的功勋人物之一，但因为司职防守型中场，他并没有队友马赫雷斯与瓦尔迪的关注度高。然而转会切尔西之后，他在同样的位置上表现更加出彩，并以赛季最佳球员的身份率领"蓝军"又拿到了英超冠军，这样的表现足以跻身顶级球星的行列，杀入金球奖榜单前列也是合乎情理的。

2017 年金球奖排名 Top5

排名	球员	年龄	总得分
1	克里斯蒂亚诺·罗纳尔多	32	946 分
2	利昂内尔·梅西	30	670 分
3	内马尔	25	361 分
4	詹路易吉·布冯	39	221 分
5	卢卡·莫德里奇	32	84 分

■ 总结

梅西与C罗的较量，在本章所述的时代来到高潮，熬过了"梦三巴萨"的统治期之后，C罗的绝地反击令人印象深刻。而梅西也没有止步不前，在球队中场失去控制力之后，另辟蹊径打造了传说级别的"MSN"组合。他们之间的对决，将足球的最高水平再度推向了全新的纪元，也让有幸经历这一切的球迷感到无比的幸福。

与此同时，金球奖本身也经历了波折，自2010年与"世界足球先生"合并之后，外界的纷争就从未停息过。最终在经历了6年的蹉跎之后，这段不完美的"姻缘"在2016年宣告结束。从此，传统的金球奖回归，媒体记者再度主导一切，而随着"梅罗"两人的老去，年轻一代的新锐们看上去跃跃欲试，未来的金球奖会成为他们的囊中之物吗？这便是最后一章的内容。

Ballon d'Or

第 十 二 章

2018—2023 年
一代人的"黄昏恋"

随着以哈兰德为首的"2000后"球员"登堂入室"，足坛的新生力量已经开始挑战顶峰的霸主。而比他们年长一代的"1990后"球员，却还在苦苦追寻着自己的第一座金球奖奖杯，也许与姆巴佩一代的球员在未来会无限接近荣耀，但在乾坤未定之前，你我皆是黑马。

——引言

不知不觉中，从2008年到2017年，C罗和梅西已经垄断金球奖长达十年，多年来数位巨星曾向他们的霸主地位发起过挑战，但在多种因素的作用下无功而返。先于两人斩获金球奖的"1980后"球员只有小罗和卡卡，而那些活在时代阴影之下的同辈球星，甚至让外界产生了价值怀疑。既然在过去漫长的岁月中，从未出现过此般景象，那么到底是"梅罗"两人的实力震古烁今，还是"1980后"的其他球员不及往昔呢？

从传统中锋的角度来看，"1980后"球员中确实没有涌现罗纳尔多那般天外来客级别的巨擘，但从整体上来看，依旧有不少历史上顶尖的选手。全能如莱万多夫斯基，集身体、技术、意识于一体，在十余年的时间中，进球效率始终保持在足坛一线，是当代完美中锋的模板。鬼魅如苏亚雷斯，一位神鬼莫测的天生杀手，他对于球场空间有着独特的理解，其处理球的方式逾越了凡人最极致的想象，他可以将身体扭曲成反物理原理的姿势，最终还能让对方的门将捶胸顿足。

更遑论他们中还有为团队牺牲多年的本泽马，精通十八般武艺的伊布，疾如闪电的埃托奥，大场面"战神"比利亚，球风霸道的鲁尼与托雷斯，树立一人一城典范的塞尔希奥·阿圭罗等。如果不考虑巅峰的延续性，像法尔考、范佩西与阿德里亚诺等人，同样曾达到过旁人难以企及的高度。他们与任何批次的锋线球员相比，都不会落于下风，哪怕是同样百家争鸣的"1970后"一代。

"1980后"众星中同样不乏边路杀手，只需要列出罗本、里贝里、迪马利亚、马尔科·罗伊斯与贝尔这几个名字，就足以让多数球队的防线闻风丧胆。也许从人数上来说，这批球员可能不占优势，但众人皆是出类拔萃之辈，是独霸一方乃至横扫足坛之人，其水准与统治力已经无需赘述。

中场层面更是"1980后"球员的主舞台，从任何维度来看，这都是星光闪耀的一代人。"全能大师"如哈维和莫德里奇，前者纵观全局坐镇指挥，闲庭信步间定义了一个时代，用传球带动全队，打下了属于自己的江山；后者全能犀利无所畏惧，被誉为现代派组织者第一人，他以充沛的体能和聪明的对抗为载体，将过往艺术足球大师的才华施展于当代比赛之中。

锐利的攻击型球星也不在少数，长途奔袭的卡卡、果决勇敢的法布雷加斯、神鬼莫测的伊涅斯塔，都在用自己的方式影响着比赛。他们周围同样不乏稳压型球员，移动的"司令塔"哈维·阿隆索，"一脚见月明"的低调宗师布斯克茨，哪怕是锱铢必较的马斯切拉诺，都曾在我们的记忆中留下过岁月的痕迹。

当然独具特色的大卫·席尔瓦、托马斯·穆勒与亚亚·图雷等人，也都是同辈中场球员中的翘楚级人物，他们在各自的团队中，都有着巨大的影响力。如果再算上巅峰期陨落的小罗，整个"1980后"一代的中场巨星，完全有逾越"1970后"的可能性，可能因为我们目前还身处其中，很难意识到他们的光辉程度。

中卫层面那更是人才辈出，各种类型的球员一应俱全。侵略性强的如拉莫斯，生涯中期转型之后，他一跃成为当代中卫的典范，其上抢极具攻击性，能给对手球员造成极大的压迫感，同时铲抢与绞杀不遗余力，与任何人搭档都能发挥出自身的实力。更加稳健的重型中卫，诸如吉奥吉奥·基耶利尼与文森特·孔帕尼，也都给球迷留下了深刻的印象。

如果考虑到能扮演过去清道夫角色的，还有皮克、马茨·胡梅尔斯可供调遣，他们的脚法相当出众，向前推进的意识在后防球员中也属上乘，综合来看都达到了顶尖级别。除了上述提到的球星之外，像佩佩、特里、内马尼亚·维迪奇、蒂亚

戈·席尔瓦、博阿滕、迭戈·戈丁等人，也都是同时期极为出色的中卫，他们组成的整体，铸就了一个时代的铜墙铁壁。

边卫的情况与边锋比较类似，尽管球星数量不多，但成色都是一等一级别的。左右飘忽的拉姆，无论在哪一边都展现出了尖端边卫的素质，他的高超球商与运动能力，保证其在边路如鱼得水。从2006年到2014年，拉姆在三届世界杯中自如切换位置，并且都入选了赛事最佳阵容，可见真正的强者无惧环境。

巴西的"左右护法"马塞洛与达尼·阿尔维斯，是当代进攻型边后卫的代表人物。不过他们与多数"桑巴军团"的前辈不同，并非直上直下的纵向冲击流派，而是在技术的加持下，既能自己持球推进，又擅长通过与队友不间断的传递制造威胁，其秀丽的脚法令人过目难忘。剩余的球星如能力超群的麦孔、十年如一日默默耕耘的阿尔巴，都是边卫的代表人物，他们的水准也都得到了球迷的高度认可。

门将位置同样精英尽出，而且恰好覆盖了主要的几个流派，甚至能在前人的基础上做出突破性的贡献。卡西利亚斯是矮个头的爆发性门将的代表，此类型门将的身高普遍在1.85米以下，拥有着远超常人的反应速度，以及极其出众的爆发力。在卡西利亚斯的巅峰期，我们经常可以看到"弹簧人"般的极限扑救，这便是此类型门将的杀手锏。

"长臂猿"型门将的代表人物是切赫，在2007年之前他一度被视为未来世

界最佳门将的竞争者，哪怕布冯与卡西利亚斯都处在巅峰期，外界还是更看好他。这种类型的门将覆盖范围大，还拥有不俗的反应能力，而且相较于依赖爆发力的门将，他们的生涯寿命普遍更长。令人遗憾的是，2006年切赫在比赛中头部遭遇重创，复出之后只能戴着头盔比赛，其水准与之前相比有了一定程度的下滑。但综合来看，他依然称得上是本时代最好的门将之一，在足球历史上也能占据一席之地。

诺伊尔则完全是另一个"次元"的开创者，尽管门将指挥防线乃至自己大范围出击化解威胁球早已不是新鲜事，但像诺伊尔这样，活动范围能覆盖半场、脚法出众甚至能充当后卫的类型，在过去的足坛中并未出现过。他在世界杯中单场比赛的跑动距离曾达到5.5千米，标志着"门卫"踢法的进一步升华。再结合其出众的综合水准，完全有能力竞争历史最佳门将。

令人唏嘘的是，如此出众的一代人，直到2017年都无缘金球奖（小罗和卡卡除外），只能感叹"既生瑜，何生亮"。随着时间的推移，他们与"梅罗"一起逐渐老去，后生晚辈的成长速度也在一步步加快，"1980后"球员中的那些"陪跑者"，能否借助运动医学的进步，在生涯暮年来一次逆袭呢？本章的背景就交代这么多，下面照例带来具体年份的细致分析。

2018年 打破垄断

经历了不同凡响的两年之后，C罗在金球奖的数量上已经追平梅西（5∶5），双方在经历了10年的拉锯战后，从2018年开始又回到了同一起跑线上。但风云变化的足球世界，并非依靠简单的加减法就可以做出预判，当你错失窗口期之后，很可能会坠入万劫不复的深渊。

2017年夏天，久居梅西之下的内马尔萌生去意，求贤若渴的巴黎圣日耳曼选择一掷千金，用2.2亿欧元的转会费将他带到了法甲，这笔交易在某种程度上颠覆了当时的足坛格局。虽然"MSN"组合不会时刻保持高水准，但三个当打之年的南美巨星携手，始终维持着巴萨的顶尖竞争力，如今"内少"挥手作别，很多事情无异于推倒重来。

彼时的梅西已经30岁，不可能再像年轻时候一样，过多地承担撕裂防线的任务，而比他年轻两岁的内马尔，此前逐步接过了冲击防线的大旗，最终却以这种方式突然离开。与梅西同龄的苏亚雷斯，在那个节点上已经显露出颓势，虽然他的球风鬼魅飘忽，但十分依赖身体机能，随着年龄的增长，其核心竞争力也在衰退。

而且内马尔属于"梅罗"之后足坛的领军人物，市场上没有可以替代他的球星，这就意味着球队的硬实力必将滑坡，肯定会影响梅西在未来竞争金球奖。内马尔则与18岁的超新星姆巴佩在巴黎圣日耳曼聚首,无形中也给梅西制造了巨大的压力。

巴萨管理层不愿意坐以待毙,半年内斥资近3亿欧元,陆续挖来了奥斯曼·登贝莱与菲利佩·库蒂尼奥两大强援,但完全无法弥补球队之前的损失。更何况登贝莱因为伤病长期高挂免战牌,库蒂尼奥始终难以与球队完美融合,内马尔留下的"天坑"成了巴萨长久的心病。

从2018年的前半段来看,球队的情况称得上喜忧参半,在联赛中梅西依然维持着场均1球的输出,由于皇马的状态也出现一定程度的下滑,巴萨倒是以较大的优势夺得了2017—2018赛季的西甲冠军。但欧冠赛场上球队遭遇了耻辱性的溃败,8强战中球队在首回合4∶1大胜罗马的情况下,次回合居然3球完败被对手逆转,阵容中存在的问题暴露无遗,显然比前两年的状况更加糟糕。

皇马这边虽然保留了核心阵容,但客观来说,状态与前两年相比有所下滑。贝尔遭遇了持续不断的伤病,本泽马的状态也陷入了几年以来的最低谷。皇马本就不擅长打联赛,最终落后巴萨十多分缴械投降,也在情理之中。

然而这支球队到了欧冠赛场,就成了一众豪门球队所畏惧的对象。虽然整体实力的下滑让其无法像巅峰期那样平顺晋级,但每一步仍然走得很扎实,给人一种"底蕴犹存"的感觉。无论是以豪华阵容开路的巴黎圣日耳曼,还是老当益壮的尤文,抑或是亟待复仇的拜仁,都无法阻挡

"银河战舰"三连冠的脚步。

在那场对阵利物浦的决赛中,偶发事件完全主导了局面,穆罕默德·萨拉赫的受伤、洛里斯·卡里乌斯的两次离奇失误以及贝尔的惊世倒钩,都成了球迷多年之后都难以忘怀的瞬间。随着皇马连续第3次问鼎欧冠,在2017—2018赛季结束的时候,第7次收获欧冠金靴奖的C罗,又一次在金球奖的榜单中处于领跑位置。

即便2018年是世界杯年,C罗的主要对手依然是梅西,只要阿根廷队的成绩没有逾越葡萄牙队太多,或者梅西的个人表现没有"突破天际",正常来说他都能第6次成为"金球先生"。毕竟其他争冠球队的三线阵容实力都比较平均,哪怕是拥有内马尔的巴西队,也没有把当家核心捧到独树一帜的位置。更何况内马尔在世界杯之前遭遇了长期伤病,状态能否恢复都是未知数,想要争冠是极其困难的事情。

其实从C罗的角度来看,世界杯的进程在朝着有利于他的方向发展。首战面对西班牙队,他就上演了震撼人心的帽子戏法,最终以3场4球的表现率队打进淘汰赛。虽说在16强战中被乌拉圭队淘汰,显得有些高开低走,但这基本符合球队当时的真实情况,能拿到两年前的欧洲杯冠军存在一定运气,如今出现一些波动是相当正常的事情。

阿根廷队的阵容配置看上去还不如葡萄牙队,围绕在梅西身边的马克西米利亚诺·梅萨、克里斯蒂安·帕冯等人,很多球迷都不知道其是"何方神圣"。球队靠着

梅西、阿圭罗与马科斯·罗霍等老将苦苦支撑，才勉强杀进了16强。而面对实力强劲的法国队，"潘帕斯雄鹰"自然没有招架之力，只能说3∶4的最终结果并不难看，但展现出的实力差距令阿根廷球迷不愿回首。梅西的个人发挥也只能用中规中矩来形容，毕竟只打进1球，又罚丢点球，在与C罗的竞争中完全落于下风。由内马尔领衔的巴西队，也在8强战中输给了比利时队，他个人在金球奖中的竞争力自然也大幅减弱。

最终的冠军属于法国队，这支球队的均衡性堪称各队之最，无论是攻防枢纽格列兹曼、"霹雳闪电"姆巴佩，还是中场的保罗·博格巴与坎特，以及瓦拉内、乌姆蒂蒂的防线组合，都有可圈可点之处，并没有谁"一览众山小"。对于C罗来说，这样的结果是完全利好的，他几乎可以提前宣告自己收获又一座金球奖奖杯了。

然而人算不如天算，就在C罗畅想未来之时，一个潜在的劲敌突然出现在他的面前，这个人还是与他并肩作战多年的皇马队友，"魔笛"莫德里奇。"魔笛"自2012年加盟皇马之后，虽说经历了较长时间的低迷，但逐步适应之后便成长为球队当仁不让的组织核心。

他能够将传统中场大师的技术性、精确性和艺术性，与当代快节奏、高强度的现实完美结合。当人们在诟病里克尔曼站桩式的潇洒撩拨无用武之地时，"魔笛"选择大面积覆盖之后，利用技术能力完成摆脱，并在电光石火之间找到机会，送出改变局面的穿透性传球。这就是当代大师的踢法，美妙的足球从来没有消亡，只要你适应了时代的节奏，华丽乐章可以重新被奏响。

从2015年开始，莫德里奇无与伦比的才华已经显露无遗，他撑起了皇马中场的一片天，是攻防转换中最为核心的人物。在"典礼中场"成为球队常规配置之后，他的光芒依然耀眼，但由于位置所限，他在金球奖榜单中相对沉寂，2017年凭借在欧冠的优异成绩，才首次跻身前5名。

2018年皇马收获欧冠三连冠之后，原本"魔笛"还是C罗身边的"配角"，但他抓住了世界杯的机遇，一跃成为全世界瞩目的焦点。克罗地亚队原来就拥有一批技术流的球星，但这代人在国际大赛中总给人一种"软弱"的印象，长期在关键比赛中掉链子，成绩上始终无法取得突破。

然而在这届世界杯上，克罗地亚队的形象有了天翻地覆的改变，作为中场核心的莫德里奇，不是因为其"艺术大师"的美感为人称道，而是因为他展现出了前所未有的意志力，一时间引发了巨大的轰动。克罗地亚队在小组赛3∶0击败阿根廷队只能算是"开胃菜"，挺进淘汰赛之后，面对丹麦队、俄罗斯队与英格兰队，三场比赛都踢满了120分钟，而且都笑到了最后，以最不可思议的方式闯进了决赛。

当时已近33岁的莫德里奇，以永不停歇的比赛方式，率领克罗地亚队在逆境中不断前行。哪怕球队在每场比赛中都经历了炼狱般的加时赛，"魔笛"的体能却有种不会枯竭的感觉,直到加时赛的中后段,他依然能够飞奔几十米完成防守,这样的斗士在那个火热的夏天,留给世人这个时代难得一见的震撼与感动。

虽然克罗地亚队最终输掉了决赛,但打出现象级表现的莫德里奇,收获了"世界杯最佳球员"的称号。此刻舆论已经有了些许波动,部分球迷认为,他可以在今年与C罗争夺金球奖,"梅罗"二人长达十年的垄断终于要结束了。

在这个关键的节点上,C罗还选择从皇马转会到了尤文,尽管两支球队都是百年豪门球队,但皇马在舆论造势上的声量,还是远胜同期的"斑马军团"。随着莫德里奇陆续获得"欧足联赛季最佳球员",以及国际足联的"世界足球先生",金球奖真的在向他招手了。

而在投票的关键节点上,C罗在美国的一桩性侵案被曝光,这算是压垮他的最后一根稻草。2018年12月,最终的结果揭晓,莫德里奇力压C罗斩获金球奖,结束了为期10年的"梅罗二人转"。不过值得一提的是,获奖的又是"1980后"球员,年轻一代的球员仍然处在彷徨之中。

双线失意的梅西本年度掉到第5名,这是2007年之后他首次跌出金球奖前3名,遭遇了十余年来最大的滑铁卢。格列兹曼时隔两年重夺第3名,2017—2018赛季他在马竞收获了欧联冠军,又作为核心率领法国队拿下世界杯冠军,即便无法撼动莫德里奇与C罗的地位,成为探花也还是令人信服的。他的国家队队友、世界杯上一战

惊天下的姆巴佩,最终拿到了第4名,也算是个人表现与团队成就达成了高度一致。

另外异军突起的萨拉赫值得一提,他收获了本年度的第6名。26岁的他原本只算是三线球星,但在2017年夏天加盟利物浦之后,却迎来了生涯的大爆发。首个英超赛季他就打进了32球,创造了38轮时代的最高纪录。欧冠赛场上他用13场10球的输出帮助"红军"拿到亚军,决赛中如果没有过早因伤下场,结果可能会完全不同。如果团队荣誉再提升一点,他甚至有可能冲击金球奖前3名。

比利时队"黄金一代"在世界杯上收获季军,两大核心埃登·阿扎尔与德布劳内也得到了应有的尊重。他们分列第8名和第9名,在这个竞争激烈的年份,也算是实至名归了。

2018年金球奖排名Top5

排名	球员	年龄	总得分
1	卢卡·莫德里奇	33	753分
2	克里斯蒂亚诺·罗纳尔多	33	478分
3	安托万·格列兹曼	27	414分
4	基利安·姆巴佩	20	347分
5	利昂内尔·梅西	31	280分

2019年 六夺金球

从金球奖的层面考量,莫德里奇的横空出世,最大的受益者应该是梅西。在他与C罗你追我赶的过程中,彼此都迈过

了而立之年的门槛，此时如果谁率先探出半个身位，另一方追赶起来就显得愈发艰难。挺过了2018年的至暗时刻之后，梅西亟待在新的一年重获新生，C罗也开启了在尤文的新旅程，竞争格局又变得扑朔迷离。

以固有的认知来看，21世纪第二个十年的意甲，整体竞争力难言出色。即便是一家独大的尤文，在欧冠中的多数时候也只能扮演"陪跑者"的角色，C罗的到来预示着球队策略的变更，虽然陆续签约了马泰斯·德利赫特、阿隆·拉姆塞与阿德里安·拉比奥等球员，但尤文要想在短期之内迅速跻身超一线球队的行列，还是不太现实。反观动荡不安的巴萨，尽管内马尔出走的后遗症还未消退，但球队在转会市场上的投入并没有停止，加上原本就胜过尤文的班底，梅西在团队层面还是占据一些优势的。

不过随着时间的推移以及C罗的离开，皇马、巴萨主导一切的时代结束了。瓜迪奥拉的曼城与尤尔根·克洛普的利物浦，已经能对欧冠走势产生重大影响，英超球队的水准与日俱增，金球奖的竞争格局也在潜移默化中发生着变化。当两位巨星逐渐老去之后，多极化的未来是指日可待的。

2019年上半年的欧冠淘汰赛，堪称这项赛事有史以来最为精彩的系列赛，各类"神剧情"看得球迷目不暇接，每个难以安稳入睡的夜晚，几乎都伴随着激情燃烧的逆转。C罗率领的尤文过早"遭遇不测"，尽管其在16强比赛中，凭借葡萄牙人在次回合的帽子戏法，完成了强势翻盘（首回合0∶2输球），然而8强战对垒阿贾克斯，"斑马军团"却毫无还手之力，最终黯然出局，C罗也就此告别了金球奖的角逐。

梅西则迎来了生涯后期最好的一段时间，过去他用各种方式挑战看客们视觉的极限，眼花缭乱的过人、不计其数的进球乃至妙入毫巅的传跑，只用文字难以真正展现这些精彩场面。不过在2019年这个节点上，我们认为梅西已经达到了"大师"的境界，他不再受到位置和空间的限制，踢球时随心所欲，甚至可以从己方半场开始持球，根据防守强度的改变做出最合理的选择。

在这一年的比赛中，你经常会看到梅西持球长距离的突破，写意不羁的长传调度，与队友间连续传切撕裂防线，乃至无数的直接任意球破门。在很多球迷眼中，这才是真正完全体的梅西，即便是见证过2012年他神奇表演的群体，也很难不认可他在这一年所展现出的魔力。所谓"球王"，就是随心所欲地征服世界。

巴萨的欧冠征程，一路上看起来顺风顺水，半决赛首回合球队还以3∶0痛击了已达巅峰的利物浦，梅西的远距离"十分角"任意球令人拍案叫绝。巴萨的一只脚已经踏入了决赛场地，次回合去到安菲尔德球场，也许只是走个过场。然而后来的故事不必赘述，欧冠历史上又一次伟大的逆转诞生了，梅西与巴萨再度沦为了背景板，只能感叹"时也，命也"。

最终利物浦时隔14年再度问鼎欧冠，却也给金球奖的评委抛出了巨大的难题，在这样一个俱乐部成绩主导的足球小年，个人的最高荣誉变得难以权衡。利物浦队中的萨迪奥·马内、萨拉赫与维吉尔·范戴克，当时看来都达到了顶级球星的层次，他们携欧冠冠军之势，足以对不可一世的梅西构成威胁。

虽说进攻球员在过往的金球奖榜单中占据主导地位，但那一年的中卫范戴克极其亮眼，他的锋芒完全盖过了名噪一时的"红箭三侠"。作为克罗尔、罗纳德·科曼、弗兰克·德波尔之后荷兰足坛诞生的又一位防线领袖，他的突然崛起多少令人感到意外，但他很快就用自己的表现征服了大众。

范戴克这种类型的中卫是天生的领袖，并不倾向于锱铢必较地争夺，颇有些指点江山的味道。他的特点是身体素质不俗，拥有重型中卫的身材却不失灵活性。而且他的预判能力出众，对于球路的走势有着自己独特的理解，往往可以提前到位化解危机，也能够帮助出现问题的队友化险为夷。更为关键的是，进化后的清道夫型中卫（也被称作"自由人"），作为由攻转守的枢纽，一般都具备出众的脚法，往往一脚出球便能拨云见日，当年的贝肯鲍尔就是因此流芳百世。

作为大器晚成（2019年时已经28岁）的典范，那段时间的范戴克几乎不可逾越，甚至诞生了"不会被人过掉"的江湖传说。即便面对起速后的姆巴佩，他也能凭借抢先一步的预判和卡位，化解"速度狂魔"的冲击，一时间传为美谈。

不过金球奖始终以整个自然年的表现作为参考，2019—2020赛季开始之后，又是另一番天地了。后防球员往往会在这个阶段放缓脚步，毕竟前锋凭借进球、助攻等表现，每周都可能登上媒体的头条，后卫博得关注的概率要小很多。所以随着金球奖投票日的临近，看似占据优势的范戴克其实并不踏实。

虽说利物浦在2019—2020赛季经历了梦幻般的开局，大有希望冲击球队第一座英超奖杯，但范戴克本人的发挥开始出现波动。球队的防线多次被打穿不说，欧冠中面对萨尔茨堡红牛这个级别的球队，甚至被韩国前锋黄喜灿过掉并成全了对手的破门。同期的梅西则火力全开，并且顺势拿下了"世界足球先生"的荣誉，金球奖似乎在向他招手了。

年底结果揭晓，梅西以7分的微弱优势力压范戴克登顶，相比于过去那些冠、亚军差距极小的年份，此次有176个国家和地区的媒体参与评选，在如此巨大的样本之下还维持了如此细微的差距，竞争激烈程度可见一斑。尽管范戴克的"失败"令人感到遗憾，也引发了巨大的争议，但考虑到对手是完全体的梅西，也许只能感叹一声"时也、命也"了。

初到意甲的C罗，虽然保持了较高的进球效率，也率队拿下了意甲冠军，但欧冠赛场的失利导致他无法更上一层楼。欧冠冠军利物浦的几位核心，马内排在第4位，萨拉赫斩获第5名，门将阿利松·贝克尔也高居第7名，称得上团队的胜利。不过也正是他们的存在，分走了范戴克不少选票，相互成就的同时也有可能相互制约。

另外值得关注的是，"韩国天王"孙兴慜在这一年来到了生涯巅峰，凭借在欧冠淘汰赛中的出色表现，他不仅挤进了金球奖的最终名单，还排在第22位。这是继2007年的尤尼斯之后，亚洲球员首次获得金球奖选票，"孙球王"自然也成了东亚区域内首位拿到金球奖选票的球员。

2019 年金球奖排名 Top5

排名	球员	年龄	总得分
1	利昂内尔·梅西	32	686 分
2	维吉尔·范戴克	28	679 分
3	克里斯蒂亚诺·罗纳尔多	34	476 分
4	萨迪奥·马内	27	347 分
5	穆罕默德·萨拉赫	27	178 分

2020年 意外取消

这是极为特殊的一年，新冠肺炎疫情的暴发，几乎让所有的活动陷入停滞。足球作为娱乐活动的一部分，也经历了前所未有的大规模停摆，从2020年的3月中旬到5月初，全球除了白俄罗斯以外的足球联赛，几乎全部延期。原定于在这一年举办的欧洲杯和美洲杯，也被迫推迟到了2021年。

按照金球奖的投票逻辑，评委需要跟踪潜在候选人整年的比赛情况，部分核心记者甚至需要亲临现场跟踪报道。但在那个特殊时期，哪怕是2020年5月全球各大联赛复赛之后，绝大多数人都被拒于球场门外，金球奖评选的根基被动摇了，所以只能宣布取消2020年的颁奖计划。

虽然奖项取消了，但毕竟主流联赛与欧冠在2020年仍有开展，还是可以粗略地观摩球员的表现。我们认为不能忽视金球奖的精神内核，所以有必要谈一谈2020年的准"金球先生"莱万多夫斯基。

大约从2015年开始，足球江湖中就盛传所谓的"三大中锋"，即苏亚雷斯、本泽马与莱万多夫斯基。三位"1985后"中锋的能力冠绝群雄，尽管特点各有不同，但坐稳"当世前三中锋"的位置并无多大争议。

然而与其他两位相比，那个阶段的莱万多夫斯基似乎并不出挑。他的进球数并没有苏亚雷斯突出，尽管单赛季德甲进球数在30球左右，已经称得上历史级射手，但"苏神"巅峰期的效率极为恐怖，而且他的球风更加引人注目，与之相比莱万多夫斯基的曝光率相对有限。本泽马作为那时C罗身边的"僚机"，虽说个人数据无法与莱万多夫斯基相提并论，但团队收获的荣誉却远在他之上，欧冠三连冠更是震古烁今，而拜仁的整体情况要逊色很多。

不过从2019年下半年开始，也就是2019—2020赛季打响之后，莱万多夫斯基迎来了生涯的大爆发。此时他的身体练得更加结实，活动范围比以往更接近禁区腹地，冲击球门的可能性自然增大了许多。

另外罗本、里贝里离队之后，他的战术权重得到了一定程度的提升，队中还有托马斯·穆勒和蒂亚戈这样的传球好手，天时、地利、人和一应俱全，"战神"莱万多夫斯基要开始征服世界了。

在2019—2020赛季的德甲当中，他出场31次打进34球，这是该联赛40余年没有出现过的数据。在欧冠赛场上更是火力全开，在8强战之后变成单回合制的情况下，他依然交出了10场15球的答卷，如果在正常年份甚至有希望冲击C罗的历史纪录（单赛季17球）。尽管欧冠决赛中的发挥稍显平淡，但对于他来说，以逆天的数据率队拿下所有冠军，这显然是一个无限接近完美的赛季。

尽管疫情的肆虐扰乱了赛事体系的平衡，但莱万多夫斯基在整个2020年的发挥都令人印象深刻。他出场36次打进40球，可称得上是盖德·穆勒之后"南部之星"的头号射手，只叹金球奖意外取消，这很可能是他一生的遗憾。毕竟来年重新出发之后，强大的对手还会卷土重来，即便他自身仍能保持在高位，团队想要复制2020年的成绩也是极其困难的，竞争金球奖的前景显得扑朔迷离。

2021年 七星连珠

经历了混乱的一年之后，尽管在全世界范围内，新冠肺炎疫情仍没有得到完全控制，但主流的足球比赛基本恢复了正常。欧战的主客场制正式回归，2021年的欧洲杯和美洲杯也将按时举办，虽然部分比赛的观众数量受到限制，但对于经历了前一年的球迷来说，称得上幸福回归了。

疫情暴发之前，梅西刚刚领取了自己的第6座金球奖奖杯，但短短的一年之后，他与球队的境遇就发生了翻天覆地的变化。自从内马尔离队之后，巴萨大手笔的引援从未停止，但实际效果一言难尽，球队的战斗力呈现逐年下滑的趋势，经济危机更是一触即发。在疫情的影响下，球队本就千疮百孔的财政体系遭遇了致命一击。在风雨飘摇之中，梅西与球队管理层的关系愈发紧张，他甚至在2020年夏季休赛期递交了离队申请，最终在各方的斡旋之下才勉强选择留队。

此时的巴萨，即便与2019年相比，都"判若两队"了。"红蓝军团"的真实水准，可能也就在欧冠16强附近徘徊，2019—2020赛季欧冠1/4决赛2∶8惨败给拜仁，已经为其敲响了丧钟。对于梅西而言，扛着颓败期的"红蓝军团"前行是一种责任，想要再度冲击金球奖，似乎成了一种奢望。

C罗的处境比起梅西稍好一些，尤文在意甲的基本盘相对扎实，大手笔补强之后，球队在欧冠中也具备了竞争力。考虑到C罗的年龄，2021年也许是"斑马军团"最后的争冠窗口期，他本人也要为了金球奖持续努力，毕竟落后于梅西是不可接受的事情。

然而此时的欧洲赛场，早已不是梅西与C罗主宰的时代了，英超群雄并起，曼城、利物浦乃至切尔西都具备很强的竞争力，拜仁与巴黎圣日耳曼两大"独角兽"前一个赛季刚刚会师欧冠决赛，当下的战斗力自然也远在梅西与C罗的团队之上。虽然2021年两人都有国家队比赛，但那些光辉的岁月似乎早已远去。

2020—2021赛季欧冠赛场的进程也符合多数人的预期，巴萨在16强战中被巴黎圣日耳曼轻松淘汰，姆巴佩的帽子戏法令梅西感到绝望，一切都不可挽回了。尤文同样在16强战中被波尔图淘汰，尽管结果有些意外，但这支球队在欧战的不确定性是一直存在的，尤文在欧冠中无法取得突破也就在情理之中了。

最终切尔西在决赛中1∶0击败曼城，拿到了队史上第二个欧冠冠军，这也给金球奖的前景蒙上了一层迷雾。截至欧洲杯开始之前，个人层面极为突出的人物，是切尔西的"铁腰"坎特，虽然他在5年前就随着莱斯特城夺冠而声名鹊起，但作为防守型球员，想在个人奖项中脱颖而出是很困难的。不过近些年他的多种属性得到开发，如今已经是攻防一肩挑的核心人物，铲抢拦截之外，甚至有持球推进、务实助攻甚至破门得分的场面上演。如果在欧洲杯上他能奉献常规水准以上的发挥，斩获金球奖的可能性将大大增加。

不过这届欧洲杯的进程出乎了很多球迷的预料，C罗与葡萄牙队在16强战阶段被淘汰，倒是还能归结于教练与战术布置

的问题，但法国队在3∶1领先瑞士队的情况下，居然能被对手翻盘，实在是令人大跌眼镜。到了欧洲杯1/4决赛开打之前，坎特与C罗都挥手告别，两人竞争金球奖的可能性也变得微乎其微。

然而最终的冠、亚军意大利队与英格兰队，都没有极其亮眼的球员，特别是二次问鼎的"蓝衣军团"，队中发挥最出色的球员是门将詹路易吉·唐纳鲁马，他显然不可能代表众人去角逐"金球先生"。这样一来，在欧洲杯结束之后，金球奖的竞争格局愈发迷幻。

就在同一时期，美洲杯赛场爆出"冷门"，梅西率领阿根廷队在决赛中1∶0力克宿敌巴西队，时隔28年再度登顶。这是梅西的首个成年国家队冠军，他个人贡献了4球5次助攻的数据，头号核心的位置不容动摇。这个冠军也让金球奖的形势出现了大逆转，原本毫无希望的梅西，一跃成为最大热门，毕竟欧冠与欧洲杯两大赛事，都没能捧出一位核心人物。

当然客观来说，梅西在2021年的个人发挥与荣誉分量，并不能保证他拿到金球奖，毕竟其在俱乐部方面的短板非常明显：上半年在巴萨徒劳无功，与球队闹掰之后在下半年加盟巴黎圣日耳曼，也只能算是"养老"级别的发挥。而且竞争对手来势汹汹，看上去士气正旺，随时都可能夺走奖杯。

最能威胁梅西地位的，便是前一年与金球奖失之交臂的莱万多夫斯基，他这一年延续了火热的状态，在德甲中29场斩

获41球，打破了盖德·穆勒尘封50年的纪录，虽然球队在欧冠8强战阶段就被淘汰，但他个人接近场均1球的输出仍然值得称道。2021年全年他打进了69球，这是在2012年的梅西之外，整个21世纪名列前茅的个人进球表演之一（2013年的C罗也是69球）。

不过莱万多夫斯基的缺陷也很明显，欧冠中没能走得更远，欧洲杯中虽然打进3球，但受制于球队实力，小组赛之后就打道回府了。仅仅依靠个人出众的数据，想扳倒梅西相当困难，除非部分评委同情他前一年的遭遇，否则难以真正占据上风。

在梅西与莱万多夫斯基之外，这一年的评奖圈还出现了黑马，那就是欧冠与欧洲杯双料冠军得主若日尼奥。他个人的真实水平，也就是豪门球队的主力中场，能够完成基本的稳压传导工作，创造力及其他方面的贡献十分有限。但在当时的评奖机制下，他靠着团队荣誉的堆砌一路逆袭，甚至爆冷拿下了欧足联的"2020—2021赛季最佳球员"奖项，出乎了很多人的预料。毕竟他在两支冠军队当中，真正的定位只能是"僚机"，如果配角身份的叠加就能挑战主角，那金球奖的价值也就不复存在了。

最终结果揭晓，梅西以微弱优势力压莱万多夫斯基，拿到了生涯第7座金球奖奖杯。这个结果虽然存在争议，但尚在情理之中，若日尼奥拿下第3名，才是评委需要反思的事情。如果仅靠纸面上的荣誉及数据累加，就能将平凡的球员抬升到与顶尖巨星一样的层次，那一定是评奖机制出现了问题。

本泽马在2021年重返法国国家队，在欧洲杯上打进4球，是球队败北之前的唯一亮点。2020—2021赛季欧国联决赛圈，他又用连续的进球帮助球队斩获冠军，再结合俱乐部的稳定输出，跻身高位也在情理之中。上半年爆发的坎特，由于在欧洲杯上没有亮眼的发挥，后续也因为伤病慢慢淡出了公众视野，最终拿到第5名也是可以接受的结果。双线滑落的C罗，尽管个人数据仍然保持在高位，但已经无力向上攀登，第6名的成绩只能算是安慰奖。

本年度榜单中特别值得一提的，是排名第17位的丹麦队队长西蒙·克亚尔。率领球队打进欧洲杯4强固然是重磅筹码，但在小组赛中，在队友克里斯蒂安·埃里克森突然昏厥的情况下，他尽力维护了赛场秩序，保证队友得到了及时的救治，挽救了队友的生命。这是功德无量的人性之光，克亚尔配得上一切荣耀。

2021 年金球奖排名 Top5

排名	球员	年龄	总得分
1	利昂内尔·梅西	34	613 分
2	罗伯特·莱万多夫斯基	33	580 分
3	若日尼奥	30	460 分
4	卡里姆·本泽马	34	239 分
5	恩戈洛·坎特	30	186 分

2022年 "神锋"荣耀

针对长久以来金球奖评选机制中存在的弊端，2022年3月，《法国足球》杂志官方公布了一系列的评选新规，希望弥补先前存在的漏洞。首先是金球奖的考察时间范围，将从原先的自然年转变为赛季周期，2022年的奖项涵盖范围便是整个2021—2022赛季。此项修例会在一定程度上提升中后场球员的竞争力，杜绝了他们在新赛季开始后被表现出色的锋线明星轻易反超的可能性。

其次，以后的金球奖评选，将更注重对球员个人能力的考量，不再过分看重团队荣誉与球员的足坛声望。按照该奖项的初衷来说，就是选出年度最佳球员，那么个人的能力与发挥显然是高于一切的，诸如2021年若日尼奥入围前3名的情况，明显与球员的实际水准不符。此条修例实施之后，这种情况应该不会再重演。

最后，对于金球奖评委的资格也做了限制，只有国际足联排名前100位以内的国家和地区的记者才有投票资格。在新规实行之前的2021年，评委群体已经辐射到180个国家和地区，滥竽充数的情况显然是存在的。一些"偏远"地区的记者，其在评奖领域的专业水准，甚至不如很多不关心多数比赛的球员及教练，如果不把他们及时剔除，金球奖就很有可能与"世界足球先生"同流合污了。

在这个节点上，梅西与C罗都来到了全新的环境中。作为新科美洲杯冠军队队长，梅西却与巴萨不欢而散，由于疫情等原因，他甚至没能等来一个体面的告别仪式。好在财大气粗的巴黎圣日耳曼接纳了他，使他与内马尔和姆巴佩一起，组成了世上罕见的超级攻击组合。同一个夏季转会窗口，球队还陆续引进了拉莫斯、唐纳鲁马、阿什拉夫·哈基米与乔尔吉尼奥·维纳尔杜姆等人，全新的"大巴黎"即将起航。

不过球迷对于这支队伍的看法并不一致，球队的主帅毛里西奥·波切蒂诺驾驭能力有限，球队的阵容还存在攻守不平衡的问题，加上大牌云集的更衣室危机四伏，要想在欧冠中取得成功，显然不是那么容易的事情。

C罗则意外地选择回归母队曼联，一时间很多人的青春都回来了，他们期待36岁的"葡萄牙天王"能够重振"红魔"的雄风。然而现实是残酷的，彼时曼联的阵容虽然在可接受范围内，但与曼城和利物浦的差距几乎是难以逾越的。即便是全盛时期的C罗回归，也不敢保证球队能够突破重围，更何况如今的他已近生涯暮年。

从赛季的进程来看，虽然谈不上风起云涌，但也有不平静之处。梅西来到法甲之后，始终没有找回最佳状态，联赛进球数长时间只有1球，欧冠层面稍有提升，但也谈不上出色。球队在浑浑噩噩中走过了半年的时间，最终在欧冠16强战中被皇马淘汰。由于梅西、内马尔与姆巴佩此时成为队友，所以三人基本上集体告别了2022

年金球奖的争夺。

C罗这边的情况也不容乐观，尽管回归后他的进球数有保证，但曼联的成绩一言难尽，主帅奥勒·居纳尔·索尔斯克亚在11月份就黯然下课了。拉尔夫·朗尼克接过教鞭后，球队也没有明显的起色，C罗也在蹉跎中愈发焦躁，看不到未来有什么希望。最终球队在联赛中仅排在第6位，在欧冠中也是淘汰赛一轮游的水平，C罗的金球奖之梦就此破灭。

几位金球奖的热门人选，早早地退出了竞争，看上去莱万多夫斯基或者利物浦众星的机会来了。然而令他们措手不及的是，沉寂多年的本泽马突然爆发，用燃烧自我的方式夺走了其一生可能仅能拿一次的金球奖。

其实在过去的十年间，虽然本泽马一直稳坐皇马主力中锋的位置，但他的战术权重始终不高，更多的时候都是给C罗做策应工作。其个人得分效率也是飘忽不定，好的时候单赛季能有20球左右的输出，差的时候甚至一个赛季只在西甲中打进5球，虽然常年名声在外，但想争夺个人荣誉无异于天方夜谭。

2018年C罗离开皇马之后，本泽马成为球队锋线的头号核心，他的数据也有了明显提升，连续三个赛季西甲进球数都突破了20球，并且率队拿到一次冠军。不过在长期无缘国家队的情况下，这样的发挥依然不足以打动金球奖的评委。

然而在整个2021—2022赛季，本泽马仿佛被打通了任督二脉一般，双线的进球效率都达到了生涯新高，在欧冠淘汰赛中，甚至贡献了历史最佳级别的个人表演。16强战面对巴黎圣日耳曼，在球队首回合0∶2落后的情况下，他用一个帽子戏法送走了对手，潇洒程度可以说难得一见。

8强战面对切尔西，本泽马在首回合居然又上演了帽子戏法，而且奉献了两粒漂亮的头球，对于进攻侵略性稍逊一筹的法国人来说，这样的场面是不多见的。虽然次回合被对手的猛烈反扑震慑，但他还是在加时赛中打进了锁定胜局的进球，表现依旧抢眼。在半决赛与曼城的史诗级对决中，尽管皇马在场面上一直落于下风，但本泽马和他的队友从未放弃，最终凭借他两回合的3粒进球以及罗德里戈的灵光闪现，皇马不可思议地挺进决赛，本泽马即将封神。

虽然在欧冠决赛中，由于安切洛蒂保守的防守反击策略，本泽马并没有多少表现的机会，但他还是扎实地做好了本职工作，皇马也击败利物浦拿下球队的第14个欧冠冠军。整个赛季结束之后，本泽马率队夺得双冠，个人也收获了欧冠（12场15球）和西甲（32场27球）的双料金靴奖。如此荡气回肠的赛季，如此不可思议的个人表演，本泽马毫无悬念地锁定了金球奖。

除了一枝独秀的皇马，这个赛季的利物浦演绎了王者归来的戏码，此前一个赛季，因为骇人听闻的伤病潮，球队的成绩一落千丈，最后力挽狂澜才勉强挤进了英超欧冠区。不过随着众神归位，克洛普的球队开始了四线挺进之旅，虽然最终只拿到了足总杯与联赛杯的冠军，但欧冠与联赛的亚军都是颇具分量的，萨迪奥·马内因此收获了金球奖第2名，萨拉赫也高居第5名，几乎重现了2019年的辉煌。

过去几年一直保持着顶尖水准的德布劳内，本赛季率领曼城蝉联英超冠军，在欧冠中尽管球队遗憾止步半决赛，但他个人的发挥已经来到了生涯制高点，最终在金球奖榜单中位列第3名，也算是迄今为止最为"高光"的时刻了。莱万多夫斯基延续了高产的进球表演，可惜在欧冠中的意外失利，让他的荣誉簿略显单薄，最终排在第4名，无法令人满意。

特别值得一提的是孙兴慜，2021—2022赛季，他在没有一粒点球的情况下，在英超中交出了35场23球的答卷，收获了宝贵的英超金靴奖。对于一名亚洲球员来说，这几乎是至高无上的荣誉，最终他排在了金球奖第11位，创造了亚洲球员的最好成绩，在可预见的未来都无法被超越。

令人唏嘘的是，梅西没有入围2022年金球奖的30人大名单，C罗虽然在列，但没有获得一张选票。曾经那个呼风唤雨的双雄时代，在岁月的洗礼中悄无声息地走远了。

2022 年金球奖排名 Top5

排名	球员	年龄	总得分
1	卡里姆·本泽马	35	549 分
2	萨迪奥·马内	30	193 分
3	凯文·德布劳内	31	175 分
4	罗伯特·莱万多夫斯基	34	170 分
5	穆罕默德·萨拉赫	30	116 分

2023年 八金"球王"

2022—2023赛季，在整个足球历史上都格外特别，没有人经历过北半球冬天（11月到12月）的世界杯，然而足球世界依旧在运转，金球奖还是要颁发，面对全新的形势，评委自然要与时俱进。

截至2022年，在20世纪90年代出生的球员中，还没有产生过"金球先生"，相比于星光熠熠的前两代人，他们多少显得有些落寞。不过在2023年的节点上，法国天才球员姆巴佩很有希望向终极目标发起冲击。

对于姆巴佩来说，世界杯是他最好的机会，因为梅西和内马尔在俱乐部与其绑定，国家队层面阿根廷队的整体实力不如法国队；虽然巴西队可以与法国队抗衡，但内马尔因为伤病问题，水准已经有所下滑。因此，梅西和内马尔想与姆巴佩抗衡，都有一定的困难。

再看其他的一些潜在竞争者，C罗在赛季开始前已经与曼联彻底闹翻，最后加盟利雅得胜利，已经不可能展望个人奖项了。莱万多夫斯基在2022年夏天加盟巴萨，虽然他的个人水准依旧维持在高位，但巴萨在"后梅西时代"仍处在漫长的重建期，球队的绝对竞争力无法给他争夺金球奖提供支持，波兰队的情况更不必赘述，能够参加世界杯已经值得庆幸。

令人意外的是，2022—2023赛季开始后，姆巴佩就感受到了巨大的压力，给他带来压力的是一位在2000年出生的新锐中锋——埃尔林·哈兰德。其实哈兰德早在2019年就因为在欧冠中的出色表现，得到多支豪门球队的关注，不过此前两年半栖身多特蒙德，影响了他的曝光率，但哈兰德的水准是毋庸置疑的。

自从哈兰德加盟多特蒙德以来，他基本能保持场均1球的进球率，自然也吸引了瓜迪奥拉的目光，2022年夏天哈兰德加盟曼城。世界杯之前的英超比赛，成了哈兰德的个人秀场，他几乎每场比赛都能进球，面对曼联更是上演了帽子戏法。前16轮英超比赛，他打进18球，在欧冠小组赛中也打进5球，一跃成为金球奖的头号热门人选。

当然姆巴佩也不必太过紧张，毕竟哈兰德是挪威人，之后的世界杯比赛与他无关。但法国队的情况也不容乐观，随着赛季的深入，坎特、博格巴、迈克·迈尼昂、克里斯托弗·恩昆库等人接连因伤报销，最后本泽马也因为伤病离开了法国队。从最后的阵容来看，姆巴佩几乎要一个人扛着球队前进。

世界杯的进程也是一波三折，最离奇的当然还是梅西率领的阿根廷队。小组赛首战面对弱旅沙特阿拉伯队，"潘帕斯雄鹰"原本轻松取得了领先，却在挥霍机会之后被对手逆转比分，最终1∶2输掉了比赛，爆出了历史级别的大冷门。不过在随后的比赛中梅西清醒过来，用一脚关键的冷射，帮助阿根廷队击败了墨西哥队，保留了小组出线的希望。后续面对波兰队的情况也比较顺利，阿根廷队有惊无险地闯入了淘汰赛。

虽然法国队在开赛后又折损了卢卡·埃尔南德斯，但残阵出战的"高卢雄鸡"依旧展现出了高人一等的实力。姆巴佩的发挥相当亮眼，他已不再是4年前只会狂飙推进的"鬼火少年"，而是演化成了真正的杀手。

淘汰赛的进展同样不乏戏剧性，头号夺冠热门巴西队，却在8强中意外不敌克罗地亚队，法国队与阿根廷队夺冠的可能性瞬间达到高点。姆巴佩的状态始终火热，前6场打进5球，已经超越了自己在上届世界杯的表现。梅西与他的队友则是渐入佳境，最终与姆巴佩在决赛会师。

决赛的重要意义不仅在于大力神杯的归属，更能决定2023年金球奖的走向。梅西与姆巴佩在世界杯上的个人发挥都很出色，谁能最终夺冠，大概率就能"弯道超越"哈兰德，提前锁定金球奖。

这场决赛可能是世界杯历史上最为经典的一场比赛，传奇程度至少可以与1970年世界杯的"世纪之战"（半决赛联邦德国队对阵意大利队）比肩，姆巴佩上演帽子戏法却无力回天，梅西独中两元笑到最后。梅西在世界杯上共计打进7球、送出3次助攻，不仅收获了"世界杯最佳球员"，更有机会第8次成为"金球先生"。

世界杯结束后，金球奖的格局不能说豁然开朗，起码已经形成了大框架。姆巴佩如果想反超梅西，就必须带领巴黎圣日耳曼在欧冠中取得好成绩，而且梅西还不能有"高光"发挥，毕竟一荣俱荣的情况下，梅西的声望是会水涨船高的。如果巴黎圣日耳曼在欧冠中过早折戟，那么姆巴佩就失去机会，梅西则要与哈兰德继续竞争。

实际情况印证了后一种猜测，巴黎圣日耳曼在欧冠16强比赛中就被拜仁淘汰，姆巴佩退出了金球奖的争夺。梅西在俱乐部层面没有大的荣誉加持，就需要等待哈兰德那边的结果了。只要他的发挥没有突破多数人的认知，那么就不足以对梅西构成威胁。

下半个赛季，哈兰德的表现缩水明显，不仅在进球数上无法与上半赛季比肩，在关键的比赛中更是颗粒无收。在足总杯决赛、欧冠半决赛以及决赛中，他的存在感都比较低，尽管曼城成为"三冠王"，但他的个人表现不足以打动评委，着实令人遗憾。

最终的结果揭晓，梅西第8次加冕"金球先生"，创造了前无古人、后也难有来者的纪录。他个人也在2022—2023赛季结束后离开欧洲，加盟迈阿密国际，所以这次金球奖算是他生涯的最后一舞，留给足球世界永久回味。

对于哈兰德和姆巴佩来说，第2名和第3名的成绩，也对得起他们过去一个赛季的付出，功败垂成的经历弥足珍贵，未来就是属于他们争霸的时代了。

其他位置上，曼城的球员坐拥"三冠王"的荣耀，德布劳内与罗德里分列第4、第5名，胡利安·阿尔瓦雷斯拿下第7名，贝尔纳多·席尔瓦挤进前10名。皇马的新生代"妖锋"维尼修斯·儒尼奥尔，凭借在皇马的数据加持，首次冲到第6名的高位；维克托·奥斯梅恩也凭借率领那不勒斯时隔

33年后再度夺得意甲冠军，排在第8名。

值得一提的是韩国后卫金玟哉，同样凭借在那不勒斯的出色发挥，拿下了第22名的好成绩。他也成为在孙兴慜之后，金球奖历史上排名第二高的亚洲球员。

2023 年金球奖排名 Top5

排名	球员	年龄	总得分
1	利昂内尔·梅西	36	462 分
2	埃尔林·哈兰德	23	357 分
3	基利安·姆巴佩	25	270 分
4	凯文·德布劳内	32	100 分
5	罗德里	27	57 分

■ 总结

"梅罗"两人对金球奖的垄断，在本章所述的时代（2018—2023年）被终结，但令人意外的是，接棒的并不是年轻一代的翘楚，而是他们的同龄人。莫德里奇、本泽马以及莱万多夫斯基，他们都是标准的"1985后"球星，却都在30多岁的年纪达到了生涯巅峰，一代人的"黄昏恋"以这种方式呈现，令人印象深刻。

而随着以哈兰德为首的"2000后"球员"登堂入室"，足坛的新生力量已经开始挑战顶峰的霸主。而比他们年长一代的"1990后"球员，却还在苦苦追寻着自己的第一座金球奖奖杯，也许与姆巴佩一代的球员在未来会无限接近荣耀，但在乾坤未定之前，他们皆是黑马。

Ballon d'Or

第 十 三 章

金球遗珠

纵观金球奖 67 年的历史，45 位"金球先生"的形象熠熠生辉，但在镁光灯之外，那些同样具备顶尖实力，却因为种种原因无缘金球奖的巨星，同样值得球迷关注。

——引言

纵观金球奖67年的历史，45位"金球先生"的形象熠熠生辉，但在镁光灯之外，那些同样具备顶尖实力，却因为种种原因无缘金球奖的巨星，同样值得球迷关注。作为本书的特别篇章，我们将介绍15位遗憾无缘金球奖，但同样值得铭记的足坛巨擘。

非欧洲篇

从1956年到1994年，金球奖严格限制参评人的国籍，这就导致非欧洲球员无法参与角逐。而细究那些年的足坛进程，如果按照今天开放的规则重新审视，有5位非欧洲球星可以"递补"成为"金球先生"。

贝利

"球王"贝利是当之无愧的足球之神，从1958年到1970年，他为亿万球迷奉献了曼妙绝伦的绿茵演出。即便无法在所有年份都完成加冕，在这期间他收获至少一半的金球奖，也是完全没有问题的。2014年，贝利被官方授予了"荣誉金球奖"，也算是弥补了"球王"的世纪遗憾。

加林查

"小鸟"加林查，是贝利的左膀右臂之一，他在边路的突破能力震古烁今，一对一的情况下几乎无人能敌。1962年世界杯小组赛期间，贝利因伤无缘后续的比赛，加林查扛起了"桑巴军团"的大旗。他在关键的两场淘汰赛中打入4球，帮助球队成功卫冕世界杯的冠军。按照今天的标准来看，1962年的金球奖必定是属于他的。

马里奥·肯佩斯

在1978年世界杯上，阿根廷队进攻核心肯佩斯大放异彩，他在最为关键的比赛中连续奉献进球，帮助"潘帕斯雄鹰"在本土首次成为世界杯冠军。在那个球星混战的年代，如此出挑的大赛表现，足以让他成为世界瞩目的焦点，拿下当年的金球奖没有任何悬念。

迭戈·马拉多纳

马拉多纳在1986年世界杯上的表现震撼了世界，如果将他放入奖项的候选名单，当年的金球奖可能就是历史上最无悬念的一次。除此之外，他在1987年和1990年都颇具竞争力，即便遇到巅峰期的荷兰"三剑客"与国米"三驾马车"，马拉多纳的竞争力也都是独一无二的。另外在1995年，马拉多纳接受《法国足球》专访之前，被官方授予了"荣誉金球奖"，弥补了职业生涯的遗憾。

罗马里奥

1994年世界杯上的罗马里奥是不可阻挡的，虽然斯托伊奇科夫同样亮眼，但罗马里奥还是用一粒粒金子般的进球，护送"桑巴军团"第四次问鼎世界杯。他是那届世界杯当之无愧的最佳球员，考虑到他在巴萨的首个赛季同样大放异彩，获得1994年的金球奖毫无悬念。

欧洲篇

金球奖漫长的历史时期，都是欧洲球星的"内战"，惨烈程度不言而喻。而1995年开放全面竞争之后，情况则变得愈发复杂，对于很多欧洲球星来说，他们距离金球奖原本只有一步之遥，最终却成了一生之憾。本节精选了10位实力超群，却由于种种原因未能圆梦的欧洲巨星。

费伦茨·普斯卡什

普斯卡什是20世纪50年代的欧洲头号球星，放眼世界也只有迪斯蒂法诺能与他一较高下。他率领的匈牙利队曾独步天下长达数年，却因为1956年国内形势的动荡而四散天涯。

对于他来说，最遗憾的便是金球奖创立太晚，1956年之后他长期处于颠沛流离的状态，生涯暮年虽在皇马站稳脚跟，却已没有了当年的锐气。1960年原本是他最好的机会，却由于评委厌倦了皇马球员连年霸榜，最终输给了巴萨的核心球员路易斯·苏亚雷斯。

博比·穆尔

他是英格兰队永恒的队长，足球世界历史上最好的中卫之一，兼具清道夫的从容与全面，还能在锱铢必较中令对手陷入绝望。由于长期效力于西汉姆联这样的小球队，他只有在国家队大赛年才能有所斩获，从而竞争金球奖。

1966年，受限于位置，他在金球奖竞争中输给了队友博比·查尔顿；1970年，他个人发挥极其亮眼，以一己之力单挑巴西队众星的场面令人热血沸腾，最终却因为英格兰队折戟于世界杯8强赛，只拿到金球奖的第2名，实乃足球世界的一大遗憾。

肯尼·达格利什

他是独一无二的"红军国王"，巅峰时期曾帮助球队3次斩获欧冠冠军，联赛的冠军更是拿到手软。然而作为极其优秀的团队型球员，他个人的踢法与影响力很难与同档次的巨星相抗衡。在他的巅峰期，鲁梅尼格与普拉蒂尼是两座难以逾越的"高峰"，也导致达格利什抱憾终身。

贝恩德·舒斯特尔

他是天才的指挥官，曾被誉为"历史上最完美的单后腰"，年方二十便率领联邦德国队拿下1980年欧洲杯的冠军，并顺势入围金球奖前3名。然而不羁的性格让他长期无缘国家队，俱乐部层面虽在皇马与巴萨都留下过光辉的印迹，但不足以支撑他争夺金球奖。如果后退一步，舒斯特尔的职业生涯也许会是海阔天空。

弗兰克·里杰卡尔德

作为荷兰"三剑客"的"压舱石"，虽然他没有古利特那般激情四射，也没有范巴斯滕那般飘逸优雅，却用自己庞大的身躯和不屈的脊梁，守护着荷兰队的"橙色要塞"。金球奖一向不青睐后防球员，里杰卡尔德便是早期的失意人，只能感叹命运的不公。

保罗·马尔蒂尼

纵观数十位金球奖得主的采访，每当被问及谁的落选最令人遗憾时，保罗·马尔蒂尼是被提及最多的名字。他无怨无悔地守护"红黑王朝"长达25个赛季，数次无限接近最高荣誉，却因为是后卫出身，最终没能打动更多的评委，遗憾地成为最耀眼的"陪跑人"。

丹尼斯·博格坎普

博格坎普职业生涯最为人熟知的片段，是效力阿森纳的那段燃情岁月。然而早在25岁之前，他就已经两次入围金球奖前3名，距离登顶只有一步之遥。不过在生涯中后期，他无法率领"枪手"问鼎欧冠，国家队层面也常年止步于大赛半决赛，这些都制约了他向上攀登，最终成为"无缘大军"中的坚实力量。

詹路易吉·布冯

21世纪前10年的大多数时间中，布冯都是当之无愧的足坛第一门将。尽管这个位置难以在金球奖评选中跻身高位，但他耀眼的光芒足以吸引更多评委的目光。在其最为出众的2006年，布冯差一点击败队友卡纳瓦罗问鼎金球奖，只可惜与一生可能仅有一次的机会擦肩而过。

哈维

他是当代足球的"第一大脑"，重新定义了球队核心的价值，这样的球员无缘金球奖，是奖项本身的遗憾。2010年世界杯，哈维用创纪录的599脚传球引领西班牙队"黄金一代"夺得冠军，最终却在金球奖评选中输给了俱乐部队友梅西。哪怕没有名誉上的加冕，他也永远配得上最高礼遇。

安德雷斯·伊涅斯塔

与哈维一样，"小白"伊涅斯塔也是金球奖遗珠中最令人感叹的天才之一。2012

年欧洲杯，他用现象级的发挥，帮助"斗牛士军团"成功加冕，自己也成为赛事的最佳球员。然而梅西在这一年打出史诗级的表现，全年91球的输出让他的俱乐部队友黯然失色，失落的"小白"也只能接受命运的嘲弄。不过在2018年他离开欧洲足坛之际，《法国足球》官方发文称他配得上一个金球奖，也算是一种迟到的致敬吧。

除了以上15位历史顶级球星以外，诸如2010年的斯内德、2013年的里贝里等人，也曾无限接近金球奖。如果不是那些年的规则出现变化，结局可能就是另一番景象了。在尚未退役但生涯已近暮年的球星中，莱万多夫斯基自然是最可惜的一位，如果2020年金球奖没有因为新冠肺炎疫情而取消，他就将成为波兰第一位"金球先生"；而诸如内马尔、苏亚雷斯等人，也曾在最高殿堂的门口长期徘徊，却始终未能如愿。但对于金球奖走过的漫长历史来说，缺憾何尝不是另一种美？

1956—2023 年金球奖（含国际足联金球奖）得主纵览

年份	获奖者	国家／地区	效力俱乐部
1956	斯坦利·马休斯	英格兰	布莱克浦
1957	阿尔弗雷多·迪斯蒂法诺	西班牙	皇家马德里
1958	雷蒙德·科帕	法国	皇家马德里
1959	阿尔弗雷多·迪斯蒂法诺	西班牙	皇家马德里
1960	路易斯·苏亚雷斯	西班牙	巴塞罗那
1961	奥马尔·西沃里	意大利	尤文图斯
1962	约瑟夫·马索普斯特	捷克斯洛伐克	布拉格杜克拉
1963	列夫·雅辛	苏联	莫斯科迪纳摩
1964	丹尼斯·劳	苏格兰	曼联
1965	尤西比奥	葡萄牙	本菲卡
1966	博比·查尔顿	英格兰	曼联
1967	弗洛里安·阿尔伯特	匈牙利	费伦茨瓦罗斯
1968	乔治·贝斯特	北爱尔兰	曼联
1969	詹尼·里维拉	意大利	AC 米兰
1970	盖德·穆勒	联邦德国	拜仁慕尼黑
1971	约翰·克鲁伊夫	荷兰	阿贾克斯
1972	弗朗茨·贝肯鲍尔	联邦德国	拜仁慕尼黑
1973	约翰·克鲁伊夫	荷兰	巴塞罗那（阿贾克斯）
1974	约翰·克鲁伊夫	荷兰	巴塞罗那
1975	奥列格·布洛欣	苏联	基辅迪纳摩
1976	弗朗茨·贝肯鲍尔	联邦德国	拜仁慕尼黑
1977	阿兰·西蒙森	丹麦	门兴格拉德巴赫
1978	凯文·基冈	英格兰	汉堡
1979	凯文·基冈	英格兰	汉堡
1980	卡尔－海茵茨·鲁梅尼格	联邦德国	拜仁慕尼黑
1981	卡尔－海茵茨·鲁梅尼格	联邦德国	拜仁慕尼黑

续表

年份	获奖者	国家／地区	效力俱乐部
1982	保罗·罗西	意大利	尤文图斯
1983	米歇尔·普拉蒂尼	法国	尤文图斯
1984	米歇尔·普拉蒂尼	法国	尤文图斯
1985	米歇尔·普拉蒂尼	法国	尤文图斯
1986	伊戈尔·别拉诺夫	苏联	基辅迪纳摩
1987	路德·古利特	荷兰	AC 米兰（埃因霍温）
1988	马尔科·范巴斯滕	荷兰	AC 米兰
1989	马尔科·范巴斯滕	荷兰	AC 米兰
1990	洛塔尔·马特乌斯	德国	国际米兰
1991	让-皮埃尔·帕潘	法国	马赛
1992	马尔科·范巴斯滕	荷兰	AC 米兰
1993	罗伯托·巴乔	意大利	尤文图斯
1994	赫里斯托·斯托伊奇科夫	保加利亚	巴塞罗那
1995	乔治·维阿	利比里亚	AC 米兰（巴黎圣日耳曼）
1996	马蒂亚斯·萨默尔	德国	多特蒙德
1997	罗纳尔多	巴西	国际米兰（巴塞罗那）
1998	齐内丁·齐达内	法国	尤文图斯
1999	里瓦尔多	巴西	巴塞罗那
2000	路易斯·菲戈	葡萄牙	皇家马德里（巴塞罗那）
2001	迈克尔·欧文	英格兰	利物浦
2002	罗纳尔多	巴西	皇家马德里（国际米兰）
2003	帕维尔·内德维德	捷克	尤文图斯
2004	安德烈·舍甫琴科	乌克兰	AC 米兰
2005	罗纳尔迪尼奥	巴西	巴塞罗那
2006	法比奥·卡纳瓦罗	意大利	皇家马德里（尤文图斯）
2007	卡卡	巴西	AC 米兰
2008	克里斯蒂亚诺·罗纳尔多	葡萄牙	曼联
2009	利昂内尔·梅西	阿根廷	巴塞罗那
2010	利昂内尔·梅西	阿根廷	巴塞罗那
2011	利昂内尔·梅西	阿根廷	巴塞罗那
2012	利昂内尔·梅西	阿根廷	巴塞罗那
2013	克里斯蒂亚诺·罗纳尔多	葡萄牙	皇家马德里
2014	克里斯蒂亚诺·罗纳尔多	葡萄牙	皇家马德里
2015	利昂内尔·梅西	阿根廷	巴塞罗那
2016	克里斯蒂亚诺·罗纳尔多	葡萄牙	皇家马德里
2017	克里斯蒂亚诺·罗纳尔多	葡萄牙	皇家马德里
2018	卢卡·莫德里奇	克罗地亚	皇家马德里
2019	利昂内尔·梅西	阿根廷	巴塞罗那
2020	取消评选		
2021	利昂内尔·梅西	阿根廷	巴黎圣日耳曼（巴塞罗那）
2022	卡里姆·本泽马	法国	皇家马德里
2023	利昂内尔·梅西	阿根廷	迈阿密国际（巴黎圣日耳曼）

备注

1. 2010—2015 年，"金球奖"与"世界足球先生"合并为"国际足联金球奖"，2016 年双方结束合作。
2. 部分球员拥有双国籍，1956—1994 年以球员参评时所需的欧洲国家国籍为准，1995 年以后以其效力的成年国家队为准。
3. 部分球员在自然年中转会，"效力俱乐部"中"（ ）"内为离开的球队。
4. 2020 年金球奖因新冠肺炎疫情取消评选。

金球奖经典图集

Ballon d'Or

　　在金球奖发展的历程中，历史会铭记属于每一位

"金球先生"的精彩瞬间。回顾每一年的金球奖，无

论是争议还是意外，都会有特殊的回忆。比如 1963 年

的雅辛，是唯一获得金球奖的门将；比如 1971—1974

年，克鲁伊夫与贝肯鲍尔分庭抗礼；比如 1983—1985

年，普拉蒂尼成为首位连续三年获奖的球员；比如

2008—2017 年，这是梅西与 C 罗垄断奖项的十年。

——引言

图1: 斯坦利·马休斯（右一），1956年第一届金球奖得主。
图2: 迪斯蒂法诺，1957年金球奖得主，他在1959年再次获得金球奖。

3

4

图3：雷蒙德·科帕（右一），1958 年金球奖得主。

图4：路易斯·苏亚雷斯，1960 年金球奖得主。

图5: 奥马尔·西沃里, 1961年金球奖得主。

图6: 约瑟夫·马索普斯特, 1962年金球奖得主。

7
8

图7：列夫·雅辛（左一），1963年金球奖得主。
图8：丹尼斯·劳（右一），1964年金球奖得主。

图 9：尤西比奥（左二），1965 年金球奖得主。

图 10：博比·查尔顿（右一），1966 年金球奖得主。

11
12

图 11：弗洛里安·阿尔伯特（居中者），1967 年金球奖得主。
图 12：乔治·贝斯特（左三），1968 年金球奖得主。

图13：詹尼·里维拉，1969年金球奖得主。

14

15

图 14: 盖德·穆勒，1970 年金球奖得主。

图 15: 约翰·克鲁伊夫（右一），1971 年金球奖得主，他在 1971 年、1973 年、
1974 年共三次获得金球奖。

图 16：弗朗茨·贝肯鲍尔（左一），1972 年金球奖得主，
　　　 他在 1976 年再次获得金球奖。

图 17：奥列格·布洛欣（左一），1975 年金球奖得主。

图 18：阿兰·西蒙森（居中者），1977 年金球奖得主。
图 19：凯文·基冈（左一），1978 年金球奖得主，他在 1979 年再次获得金球奖。

图20：卡尔－海茵茨·鲁梅尼格（左一），1980年金球奖得主，他在1981年再次获得金球奖。

图21：保罗·罗西（左一），1982年金球奖得主。

图22：米歇尔·普拉蒂尼，1983年金球奖得主，他在1983年、1984年、1985年共三次获得金球奖。

图23：伊戈尔·别拉诺夫（左一），1986年金球奖得主。

图 24：路德·古利特，1987 年金球奖得主。

图 25：马尔科·范巴斯滕，1988 年金球奖得主，他在 1988 年、
　　　 1989 年、1992 年共三次获得金球奖。

图26：洛塔尔·马特乌斯（居中者），1990年金球奖得主。

图 27：让 - 皮埃尔·帕潘，1991 年金球奖得主。

图 28：罗伯托·巴乔（左一），1993 年金球奖得主。

图 29: 赫里斯托·斯托伊奇科夫, 1994 年金球奖得主。

图 30: 乔治·维阿(左一), 1995 年金球奖得主。

图 31: 马蒂亚斯·萨默尔(左一), 1996 年金球奖得主。

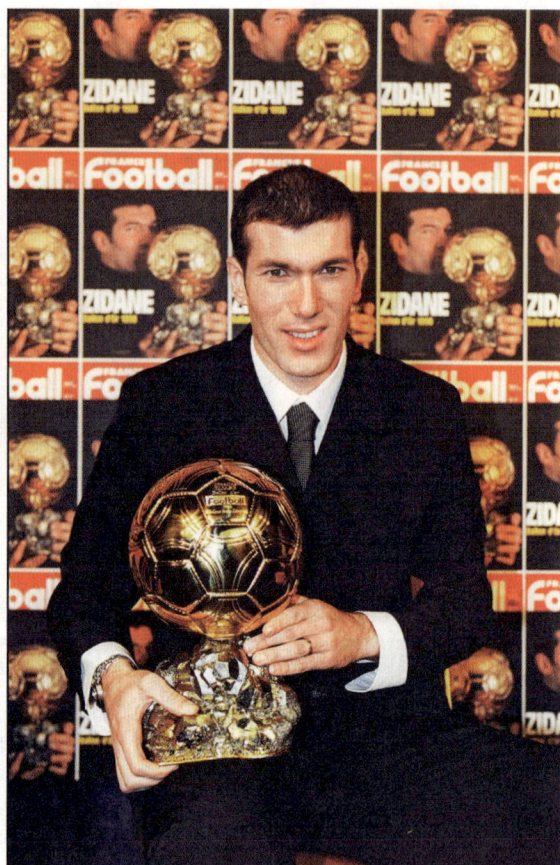

图 32：罗纳尔多，1997 年金球奖得主，他在 2002 年再次获得
　　　金球奖。

图 33：齐内丁·齐达内，1998 年金球奖得主。

34

35

图 34: 里瓦尔多（右一），1999 年金球奖得主。

图 35: 路易斯·菲戈（左一），2000 年金球奖得主。

图36：迈克尔·欧文，2001年金球奖得主。

图37：帕维尔·内德维德，2003年金球奖得主。

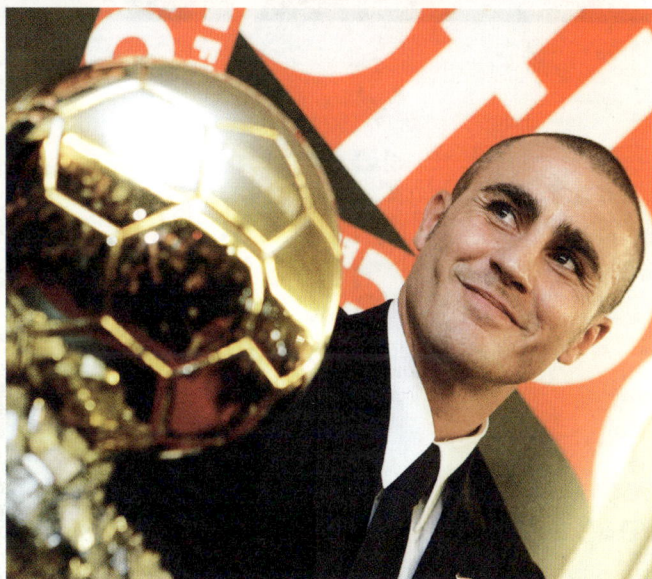

图38：安德烈·舍甫琴科（右一），2004年金球奖得主。

图39：罗纳尔迪尼奥，2005年金球奖得主。

图40：法比奥·卡纳瓦罗，2006年金球奖得主。

图 41: 卡卡，2007 年金球奖得主。

图 42: 克里斯蒂亚诺·罗纳尔多，2008 年金球奖得主，他在 2008 年、2013 年、
2014 年、2016 年、2017 年共 5 次获得金球奖（含"国际足联金球奖"）。

43

44

图43: 利昂内尔·梅西，2009 年金球奖得主，他在 2009 年、2010 年、
2011 年、2012 年、2015 年、2019 年、2021 年、2023 年共 8 次
获得金球奖（含"国际足联金球奖"）。

图44: 卢卡·莫德里奇，2018 年金球奖得主。

图 45：卡里姆·本泽马，2022 年金球奖得主。

1956 年金球奖全排名及得票明细

排名	球员名称	国家/地区	效力俱乐部	总得分	第一顺位投票	第二顺位投票	第三顺位投票	第四顺位投票	第五顺位投票	票数
1	斯坦利·马修斯	英格兰	布莱克浦	47分	6	2	2	1	1	12
2	阿尔弗雷多·迪斯蒂法诺	西班牙	皇家马德里	44分	5	3	2	—	1	11
3	雷蒙德·科帕	法国	皇家马德里（兰斯）	33分	1	2	3	5	1	12
4	费伦茨·普斯卡什	匈牙利	布达佩斯洪韦德	32分	3	2	2	1	—	8
5	列夫·雅辛	苏联	莫斯科迪纳摩	19分	—	2	2	3	1	8
6	约瑟夫·博日克	匈牙利	布达佩斯洪韦德	15分	1	—	—	2	1	4
7	恩斯特·奥克维尔克	奥地利	桑普多利亚（奥地利）	9分	—	—	3	—	2	5
8	桑多·科奇士	匈牙利	布达佩斯洪韦德（巴塞罗那）	6分	1	—	—	—	1	2
9	伊万·科列夫	保加利亚	索菲亚CDNA	4分	—	1	—	—	—	1
9	德特马·克拉默	保加利亚	索菲亚CDNA	4分	—	1	—	—	—	1
9	塔德乌什·科列夫	法国	维也纳快速	4分	1	—	—	—	—	1
9	伊万·科列夫	匈牙利	布达佩斯洪韦德	4分	—	—	1	—	1	2
12	德特凡·博罗伦奇	意大利	佛罗伦萨	3分	—	—	1	—	—	1
13	比利·赖特	英格兰	狼队	2分	—	—	—	1	—	1
13	邓特尔·爱德华兹	英格兰	曼联	2分	—	—	—	—	2	2
13	杰哈德·哈诺	奥地利	维也纳快速	2分	—	—	—	1	—	1
13	罗伯特·荣凯	法国	兰斯	2分	—	—	—	1	—	1
13	米格尔·蒙圭里	西班牙	佛罗伦萨	2分	—	—	—	—	2	2
13	罗纳尔多·荣凯	意大利	佛罗伦萨	2分	—	—	—	1	—	1
13	胡安·斯基亚菲诺	意大利	AC米兰	2分	—	—	—	1	—	1
20	爱德华·斯图亚尔诺夫	苏联	莫斯科鱼雷	2分	—	—	—	—	2	2
21	坎帕纳尔	苏联	莫斯科斯巴达	1分	—	—	—	1	—	1
21	罗杰·皮安托尼	法国	FC南锡	1分	—	—	—	—	1	1
21	凯斯·赖弗斯	荷兰	圣埃蒂安	1分	—	—	—	—	1	1

1956 年金球奖全排名及得票明细备注

1. 按照规则，1956年金球奖未设立报名机制，所有获得票者参与投票，均记录在表格中。
2. 按照规则，1956年金球奖，只有拥有欧洲国家籍的球员可以参评金球奖。因此本书表格中所列球员所属国家地区，以参评时所属的国籍为准。例，阿尔弗雷多·迪斯蒂法诺身为西班牙籍。
3. 部分球员在自然年中转会。效力俱乐部中"（）"内为球员离开的球队，全书标准统一。
4. 按照规则，1956—2009年，金球奖投票采用5票制，分值应为5、4、3、2、1分。
5. 斯坦利·马修斯，41岁时获得金球奖，是历年榜单年龄最大的金球奖得主，他于2000年2月去世。
6. 约瑟夫·博日克，是匈牙利著名中后卫"235"阵型中的前卫的角色。
7. 恩德雷·奇博尔（奥地利），在1954年世界历史上最后一位明星级技改型四后卫，后又在1957年领衔佛罗伦萨，由于1957年领佛罗伦萨外场球员（不包括门将）。
8. 排名第13名的凯斯·赖弗斯天才球员爱德华·斯图尔特，在1954年世界杯决赛场地外（2018年世界杯决赛场地），还立着他的雕像。

1957 年金球奖全排名及得票明细

排名	球员名称	国家/地区	效力俱乐部	总得分	第一顺位投票	第二顺位投票	第三顺位投票	第四顺位投票	第五顺位投票	票数
1	阿尔弗雷多·迪斯蒂法诺	西班牙	皇家马德里	72分	12	3	—	—	—	15
2	比利·赖特	英格兰	狼队	19分	1	3	2	2	—	5
3	邓肯·爱德华兹	英格兰	曼联	16分	1	—	3	—	3	6
3	雷蒙德·科帕	法国	皇家马德里	16分	—	3	1	—	3	7
5	费伦茨·普斯卡什	西班牙	皇家马德里	15分	—	3	—	—	3	6
6	尤文·图图拉（利兹联）	威尔士	尤文图斯（利兹联）	14分	—	1	—	4	3	7
6	威尔士	威尔士	巴塞罗那	14分	—	1	2	2	—	6
8	约瑟夫·博日克	苏联	莫斯科鱼雷	12分	—	1	—	3	2	4
9	罗兹·库巴拉	苏联	曼联	10分	1	—	1	—	—	3
9	列夫·雅辛	苏联	莫斯科迪纳摩	9分	—	1	—	1	2	4
11	帕科·亨托	匈牙利	莫斯科斯巴达	8分	1	—	1	—	—	3
12	列夫·亨托	西班牙	皇家马德里	7分	—	—	—	2	—	4
12	塔穆迪	西班牙	皇家马德里	7分	—	1	—	1	—	4
14	古拉·格罗希奇	匈牙利	布达佩斯洪韦德	4分	—	—	1	—	2	4
14	丹尼·布兰奇弗劳尔	北爱尔兰	托特纳姆热刺	4分	—	1	—	—	2	4
14	胡安·斯基亚菲诺	意大利	AC米兰	4分	—	—	—	—	4	4
17	约翰尼·海恩斯	英格兰	富勒姆	3分	—	—	—	1	3	3
17	格洛斯	奥地利	维也纳快速	3分	—	—	—	1	3	3
20	桑德罗·库尔图瓦	南斯拉夫	贝尔格莱德游击队	2分	—	—	—	2	2	4
20	斯蒂法诺·霍德	匈牙利	富勒姆	2分	—	—	—	2	2	4
22	拉迪斯拉夫·诺瓦克	捷克斯洛伐克	布拉格斯巴达	1分	—	—	—	—	1	1
22	库尔特·哈姆林	瑞典	帕多瓦	1分	—	—	—	1	2	2

1957 年金球奖全排名及得票明细备注

1. 按照规则，1957年金球奖未设立报名机制，共有16名欧洲体育记者参与投票，所有获得票者参与投票，均记录在表格中。
2. 16位评委中有12人将阿尔弗雷多·迪斯蒂法诺放在第一顺位投票，他以领先第2名比利·赖特53分的巨大优势获得1957年金球奖。迪斯蒂法诺于2014年7月去世。
3. 并列第14名的迪斯蒂法诺，他也是中国队前主帅霍顿的偶像。
4. 并列第14名的约翰·海恩斯（第3名），他在1958年得到第二顺位投票，也是中国队前主帅霍顿的偶像。
5. 20世纪50年代，狼队入不可阻挡霸欧洲俱乐部之一，比利·赖特是当代球迷熟知的领袖。
6. 20岁出头的库巴拉虽然一般，但几十年来几乎不缺大牌球星，还被视为当时欧洲最强的俱乐部之一。这一年仅21岁。
7. 斯蒂法诺·霍德，42岁时仍获得金球奖得票，是历年榜单年龄最大的金球奖得票，是历年榜单中获得选票年龄最大的球员（截至2023年10月31日）。

1958 年金球奖全排名及得票明细

排名	球员名称	国家/地区	效力俱乐部	总得分	第一顺位投票	第二顺位投票	第三顺位投票	第四顺位投票	第五顺位投票	票数
1	雷蒙德·科帕	法国	皇家马德里	71分	14	–	–	–	1	15
2	赫尔穆特·拉恩	联邦德国	红白埃森	40分	–	6	4	2	–	12
3	朱斯特·方丹	法国	兰斯	23分	–	2	2	2	1	9
4	库尔特·哈姆林	瑞典	佛义伦亚	15分	–	2	1	2	1	6
4	约翰·查尔斯	威尔士	尤文图斯	15分	–	1	2	1	2	6
6	比利	英格兰	狼队	9分	–	1	–	2	–	4
7	约翰尼斯	英格兰	富勒姆	7分	–	1	–	1	2	2
8	尼尔斯·利德霍尔姆	瑞典	AC米兰	6分	–	–	1	2	–	2
8	霍斯特·希马尔亚克	联邦德国	伍珀塔尔	6分	–	1	1	–	2	3
11	科林·麦克唐纳	英格兰	伯恩利	5分	–	–	1	–	2	2
12	帕林·格伦	西班牙	皇家马德里	4分	–	1	–	–	2	2
12	冈纳·格伦	瑞典	奥基迪	4分	–	–	2	–	–	2
14	武亚丁·博斯科夫	南斯拉夫	伏伊伏丁那	3分	–	1	–	–	–	1
14	本格特·古斯塔夫松	瑞典	亚特兰大	3分	–	–	1	–	–	1
14	瓦伦丁·伊万诺夫	苏联	莫斯科鱼雷	3分	–	1	–	–	–	1
14	路易斯·苏亚雷斯	西班牙	巴塞罗那	3分	–	–	1	–	–	1
19	列夫·雅辛	苏联	莫斯科迪纳摩	2分	–	–	–	1	–	1
19	奥马尔·博格克	瑞典	厄勒布鲁	2分	–	–	–	1	–	1
19	丹尼·布兰奇弗洛尔	北爱尔兰	托特纳姆热刺	2分	–	–	1	–	–	1
19	伊凡·科利夫	保加利亚	索非亚CDNA	2分	–	–	–	1	–	1
19	布鲁诺·尼科莱	意大利	布拉格杜克拉	2分	–	–	1	–	–	1
25	拉迪斯拉夫·诺瓦克	捷克斯洛伐克	国际米兰	2分	–	–	–	1	–	1
25	伦纳特·斯科格伦德	瑞典	尤文图斯	1分	–	–	–	–	1	1
25	詹姆罗·博尼佩尔蒂	意大利	维也纳快速	1分	–	–	–	–	1	1
25	杰哈德·哈纳皮	奥地利								

1959 年金球奖全排名及得票明细

排名	球员名称	国家/地区	效力俱乐部	总得分	第一顺位投票	第二顺位投票	第三顺位投票	第四顺位投票	第五顺位投票	票数
1	阿尔弗雷多·迪斯蒂法诺	西班牙	皇家马德里	80分	14	1	1	1	1	18
2	雷蒙德·科帕	法国	兰斯	42分	–	4	7	2	1	14
3	约翰·查尔斯	威尔士	尤文图斯	24分	2	3	1	–	1	7
4	路易斯·苏亚雷斯	西班牙	巴塞罗那	22分	1	1	2	2	2	8
5	阿格内·西蒙森	瑞典	奥格斯堡	20分	1	–	1	3	2	8
6	拉迪斯·蒂森	匈牙利	布达佩斯洪韦德	18分	–	3	1	1	–	6
7	费伦茨·普斯卡什·卡什	西班牙	皇家马德里	16分	–	2	2	2	–	5
8	赫尔穆特·拉恩	联邦德国	科隆（红白埃森）	12分	–	1	1	2	–	4
9	帕尔·卡普拉特·拉恩	联邦德国	卡尔斯鲁厄（伍珀塔尔）	11分	–	2	1	–	–	3
10	霍斯特·希马尼亚克	联邦德国	卡尔斯鲁厄（伍珀塔尔）	8分	–	–	2	1	2	4
11	列夫·雅辛	苏联	莫斯科迪纳摩	7分	1	–	–	–	2	3
12	尤里·沃伊诺夫	苏联	基辅迪纳摩	5分	–	1	–	1	–	2
13	伊万·科利夫	保加利亚	塔塔班亚	4分	–	1	–	1	2	3
13	古拉·格罗西奇	匈牙利	沃纳什	4分	–	–	1	1	–	2
13	德左·本扎克	瑞典	AC米兰	4分	–	–	1	–	2	2
17	尼尔斯·利德霍尔姆	保加利亚	索菲亚CDNA	3分	–	1	–	1	–	2
17	格奥尔基·内德诺摩	法国	兰斯	3分	–	–	2	–	–	2
17	蒂里斯·布兰尼尼发	捷克斯洛伐克	布拉迪斯拉发红星	3分	–	–	–	1	1	2
20	胡安·塞加拉	西班牙	巴塞罗那	2分	–	–	–	–	2	2
20	弗洛里安·阿尔伯特	匈牙利	费伦茨瓦罗斯	2分	–	–	–	2	–	2
20	乌韦·席勒	联邦德国	汉堡	2分	–	1	–	–	–	1
23	安东尼奥·拉马莱茨	西班牙	巴塞罗那	1分	–	–	–	–	1	1
23	亚诺什·哥洛奇	匈牙利	新佩斯	1分	–	–	–	1	–	1
23	肯·琼斯	威尔士	斯肯索普	1分	–	–	–	–	1	1
23	罗杰·马尔谢	法国	巴黎竞技	1分	–	–	–	–	1	1

1958 年金球奖全排名及得票明细备注
1. 按照规则，1958 年金球奖未设立候选名单机制，共有 16 名欧洲体育记者参与投票，所有获得票选者，均记录在表格中。
2. 阿尔弗雷多·迪斯蒂法诺·迪斯蒂法诺在 1959 年荣获西甲冠军、欧冠最佳射手、西甲最佳射手，但他未获得这一年的金球奖参选资格，官方未对外公布原因。
3. 雷蒙德·科帕在连续两次获得第 3 名后（1956 年、1957 年），首次获得金球奖，他在 2017 年 3 月去世。
4. 位列榜单第 3 名的朱斯特·方丹，在 1958 年世界杯中打入 13 球，创造单届世界杯的进球纪录。
5. 位列榜单第 3 名的朱斯特·方丹，万丹，作为科帕的副手只能成为个人奖项的陪跑者。

1959 年金球奖全排名及得票明细备注
1. 按照规则，1959 年金球奖未设立候选名单机制，共有 20 名欧洲体育记者参与投票，所有获得票选者，均记录在表格中。
2. 阿尔弗雷多·迪斯蒂法诺在 1959 年恢复参选资格，并成为首位两次获得金球奖的球员。（截至 2023 年 10 月 31 日），他在 2004 年 2 月去世。
3. 约翰·查尔斯唯一入围金球奖榜单中 3 名的威尔士球员。
4. 皇家马德里成为首位有 3 名球员获得金球奖的俱乐部。
5. 路易斯·苏亚雷斯首次入围金球奖榜单前 5 名。

1960 年金球奖全排名及得票明细

排名	球员名称	国家/地区	效力俱乐部	总得分	第一顺位投票	第二顺位投票	第三顺位投票	第四顺位投票	第五顺位投票	票数
1	路易斯·苏亚雷斯	西班牙	巴塞罗那	54分	4	5	—	3	—	16
2	费伦茨·普斯卡什	匈牙利	皇家马德里	37分	5	1	4	—	1	11
3	乌韦·席勒	联邦德国	汉堡	33分	2	3	3	4	—	10
4	阿尔弗雷多·迪斯蒂法诺	西班牙	皇家马德里	33分	3	2	—	3	—	7
5	列夫·雅辛	苏联	莫斯科迪纳摩	28分	1	1	2	1	—	7
6	雷蒙德·科帕	法国	兰斯	14分	—	3	—	1	2	6
7	约翰·哈弗	威尔士	尤文图斯	11分	2	—	1	1	—	5
7	博比·查尔顿	英格兰	曼联	11分	—	2	1	—	4	5
9	奥马尔·西沃里	意大利	尤文图斯	9分	1	—	2	—	—	9
9	霍斯特·塞尔	联邦德国	卡尔斯鲁厄	9分	—	—	—	—	—	9
11	帕科·亨托	西班牙	皇家马德里	8分	—	1	—	—	3	8
12	约瑟夫·马索普斯特	南斯拉夫	贝尔格莱德游击队	7分	1	—	—	1	—	7
13	詹姆斯·格里夫斯	英格兰	切尔西	5分	—	—	—	3	2	6
14	隽尔特·哈伯斯	瑞典	佛罗伦萨	4分	—	—	—	1	2	5
14	博拉·安德森	瑞典	巴勒莫	4分	—	—	1	—	2	5
16	路易斯·德尔索尔	法国	皇家马德里	3分	—	—	—	1	1	6
16	吉米·格里夫斯	英格兰	托特纳姆热刺	3分	—	—	1	—	1	3
16	阿格内·西蒙森	瑞典	皇家马德里	3分	—	—	1	—	1	3
19	德尔马·圣布鲁诺	瑞典	新佩鲁斯	2分	—	—	—	1	—	2
19	伊万·科列夫	保加利亚	索菲亚 CDNA	2分	—	1	—	—	—	2
19	卡罗利·桑多尔	匈牙利	布达佩斯匈牙利人	2分	—	—	—	—	2	2
23	亚诺什·格勒西奇	南斯拉夫	贝尔格莱德红星	1分	—	—	—	—	1	1
23	阿格内	英格兰	尤文图斯	1分	—	—	—	—	1	1
23	埃哈德·霍夫	奥地利	维也纳快速	1分	—	—	—	—	1	1
23	杰哈德·哈纳皮	奥地利	维也纳快速	1分	—	—	—	—	1	1

1960 年金球奖全排名及得票明细备注

1. 按照规则，1960 年金球奖未设立候选名单机制，所有获得投票者，均记录在表格中。

2. 路易斯·苏亚雷斯是首位出生在西班牙本土的金球奖得主，他在 2023 年 7 月去世。

3. 费伦茨·普斯卡什位列金球奖得主第 2 名，是其生涯最高排名，他在 2006 年 11 月去世。

4. 位列第 3 名的乌韦·席勒，他是历史上实现连续 4 届世界杯破门的中锋之一，他在 2022 年 7 月去世。

5. 来自英格兰和意大利的体育记者在第五顺位投票中选择 2 名球员，故第五顺位投票共有 21 张。

1961 年金球奖全排名及得票明细备注

1. 按照规则，1961 年金球奖未设立候选名单机制，名额仍向欧洲体育记者参与投票，所有获得投票的选手，均记录在表格中。共有 19

2. 奥马尔·西沃里是首位获得金球奖的非出生在阿根廷，是标准拥有归化球员的鲁尼。不如 8 年后获得金球奖的里维拉·里维拉。

3. 费伦茨·普斯卡什位列金球奖得主第 6 名，他是当时英格兰队的中锋，彼时处在生涯早期的博比·查尔顿，长期活动于左边路，辅助布恩斯。

4. 约翰尼·海因斯位列金球奖第 3 名，他是当时英格兰足坛历史上最高排名的球员之一。

5. 来自英格兰和意大利的体育记者在第五顺位投票中选择 2 名球员，故第五顺位投票共有 21 张。

1961 年金球奖全排名及得票明细

排名	球员名称	国家/地区	效力俱乐部	总得分	第一顺位投票	第二顺位投票	第三顺位投票	第四顺位投票	第五顺位投票	票数
1	奥马尔·西沃里	意大利	尤文图斯	46分	5	3	3	2	1	12
2	路易斯·苏亚雷斯	西班牙	国际米兰(巴塞罗那)	40分	4	3	2	1	—	10
3	约翰尼·海因斯	英格兰	富勒姆	22分	2	4	1	2	—	7
4	列夫·雅辛	苏联	莫斯科迪纳摩	21分	3	1	2	2	1	6
5	费伦茨·普斯卡什	匈牙利	皇家马德里	16分	1	1	2	2	2	6
6	乌韦·席勒	联邦德国	汉堡	13分	1	—	1	2	2	6
6	阿尔弗雷多·迪斯蒂法诺	西班牙	皇家马德里	13分	1	1	—	2	2	5
8	帕科·亨托	西班牙	皇家马德里	10分	—	1	2	2	1	5
9	尤西比奥	葡萄牙	本菲卡	7分	—	—	1	1	3	5
10	古拉·格勒西奇	匈牙利	布达佩斯迪纳摩	5分	—	1	—	1	1	5
10	博比·查尔顿	英格兰	曼联	5分	—	—	1	—	3	4
10	杰克尔·哈查斯	奥地利	维也纳快速	5分	—	1	—	—	3	4
10	阿尔弗雷多·迪斯蒂法诺	西班牙	皇家马德里	5分	—	—	1	—	3	4
10	约翰·哈弗	威尔士	尤文图斯	5分	—	—	—	2	1	4
17	丹尼·布兰奇弗劳尔	北爱尔兰	托特纳姆热刺	4分	—	1	—	—	2	4
17	热尔松·希斯劳尔多	南斯拉夫	第比利斯火车头	4分	—	—	1	—	2	4
17	库齐瓦·梅洛夫	苏联	第比利斯迪纳摩	4分	—	—	—	2	1	3
17	米伦内	苏联	佛罗伦萨	4分	—	—	1	—	2	3
23	帕格尔·波内德尔尼克	苏联	卡拉迪纳摩	3分	—	—	1	—	1	3
23	约翰·德米特鲁克	西班牙	巴塞罗那	3分	—	—	1	—	1	3
23	博比·莫尔	英格兰	曼联	3分	—	—	—	1	1	3
23	维克托·马斯洛	南斯拉夫	维也纳快速	3分	—	—	—	1	1	3
23	克莱尔	北爱尔兰	(卡拉迪纳摩)	3分	—	1	—	—	1	3
28	德尔马·圣布鲁诺	丹尼	罗斯托夫陆军	2分	—	—	1	—	—	2
28	何塞	葡萄牙	本菲卡	2分	—	—	—	1	—	2
28	皮埃尔·贝尔尼尔	法国	郎斯?	2分	—	—	—	1	—	2
28	格罗特	联邦德国	科隆	2分	—	—	—	—	2	2
28	密特尔·埃施曼	瑞士	汉堡	2分	—	—	—	—	2	2
28	吉米·格里夫斯	英格兰	AC 米兰	2分	—	—	—	—	2	2
35	吕西安·穆勒	法国	本菲卡	1分	—	—	—	—	1	1
35	科斯塔·佩雷勒	葡萄牙	本菲卡	1分	—	—	—	—	1	1
35	拉尔斯·安特南	瑞典	拉齐奥德?	1分	—	—	—	—	1	1
35	查尔奥	葡萄牙	本菲卡	1分	—	—	—	—	1	1
35	尤西比奥	葡萄牙	奥地利维也纳	1分	—	—	—	—	1	1
35	赫斯特·弗赖德	奥地利	第一维也纳	1分	—	—	—	—	1	1
35	卡尔·科勒	奥地利	奥地利维也纳	1分	—	—	—	—	1	1
35	杜卡里	罗马尼亚	布加勒斯特快速	1分	—	—	—	—	1	1
35	克莱里·马克里	奥地利	奥地利维也纳	1分	—	—	—	—	1	1
35	吉米·麦克罗伊	北爱尔兰	伯恩利	1分	—	—	—	—	1	1

1963 年金球奖全排名及得票明细

排名	球员名称	国家/地区	效力俱乐部	总得分	第一顺位投票	第二顺位投票	第三顺位投票	第四顺位投票	第五顺位投票	票数
1	列夫·雅辛	苏联	莫斯科迪纳摩	73分	11	3	1	1	1	17
2	詹尼·里维拉	意大利	AC米兰	55分	5	3	3	4	1	16
3	吉米·格里夫斯	英格兰	托特纳姆热刺	50分	2	4	6	3	–	15
4	丹尼斯·劳	苏格兰	曼联	45分	2	4	3	4	2	15
5	尤西比奥	葡萄牙	本菲卡	19分	–	2	2	2	1	7
6	卡尔-海因茨·施内林格	联邦德国	曼托瓦（科隆）	16分	1	4	4	–	–	5
7	乌韦·席勒	联邦德国	汉堡	9分	1	–	1	–	–	2
8	博比·查尔顿	英格兰	曼联	5分	–	1	–	2	–	2
8	路易斯·苏亚雷斯	西班牙	国际米兰	5分	1	–	–	2	–	3
8	乔瓦尼·特拉帕托尼	意大利	AC米兰	5分	–	–	1	2	1	3
11	若泽·阿尔塔菲尼	比利时	安德莱赫特	4分	–	–	–	2	2	2
11	弗洛里安·阿尔伯特	匈牙利	费伦茨瓦罗斯	4分	–	1	1	–	–	2
13	哈里斯·比约德	瑞典	诺尔雪平	3分	–	1	–	–	–	1
13	约瑟夫·马索普斯特	捷克斯洛伐克	布拉格斯巴达	3分	1	–	–	–	–	1
13	罗伯托·罗拉	意大利	尤文图斯	3分	–	–	1	–	1	1
17	杰夫·朱里安	法国	圣艾蒂安	2分	–	–	–	1	–	1
17	切萨雷·马尔蒂尼	意大利	AC米兰	2分	–	–	1	–	–	1
17	卡罗利·奥多尔	匈牙利	布达佩斯洪韦德	2分	–	1	–	2	–	2
21	卡罗利·奥尔奈	葡萄牙	本菲卡	1分	–	–	–	–	1	1
21	阿历·约翰松	瑞典	诺尔雪平	1分	–	–	–	1	–	1
21	曼弗雷德·凯泽	民主德国	奥尼	1分	1	–	–	–	–	1
21	梅廷·奥克瓦伊	土耳其	加拉塔萨雷	1分	–	–	1	–	–	1
21	斯瓦托普鲁克·普鲁斯卡尔	捷克斯洛伐克	布拉格杜克拉	1分	–	–	–	–	1	1

1963 年金球奖全排名及得票明细备注

1. 按照规则，1963 年金球奖采用记者参与投票机制，共有 21 名欧洲体育记者参与投票。所有获得票选者，均记录在表格中。
2. 列夫·雅辛成为唯一一获得金球奖的门将（截至 2023 年 10 月 31 日），他在 1990 年 3 月去世。
3. 位列第 3 名的吉米·格里夫斯，是英格兰足坛最出色的中锋之一，在克里斯蒂亚诺·罗纳尔多打破纪录之前，他是五大联赛历史射手王（366 球，比盖德·穆勒多 40 球的球员。截至 2023 年 10 月 31 日，他仍是英格兰顶级联赛中，最后一位单赛季进球数突破 40 球的球员。
4. 并列第 8 名的乔瓦尼·特拉帕托尼，是 AC 米兰的一名防守型中场，1963 年他也随球队首夺欧冠冠军，成功助游冠军 AC 米兰。
5. 并列第 17 名的切萨雷·马尔蒂尼，是保罗·马尔蒂尼的父亲。马尔蒂尼三代效力于 AC 米兰，其一家祖孙三代效力于意大利和意乙联赛的顶级教练。他于 2016 年 4 月去世。

1962 年金球奖全排名及得票明细

排名	球员名称	国家/地区	效力俱乐部	总得分	第一顺位投票	第二顺位投票	第三顺位投票	第四顺位投票	第五顺位投票	票数
1	约瑟夫·马索普斯特	捷克斯洛伐克	布拉格杜克拉	65分	9	3	2	1	–	15
2	尤西比奥	葡萄牙	本菲卡	53分	4	5	3	1	2	15
3	卡尔-海因茨·施内林格	联邦德国	科隆	33分	–	4	3	2	4	13
4	德拉甘·泽贝茨·塞库拉茨	南斯拉夫	贝尔格莱德红星	26分	2	3	1	3	–	8
5	杰夫·朱里翁	比利时	安德莱赫特	15分	1	2	–	4	4	7
6	詹尼·里维拉	意大利	AC米兰	14分	2	1	–	2	4	7
7	吉米·格里夫斯	英格兰	托特纳姆热刺	11分	1	2	–	2	–	3
8	米兰·加利奇	南斯拉夫	托特纳姆热刺	10分	1	–	–	1	–	3
9	约翰·查尔斯	威尔士	罗马（尤文图斯）	9分	1	1	1	1	1	3
10	亚诺什·格勒奇	匈牙利	新佩斯	6分	1	–	1	–	–	3
11	何塞·阿尔塔菲尼	葡萄牙	本菲卡	4分	1	–	–	–	1	1
11	雷蒙德·科帕	法国	兰斯	4分	1	–	–	–	–	2
11	丹尼斯·劳	英格兰	曼联（都灵）	4分	1	1	–	–	–	2
15	奥马尔·西沃里	意大利	尤文图斯	3分	–	1	1	1	–	2
15	安东尼·克瓦什尼亚克	捷克斯洛伐克	布拉格斯巴达	3分	–	–	–	–	–	1
15	安德烈·克瓦什尼亚克	法国	法国蒙斯	3分	–	–	1	–	–	1
19	路易斯·苏亚雷斯	西班牙	国际米兰	3分	–	–	1	–	1	2
19	弗洛里安·阿尔伯特	匈牙利	费伦茨瓦罗斯	2分	–	–	–	1	1	2
19	库尔特·哈姆林	瑞典	佛罗伦萨	2分	–	–	–	1	–	1
19	霍斯特·绍松	奥地利	奥地利维也纳	2分	–	–	–	1	–	1
19	华金·佩罗	西班牙	马德里竞技（都灵）	2分	–	1	–	–	–	2
25	威廉·施罗斯	捷克斯洛伐克	布拉格迪纳摩拉发	2分	–	–	1	–	–	1
25	埃德蒙·绍尔奇希	匈牙利	新佩斯	2分	–	–	–	–	–	1
25	帕科·亨托	西班牙	皇家马德里	1分	–	–	–	–	1	1
25	埃齐奥·帕斯库蒂	意大利	博洛尼亚	1分	–	–	1	–	–	1

1962 年金球奖全排名及得票明细备注

1. 按照规则，1962 年金球奖未设立候选提名机制，共有 19 名欧洲体育记者参与投票。所有获得票选者，均记录在表格中。
2. 约瑟夫·马索普斯特是首位获得金球奖的东欧球员，他在 2015 年 6 月去世。
3. 詹尼·里维拉首次入围金球奖榜单。
4. 捷克斯洛伐克随队门将，施洛夫夫带领球队在 1958 年世界杯上的出色发挥，他是早期凭借世界一流水平的门将，后世如查尔斯如希·吉约尔切达、吉别利亚诺·奥莫西亚·奥利不莫、埃米利亚诺·马丁内斯等人都沿袭了他的道路。

1964 年金球奖全排名及得票明细

排名	球员名称	国家/地区	效力俱乐部	总得分	第一顺位投票	第二顺位投票	第三顺位投票	第四顺位投票	第五顺位投票	票数
1	丹尼斯·劳	苏格兰	曼联	61分	6	6	2	—	1	15
2	路易斯·苏亚雷斯	西班牙	国际米兰	43分	6	1	3	—	1	11
3	阿曼西奥·阿马罗	西班牙	皇家马德里	38分	2	6	2	2	1	13
4	尤西比奥	葡萄牙	本菲卡	31分	5	2	2	2	1	12
5	保罗·范希姆斯特	比利时	安德莱赫特	28分	1	2	4	1	1	9
6	吉米·格里夫斯	英格兰	托特纳姆热刺	19分	2	1	—	1	1	5
7	马里奥·科尔索	意大利	国际米兰	17分	—	1	3	—	1	5
8	列夫·雅辛	苏联	莫斯科迪纳摩	15分	2	—	1	1	1	5
9	詹尼·里维拉	意大利	AC米兰	14分	1	—	2	1	—	4
10	瓦列里·沃罗宁	苏联	莫斯科鱼雷	11分	1	2	—	1	1	5
11	卡尔-海因茨·施内林格	联邦德国	罗马（曼联）	6分	1	—	1	3	—	3
13	赫尔穆特·哈勒	联邦德国	博洛尼亚	5分	1	1	1	—	—	3
14	让·尼科雷	比利时	标准列日	4分	1	—	1	1	—	3
15	问蒂诺·托雷斯	葡萄牙	本菲卡	3分	—	1	—	1	2	—
16	弗洛里安·阿尔伯特	匈牙利	费伦茨瓦罗斯	2分	—	—	1	—	3	—
16	吉泽·阿尔泰菲尼	意大利	AC米兰	2分	—	1	—	2	4	—
16	内斯托·孔班	法国	尤文图斯（里昂）	2分	—	—	1	—	4	—
19	瓦列里...	意大利	费耶诺德	1分	—	—	—	1	5	—
19	奥勒·马德森	丹麦	赫勒鲁普	1分	—	—	—	1	5	—
19	博比·穆尔	英格兰	西汉姆联	1分	—	—	—	2	5	—
19	奥马尔·西沃里	意大利	尤文图斯	1分	—	—	—	3	6	—
19	克劳斯·乌尔班查克	民主德国	哈雷尼	1分	—	—	—	1	7	—

1964 年金球奖排名及得票明细备注

1. 按照规则，1964 年金球奖未设立候选名单机制，共有 21 名欧洲体育记者参与投票，所有获得得票选者，均记录在表格中。（截至 2023 年 10 月 31 日）
2. 丹尼斯·劳是唯一一获得金球奖的苏格兰球员。
3. 路易斯·苏亚雷斯曾获得欧洲冠军，欧洲杯冠军，并且是球队的核心球员，但只屈居第 2 名，引发了金球奖早期的争议。
4. 第 3 名的阿曼西奥，阿马罗是皇家马德里的一代领袖，但马罗是皇家马德里的图腾人物，阿曼西奥在 2023 年 2 月去世。
5. 第 11 名的卡尔-海因茨·施内林格与并列第 16 名的费洛里安，斯托伊科夫和马约尔，可谓各领风骚，相辅相成，开创了匈牙利队内尔·梅西与马约尔，球迷与并列第 16 名的弗洛里奥里安，二者的球风迥然却异同内尔·梅
西与马约尔，可谓各领风骚，相辅相成，开创了匈牙利队的又一个黄金时代。

1965 年金球奖全排名及得票明细

排名	球员名称	国家/地区	效力俱乐部	总得分	第一顺位投票	第二顺位投票	第三顺位投票	第四顺位投票	第五顺位投票	票数
1	尤西比奥	葡萄牙	本菲卡	67分	9	3	3	—	1	16
2	吉亚琴托·法切蒂	意大利	国际米兰	59分	3	8	4	—	1	15
3	保罗·范希姆斯特	比利时	安德莱赫特	45分	4	2	3	4	2	15
4	路易斯·苏亚雷斯	西班牙	国际米兰	25分	1	2	2	2	—	6
5	博比·查尔顿	英格兰	曼联	19分	1	1	2	3	2	9
6	费伦茨·贝内	匈牙利	新佩斯	14分	1	1	2	1	—	5
7	马里奥·科尔索	意大利	国际米兰	10分	1	1	—	2	2	6
8	格奥尔基·阿斯帕鲁霍夫	保加利亚	列夫斯基索非亚	9分	—	1	3	2	3	9
8	列夫·雅辛	苏联	莫斯科迪纳摩	9分	1	—	1	1	3	6
8	瓦列里·沃罗宁	苏联	莫斯科鱼雷	8分	—	1	—	3	2	6
11	丹尼斯·劳	苏格兰	曼联	6分	—	1	1	—	2	4
12	卡尔-海因茨·施内林格	联邦德国	罗马	6分	—	1	—	1	3	—
13	乌韦·席勒	联邦德国	汉堡	5分	1	—	1	—	1	—
13	费伦茨·普斯卡什	匈牙利	皇家马德里	5分	—	—	1	2	3	—
15	马佐拉	意大利	国际米兰	3分	—	—	1	2	2	—
15	阿曼西奥·阿马罗	西班牙	皇家马德里	3分	—	1	—	1	4	—
17	弗朗索瓦·贝代	法国	南锡	2分	—	—	1	1	2	—
17	马里奥·贝尔尼	葡萄牙	本菲卡	2分	—	1	—	2	3	—
17	安德烈·克瓦什尼亚克	捷克斯洛伐克	布拉格斯巴达	2分	—	1	1	2	3	—
17	斯拉瓦·梅特雷维利	苏联	第比利斯迪纳摩	2分	—	—	2	2	3	—
17	弗朗索瓦·贝朗	西班牙	皇家马德里	2分	—	—	2	2	4	—
25	安德烈·黑尔德	联邦德国	（卡塞尔）	1分	—	—	—	1	1	—
25	斯拉瓦·奥丘瓦	瑞士	多特蒙德（奥芬）	1分	—	—	—	2	2	—
25	雅各布·库恩	瑞士	苏黎世	1分	—	—	—	1	1	—
25	西格弗里德·黑尔德	联邦德国	巴塞罗那者	1分	—	—	—	1	1	—

1965 年金球奖排名及得票明细备注

1. 按照规则，1965 年金球奖未设立候选名单机制，共有 21 名欧洲体育记者参与投票，所有获得得票选者，均记录在表格中。
2. 尤西比奥是首位获得金球奖的黑人球员，也在 2014 年 1 月去世。
3. 吉亚琴托·法切蒂是榜单上排名历史上榜单最高的边后卫球员之一（第 2 名）。
4. 第 8 名的格奥尔基·阿斯帕鲁霍夫是保加利亚足坛历史上最为出色的巨星之一，是当时出色的巨星，甚至可以与赫里斯托·斯托伊奇科夫媲美，1971 年 6 月，阿斯帕鲁霍夫去世，年仅 28 岁。

1966 年金球奖全排名及得票明细

排名	球员名称	国家/地区	效力俱乐部	总分	第一顺位投票	第二顺位投票	第三顺位投票	第四顺位投票	第五顺位投票	票数
1	博比·查尔顿	英格兰	曼联	81分	12	3	1	3	-	19
2	尤西比奥	葡萄牙	本菲卡	80分	5	10	5	-	-	20
3	弗朗茨·贝肯鲍尔	联邦德国	拜仁慕尼黑	59分	2	5	10	2	5	22
4	博比·穆尔	英格兰	西汉姆联	31分	2	3	1	2	2	10
5	弗洛里安·阿尔伯特	匈牙利	费伦茨瓦罗斯	23分	2	1	4	3	-	10
6	费伦茨·本涅	匈牙利	新佩斯	8分	1	-	2	-	-	4
7	列夫·雄辛	苏联	莫斯科迪纳摩	6分	-	2	-	-	-	2
7	阿兰·鲍尔	英格兰	埃弗顿	6分	-	2	-	-	-	2
10	亚诺什·法尔卡什	匈牙利	布达佩斯瓦萨斯（乌兹博拉）	6分	-	-	2	2	-	4
11	何塞·托雷斯	葡萄牙	本菲卡	5分	-	1	-	-	2	3
13	马里奥·科卢索	意大利	国际米兰	4分	-	1	1	-	2	2
14	瓦列里·沃罗宁	苏联	莫斯科鱼雷	4分	-	2	-	-	-	2
14	马里奥·科雷纳	葡萄牙	本菲卡	3分	-	1	-	1	-	3
14	格奥尔基·阿斯帕鲁霍夫	保加利亚	索非亚列夫斯基	2分	-	1	-	-	-	1
18	戈登·班克斯	英格兰	莱斯特城	2分	-	-	2	-	-	2
18	杰夫·赫斯特	英格兰	西汉姆联	2分	-	-	-	2	-	2
18	桑德罗·马佐拉	意大利	国际米兰	2分	-	-	1	-	1	2
18	伊戈尔·奇斯列夫	苏联	莫斯科迪纳摩	1分	-	-	-	-	3	1
18	托比·邓恩	英格兰	曼联	1分	-	-	-	-	1	1
18	赫尔穆特·哈勒	联邦德国	博洛尼亚	1分	-	-	-	-	1	1
18	丹尼斯·劳	苏格兰	曼联	1分	-	-	-	-	1	1
18	威利·舒尔茨	联邦德国	汉堡	1分	-	-	-	-	1	1
18	保罗·范希姆斯特	比利时	安德莱赫特	1分	-	-	-	-	1	1

1967 年金球奖全排名及得票明细

排名	球员名称	国家/地区	效力俱乐部	总分	第一顺位投票	第二顺位投票	第三顺位投票	第四顺位投票	第五顺位投票	票数
1	弗洛里安·阿尔贝特	匈牙利	费伦茨瓦罗斯	68分	8	4	3	-	3	18
2	博比·查尔顿	英格兰	曼联	40分	4	2	1	4	1	12
3	吉米·约翰斯通	苏格兰	凯尔特人	39分	2	5	2	3	1	11
4	弗朗茨·贝肯鲍尔	联邦德国	拜仁慕尼黑	37分	2	2	6	-	1	11
5	尤西比奥	葡萄牙	本菲卡	26分	2	2	-	2	2	8
6	汤米·格默尔	苏格兰	凯尔特人	21分	1	-	2	3	1	7
7	盖德·穆勒	联邦德国	拜仁慕尼黑	18分	3	3	-	-	-	6
7	乔治·贝斯特	北爱尔兰	曼联	18分	3	-	-	2	-	4
9	伊戈尔·连特	苏联	莫斯科迪纳摩	9分	1	-	-	2	-	3
10	亚诺什·法尔卡什	匈牙利	布达佩斯瓦萨斯	8分	-	2	-	2	2	3
10	桑德罗·马佐拉	意大利	国际米兰	8分	-	-	2	1	-	2
10	何塞·皮基	西班牙	皇家马德里	8分	-	2	-	-	1	3
13	路易吉·里瓦	意大利	卡利亚里	6分	-	1	3	-	-	4
13	爱德华·斯特列利佐夫	苏联	莫斯科鱼雷	6分	-	-	-	3	-	3
15	阿纳托利·贝切韦茨	苏联	基辅迪纳摩	5分	-	-	2	-	-	2
16	阿兰·鲍勒	英格兰	埃弗顿	4分	-	-	-	2	-	2
16	赫尔穆特·哈勒	联邦德国	博洛尼亚	4分	-	-	2	-	-	3
16	沃尔特·卢特明基	波兰	扎布热矿工	4分	-	2	-	-	-	2
20	詹尼·里维拉	意大利	AC米兰	3分	-	-	1	-	1	3
20	兹维兹丹·采比纳蒂	南斯拉夫	纽伦堡（凯因福林）	3分	-	1	-	2	-	2
20	吉亚琴托·法切蒂	意大利	国际米兰	3分	-	-	-	1	-	2
20	杰夫·赫斯特	英格兰	西汉姆联	3分	-	-	1	1	-	2
20	沃尔夫冈·奥弗拉特	联邦德国	科隆	3分	-	-	-	1	-	2
25	瓦列里·范希姆斯特	比利时	安德莱赫特	3分	-	-	-	2	1	2
25	尼古拉·科特科夫	苏联	莫斯科鱼雷	2分	-	-	1	-	-	2
27	约塞·奥古斯托	葡萄牙	本菲卡	2分	-	-	-	-	2	1
27	约恩·比耶勒高	丹麦	维也纳快速	1分	-	-	-	-	1	1
27	内斯汀·孔班	法国	都灵	1分	-	-	-	-	1	1
27	约翰·克鲁伊夫	荷兰	阿贾克斯	1分	-	-	-	-	1	1
27	佩德罗·德费佩	西班牙	皇家马德里	1分	-	-	-	-	1	1
27	路易斯·波菲	卢森堡	标准列日	1分	-	-	-	-	1	1
27	奥维·金格尔	瑞典	费耶诺德	1分	-	-	-	-	1	1
27	兹格弗里德·绍尔常里德	波兰	扎布热矿工	1分	-	-	-	-	1	1

1966 年金球奖全排名及得票明细备注
1. 按照规则，1966年金球奖未设立候选名单机制，共有22名欧洲体育记者参与投票，所有获得票选者，均记录在表格中。
2. 博比·查尔顿双双领先尤西比奥、弗朗茨·贝肯鲍尔1分夺魁，创下金球奖历史上前两名分差最小纪录，前者在2023年10月21日去世。
3. 弗朗茨·贝肯鲍尔首次入围金球奖榜单前3名。
4. 阿兰·鲍尔作为英格兰"无翼奇迹"的标志性边路球员，成功跻身金球奖榜单并列第7名，他在2003年4月去世。

1967 年金球奖全排名及得票明细备注
1. 按照规则，1967年金球奖设立提名机制，共有24名欧洲体育记者参与投票，所有获得票选者，均记录在表格中。
2. 弗洛里安·阿尔贝特成为唯一获得金球奖的匈牙利球员（截至2023年10月31日），他在2011年10月去世。
3. 吉米·约翰斯通获得第3名，也率领凯尔特人夺得英冠联赛队首个欧冠冠军。
4. 阿里·金·绍尔常里德是欧洲金球奖最年轻入选者（16岁，截至2023年10月31日）。如果不是在1973年遇伤病，他的上限难以估量。

1968 年金球奖全排名及得票明细

排名	球员名称	国家/地区	效力俱乐部	总得分	第一顺位投票	第二顺位投票	第三顺位投票	第四顺位投票	第五顺位投票	票数
1	乔治·贝斯特	北爱尔兰	曼联	61分	7	3	4	1	–	15
2	博比·查尔顿	英格兰	曼联	53分	5	3	4	2	1	15
3	德拉甘·扎伊奇	南斯拉夫	贝尔格莱德红星	46分	4	4	2	3	1	14
4	弗朗茨·贝肯鲍尔	联邦德国	拜仁慕尼黑	36分	3	4	2	2	1	12
5	吉亚琴托·法切蒂	意大利	国际米兰	30分	4	3	–	2	1	10
6	路易吉·里瓦	意大利	卡利亚里	22分	2	4	1	–	2	9
7	阿曼西奥·阿马罗	西班牙	皇家马德里	21分	2	1	3	1	1	8
8	尤西比奥	葡萄牙	本菲卡	15分	1	1	2	2	1	7
9	詹尼·里维拉	意大利	AC米兰	13分	1	2	1	2	–	7
10	吉米·格里夫斯	英格兰	托特纳姆热刺	8分	1	–	2	–	3	5
10	何塞·皮里	西班牙	皇家马德里	8分	1	–	1	2	3	7
12	安格尔·苏维埃	匈牙利	新佩斯	7分	1	–	1	2	2	6
12	威尔	联邦德国	汉堡	7分	1	–	1	2	3	7
14	尤西	芬兰	保加利亚中央陆军	6分	1	–	–	2	3	6
14	格奥尔基·舒尔采	联邦德国	莫斯科中央陆军	6分	1	–	1	2	2	5
16	奥维·金德瓦尔	瑞典	费耶诺德	5分	–	2	–	1	3	5
17	弗洛里安·阿尔伯特	匈牙利	费伦茨瓦罗斯	4分	–	1	2	1	2	4
17	桑德罗·马佐拉	意大利	国际米兰	4分	–	1	1	2	1	4
20	拉约什·斯库德拉	匈牙利	费伦茨瓦罗斯	3分	–	1	2	1	3	4
20	约翰·克鲁伊夫	荷兰	阿贾克斯	3分	–	1	–	1	3	3
22	盖德·穆勒	联邦德国	拜仁慕尼黑	2分	–	1	–	1	2	3
22	杰克·查尔顿	英格兰	利兹联	2分	–	1	–	–	3	3
24	费伦茨·贝内	匈牙利	新佩斯	1分	–	–	1	1	2	3
24	阿兰·博尔	英格兰	埃弗顿	1分	–	–	1	–	2	2
24	米尔萨德·法兹拉吉奇	南斯拉夫	萨拉热窝	1分	–	–	1	1	2	3
24	汤米·格默尔	苏格兰	凯尔特人	1分	–	–	1	1	2	3
24	吉米·约翰斯通	苏格兰	凯尔特人	1分	–	–	1	–	3	3
24	安东尼·多金森	意大利	国际米兰	1分	–	–	1	1	3	4
24	播里萨尔·奇瓦	苏联	第比利斯迪纳摩	1分	–	–	1	1	3	4
24	伊尔塔卡	南斯拉夫	泽列兹尼察	1分	–	–	1	1	3	4
24	路易斯·奥洛特	卢森堡	标准列日	1分	–	–	1	1	3	4

1968 年金球奖得票明细备注

1. 按照规则，1968 年金球奖未设立候选名单机制，共有 25 名欧洲体育记者参与投票，所有获得得票选手，均记录在表格中。
2. 乔治·贝斯特是 1968 年金球奖得主（截至 2023 年 10 月 31 日），他在 2005 年 11 月去世。
3. "曼联三星"（博比·查尔顿、乔治·贝斯特）均成为"金球先生"。
4. 第 3 名的德拉甘·扎伊奇在 1968 年欧洲杯中发挥出色，率领南斯拉夫杀入决赛，他是南斯拉夫足坛历史上最出色的球员之一。
5. 第 14 名的阿尔伯特·金斯，是苏联足坛历史上最出色的中卫之一。1964 年与 1968 年两届欧洲杯，他都有着出色的发挥，可谓均与冠军擦肩而过。

1969 年金球奖全排名及得票明细

排名	球员名称	国家/地区	效力俱乐部	总得分	第一顺位投票	第二顺位投票	第三顺位投票	第四顺位投票	第五顺位投票	票数
1	詹尼·里维拉	意大利	AC米兰	83分	14	1	2	4	1	19
2	路易吉·里瓦	意大利	卡利亚里	79分	10	3	3	5	2	20
3	约翰·克鲁伊夫	荷兰	阿贾克斯	38分	1	6	2	5	5	15
4	奥维·金德瓦尔	荷兰	费耶诺德	30分	3	3	2	1	6	12
5	乔治·贝斯特	北爱尔兰	曼联	30分	3	2	3	5	5	13
6	弗朗茨·贝肯鲍尔	联邦德国	拜仁慕尼黑	21分	1	3	3	1	6	14
7	吉亚琴托·法切蒂	意大利	国际米兰	18分	1	2	1	5	5	5
8	皮埃尔里诺·普拉蒂	意大利	AC米兰	17分	1	2	1	2	4	5
9	皮埃尔·苏亚雷斯	西班牙	国际米兰	14分	–	1	1	5	5	4
10	杰夫·阿斯特尔	英格兰	西布罗姆维奇	10分	–	2	1	5	5	3
11	阿曼西奥·阿马罗	西班牙	皇家马德里	8分	1	1	1	5	3	4
12	德拉甘·扎伊奇	南斯拉夫	贝尔格莱德红星	8分	–	2	1	5	3	4
13	路易吉·拉	意大利	莫斯科中央陆军	4分	4	–	–	2	2	3
13	约翰·赫尔德	卢森堡	标准列日	4分	2	–	–	2	3	3
15	博比	英格兰	曼联	3分	2	–	1	1	3	3
15	安杰洛·索尔马尼	意大利	AC米兰	3分	2	1	–	1	3	3
15	费伦茨·贝内	匈牙利	新佩斯	3分	2	–	–	1	3	3
18	马丁·彼得斯	英格兰	西汉姆联	2分	2	–	–	1	3	3
18	乔治·阿姆斯特朗	希腊	帕纳辛纳科斯	2分	2	1	–	1	3	4
18	安东尼奥	西班牙	皇家马德里	2分	2	–	1	1	3	4
18	路易斯·科纳	卢森堡	奥林匹克马赛	2分	2	1	1	3	3	4
23	约瑟夫·斯科布拉	捷克斯洛伐克	KRC 梅赫伦	1分	–	1	–	2	3	3
23	卡罗拉	苏联	利兹联	1分	1	1	–	2	2	3
23	吉米·格里夫斯	英格兰	托特纳姆热刺	1分	1	1	–	2	3	3
23	米尔萨德	苏联	第比利斯迪纳摩	1分	1	–	–	2	3	3
23	沃尔夫冈	法国	凯尔特人	1分	1	–	1	2	3	3
23	弗朗西斯	波兰	华沙军工	1分	1	–	1	2	3	3
23	威尔弗雷德·范莫尔	比利时	标准列日	1分	1	–	–	2	3	3
23	伊沃·维克托	捷克斯洛伐克	布拉格杜克拉	1分	1	–	1	2	3	3

1969 年金球奖得票明细备注

1. 按照规则，1969 年金球奖未设立候选名单机制，共有 26 名欧洲体育记者参与投票，所有获得得票选手，均记录在表格中。
2. 詹尼·里维拉是 1969 年金球奖首位入选本土意大利的意大利金球奖得主。
3. 约翰·克鲁伊夫首次入选金球奖榜单前 5 名。
4. 第 2 名的路易吉·里瓦是意大利队本赛季的第一射手（42 球 35 球，盖德·穆勒排名次入围前 3 名。
5. 第 8 名的皮埃尔里诺·普拉蒂，在 1968—1969 赛季欧冠决赛中上演帽子戏法，帮助 AC 米兰夺冠。他是最后一位在欧冠决赛中上演帽子戏法的球员（截至 2023 年 10 月 31 日）。

1970 年金球奖全排名及得票明细

排名	球员名称	国家/地区	效力俱乐部	总得分	第一顺位投票	第二顺位投票	第三顺位投票	第四顺位投票	第五顺位投票	票数
1	盖德·穆勒	联邦德国	拜仁慕尼黑	77分	8	5	2	5	1	21
2	博比·摩尔	英格兰	西汉姆联	70分	6	7	3	—	3	19
3	路易吉·里瓦	意大利	卡利亚里	65分	5	4	4	5	2	20
4	弗朗茨·贝肯鲍尔	联邦德国	拜仁慕尼黑	32分	2	3	3	3	2	10
5	沃尔夫冈·奥弗拉特	联邦德国	科隆	29分	3	—	3	2	1	9
6	德拉甘·扎伊奇	南斯拉夫	贝尔格莱德红星	24分	1	1	1	3	3	8
7	约翰·克鲁伊夫	荷兰	阿贾克斯	13分	—	1	3	1	1	5
8	戈登·班克斯	英格兰	斯托克城	8分	1	—	—	2	1	3
8	桑德罗·马佐拉	意大利	国际米兰	8分	1	1	2	—	—	4
10	里努斯·伊瑞尔	荷兰	费耶诺德	7分	1	—	1	1	1	2
10	詹尼·里维拉	意大利	AC米兰	7分	1	—	1	—	2	3
10	乌韦·席勒	联邦德国	汉堡	7分	1	—	2	—	1	2
14	阿尔伯特·舍斯捷尔尼奥夫	苏联	莫斯科中央陆军	7分	—	1	—	2	4	4
14	吉亚琴托·法切蒂	意大利	卡利亚里	4分	1	—	—	1	1	2
14	安杰洛·多梅吉尼	意大利	卡利亚里	4分	—	1	1	1	—	2
14	奥维·金德瓦尔	瑞典	费耶诺德	4分	1	—	—	1	2	2
18	弗朗西斯·李	英格兰	曼城	3分	—	1	1	—	—	2
18	维姆·范哈内亨	荷兰	埃因霍温	3分	—	1	—	—	1	1
18	阿兰·库珀	英格兰	利兹联	3分	—	1	—	—	1	1
18	特里·库珀	英格兰	利兹联	3分	—	1	—	—	—	1
18	吉亚琴托·法切蒂	意大利	国际米兰	3分	—	—	1	—	2	2
18	吉奥瓦尼·赫斯特拉特	联邦德国	西汉姆联	3分	—	—	1	—	2	2
22	尤西比奥	葡萄牙	本菲卡	2分	—	—	1	—	—	1
22	约西普·斯科布拉尔·迪奥	南斯拉夫	马赛	2分	—	—	—	1	—	1
24	让·德约卡夫	法国	布加勒斯特迪纳摩	1分	—	—	—	—	1	1
24	弗洛雷亚·杜米特拉凯	罗马尼亚	巴黎圣日尔曼	1分	—	—	—	—	1	1
24	吉奥瓦·哈西尔	奥地利	布加勒斯特迪纳摩	1分	—	—	—	—	1	1
24	弗朗茨·尤西克·克赖舍	民主德国	费耶诺德迪纳摩	1分	—	—	—	—	1	1
24	汉斯·尤小科	民主德国	德累斯顿迪纳摩	1分	—	—	—	—	1	1
24	卡洛斯·雷克罗奇	西班牙	巴塞罗那	1分	—	—	—	—	1	1

1971 年金球奖全排名及得票明细

排名	球员名称	国家/地区	效力俱乐部	总得分	第一顺位投票	第二顺位投票	第三顺位投票	第四顺位投票	第五顺位投票	票数
1	约翰·克鲁伊夫	荷兰	阿贾克斯	116分	19	5	—	—	1	25
2	桑德罗·马佐拉	意大利	国际米兰	57分	3	6	3	3	3	18
3	乔治·贝斯特	北爱尔兰	曼联	56分	1	5	8	3	1	18
4	阿将·闪东尔	联邦德国	门兴格拉德巴赫	30分	1	—	4	4	4	13
5	弗朗茨·贝肯鲍尔	联邦德国	拜仁慕尼黑	27分	—	4	2	1	3	10
6	盖德·穆勒	联邦德国	拜仁慕尼黑	18分	1	1	1	2	2	7
6	约翰尼·雷普	南斯拉夫	马赛	18分	1	—	1	2	3	8
8	马丁·齐克斯	英格兰	托特纳姆热刺	12分	—	2	2	2	1	5
9	皮埃特·凯泽尔	荷兰	阿贾克斯	9分	2	—	—	2	1	3
10	博比·穆尔	英格兰	西汉姆联	7分	—	1	1	—	—	2
10	费伦茨·拜苏	匈牙利	新佩斯	7分	—	1	1	1	2	4
12	耶夫德·鲁达科夫	苏联	基辅迪纳摩	6分	—	1	1	1	—	3
13	吉亚琴托·法切蒂	意大利	国际米兰	4分	—	—	1	1	—	1
14	米米斯·多马佐斯	希腊	帕纳辛纳科斯	4分	—	1	—	—	1	1
15	何寨·皮里	西班牙	皇家马德里	3分	—	—	—	1	1	1
15	德拉甘·扎伊奇	南斯拉夫	贝尔格莱德红星	3分	—	—	1	—	1	2
18	贝尔蒂·福格茨	联邦德国	门兴格拉德巴赫	3分	—	1	—	1	—	2
18	特里·库珀	英格兰	利兹联	2分	—	—	1	—	—	1
18	弗朗西斯·李	英格兰	曼城	2分	—	1	—	—	—	1
18	沃尔夫冈·奥弗拉特	联邦德国	科隆	2分	—	—	—	2	—	2
18	威尔弗里德·范莫尔	比利时	标准列日	2分	—	—	—	2	—	2
22	博比·舍斯顿	英格兰	曼联	1分	—	—	—	—	1	1
22	阿列伊特·舍斯特迪尔奥夫	苏联	莫斯科中央陆军	1分	—	—	—	—	1	1

1970 年金球奖全排名及得票明细备注

1. 按照规则，1970 年金球奖未设立候选名单机制，共有 26 名欧洲体育记者参与投票，所有获得票选者，均记录在表格中。
2. 盖德·穆勒成为首位获得金球奖的德国球员，他在 2021 年 8 月去世。
3. 博比·摩尔是英格兰历史上的首位金球奖第 2 名。他在 1993 年 2 月去世。
4. 来自意大利的体育记者在第五顺位投票中选择 2 名球员，故第五顺位投票共有 27 张，来自苏联的体育记者在第一顺位投票中选择 2 名球员，没有投出第二顺位投票，故第一顺位投票共有 27 张，第二顺位投票共有 25 张。

1971 年金球奖全排名及得票明细备注

1. 按照规则，1971 年金球奖未设立候选名单机制，共有 26 名欧洲体育记者参与投票，所有获得票选者，均记录在表格中。
2. 约翰·克鲁伊夫是首位获得金球奖的荷兰球员，他在 2016 年 3 月去世。
3. 桑德罗·马佐拉取得生涯最高的金球奖排名（第 2 名）。
4. 并列第 6 名的约西普·斯科布拉尔，在 1970-1971 赛季的法甲联赛中打入 44 球，仍保持着单赛季法甲中的进球纪录（截至 2023 年 10 月 31 日）。

1972 年金球奖全排名及得票明细

排名	球员名称	国家/地区	效力俱乐部	总得分	第一顺位投票	第二顺位投票	第三顺位投票	第四顺位投票	第五顺位投票	票数
1	弗朗茨·贝肯鲍尔	联邦德国	拜仁慕尼黑	81分	10	4	1	6	—	21
2	冈特·内策尔	联邦德国	门兴格拉德巴赫	79分	7	4	6	4	—	22
3	约翰·克鲁伊夫	荷兰	阿贾克斯	73分	5	9	4	5	3	22
4	皮埃特·凯泽尔	荷兰	阿贾克斯	13分	—	3	1	—	6	8
5	盖德·穆勒	联邦德国	拜仁慕尼黑	6分	—	1	—	—	3	4
6	卡沙米兹·代纳	波兰	华沙莱吉亚	6分	—	—	4	1	8	8
7	戈登·班克斯	英格兰	斯托克城	4分	—	—	1	2	—	3
7	巴里·胡尔绍夫	荷兰	阿贾克斯	4分	1	—	—	—	—	1
7	弗洛德塔米尔沃尔斯	波兰	斯拉斯克卢斯星	4分	—	2	—	—	—	2
7	安托宁·帕年卡	捷克斯洛伐克	阿森纳	4分	—	—	2	—	5	5
11	赫里斯托·博内夫	保加利亚	洛科莫蒂夫火头	3分	—	1	—	1	1	3
11	穆尔兹·库希奇奇瓦	苏联	第比利斯迪纳摩	3分	—	—	—	3	—	3
11	格拉·穆德伦	荷兰	安德莱赫特	3分	—	—	—	—	4	4
11	保罗·布莱特纳	联邦德国	拜仁慕尼黑	3分	—	—	—	—	4	4
15	安塔尔·多博伊	匈牙利	新佩斯	2分	—	—	—	—	2	2
15	沈吉奥	意大利	本菲卡	2分	—	1	—	2	—	2
15	乔治·博斯特洛	葡萄牙	本菲卡	2分	—	—	2	—	2	2
18	保罗·马扎拉	意大利	国际米兰	1分	—	—	—	1	1	1
18	阿雷西奥·阿马罗	意大利	尤文图斯	1分	—	—	—	—	1	1
18	乔吉奥·基纳利亚	意大利	拉齐奥	1分	—	—	—	—	1	1
18	德拉甘·扎伊奇	南斯拉夫	红星	1分	—	—	—	—	1	1
18	约翰·吉尔斯	爱尔兰	利兹联	1分	—	—	—	—	1	1
18	约翰·内斯肯斯	荷兰	阿贾克斯	1分	—	—	—	—	1	1
18	约翰·雷德格	苏格兰	格拉斯哥流浪者	1分	—	—	1	—	1	1
18	耶夫雷恩	意大利	AC米兰	1分	—	—	—	—	1	1
18	吉里乌斯·鲁达雷索尔	法国	马赛	1分	—	—	—	—	1	1

1972 年金球奖全排名及得票明细备注
1. 按照规则，1972 年金球奖未设立候选名单机制，共有 25 名欧洲体育记者参与投票，所有获得票选者，均记录在本表格中。
2. 弗朗茨·贝肯鲍尔在连续 6 年入围金球奖前 3 名后，获得 1972 年金球奖。
3. 联邦德国球员（弗朗茨·贝肯鲍尔、盖德·穆勒、冈特·内策尔）包揽金球奖前 3 名，首次有同国球员完成这一壮举。
4. 并列第 18 名的约翰尼·吉尔斯是早期爱尔兰球员的代表人物，是当时利兹联的代表球员之一。

1973 年金球奖全排名及得票明细

排名	球员名称	国家/地区	效力俱乐部	总得分	第一顺位投票	第二顺位投票	第三顺位投票	第四顺位投票	第五顺位投票	票数
1	约翰·克鲁伊夫	荷兰	阿贾克斯（巴塞罗那）	96分	15	2	3	2	2	22
2	迪诺·佐夫	意大利	尤文图斯	47分	3	3	1	—	—	15
3	盖德·穆勒	联邦德国	拜仁慕尼黑	44分	3	2	—	1	3	14
4	弗朗茨·贝肯鲍尔	联邦德国	拜仁慕尼黑	20分	—	2	2	1	—	8
5	比利·布莱姆纳	苏格兰	利兹联	22分	1	1	3	1	—	8
6	卡洛斯·布莱德纳	波兰	华沙莱吉亚	6分	—	—	2	—	2	5
7	南斯拉夫比维奇	南斯拉夫	凯泽斯劳滕	6分	—	—	2	2	2	5
8	罗伯托·贝里奇	南斯拉夫	红星	4分	—	—	—	4	1	5
9	拉尔夫·埃德斯特伦	瑞典	埃因霍温（阿贾克斯维达雷）	11分	1	—	—	—	3	3
9	冈特·内策尔	联邦德国	皇家马德里	11分	1	—	—	—	5	5
11	赫里斯托·博内夫	保加利亚	普罗夫迪夫火头	8分	—	1	—	—	3	3
12	吉亚琴托·法切蒂	意大利	国际米兰	7分	1	—	—	—	2	2
12	马利·赫内斯	西班牙	巴塞罗那	7分	—	—	5	—	5	5
14	桑德罗	联邦德国	科隆	5分	—	2	2	—	3	3
14	扬·托马舍夫斯基	波兰	国际米兰	5分	—	—	5	—	—	5
14	扎·托米斯拉夫星	波兰	贝尔格莱德红星	5分	—	—	—	4	—	4
17	弗洛德兹米尔沃尔斯	波兰	华沙莱吉亚	4分	—	—	—	4	3	3
18	沃尔夫冈·奥弗拉特	联邦德国	科隆	3分	—	1	—	—	2	2
19	巴里·胡尔绍夫	荷兰	阿贾克斯	2分	—	—	2	2	2	2
19	博比·穆尔	英格兰	西汉姆联	2分	—	—	2	—	2	2
19	迪兹·克拉普	联邦德国	凯泽斯劳滕	2分	—	—	2	—	2	2
23	弗拉迪斯米维奇	南斯拉夫	贝尔格莱德红星	1分	—	—	—	1	1	1
23	南阿明吉维奇	南斯拉夫	托尔纳姆热刺	1分	—	—	—	1	1	1
23	德拉甘·扎伊奇	南斯拉夫	红星	1分	—	—	—	2	1	1
23	帕特·詹宁斯	北爱尔兰	托特纳姆热刺	1分	—	—	—	1	1	1
23	伊沃·维克托	苏联	曼城	1分	—	—	—	1	1	1
23	丹尼斯·维克托	苏联	布拉格杜克拉	1分	—	—	—	1	1	1

1973 年金球奖全排名及得票明细备注
1. 按照规则，1973 年金球奖未设立候选名单机制，共有 25 名欧洲体育记者参与投票，所有获得票选者，均记录在本表格中。
2. 约翰·克鲁伊夫继续获得金球奖，两次获得金球奖的球员。
3. 迪诺·佐夫以第 2 位成为继约翰之后，第 2 位入围金球奖前 3 名的门将。
4. 迪诺·佐夫、布莱姆纳在当时利兹联的队长，被球迷评为利兹联队史上最伟大的球员像。布莱姆纳在 1997 年 12 月去世。

1974 年金球奖全排名及得票明细

排名	球员名称	国家/地区	效力俱乐部	总得分	第一顺位投票	第二顺位投票	第三顺位投票	第四顺位投票	第五顺位投票	票数
1	约翰·克鲁伊夫	荷兰	巴塞罗那	116分	15	9	1	1	-	26
2	弗朗茨·贝肯鲍尔	联邦德国	拜仁慕尼黑	105分	10	13	1	-	-	24
3	卡齐米尔·德意纳	波兰	华沙莱吉亚	35分	-	-	3	4	3	14
4	保罗·布莱特纳	联邦德国	皇家马德里（拜仁慕尼黑）	32分	-	3	4	3	2	12
5	约翰·内斯肯斯	荷兰	巴塞罗那	21分	-	-	4	2	5	11
6	格热戈日·拉托	波兰	梅策次钢铁	16分	-	2	4	4	-	8
7	盖德·穆勒	联邦德国	拜仁慕尼黑	14分	-	1	1	2	5	5
8	罗伯特·加多查	波兰	华沙莱吉亚	11分	-	-	1	3	-	5
9	比利·布莱姆纳	苏格兰	利兹联	9分	-	-	3	-	-	4
10	拉尔夫·埃德斯特伦	瑞典	埃因霍温	4分	-	-	-	1	2	2
10	彼得·洛里默	民主德国	马德堡	4分	-	2	-	-	-	2
10	布兰科·奥布拉克	联邦德国	门兴格拉德巴赫	4分	-	-	1	1	-	2
13	罗尼·赫尔斯特伦	瑞典	凯泽斯劳滕	3分	-	-	1	-	1	3
13	扬·托马谢夫斯基	波兰	罗兹	3分	-	-	-	1	1	3
15	若泽·阿尔塔菲尼	意大利	尤文图斯	2分	-	-	1	-	-	1
15	赫里斯托·博内夫	保加利亚	普罗夫迪夫火车头	2分	-	-	1	-	-	1
15	耶日·格尔贡	波兰	扎布热矿工	2分	-	1	-	-	-	1
19	塞普·迈尔	联邦德国	拜仁慕尼黑	1分	-	-	-	-	1	1
19	奥列格·布洛欣	苏联	基辅迪纳摩	1分	-	-	-	-	1	1
19	莱纳·邦霍夫	联邦德国	门兴格拉德巴赫	1分	-	-	-	1	-	1
19	让-马克·吉尤	法国	昂热	1分	-	-	-	-	1	1
19	乌利·赫内斯	联邦德国	拜仁慕尼黑	1分	-	-	1	-	-	1
19	布兰科·奥布拉克	南斯拉夫	哈伊杜克	1分	-	-	1	-	-	1

1975 年金球奖全排名及得票明细

排名	球员名称	国家/地区	效力俱乐部	总得分	第一顺位投票	第二顺位投票	第三顺位投票	第四顺位投票	第五顺位投票	票数
1	奥列格·布洛欣	苏联	基辅迪纳摩	122分	20	5	-	1	-	26
2	弗朗茨·贝肯鲍尔	联邦德国	拜仁慕尼黑	42分	4	-	3	2	1	12
3	约翰·克鲁伊夫	荷兰	巴塞罗那	27分	-	3	3	3	3	11
4	贝尔蒂·福格茨	联邦德国	门兴格拉德巴赫	25分	-	4	3	1	1	7
5	塞普·迈尔	联邦德国	拜仁慕尼黑	20分	2	-	1	1	1	6
6	路德·吉尔斯	荷兰	阿贾克斯	18分	-	2	2	3	2	8
7	约瑟夫·海因克斯	联邦德国	门兴格拉德巴赫	17分	-	3	-	6	1	8
8	保罗·布莱特纳	联邦德国	皇家马德里（拜仁慕尼黑）	14分	-	-	2	2	2	5
9	科林·托德	英格兰	德比郡	12分	-	2	2	2	2	6
10	杜拉·杰奥尔杰斯库	罗马尼亚	布加勒斯特迪纳摩	11分	-	2	1	1	-	3
11	彼得·洛里默	苏格兰	利兹联	9分	-	-	1	-	2	3
11	布兰科·奥布拉克	南斯拉夫	沙尔克04	9分	-	-	-	1	-	4
11	何塞·皮雷	西班牙	皇家马德里	9分	-	-	3	-	-	3
14	拉尔夫·埃德斯特伦	瑞典	皇家马德里	6分	-	-	-	-	3	3
14	冈特·内策尔	联邦德国	皇家马德里	6分	-	-	2	-	-	3
14	迪诺·佐夫	意大利	尤文图斯	6分	-	-	-	2	-	4
17	赫里斯托·博内夫	保加利亚	普罗夫迪夫火车头	4分	-	-	-	-	3	1
17	约翰·瑞普	南斯拉夫	尼斯	4分	-	-	-	1	-	1
17	格热戈日·拉托	波兰	梅策次钢铁	4分	-	-	1	-	-	1
17	伊万·维尼克	捷克斯洛伐克	布拉迪斯拉发	4分	-	2	-	-	1	2
22	扬·佩万尼克	捷克斯洛伐克	布拉迪斯拉发	3分	-	-	-	-	1	3
23	莱奥尼达斯	苏联	基辅迪纳摩	2分	-	-	2	-	-	2
23	尤尔根·克罗伊	民主德国	茨维考	2分	-	-	-	1	-	2
23	约翰·内斯肯斯	荷兰	巴塞罗那	2分	-	-	2	-	-	2
27	让-马克·吉尤	法国	尼斯	1分	-	-	-	-	1	1
27	德拉甘·扎伊奇	葡萄牙	博阿维斯塔	1分	-	-	-	1	-	2
27	吉亚琴托·法切蒂	意大利	国际米兰	1分	-	-	-	1	-	1
27	帕特·詹宁斯	北爱尔兰	女王公园巡游者	1分	-	-	-	-	1	1
27	阿兰·西蒙森	丹麦	门兴格拉德巴赫	1分	-	-	1	-	-	1

1974 年金球奖全排名及得票明细备注
1. 按照规则，1974年金球奖未设立候选名单机制，共有26名欧洲体育记者参与投票，所有获得票选者，均记录在表格中。
2. 克鲁伊夫成为历史上首位3次获得金球奖的球员。
3. 约翰·克鲁伊夫共获得26名记者的全部投票。
4. 卡齐米尔·德意纳成为首位入围金球奖榜单前3名的波兰球员。
5. 第4名的保罗·布莱特纳成为历史上最出众的左后卫之一，他曾在两届（1974年、1982年）世界杯决赛中取得进球，成为首位取得这一成就的德国球员。

1975 年金球奖全排名及得票明细备注
1. 按照规则，1975年金球奖未设立候选名单机制，共有26名欧洲体育记者参与投票，所有获得票选者，均记录在表格中。
2. 奥列格·布洛欣成为苏联历史上首位获得金球奖的球员。
3. 奥列格·布洛欣获得到122分，刷新了金球奖得主的得分纪录。
4. 第4名的贝尔蒂·福格茨是门兴格拉德巴赫的传奇队长，也是世界足坛历史上最出色的后卫之一。他在1975年率领门兴格拉德巴赫夺得德甲冠军与欧联杯冠军。
5. 第5名的塞普·迈尔是门兴格拉德巴赫·贝肯鲍尔、盖德·穆勒同期的球星，司职门将的迈尔是世界足坛历史上最出色的门将之一。

1976 年金球奖全排名及得票明细

排名	球员名称	国家/地区	效力俱乐部	总得分	第一顺位投票	第二顺位投票	第三顺位投票	第四顺位投票	第五顺位票数
1	弗朗茨·贝肯鲍尔	联邦德国	拜仁慕尼黑	91分	14	3	2	1	21
2	罗布·伦森布林克	荷兰	安德莱赫特	75分	6	6	5	4	17
3	伊沃·维克托	捷克斯洛伐克	杜克拉布拉格	52分	4	7	2	4	14
5	凯文·基冈	英格兰	利物浦	32分	—	5	5	4	12
6	米歇尔·普拉蒂尼	法国	南锡	19分	—	1	2	2	7
7	安东·昂德鲁什	捷克斯洛伐克	布拉迪斯拉发	16分	—	3	1	2	8
7	约翰·克鲁伊夫	荷兰	巴塞罗那	12分	—	2	2	4	7
9	伊万·丘尔科维奇	南斯拉夫	圣埃蒂安	9分	1	—	4	3	5
9	盖德·穆勒	联邦德国	拜仁慕尼黑	9分	—	2	4	3	3
9	马里奥·凯姆佩尼	捷克斯洛伐克	布拉迪斯拉发	9分	—	2	1	4	4
12	弗朗茨·李奇奥	意大利	尤文图斯	7分	—	2	—	1	3
13	贝利奇·尼尼斯	联邦德国	门兴格拉德巴赫	6分	—	—	1	1	3
14	希博尔·福格茨	匈牙利	费伦茨瓦罗斯	5分	—	—	1	—	3
15	罗博托·贝坦加	意大利	尤文图斯	4分	—	1	—	—	2
15	尤尔根·克罗恩	民主德国	茨维考	4分	—	—	1	—	2
15	维罗斯拉夫·波洛克	捷克斯洛伐克	布加勒斯特迪纳摩	4分	—	—	—	2	2
19	奥列格·布洛欣	苏联	基辅迪纳摩	3分	—	—	1	—	1
19	纠阿基姆·施特赖希	民主德国	罗斯托克	3分	—	—	—	1	2
21	杰特·穆勒	法国	圣埃蒂安	2分	—	—	—	1	1
21	迪特·穆勒	法国	科隆	2分	—	—	—	1	1
21	多米尼克·罗查托	法国	圣埃蒂安	2分	—	—	—	1	1
26	赛普·迈尔	西班牙	皇家马德里	1分	—	—	—	—	1
26	本尼·文特	瑞典	柏林赫塔士网球	1分	—	—	—	—	1
26	约瑟夫·约里克	法国	圣埃蒂安	1分	—	—	—	—	1
26	多恩夫·海登巴特尔	联邦德国	门兴格拉德巴赫	1分	—	—	—	—	1
26	迪诺·佐夫	意大利	尤文图斯	1分	—	—	—	—	1

1976 年金球奖全排名及得票明细备注

1. 按照规则，1976 年金球奖未设立候选名单机制，共有 26 名欧洲体育记者参与投票，所有获得票选者，均记录在表格中。
2. 伊沃·维克托是第 3 位入围金球奖名单前 3 名的门将。
3. 第 2 名的罗布·伦森布林克是效力于比利时阿贾克斯球员，他曾率领安德莱赫特连续 3 次（1975—1976 赛季、1977—1978 赛季）率队打入欧联杯决赛并 2 次（1975—1976 赛季，1977—1978 赛季）夺冠。
4. 凯文·基冈、米歇尔·普拉蒂尼首次入围金球奖榜单，二人均跻身前 5 名。

1977 年金球奖全排名及得票明细

排名	球员名称	国家/地区	效力俱乐部	总得分	第一顺位投票	第二顺位投票	第三顺位投票	第四顺位投票	第五顺位票数
1	阿兰·西蒙森	丹麦	门兴格拉德巴赫（利物浦）	74分	7	7	3	—	18
2	凯文·基冈	英格兰	汉堡（利物浦）	71分	11	3	1	2	17
2	米歇尔·普拉蒂尼	法国	南锡	73分	5	5	5	4	15
4	罗伯托·贝蒂加	意大利	尤文图斯	39分	1	5	2	3	7
5	约翰·克鲁伊夫	荷兰	巴塞罗那	24分	1	3	2	2	7
6	克劳克·尼克斯	意大利	沙尔克 04	23分	—	1	3	3	5
7	蒂博·福格茨	匈牙利	费伦茨瓦罗斯什	21分	1	2	2	2	5
7	安德鲁斯·尼尼斯	联邦德国	门兴格拉德巴赫	13分	—	3	2	1	4
9	罗比·赫尔纳维特伦	罗马尼亚	布加勒斯特迪纳摩	13分	6	—	1	1	5
10	杜比·杰克布尔森库库	爱尔兰	利物浦	6分	—	—	1	5	4
10	史蒂夫·海威	爱尔兰	利物浦	5分	—	1	—	—	3
13	贝尔克斯·海格沃	联邦德国	门兴格拉德巴赫	4分	—	1	—	—	2
13	多恩克朗·布洛涅	联邦德国	圣埃蒂安	4分	—	2	—	—	2
13	特雷弗·吉尔斯	英格兰	阿斯顿维拉	4分	—	—	2	—	2
13	特雷·皮里	西班牙	诺丁汉森林（斯托克城）	2分	2	—	—	—	2
18	马里乌斯·特罗斯尔	法国	马赛	2分	—	1	3	2	3
18	弗朗斯·考罗布	意大利	阿斯顿维拉	2分	—	2	—	—	2
20	安东·希尔顿	英格兰	诺丁汉森林	2分	2	—	—	—	2
20	彼得·希尔顿	英格兰	诺丁汉森林	2分	—	—	1	2	2
20	问蒙·皮里	西班牙	皇家马德里	2分	—	—	2	—	2
20	迪特·穆勒	联邦德国	科隆	2分	—	—	1	—	2
20	特雷·穆勒	联邦德国	科隆	2分	—	—	—	1	2
26	吉安卡尔洛·安东尼奥尼	意大利	佛罗伦萨	1分	—	1	—	—	1
26	尤尔根·格拉波夫斯基	联邦德国	法兰克福	1分	—	1	—	—	1
26	杰因·弗洛赫	联邦德国	圣埃蒂安	1分	—	—	1	—	1
26	雷·肯尼迪	英格兰	利物浦	1分	—	—	—	1	1
26	汉斯·克兰克	奥地利	维也纳快速	1分	—	—	—	1	1
26	支器	苏联	第比利斯迪纳摩	1分	—	—	—	—	1
26	安德拉斯·麦卡奎克	匈牙利	新佩斯	1分	—	—	—	—	1

1977 年金球奖全排名及得票明细备注

1. 按照规则，1977 年金球奖未设立候选名单机制，共有 26 名欧洲体育记者参与投票，所有获得票选者，均记录在表格中。
2. 阿兰·西蒙森成为首位获金球奖的北欧球员。
3. 凯文·基冈首次领衔利物浦 1976—1977 赛季夺得欧冠及总冠军，欧超冠军，足总亚军，欧冠亚军，并目获欧冠决赛中击败门兴格拉德巴赫。
4. 凯文·基冈、米歇尔·普拉蒂尼首次入围金球奖榜单第 2 名，这也是该奖项历史上并列第二的重大争议之一。

1978 年金球奖全排名及得票明细

排名	球员名称	国家/地区	效力俱乐部	总得分	第一顺位投票	第二顺位投票	第三顺位投票	第四顺位投票	第五顺位投票	票数
1	凯文·基冈	英格兰	汉堡	87分	9	6	4	3	-	22
2	汉斯·克兰克尔	奥地利	巴塞罗那（维也纳快速）	81分	8	3	8	2	1	22
3	罗布·伦森布林克	荷兰	安德莱赫特	50分	3	4	4	3	1	15
4	罗伯托·贝当加	意大利	尤文图斯	28分	1	2	2	6	1	11
5	保罗·罗西	意大利	维琴察	23分	-	2	3	2	2	9
6	罗尼·赫尔斯特伦	瑞典	凯泽斯劳滕	20分	2	1	-	1	4	8
7	鲁德·克罗尔	荷兰	那不勒斯	20分	1	2	-	2	3	8
8	肯尼·达格利什	苏格兰	利物浦	10分	-	2	-	-	-	4
8	阿兰·汉	丹麦	门兴格拉德巴赫	10分	-	2	-	2	3	5
10	彼得·希斯顿	英格兰	诺丁汉森林	9分	1	2	-	-	-	3
11	阿里·汉	荷兰	安德莱赫特	7分	-	-	2	1	-	2
12	雷内·范德凯罗夫	荷兰	埃因霍温	6分	-	1	1	-	-	2
13	安东尼奥·卡布里尼	意大利	尤文图斯	5分	1	-	1	-	-	2
13	威利·范德库霍夫	荷兰	埃因霍温	5分	1	-	1	-	-	1
15	约翰·克鲁伊夫	荷兰	巴塞罗那	4分	-	-	-	1	-	1
15	格雷姆·索尼斯	苏格兰	利物浦（米德尔斯堡）	4分	-	2	-	-	-	2
15	泽德内克·内霍达	捷克斯洛伐克	布拉格杜克拉	4分	-	-	1	-	1	2
18	马里奥·凯姆帕斯	捷克斯洛伐克	布拉格迪斯拉发	3分	-	-	1	-	-	1
19	马里乌斯	法国	诺丁汉森林	2分	-	1	-	-	-	1
20	马里乌斯索尔	葡萄牙	马赛	2分	-	-	-	-	1	1
21	若昂·阿尔维斯	葡萄牙	本菲卡（萨拉曼卡）	1分	1	-	-	-	-	1
21	茉纳·邦德夫	联邦德国	瓦伦西亚（阿格拉德巴赫）	1分	1	-	-	-	-	1
21	兹比格涅夫·博涅克	波兰	罗兹维泽夫	1分	1	-	-	-	-	1
21	弗朗哥·博洛尼	意大利	尤文图斯	1分	1	-	-	-	-	1
21	汉斯·穆勒	联邦德国	斯图加特	1分	1	-	-	-	-	1
21	约翰·内尔	荷兰	巴塞罗那	1分	1	-	-	-	-	1
21	米歇尔·普拉蒂尼	法国	南锡	1分	1	-	-	-	-	1
21	迪迪尔·西克斯	法国	马赛（朗斯）	1分	1	-	-	-	-	1
21	弗朗索瓦·范德尔凯尔特	比利时	安德莱赫特	1分	1	-	-	-	-	1

1979 年金球奖全排名及得票明细

排名	球员名称	国家/地区	效力俱乐部	总得分	第一顺位投票	第二顺位投票	第三顺位投票	第四顺位投票	第五顺位投票	票数
1	凯文·基冈	英格兰	汉堡	118分	18	6	-	2	-	26
2	卡尔·海茵茨·鲁梅尼格	联邦德国	拜仁慕尼黑	52分	2	5	5	2	-	16
3	鲁德·克罗尔	荷兰	阿贾克斯尼黑	41分	3	-	4	6	2	15
4	曼弗雷德·卡尔茨	联邦德国	汉堡	27分	1	2	3	2	1	9
5	米歇尔·普拉蒂尼	法国	圣埃蒂安（南锡）	23分	1	2	2	1	2	8
6	保罗·罗西	意大利	佩鲁贾（维琴察）	16分	-	2	2	2	-	6
7	特雷弗·弗朗西斯	英格兰	诺丁汉森林（伯明翰）	13分	-	1	1	1	2	5
7	利亚姆·布拉迪	爱尔兰	阿森纳	13分	-	2	2	-	-	6
9	兹比格涅夫·博涅克	波兰	罗兹维泽夫	8分	-	2	2	2	2	2
9	泽曼内克·内霍达	捷克斯洛伐克	布拉格杜克拉	8分	-	-	1	1	1	4
11	肯尼·达格利什	苏格兰	利物浦	7分	-	-	-	-	-	2
11	阿兰·西蒙森	丹麦	巴塞罗那（门兴）	7分	-	1	-	-	1	3
13	保罗·布莱特纳	联邦德国	拜仁慕尼黑	6分	-	-	2	-	2	2
13	凯尔·基斯马尔	荷兰	阿尔克马尔	6分	-	-	-	2	-	3
15	约翰尼·雷普	荷兰	圣埃蒂安（巴斯蒂亚）	5分	1	-	-	-	-	1
15	托尼·伍德科克	英格兰	科隆（诺丁汉森林）	5分	-	-	2	-	1	2
15	汉斯·克兰克尔	奥地利	尤文图斯	5分	-	-	-	1	2	2
15	萨菲特·苏西奇	南斯拉夫	萨拉热窝	4分	-	-	-	1	-	2
19	马里奥·凯姆帕斯	联邦德国	皇家马德里	4分	-	-	1	-	2	2
20	马里乌斯·特雷索尔	法国	马赛	3分	-	-	1	1	-	1
21	若昂·阿尔维斯	葡萄牙	巴黎圣日尔曼（本菲卡）	2分	-	1	-	-	1	2
21	弗朗哥·考西奥	意大利	尤文图斯	2分	-	1	-	-	1	2
21	戈登·麦奎因	苏格兰	曼联	2分	-	1	-	1	-	2
21	雷内·范德凯罗夫	联邦德国	埃因霍温	2分	-	1	-	-	2	2
21	西蒙诺·佩泽	奥地利	法兰克福温	2分	-	1	-	-	2	2
21	胡安·阿隆索	西班牙	皇家马德里	2分	-	1	-	-	2	2
27	特雷弗·布鲁金	英格兰	巴塞罗那	1分	-	-	-	-	1	1
27	特雷弗·布鲁金	英格兰	西汉姆联	1分	1	-	-	-	1	1
27	罗尼·赫尔斯特伦	瑞典	凯泽斯劳滕	1分	-	-	-	1	1	1
27	汉尼·穆勒	联邦德国	斯图加特	1分	-	-	-	1	1	1
27	安东尼·帕内卡	捷克斯洛伐克	布拉格杜克拉米亚	1分	-	-	-	1	-	1
27	瓦尔特·沙游纳	奥地利	奥地利维也纳	1分	-	-	-	-	1	1

1978 年金球奖全排名及得票明细备注
1. 按照规则，1978 年金球奖未设立候选名单机制，共有 26 名欧洲体育记者参与投票，所有获球得票选者，均记录在表格中。
2. 凯文·基冈是首位在获得金球奖时未参加过世界杯的球员，他在 1982 年首次参加世界杯。
3. 汉斯·克兰克尔是唯一入围金球奖榜单前 3 名的奥地利球员（截至 2023 年 10 月 31 日）。

1979 年金球奖全排名及得票明细备注
1. 按照规则，1979 年金球奖未设立候选名单机制，共有 26 名欧洲体育记者参与投票，所有获得票选者，均记录在表格中。
2. 凯文·基冈获得 26 名记者的全部投票。
3. 卡尔·海茵茨·鲁梅尼格首次入围金球奖榜单前 3 名。

1980 年金球奖全排名及得票明细

排名	球员名称	国家/地区	效力俱乐部	总得分	第一顺位投票	第二顺位投票	第三顺位投票	第四顺位投票	第五顺位投票	票数
1	卡尔-海因茨·鲁梅尼格	联邦德国	拜仁慕尼黑	122分	24	–	–	1	–	25
2	贝恩德·舒斯特尔	联邦德国	巴塞罗那(科隆)	34分	1	3	3	2	3	12
3	米歇尔·普拉蒂尼	法国	圣埃蒂安	33分	–	4	3	5	2	14
4	威尔弗雷德·范德海	比利时	贝弗伦(贝克恩)	27分	–	4	1	3	1	9
5	扬·塞勒芒斯	比利时	布鲁日	20分	1	1	2	1	4	9
6	霍斯特·赫鲁贝施	联邦德国	汉堡	18分	1	3	1	3	–	7
7	赫伯特·普罗哈斯卡	奥地利	国际米兰(奥地利维也纳)	14分	–	2	–	2	4	7
8	汉斯·穆勒	联邦德国	斯图加特	11分	1	–	1	2	3	4
8	利亚姆·布拉迪	爱尔兰	尤文图斯(阿森纳)	11分	–	1	2	2	4	4
10	曼弗雷德·卡尔茨	联邦德国	汉堡	10分	–	1	2	2	4	3
11	埃尔文·范登博格	联邦德国	利尔斯	9分	–	1	2	2	3	3
11	路易斯·范德林顿	西班牙	皇家社会	9分	–	1	2	2	3	3
11	迪诺·佐夫	意大利	尤文图斯	9分	1	1	–	1	4	3
14	肯尼·达格利什	苏格兰	利物浦	5分	–	1	–	–	3	3
14	布鲁诺·佩泽	奥地利	利沃诺	5分	1	–	1	–	5	3
16	韦吉	联邦德国	法兰克福	4分	–	–	1	1	4	2
16	特里·麦克德莫特	英格兰	利物浦	4分	–	–	1	1	–	2
16	迪诺	意大利	尤文图斯	4分	–	–	–	2	1	2
16	鲁德·克罗尔	荷兰	那不勒斯(阿贾克斯)	4分	–	1	–	–	2	2
20	弗朗西斯科·格拉齐亚尼	意大利	都灵	3分	–	–	1	–	1	2
20	拉迪斯拉夫·维泽克	捷克斯洛伐克	布拉迪斯拉发	3分	–	–	1	–	1	2
22	马里奥·凯利	葡萄牙	本菲卡	2分	–	–	–	1	–	2
22	弗兰克·阿内森	丹麦	阿贾克斯	2分	–	–	–	1	–	1
22	安东尼·帕内内卡	捷克斯洛伐克	布拉格斯巴达	2分	–	–	–	1	–	1
22	大卫·奥利里	爱尔兰	阿森纳	2分	–	–	–	1	–	1
22	亚尼克·博利	波兰	维兹尼亚	2分	–	–	–	1	–	1
27	吉安卡洛·安东尼奥尼	意大利	佛罗伦萨	1分	–	–	–	–	1	1
27	兹比格涅夫·博涅克	波兰	维杰夫	1分	–	–	–	–	1	1
27	马里奥·凯利	葡萄牙	本菲卡	1分	–	–	–	–	1	1
27	特雷弗·弗朗西斯	英格兰	诺丁汉森林	1分	–	–	–	–	1	1
27	泽德内克·内霍西尔	捷克斯洛伐克	布拉格杜克拉	1分	–	–	–	–	1	1
27	彼得·希尔顿	英格兰	诺丁汉森林	1分	–	–	–	–	1	1

1981 年金球奖全排名及得票明细

排名	球员名称	国家/地区	效力俱乐部	总得分	第一顺位投票	第二顺位投票	第三顺位投票	第四顺位投票	第五顺位投票	票数
1	卡尔-海因茨·鲁梅尼格	联邦德国	拜仁慕尼黑	106分	17	5	–	–	1	23
2	保罗·布莱特纳	联邦德国	拜仁慕尼黑	64分	4	4	–	–	2	17
3	贝恩德·舒斯特尔	联邦德国	巴塞罗那	33分	3	3	2	3	5	10
4	米歇尔·普拉蒂尼	法国	圣埃蒂安	35分	2	4	1	1	9	14
5	奥列格·布洛欣	苏联	基辅迪纳摩	14分	1	1	2	1	–	5
6	迪诺·佐夫	意大利	尤文图斯	13分	1	–	1	2	3	5
7	兹比格涅夫·博涅克	波兰	维杰夫	10分	–	2	1	2	2	5
8	亚历山大·奇瓦泽	苏联	第比利斯迪纳摩	9分	–	2	1	2	3	7
9	利亚姆·布拉迪	爱尔兰	尤文图斯	7分	–	–	3	2	3	5
11	达托·托洛钦德林纳	苏联	第比利斯迪纳摩	5分	–	–	3	2	3	3
11	约尼	联邦德国	汉堡	5分	–	–	3	3	3	3
11	布莱恩·罗布森	英格兰	曼联(西布朗维奇)	5分	–	–	3	3	3	3
11	霍斯特·赫鲁贝施	联邦德国	汉堡	5分	–	1	1	1	2	5
16	格伦·霍德尔	英格兰	热刺	5分	–	1	–	2	2	5
16	路易斯·阿尔贝托	西班牙	皇家社会	5分	–	1	–	2	2	5
16	威尔弗雷德·范德海	比利时	贝弗伦	3分	–	1	–	2	3	3
19	约翰·沃克	苏联	新列宁	3分	–	–	1	2	2	4
19	扬·塞勒芒斯	比利时	布鲁日	3分	–	–	1	2	1	4
21	吉安卡洛·安东尼奥尼	意大利	佛罗伦萨	3分	–	–	1	–	2	4
21	肯尼·达格利什	苏联	利物浦	3分	–	–	1	–	2	3
21	扬·莫尔比	苏联	阿贾克斯	3分	–	–	1	–	2	3
21	布莱恩·罗布森	英格兰	曼联(西布朗维奇)	3分	–	–	1	–	3	3
21	弗兰克	波兰	维兹尼亚	3分	–	–	–	2	2	4
28	兹比格涅夫·博涅克	南斯拉夫	贝尔格莱德红星	2分	–	–	–	1	2	4
28	蒂勒·尼拉西	南斯拉夫	哈伊杜克斯普利特	2分	–	–	–	1	2	5
28	格伦·霍德尔	联邦德国	汉堡	2分	–	–	–	1	2	5
28	路易斯·范德林顿	波兰	洛克莱	2分	–	–	–	1	2	2
28	亚历山大·希库尔斯基	西班牙	贝蒂斯	2分	–	–	–	1	2	2
32	武泽尼茨克	比利时	费耶诺德	1分	–	–	–	–	1	2
32	弗兰克·阿内森	葡萄牙	本菲卡(布拉加)	1分	–	–	–	–	1	2
32	安东尼奥·奥利维拉	波兰	伊普斯维奇	1分	–	–	–	–	2	1
32	热苏利·萨维利克	苏联	施赫利克	1分	–	–	–	–	1	1
32	马尔·戴维	联邦德国	皇家马德里	1分	–	–	–	–	1	1
32	彼得·希尔顿	西班牙	皇家马德里	1分	–	–	–	–	1	1

1980 年金球奖全排名及得票明细备注
1. 按照规则，1980 年金球奖未设立候选名单机制，共有 25 名欧洲体育记者参与投票，所有获得票选者，均记录在表格中。
2. 卡尔-海因茨·鲁梅尼格获得 25 张第一顺位投票中的 24 张，总得分为 122 分，距离满分 125 分仅差 3 分。
3. 比利时足坛历史上，仅有的 2 名球员（威尔弗雷德·范德海、扬·塞勒芒斯）同时入围金球奖榜单前 5 名。

1981 年金球奖全排名及得票明细备注
1. 按照规则，1981 年金球奖未设立候选名单机制，共有 26 名欧洲体育记者参与投票，所有获得票选者，均记录在表格中。
2. 联邦德国球员第 2 次包揽金球奖榜单前 3 名。
3. 米歇尔·普拉蒂尼连续 3 年入围金球奖榜单前 5 名。

4. 第 6 名的霍斯特·赫鲁贝施在 1980 年欧洲杯上成为联邦德国国家队的首发前锋，他在决赛中打入其国家队生涯头 2 球并梅开二度，帮助球队最终夺冠。
（截至 2023 年 10 月 31 日）

1982 年金球奖全排名及得票明细

排名	球员名称	国家/地区	效力俱乐部	总得分	第一顺位投票	第二顺位投票	第三顺位投票	第四顺位投票	第五顺位投票	票数
1	保罗·罗西	意大利	尤文图斯	115分	21	1	2	-	-	24
2	阿兰·吉雷瑟	法国	波尔多	64分	-	8	6	5	4	23
3	兹比格涅夫·博涅克	波兰	尤文图斯（罗兹维夫）	53分	-	7	5	4	2	18
4	卡尔-海因茨·鲁梅尼格	联邦德国	拜仁慕尼黑	51分	-	7	4	4	3	18
5	布鲁诺·孔蒂	意大利	罗马	48分	5	5	5	4	-	14
6	列纳特·达萨耶夫	苏联	莫斯科斯巴达克	17分	-	1	-	4	5	10
7	皮埃尔·利特巴尔斯基	联邦德国	科隆	10分	-	-	1	1	1	4
8	迪诺·佐夫	意大利	尤文图斯	10分	-	-	2	1	1	4
9	米歇尔·普拉蒂尼	法国	尤文图斯（圣埃蒂安）	5分	-	1	-	2	3	4
10	贝恩德·舒斯特尔	联邦德国	巴塞罗那	4分	-	-	-	1	-	1
11	吉安卡洛·安托尼奥尼	意大利	博洛尼亚	3分	-	-	1	-	1	1
12	加埃诺·佩雷	奥地利	法兹克福	2分	-	-	-	1	2	2
12	埃里克·格尔内	意大利	西雷阿	2分	-	-	-	1	2	2
15	保罗·布莱特纳	比利时	标准列日	1分	-	-	-	-	2	2
15	托尼·比尔约约	联邦德国	拜仁慕尼黑	1分	-	-	-	-	1	1
15	瓦尔特·沙赫纳	瑞典	凯泽斯劳滕（哥德堡）	1分	-	-	-	1	3	1
15	马尔科·塔尔德利	奥地利	切尔西	1分	-	-	-	1	1	1
15	马里乌斯·特雷索尔	法国	波尔多	1分	-	-	-	1	1	1

1982 年金球奖全排名及得票明细备注

1. 按照规则，1982 年金球奖未设立候选名单机制，共有 26 名欧洲体育记者参与投票，所有获得票选者，均记录在表格中。
2. 保罗·罗西获得了 26 张选票中的 24 张，他是第 2 位获得金球奖的尤文图斯球员，他在 2020 年 12 月去世。
3. 兹比格涅夫·博涅克是第 2 位入围金球奖榜单前 3 名的波兰球员。
4. 瓦尔特·沙赫纳、博雷基位列金球奖榜单第 2 名，实现对国家队友米歇尔·普拉蒂尼、普拉蒂尼的逆袭。

1983 年金球奖全排名及得票明细

排名	球员名称	国家/地区	效力俱乐部	总得分	第一顺位投票	第二顺位投票	第三顺位投票	第四顺位投票	第五顺位投票	票数
1	米歇尔·普拉蒂尼	法国	尤文图斯	110分	18	5	-	-	-	23
2	肯尼·达格利什	苏格兰	利物浦	26分	2	3	-	-	1	7
3	阿兰·西蒙森	丹麦	后埃勒（查尔顿竞技波）	25分	2	-	-	2	4	10
4	戈登·斯特拉坎	苏格兰	阿伯丁	24分	1	1	-	5	2	10
5	费利克斯·马加特	联邦德国	汉堡	20分	-	2	1	4	1	8
6	让·马里·普法夫	比利时	拜仁慕尼黑	15分	-	1	-	1	3	5
6	列纳特·达萨耶夫	苏联	莫斯科斯巴达克	15分	-	1	3	2	2	7
8	卡尔-海因茨·鲁梅尼格	联邦德国	莫斯科斯巴达克	14分	-	1	3	3	2	5
8	杰斯帕·奥尔森	丹麦	阿贾克斯	14分	1	2	2	2	-	5
10	布莱恩·罗布森	英格兰	曼联	13分	1	-	-	2	2	5
11	费尔南多·戈麦斯	葡萄牙	波尔图	10分	-	2	-	2	-	4
11	贝恩德·舒斯特尔	联邦德国	巴塞罗那	10分	-	-	3	-	2	4
11	弗兰克·维特舍伦	比利时	安德莱赫特	10分	-	-	3	3	3	4
15	萨尔瓦多·苏西奇	南斯拉夫	巴黎圣日尔曼	8分	-	1	-	-	-	3
15	伊恩·拉什	威尔士	利物浦	8分	-	-	-	1	1	3
17	莫滕·奥尔森	丹麦	安德莱赫特	6分	1	-	-	1	-	2
18	诺曼·怀特塞德	北爱尔兰	曼联	5分	-	2	-	-	1	2
19	布鲁诺·孔蒂	意大利	罗马	4分	-	-	-	2	-	1
19	埃里克·格里特	比利时	AC米兰（标准列日）	4分	-	-	-	-	-	1
19	埃尔文·范登贝格	比利时	安德莱赫特	4分	-	-	-	-	-	1
19	米凯尔·劳德鲁普	丹麦	拉齐奥（布雷德比）	4分	1	-	-	-	2	2
23	利亚姆·布拉迪	爱尔兰	桑普多利亚	3分	-	-	-	-	1	1
23	安东尼奥·卡布里尼	意大利	尤文图斯	3分	-	-	-	1	1	1
23	卡洛斯·曼努埃尔	葡萄牙	本菲卡	3分	-	-	-	1	-	1
23	瓦西里·拉茨	苏联	伊洛克里斯（哈奇帕的吉尔）	3分	-	-	-	-	1	1
23	格伦·海森	瑞典	埃因霍温（哥德堡）	3分	-	-	-	-	1	1
23	保罗·罗西	意大利	尤文图斯	3分	-	-	-	-	1	1
23	科斯塔斯·斯特凡凡诺斯基	罗马尼亚	克拉约瓦大学	3分	1	-	-	-	-	1
30	费多尔·切尔科夫	波兰	莫斯科斯巴达克巴比克	2分	-	-	-	-	-	1
30	雷蒙德·古利特	荷兰	费耶诺德	2分	-	1	-	1	-	2
33	索伦·勒尔比	丹麦	拜仁慕尼黑（阿贾克斯）	1分	-	-	-	1	-	1
33	斯托伊乔·姆拉德诺夫	保加利亚	索非亚中央陆军	1分	-	-	-	-	1	1
33	蒂博尔·尼拉西	匈牙利	费伦茨瓦罗斯	1分	-	-	-	1	-	1
33	鲁迪·沃勒尔	联邦德国	云达不莱梅	1分	-	-	-	1	1	1

1983 年金球奖全排名及得票明细备注

1. 按照规则，1983 年金球奖未设立候选名单机制，所有获得票选者，均记录在表格中。
2. 米歇尔·普拉蒂尼连续 7 年入围金球奖榜单后，首次获得金球奖。
3. 米歇尔·普拉蒂尼是继 1958 年雷蒙德·科帕之后，第 2 位获得金球奖的法国球员。
4. 肯尼·达格利什位列金球奖榜单第 2 名，这是在 20 世纪中，利物浦队员获得金球奖的最高排名。

1984 年金球奖全排名及得票明细

排名	球员名称	国家/地区	效力俱乐部	总得分	第一顺位投票	第二顺位投票	第三顺位投票	第四顺位投票	第五顺位投票	票数
1	米歇尔·普拉蒂尼	法国	尤文图斯	128分	24	2	—	—	—	26
2	让·蒂加纳	法国	波尔多	57分	1	8	5	2	1	17
3	埃尔克耶尔-拉尔森	丹麦	维罗纳(洛克伦)	48分	—	4	7	3	1	15
4	伊恩·拉什	威尔士	利物浦	44分	1	5	4	3	2	15
5	费尔南多·查拉纳	葡萄牙	波尔多(本菲卡)	18分	—	1	1	3	7	7
6	格雷姆·素内斯	苏格兰	利物浦	16分	—	3	1	2	5	5
7	哈拉尔德·舒马赫	联邦德国	科隆	12分	—	1	3	1	3	4
8	卡尔-海因茨·鲁梅尼格	联邦德国	国际米兰(国际米兰)	10分	—	1	—	3	5	7
9	布莱恩·罗布森	英格兰	曼联	9分	—	1	1	1	5	5
10	贝尔德·舒斯特尔	联邦德国	巴塞罗那	7分	—	—	2	1	3	5
11	恩佐·希福	比利时	安德莱赫特	6分	—	—	1	1	4	4
12	马克西姆·博西斯	法国	南特	5分	—	—	1	1	2	2
12	安东尼奥·卡布里尼	意大利	尤文图斯	5分	—	—	1	1	—	2
14	汉斯-彼得·布里格尔	联邦德国	维罗纳	3分	—	—	1	—	—	1
14	克劳斯·阿洛夫斯	联邦德国	科隆	3分	—	—	1	—	—	1
14	斯蒂夫·阿齐格	苏联	维罗纳	3分	—	—	1	—	—	1
18	戈登·斯特拉坎	苏格兰	曼联(阿伯丁)	2分	—	—	—	1	—	1
18	莫里斯·奥利维尔	丹麦	南特	2分	—	—	—	1	—	1
18	杰斯帕·奥尔森	丹麦	曼联(阿贾克斯)	2分	—	—	—	1	—	1
18	保罗·马尔克莱	苏格兰	安德莱赫特	2分	—	—	—	1	—	1
22	鲁伊·若尔当	葡萄牙	凯尔特人	1分	—	—	—	—	1	1
22	阿兰·吉雷瑟	法国	波尔多	1分	—	—	—	—	1	1
22	马克·哈特利	英格兰	克拉约瓦大学	1分	—	—	—	—	1	1
22	安东尼奥·马塞达	西班牙	希洪竞技	1分	—	—	—	—	1	1
22	托尼比约约恩·尼尔森	瑞典	(凯泽斯劳滕)	1分	—	—	—	—	1	1

1985 年金球奖全排名及得票明细

排名	球员名称	国家/地区	效力俱乐部	总得分	第一顺位投票	第二顺位投票	第三顺位投票	第四顺位投票	第五顺位投票	票数
1	米歇尔·普拉蒂尼	法国	尤文图斯	127分	23	3	—	—	—	26
2	普雷本·埃尔克耶尔-拉尔森	丹麦	维罗纳	74分	1	13	3	1	1	19
3	贝尔恩德·舒斯特尔	联邦德国	巴塞罗那	46分	2	4	5	1	3	15
4	米歇尔·劳德鲁普	丹麦	尤文图斯(拉齐奥)	14分	1	—	—	2	2	5
5	卡尔-海因茨·鲁梅尼格	联邦德国	国际米兰(国际米兰)	13分	—	1	3	1	2	5
6	兹比格涅夫·博涅克	波兰	罗马(尤文图斯)	12分	—	1	2	1	2	6
7	奥列格·布洛欣	苏联	第聂伯(基辅迪纳摩)	10分	—	1	1	2	3	5
8	汉斯-彼得·布里格尔	联邦德国	维罗纳	9分	—	1	1	1	3	5
9	费尔南多·戈麦斯	西班牙	皇家马德里	3分	—	—	1	—	2	3
9	路易斯·费尔南德斯	法国	巴黎圣日尔曼	3分	—	—	1	—	1	3
11	索伦·勒比	丹麦	拜仁慕尼黑	3分	—	—	1	—	—	3
12	约翰·西维贝克	丹麦	曼联(瓦埃勒)	3分	—	—	—	2	1	3
12	内维尔·萨瑟恩	英格兰	埃弗顿	3分	—	—	—	2	1	3
14	哈拉尔德·舒马赫	联邦德国	科隆	2分	—	—	—	—	2	2
14	拉莫斯	西班牙	皇家马德里	2分	—	—	—	—	2	2
16	伊恩·拉什	威尔士	利物浦	2分	—	—	—	—	2	2
16	埃米利奥·布特拉格诺	西班牙	皇家马德里	2分	—	—	—	—	2	2
18	费尔南多·戈麦斯	葡萄牙	波尔图	2分	—	—	—	—	2	2
18	约翰·巴恩斯	英格兰	曼联	2分	—	—	—	—	2	2
21	阿兰	法国	波尔多	1分	—	—	—	—	1	2
21	瓦希利·拉茨	南斯拉夫	埃弗顿	1分	—	—	—	—	1	2
21	蒂博尔·尼亚拉斯	匈牙利	南安普顿	1分	—	—	—	—	1	2
21	波得	英格兰	利物浦	1分	—	—	—	—	1	2
21	格雷姆·希斯科	苏格兰	桑普多利亚	1分	—	—	—	—	1	2
21	阿尔	南斯拉夫	布特拉格诺	1分	—	—	—	—	1	2
21	帕特	南斯拉夫	托特纳姆热刺	1分	—	—	—	—	1	2
29	蒂格雷斯	北爱尔兰	布鲁日	1分	—	—	—	—	1	1
29	扬·塞勒芒斯	比利时	布鲁日	1分	—	—	—	—	1	1
29	阿纳约夫星	苏联	基辅迪纳摩	1分	—	—	—	—	1	1
29	格奥尔基·李米亚洛夫	保加利亚	索非亚中央陆军	1分	—	—	—	—	1	1
29	马克·哈特利	英格兰	布里斯托尔维也纳	1分	—	—	—	—	1	1
29	赫拉特	奥地利	AC 米兰	1分	—	—	—	—	1	1
29	安德里·索尔斯	英格兰	南安普顿	1分	—	—	—	—	1	1
29	格雷姆	英格兰	埃弗顿	1分	—	—	—	—	1	1
29	安德烈亚斯·托姆	民主德国	柏林迪纳摩	1分	—	—	—	—	1	1
29	拉迪斯拉夫·维泽克	捷克斯洛伐克	布拉格杜克拉	1分	—	—	—	—	1	1

1984 年金球奖全排名及得票明细备注

1. 按照规则，1984 年金球奖未设立候选名单机制，共有 26 名欧洲体育记者参与投票，所有获得票选者，均记录在表格中。
2. 米歇尔·普拉蒂尼成功卫冕，尤其在图斯成为皇家马德里之后，德里俱乐部。
3. 普拉蒂尼获得 128 分，距离满分 130 分仅差 2 分，刷新金球奖得主的得分纪录。

1985 年金球奖全排名及得票明细备注

1. 按照规则，1985 年金球奖未设立候选名单机制，共有 26 名欧洲体育记者参与投票，所有获得票选者，均记录在表格中。
2. 米歇尔·普拉蒂尼成为皇家马德里之后，第 2 家实现连续 3 年有球员获得金球奖的俱乐部。
3. 尤文图斯成为首家连续 4 年有球员获得金球奖的俱乐部。

1987 年金球奖全排名及得票明细

排名	球员名称	国家/地区	效力俱乐部	总得分	第一顺位投票	第二顺位投票	第三顺位投票	第四顺位投票	第五顺位投票	票数
1	路德·古利特	荷兰	AC米兰（埃因霍温）	106分	13	6	4	2	1	26
2	保罗·雷特雷	葡萄牙	马德里竞技（波尔图）	91分	5	13	4	1	-	23
3	埃米利奥·布特拉格诺	西班牙	皇家马德里	61分	4	3	7	3	2	19
4	米歇尔	西班牙	皇家马德里	29分	4	-	-	2	1	7
5	加里·莱因克尔	英格兰	巴塞罗那	13分	-	-	1	2	2	6
6	约翰·巴恩斯	英格兰	利物浦（沃特福德）	10分	1	-	-	1	2	3
6	马尔科·范巴斯滕	荷兰	AC米兰（阿贾克斯）	10分	-	2	-	1	2	5
8	詹卢卡·维亚利	意大利	桑普多利亚	9分	-	-	2	-	1	4
9	克莱恩·罗布森	英格兰	曼联	7分	-	-	1	-	3	4
10	克劳斯·阿勒夫斯	联邦德国	马赛（科隆）	6分	-	1	-	1	1	3
12	佛罗伦萨·海森	瑞典	佛罗伦萨（哥德堡）	6分	1	-	-	-	1	3
12	曼努埃尔·阿莫罗斯	法国	摩纳哥	5分	-	-	1	2	-	3
12	洛塔尔·马特乌斯	联邦德国	拜仁慕尼黑	5分	-	-	1	-	2	3
14	托尼·波尔斯特尔	奥地利	都灵（奥地利维也纳）	4分	-	1	-	-	-	1
14	马克·哈特利	英格兰	摩纳哥（AC米兰）	4分	-	1	-	-	1	2
14	伊恩·拉什	威尔士	尤文图斯（利物浦）	4分	-	1	-	-	1	2
17	让·马里·普法夫	比利时	拜仁慕尼黑	3分	-	-	1	-	1	2
17	皮埃尔·利特巴尔斯基	联邦德国	科隆（巴黎竞技）	3分	-	1	-	-	-	1
17	亚历山大·扎瓦罗夫	苏联	基辅迪纳摩	3分	-	1	-	1	-	2
21	罗马里奥·卡拉塞鲁	罗马尼亚	布加勒斯特迪纳摩	2分	-	-	1	-	-	1
21	普雷本·埃尔克亚尔-拉尔森	丹麦	维罗纳	2分	-	-	-	1	2	1
21	格奥尔基·哈吉	罗马尼亚	布加勒斯特星（布加勒斯特学生）	2分	-	-	-	1	-	1
21	海因茨·赫尔曼	瑞士	克尔马克斯纳沙泰尔	2分	-	-	-	1	-	1
21	阿莱·麦考伊斯特	苏格兰	格拉斯哥流浪者	2分	-	-	1	-	2	2
21	约翰·格斯克	波兰	波尔图（南安普顿）	2分	-	-	1	-	1	2
21	彼得·希尔顿	英格兰	利物浦（纽卡斯尔联）	2分	-	-	-	-	2	2
21	彼得·比尔兹利	英格兰	利物浦	2分	-	-	-	1	1	2
30	列纳特·达萨耶夫	苏联	莫斯科斯巴达克	1分	-	-	1	-	-	1
30	亚历山德罗·阿尔托贝利	意大利	国际米兰	1分	-	-	-	1	-	1
30	格伦·霍德尔	英格兰	摩纳哥（托特纳姆热刺）	1分	-	-	-	1	1	2
30	桑斯卡达利·库什塔	阿尔巴尼亚	法兰克福游击队	1分	-	-	-	-	1	1
30	迪米特里斯·萨拉瓦科斯	希腊	帕纳辛奈科斯	1分	-	-	-	1	1	1
30	鲁迪·沃勒尔	联邦德国	罗马（云达不来梅）	1分	-	-	-	1	1	1

1987 年金球奖全排名及得票明细备注

1. 按照规则，1987 年金球奖未设立候选名单机制，所有获得得票选者，均记录在表格中。
2. 路德·古利特是第 2 位获金球奖的荷兰球员，也是第 2 位获得的 AC 米兰球员。
3. 保罗·雷特雷首次成为第 2 名入围金球奖榜单前 3 名的葡萄牙球员。

1986 年金球奖全排名及得票明细

排名	球员名称	国家/地区	效力俱乐部	总得分	第一顺位投票	第二顺位投票	第三顺位投票	第四顺位投票	第五顺位投票	票数
1	伊戈尔·别拉诺夫	苏联	基辅迪纳摩	84分	8	7	4	2	-	21
2	加里·莱因克尔	英格兰	巴塞罗那（埃弗顿）	62分	6	3	4	3	2	18
3	埃米利奥·布特拉格诺	西班牙	皇家马德里	59分	3	5	4	4	4	20
4	普雷本·埃尔克亚尔-拉尔森	丹麦	维罗纳	22分	2	2	-	2	2	7
4	曼努埃尔·阿莫罗斯	法国	摩纳哥	22分	1	2	-	1	2	8
6	亚历山大·扎瓦罗夫	苏联	基辅迪纳摩	20分	1	-	6	1	-	5
6	伊恩·拉什	威尔士	利物浦	20分	-	-	6	1	1	7
8	赫尔穆特·杜卡达姆	罗马尼亚	布加勒斯特星	10分	1	-	1	-	-	2
8	马尔科·范巴斯滕	荷兰	阿贾克斯	10分	-	1	2	3	-	6
10	亚历山德罗·阿尔托贝利	意大利	国际米兰	9分	-	1	1	2	3	4
11	米歇尔·普拉蒂尼	法国	尤文图斯	8分	-	1	2	2	-	4
13	扬·瑟伦森	比利时	拜仁慕尼黑	8分	2	-	1	-	-	3
13	索伦·勒比	丹麦	布雷日（拜仁慕尼黑）	7分	1	-	1	1	2	3
15	莫滕·奥尔森	丹麦	科隆（安德莱赫特）	6分	-	-	1	-	2	3
16	列娃·达萨耶夫	苏联	莫斯科斯巴达克	5分	1	-	-	1	-	1
17	路易斯·费尔南德斯	法国	巴黎圣日耳曼（巴黎）	4分	-	-	1	-	-	1
17	保罗·富马加利	葡萄牙	波尔图	4分	-	2	-	1	-	1
17	哈维尔·舒斯特尔	联邦德国	科隆	4分	-	2	-	-	-	1
17	路德·古利特	荷兰	埃因霍温	4分	-	-	-	1	3	3
21	肯尼·达格利什	苏格兰	利物浦	3分	-	-	1	-	1	1
21	让·蒂加纳	法国	波尔多	3分	1	-	-	-	-	1
21	帕维尔·雅科文科	苏联	基辅迪纳摩	3分	-	-	1	1	-	2
24	卡尔·海因茨·福斯特	联邦德国	马赛（斯图加特）	2分	-	-	-	-	2	1
24	洛塔尔·马特乌斯	联邦德国	拜仁慕尼黑	2分	-	-	1	-	2	2
26	米歇尔·劳德鲁普	丹麦	尤文图斯	1分	-	-	-	-	-	1
26	鲁迪·沃勒尔	联邦德国	云达不来梅	1分	-	-	-	1	-	1

1986 年金球奖全排名及得票明细备注

1. 按照规则，1986 年金球奖未设立候选名单机制，所有获得得票选者，均记录在表格中。
2. 伊戈尔·别拉诺夫是苏联足坛历史上最后一位金球奖得主。
3. 马尔科·范巴斯滕、洛塔尔·马特乌斯首次入围金球奖榜单。
4. 第 2 名的加里·莱因克尔是世界杯金靴奖，他在整个职业生涯中从未获得一张黄牌，被誉为"足球绅士"。

1988 年金球奖全排名及得票明细

排名	球员名称	国家/地区	效力俱乐部	总得分	第一顺位投票	第二顺位投票	第三顺位投票	第四顺位投票	第五顺位投票	票数
1	马尔科·范巴斯滕	荷兰	AC米兰	129分	23	2	2	–	–	27
2	路德·古利特	荷兰	AC米兰	88分	3	10	8	4	1	26
3	弗兰克·里杰卡尔德	荷兰	AC米兰	45分	1	1	6	5	1	14
4	阿列克谢·米哈伊洛琴科	苏联	基辅迪纳摩	41分	–	5	3	2	17	–
5	罗纳德·科曼	荷兰	埃因霍温	39分	1	3	5	6	14	–
6	洛塔尔·马特乌斯	联邦德国	国际米兰	10分	1	1	1	2	3	–
7	詹卢卡·维亚利	意大利	桑普多利亚	7分	1	–	1	3	5	–
8	亚历山大·扎瓦罗夫	苏联	尤文图斯（基辅迪纳摩）	5分	–	2	–	3	5	–
8	克劳斯·奥根塔勒	联邦德国	拜仁慕尼黑	5分	–	1	1	3	4	–
8	弗兰科·巴雷西	意大利	AC米兰	5分	1	1	2	1	3	–
11	坦宁·库巴西	土耳其	加拉塔萨雷	4分	–	1	1	1	1	–
11	奥列格·普洛塔索夫	苏联	基辅迪纳摩	4分	2	2	–	–	2	–
13	列纳特·达萨耶夫	苏联	塞维利亚（莫斯科斯巴达）	3分	–	2	1	3	–	–
13	安纳托利·德米亚年科	苏联	基辅迪纳摩	3分	–	1	1	2	5	–
13	格伦·海索	瑞典	佛罗伦萨	3分	3	–	2	1	2	–
13	米歇尔·普拉蒂尼	意大利	皇家马德里	3分	–	1	2	2	2	–
13	费尔南多·德·纳波利	意大利	那不勒斯	3分	–	1	1	1	2	–
17	沃尔特·曾加	意大利	国际米兰	2分	2	1	–	–	1	–
17	格奥尔基·哈吉	罗马尼亚	布加勒斯特星	2分	2	–	–	1	2	–
20	罗伯托·曼奇尼	意大利	桑普多利亚	1分	1	–	–	1	–	–
20	德扬·萨维切维奇	南斯拉夫	贝尔格莱德红星	1分	1	–	–	1	–	–
20	内维尔·索夏尔	威尔士	埃弗顿	1分	1	–	–	1	–	–
20	德拉甘·斯托伊科维奇	南斯拉夫	贝尔格莱德红星	1分	1	–	–	1	–	–
22	托尔比约恩·尼尔森	瑞典	哥德堡（凯泽斯劳滕）	1分	1	–	–	1	–	–

1988 年金球奖及得票明细备注

1. 按照规则，1988 年金球奖未设立候选名单机制，共有 27 名欧洲体育记者参与投票，所有获得票选者，均记录在表格中。
2. 马尔科·范巴斯滕获得 129 分，刷新金球奖得主的得分纪录。
3. 荷兰成为历史上第 2 个有球员包揽金球奖前 3 名的国家，前 5 名中占据 4 席。
4. AC 米兰成为历史上首家有球员包揽金球奖榜单前 3 名的俱乐部。

1989 年金球奖全排名及得票明细

排名	球员名称	国家/地区	效力俱乐部	总得分	第一顺位投票	第二顺位投票	第三顺位投票	第四顺位投票	第五顺位投票	票数
1	马尔科·范巴斯滕	荷兰	AC米兰	119分	18	9	6	1	1	26
2	弗兰科·巴雷西	意大利	AC米兰	80分	8	9	3	2	2	21
3	弗兰克·里杰卡尔德	荷兰	AC米兰	43分	1	3	6	1	3	13
4	洛塔尔·马特乌斯	联邦德国	国际米兰	24分	–	3	5	3	2	13
5	彼得·希尔顿	英格兰	德比郡	22分	–	2	3	2	1	9
6	德拉甘·斯托伊科维奇	南斯拉夫	贝尔格莱德红星	19分	1	1	2	5	1	9
7	路德·古利特	荷兰	AC米兰	6分	1	–	1	–	3	8
8	格奥尔基·哈吉	罗马尼亚	布加勒斯特星	6分	–	–	2	2	2	8
8	尤尔根·克林斯曼	联邦德国	国际米兰	6分	1	1	1	1	1	5
10	米歇尔·普拉蒂尼	法国	马赛	5分	–	1	1	1	1	4
10	让-皮埃尔·帕潘	法国	马赛	5分	–	0	1	2	3	3
12	阿图尔·科雷阿	西班牙	皇家马德里	5分	–	1	1	2	1	3
13	德尔皮耶罗	联邦德国	拜仁慕尼黑	5分	–	1	1	2	1	3
14	安德烈亚斯·布雷默	联邦德国	国际米兰	3分	–	–	1	1	2	3
14	保罗·富特雷	葡萄牙	马德里竞技	3分	–	1	1	2	3	–
17	卡尔-海因茨·里德尔	英格兰	云达不来梅	3分	–	1	1	–	2	–
17	约翰·巴恩斯	英格兰	利物浦	2分	–	–	1	–	3	–
17	帕特里克·巴蒂斯顿	法国	凯尔特人	2分	–	1	1	1	2	–
17	让·蒂加纳	比利时	马赛	2分	–	1	–	2	3	–
17	格伦·海索	瑞典	梅赫伦	2分	–	1	–	1	1	–
23	罗纳德·科曼	荷兰	巴塞罗那	1分	–	–	–	1	1	–
23	尼斯·托特尔的赫利尔（巴塞罗那）	荷兰	桑普多利亚	1分	–	–	–	1	1	–
23	罗比·朗姆尔	卢森堡	科隆	2分	–	–	–	1	1	–
23	加里·莱因克尔	英格兰	巴塞罗那	1分	–	–	–	1	1	–
23	保罗·斯科尔尼	意大利	阿贝丁	1分	–	–	–	1	1	–
23	西奥·库克	荷兰	AC米兰	1分	–	–	–	1	1	–
23	亚历山大·扎瓦罗夫	苏联	尤文图斯	1分	–	–	–	1	1	–

1989 年金球奖及得票明细备注

1. 按照规则，1989 年金球奖未设立候选名单机制，共有 27 名欧洲体育记者参与投票，所有获得票选者，均记录在表格中。
2. AC 米兰球员连续两年包揽金球奖前 3 名。
3. AC 米兰球员入围金球奖榜单共 5 名。
4. 40 岁的英格兰队门将被评得，希尔顿位列金球奖榜单第 5 名，创造了个人职业生涯的最高排名。

1990 年金球奖全排名及得票明细

排名	球员名称	国家/地区	效力俱乐部	总得分	第一顺位投票	第二顺位投票	第三顺位投票	第四顺位投票	第五顺位投票	票数
1	洛塔尔·马特乌斯	德国	国际米兰	137分	25	3	—	—	—	28
2	萨尔瓦托雷·斯基拉奇	意大利	尤文图斯	84分	2	12	5	4	3	26
3	安德烈亚斯·布雷默	德国	国际米兰	68分	2	6	8	3	4	23
4	保罗·加斯科因	英格兰	托特纳姆热刺	43分	—	2	6	6	5	19
5	弗兰科·巴雷西	意大利	AC米兰	37分	—	5	2	3	5	15
6	恩佐·希福	比利时	欧塞尔	12分	—	—	3	1	1	5
6	尤尔根·克林斯曼	德国	国际米兰	12分	—	—	5	4	—	6
7	罗伯托·巴乔	意大利	尤文图斯（佛罗伦萨）	8分	—	1	1	—	—	3
9	弗兰克·里杰卡尔德	荷兰	AC米兰	7分	—	—	1	2	3	3
10	吉多·布赫瓦尔德	德国	斯图加特	6分	—	2	—	1	2	2
11	让·皮埃尔·帕潘	法国	马赛	3分	—	—	1	—	1	1
12	马丁·达勒斯	西班牙	毅灵（皇家马德里）	2分	—	—	—	1	—	2
12	保罗·麦格拉斯	爱尔兰	阿斯顿维拉	2分	—	—	1	—	—	2
12	罗伯特·普罗辛内斯基	南斯拉夫	贝尔格莱德红星	2分	—	—	1	—	—	2
12	沃尔特·泽加	意大利	诺丁汉森林	2分	—	—	—	1	—	2
12	德拉甘·斯托伊科维奇	南斯拉夫	马赛（贝尔格莱德红星）	2分	—	—	—	1	—	2
18	约翰·巴恩斯	英格兰	利物浦	1分	—	—	—	—	2	2
18	米歇尔·劳德鲁普	丹麦	巴塞罗那	1分	—	—	1	—	—	1
18	加里·莱因克尔	英格兰	托特纳姆热刺	1分	—	1	—	—	—	1
18	大卫·普拉特	英格兰	阿斯顿维拉	1分	—	—	1	—	—	1
18	鲁迪·沃勒尔	德国	罗马	1分	—	—	—	1	—	1
18	克里斯·瓦德尔	英格兰	马赛	1分	—	1	—	—	—	1

1991 年金球奖全排名及得票明细

排名	球员名称	国家/地区	效力俱乐部	总得分	第一顺位投票	第二顺位投票	第三顺位投票	第四顺位投票	第五顺位投票	票数
1	让·皮埃尔·帕潘	法国	马赛	141分	26	2	1	—	—	29
2	德扬·萨维切维奇	南斯拉夫	贝尔格莱德红星	42分	2	5	5	3	—	13
2	达尔科·潘采夫	南斯拉夫	贝尔格莱德红星	42分	—	6	4	3	1	16
2	洛塔尔·马特乌斯	德国	国际米兰	42分	4	4	4	6	2	16
5	罗伯特·普罗辛内基	南斯拉夫	皇家马德里（贝尔格莱德红星）	34分	—	5	2	3	2	12
6	加里·莱因克尔	英格兰	托特纳姆热刺	33分	1	5	5	2	5	14
7	詹卢卡·维亚利	意大利	桑普多利亚	18分	—	1	1	5	1	8
8	米奥德拉格·贝洛德迪奇	罗马尼亚	贝尔格莱德红星	15分	—	3	1	—	1	4
9	马克·休斯	威尔士	曼联	12分	2	—	1	3	3	7
10	克里斯·瓦德尔	英格兰	马赛	11分	—	2	1	—	3	3
11	米歇尔·劳德鲁普	丹麦	巴塞罗那	7分	—	—	1	1	2	4
12	鲁迪·沃勒尔	德国	罗马	5分	—	—	1	1	—	3
13	艾托·贝吉里斯坦	西班牙	巴塞罗那	3分	—	—	—	—	1	1
13	布鲁诺·马蒂尼	法国	欧塞尔	3分	—	—	1	—	—	1
13	保罗·麦格拉斯	爱尔兰	阿斯顿维拉	3分	—	—	1	—	—	1
13	迪恩·桑德斯	威尔士	利物浦（德比郡）	3分	—	—	1	—	—	1
13	赫里斯托·斯托伊奇科夫	保加利亚	巴塞罗那	3分	—	—	—	1	—	2
13	斯蒂芬·普莱芬	瑞士	多特蒙德（乌丁根）	3分	—	—	1	1	—	1
19	罗伯托·曼奇尼	意大利	桑普多利亚	2分	—	—	—	1	—	1
19	马云科·范巴斯滕	荷兰	AC米兰	2分	—	—	—	1	—	1
21	洛朗·布兰克	法国	那不勒斯（蒙彼利埃）	1分	—	—	—	—	1	1
21	吉多·布赫瓦尔德	德国	斯图加特（汉堡）	1分	—	—	—	—	1	1
21	托马斯·多尔	德国	拉齐奥	1分	—	—	—	1	—	1
21	斯特凡·埃芬博格	德国	拜仁慕尼黑	1分	—	—	—	—	1	1
21	路德·古利特	荷兰	AC米兰	1分	—	—	—	1	—	1
21	格奥尔基·哈吉	罗马尼亚	皇家马德里	1分	—	—	—	1	—	1
21	盖伊·赫勒斯	卢森堡	标准列日	1分	—	—	—	1	—	1
21	阿列克桑德·米哈伊利琴科	苏联	格拉斯哥流浪者（桑普多利亚）	1分	—	—	—	1	—	1
21	詹卢卡·帕柳卡	意大利	桑普多利亚	1分	—	—	—	—	1	1
21	加里·帕里斯特	英格兰	曼联	1分	—	—	—	1	—	1
21	迪米特里斯·萨拉瓦科斯	希腊	帕纳辛奈科斯	1分	—	—	—	1	—	1

1990 年金球奖全排名及得票明细备注
1. 按照规则，1990年金球奖未设立候选名单机制，共有29名欧洲体育记者参与投票，所有获得票选者，均记录在表格中。
2. 洛塔尔·马特乌斯是1990年首位获金球奖的国际米兰球员，打破AC米兰球员为期3年的垄断。
3. 洛塔尔·马特乌斯得到137分，刷新金球奖得主的国际分纪录。
4. 萨尔瓦托雷·斯基拉奇首次在其职业生涯仅一次入围金球奖榜单，位列第2名。

1991 年金球奖全排名及得票明细备注
1. 按照规则，1991年金球奖未设立候选名单机制，共有29名欧洲体育记者参与投票，所有获得票选者，均记录在表格中。
2. 让·皮埃尔·帕潘是首位获得金球奖的法甲球员。
3. 让·皮埃尔·帕潘得到141分，刷新金球奖得主的得分纪录。
4. 金球奖历史上首次出现3名球员并列第2名（德扬·萨维切维奇、达尔科·潘采夫、洛塔尔·马特乌斯）。

1992 年金球奖全排名及得票明细

排名	球员名称	国家/地区	效力俱乐部	总得分	第一顺位投票票数	第二顺位投票票数	第三顺位投票票数	第四顺位投票票数	第五顺位投票票数
1	马尔科·范巴斯滕	荷兰	AC米兰	98分	11	8	1	3	25
2	赫里斯托·斯托伊奇科夫	保加利亚	巴塞罗那	80分	10	2	3	1	20
3	丹尼斯·博格坎普	荷兰	阿贾克斯	53分	1	3	6	3	20
4	托马斯·哈斯勒	德国	罗马（尤文图斯）	42分	3	4	3	—	14
5	彼得·舒梅切尔	丹麦	曼联	41分	2	2	3	—	15
6	布莱恩·劳德鲁普	丹麦	佛罗伦萨（拜仁慕尼黑）	32分	1	4	3	—	14
7	米歇尔·劳德鲁普	丹麦	巴塞罗那	22分	—	5	1	—	6
8	罗纳德·科曼	荷兰	巴塞罗那	14分	—	2	2	5	—
9	斯蒂芬·曾普雷特	瑞士	多特蒙德	11分	3	1	—	5	—
10	鲁德·古利特	荷兰	AC米兰	8分	—	3	3	—	—
11	弗罗林·拉杜乔尤	荷兰	都灵	7分	—	—	2	4	—
12	恩佐·希福	比利时	多特蒙德（林比）	6分	—	6	2	—	—
13	费里克·波夫拉尔森	丹麦	阿森纳·布雷德比	4分	4	—	2	—	—
14	约翰·简森	丹麦	AC米兰	3分	—	3	5	—	—
14	保罗·马尔蒂尼	意大利	AC米兰	3分	—	3	5	—	—
16	亨里克·拉森	意大利	科隆	2分	2	—	2	—	—
16	亨里克·安德森	丹麦	帕尔马	2分	2	—	2	—	—
16	大卫·马森森	英格兰	尤文图斯（巴里）	2分	—	2	2	—	—
16	让·皮埃尔·帕潘	法国	帕尔马	2分	2	2	—	—	—
16	托马斯·布洛林	瑞典	帕尔马	2分	2	2	—	—	—
20	弗兰科·巴雷西	意大利	AC米兰	1分	1	—	1	—	—
20	鲁恩·布拉特塞特	挪威	云达不莱梅（维罗纳的快速）	1分	1	—	1	—	—
20	安德里亚诺	意大利	云达不莱梅	1分	1	—	1	—	—
22	托尔比约恩·尼尔森	瑞典	哥德堡（凯泽斯劳滕）	1分	1	—	1	—	—

1992 年金球奖及得票明细备注

1. 按照规则，1992年金球奖未设立候选名单机制，共有29名欧洲体育记者参与投票，所有获得票选者，均记录在表格中。
2. 马尔科·范巴斯滕成为历史上第3位3次获得金球奖的球员。
3. 斯托伊奇科夫成为历史上首位入围金球奖榜单的3名的保加利亚球员。
4. 布莱恩·劳德鲁普，他位列金球奖榜单第6名，弟弟米歇尔鲁普获得第7名。
5. 共有7名丹麦球员入围金球奖榜单，创造丹麦足坛历史纪录。

1993 年金球奖全排名及得票明细

排名	球员名称	国家/地区	效力俱乐部	总得分	第一顺位投票票数	第二顺位投票票数	第三顺位投票票数	第四顺位投票票数	第五顺位投票票数
1	罗伯托·巴乔	意大利	尤文图斯	142分	26	3	—	—	29
2	丹尼斯·博格坎普	荷兰	国际米兰（阿贾克斯）	63分	1	12	6	5	26
3	埃里克·坎通纳	法国	曼联	34分	1	3	6	3	12
4	阿兰·博克西奇	克罗地亚	拉齐奥（马赛）	29分	1	2	6	2	10
5	米歇尔·劳德鲁普	丹麦	巴塞罗那	27分	—	3	2	—	7
6	弗兰科·巴雷西	意大利	AC米兰	24分	—	4	3	2	9
7	保罗·马尔蒂尼	意大利	AC米兰	19分	3	4	2	—	7
8	埃米尔·科斯塔迪诺夫	保加利亚	波尔图	11分	1	3	4	3	8
9	斯蒂芬·曾普雷特	瑞士	多特蒙德	9分	—	3	3	2	7
10	吉安卢卡·维亚利	意大利	桑普多利亚（都灵）	7分	1	1	2	—	6
11	安德烈亚斯·穆勒	德国	尤文图斯	7分	—	1	2	2	7
12	恩佐·希福	比利时	都灵	6分	1	2	2	2	8
12	鲁德·古利特	荷兰	桑普多利亚（AC米兰）	6分	—	—	3	2	6
12	彼得·舒梅切尔	丹麦	曼联	6分	—	3	3	2	6
15	赫里斯托·斯托伊奇科夫	保加利亚	巴塞罗那	6分	5	3	—	—	7
15	鲁恩·布拉特塞特	挪威	云达不莱梅	5分	—	4	—	—	5
17	恩恩·布雷勒	荷兰	奥德赫维尔	4分	—	3	1	—	4
18	安德雷德·科斯	比利时	巴塞罗那	3分	3	—	—	—	3
18	罗纳德·科曼	荷兰	巴塞罗那	3分	—	2	1	—	3
18	亚里·利特马宁	芬兰	阿贾克斯	3分	—	—	3	—	3
21	迪诺·巴乔	意大利	尤文图斯	2分	2	—	—	2	2
21	谢尔盖·尤兰	俄罗斯	桑普多利亚（AC米兰）	2分	2	—	—	2	2
21	大卫·普拉特	英格兰	亚特兰大（马赛）	2分	2	—	—	2	2
21	弗兰克·西塞	法国	拉齐奥	2分	2	—	—	2	2
26	朱塞佩·西尼奥里	意大利	拉齐奥	1分	—	—	1	1	1
26	托马斯·布洛林	瑞典	帕尔马	1分	—	—	1	1	1
26	马丁·达赫林	瑞典	门兴格拉德巴赫	1分	—	—	1	1	1
26	乔治·格伦	比利时	帕尔马	1分	—	—	1	1	1
26	斯特利奇奥斯·马诺拉斯	希腊	雅典AEK	1分	—	—	1	1	1
26	保罗·麦格拉斯	爱尔兰	阿斯顿维拉	1分	—	—	1	1	1

1993 年金球奖及得票明细备注

1. 按照规则，1993年金球奖未设立候选名单机制，共有30名欧洲体育记者参与投票，所有获得票选者，均记录在表格中。
2. 罗伯托·巴乔生涯首次获得金球奖，尤文图斯成为拥有4位金球奖得主的俱乐部。
3. 罗伯托·巴乔得到142分，刷新金球奖得主的得分纪录。
4. 埃里克·坎通纳领衔曼联夺得英超联赛（1992—1993赛季）的冠军，个人位列金球奖榜单第3名，为其生涯最高排名。

1994 年金球奖全排名及得票明细

排名	球员名称	国家 / 地区	效力俱乐部	总得分	第一顺位投票	第二顺位投票	第三顺位投票	第四顺位投票	第五顺位投票	票数
1	赫里斯托·斯托伊奇科夫	保加利亚	巴塞罗那	210 分	28	13	5	1	1	48
2	罗伯托·巴乔	意大利	尤文图斯	136 分	6	17	6	7	6	42
3	保罗·马尔蒂尼	意大利	AC 米兰	109 分	8	8	7	7	2	32
4	格奥尔基·哈吉	罗马尼亚	巴塞罗那/布雷西亚	68 分	4	5	2	9	4	24
4	托马斯·布洛林	瑞典	帕尔马	68 分	2	2	12	7	5	27
6	尤尔根·克林斯曼	德国	托特纳姆热刺(摩纳哥)	43 分	1	1	5	9		21
7	托尼·拉维利	瑞典	哥德堡	21 分	–	2	–	8		12
8	亚里·利特马宁	芬兰	阿贾克斯	12 分	2	1	2	–		6
9	马塞尔·德塞利	法国	AC 米兰	8 分	–	1	1	1		3
9	德扬·萨维切维奇	南斯拉夫	AC 米兰	8 分	2	–	–	–		4
11	弗兰克·里杰卡尔德	荷兰	本菲卡(梅斯伦)	7 分	–	1	–	–	1	4
13	米歇尔·普雷德霍姆	丹麦	皇家马德里(巴塞罗那)	4 分	–	2	–	–		4
13	约尔丹·莱切科夫	法国	汉堡	4 分	–	2	–	–		2
16	埃里克·坎通纳	保加利亚	曼联	3 分	–	1	–	2	3	3
16	宏达西尔·巴洛科夫	西班牙	葡萄牙体育	3 分	–	1	–	–		2
16	马塞·卡尼乔	意大利	马德里竞技	3 分	–	1	–	4		4
16	让·皮埃尔·帕潘	德国	拜仁慕尼黑(AC 米兰)	3 分	–	1	–	4	2	4
16	朱塞佩·西尼奥里	意大利	拉齐奥	3 分	–	1	–	–		3
16	洛塔尔·马特乌斯	德国	拜仁慕尼黑	3 分	–	1	–	–	3	3
21	菲利普·阿尔贝特	比利时	纽卡斯尔联(安德莱赫特)	2 分	–	–	2	–		2
21	奥托·康拉德	奥地利	萨尔茨堡红牛	2 分	–	–	2	–		2
21	西里亚科·斯福扎	瑞士	凯泽斯劳滕	2 分	–	–	–	2		2
24	肯内特·安德森	瑞典	卡昂(里尔)	1 分	–	–	–	1		1
24	兹沃尼米尔·博班	克罗地亚	AC 米兰	1 分	–	–	–	1		1
24	马丁·瓜迪奥拉	瑞典	巴塞罗那	1 分	–	–	–	1		1
24	何塞普·瓜迪奥拉	西班牙	巴塞罗那	1 分	–	–	–	1		1
24	安德烈亚斯·穆勒	德国	多特蒙德(尤文图斯)	1 分	–	–	–	1		1

1994 年金球奖全排名及得票明细备注

1. 按照规则,1994 年金球奖设立候选名单机制,共有 49 名欧洲体育记者参与投票,所有获得票位置均记录在表格中。
2. 赫里斯托·斯托伊奇科夫共是唯一获得金球奖的保加利亚球员。(截至 2023 年 10 月 31 日)。
3. 赫里斯托·斯托伊奇科夫得到 210 分,刷新金球奖得主的得分纪录。
4. 保罗·马尔蒂尼首次入围金球奖前 3 名。

1995 年金球奖全排名及得票明细

排名	球员名称	国家 / 地区	效力俱乐部	总得分	第一顺位投票	第二顺位投票	第三顺位投票	第四顺位投票	第五顺位投票	票数
1	乔治·维阿	利比里亚	AC 米兰(巴黎圣日耳曼)	144 分	20	6	3	4	3	36
2	尤尔根·克林斯曼	德国	拜仁慕尼黑(托特纳姆热刺)	108 分	11	10	2	2	3	28
3	亚里·利特马宁	芬兰	阿贾克斯	67 分	6	1	5	7	4	23
4	亚历桑德罗·德尔·皮耶罗	意大利	尤文图斯	57 分	2	6	4	4	3	19
5	帕特里克·克鲁伊维特	荷兰	阿贾克斯	47 分	3	3	5	2	1	14
6	詹弗兰科·佐拉	意大利	AC 米兰	41 分	1	4	5	2	1	13
7	保罗·马尔蒂尼	意大利	AC 米兰	36 分	1	3	4	3	–	12
8	马克·奥维马斯	荷兰	阿贾克斯	33 分	–	4	2	2	2	10
9	多梅尼克	德国	多特蒙德	18 分	1	–	3	1	–	7
10	米克尔·劳德鲁普	丹麦	皇家马德里	17 分	–	2	3	–	3	7
11	马塞尔·德塞利	法国	AC 米兰	16 分	–	4	2	2	1	6
12	弗兰克·星杰卡尔德·拉瓦内利	意大利	阿贾克斯	15 分	1	–	1	4	4	5
12	法布里齐奥·拉瓦内利	荷兰	尤文图斯	15 分	1	2	–	2	2	9
14	保罗·索萨	葡萄牙	尤文图斯	14 分	–	2	–	2	–	6
14	赫里斯托·斯托伊奇科夫	保加利亚	帕尔马(巴塞罗那)	14 分	2	1	1	1	3	7
16	德拉甘·萨维切维奇	南斯拉夫	萨博切蒂诺结局	12 分	–	2	1	2	2	5
17	达沃·苏克	克罗地亚	塞维利亚	10 分	1	–	2	2	–	4
18	费尔南多·耶罗	西班牙	皇家马德里	9 分	–	2	–	2	–	4
19	鲁卡·维亚利	意大利	尤文图斯	8 分	–	4	–	4	–	4
20	加夫列尔·巴蒂斯图塔	阿根廷	佛罗伦萨	7 分	–	2	1	1	2	4
21	弗兰科·巴雷西	意大利	AC 米兰	6 分	–	2	–	2	–	2
21	菲尼迪·乔治	尼日利亚	阿贾克斯	6 分	–	2	1	–	–	2
23	罗伯托·巴乔	意大利	AC 米兰(尤文图斯)	5 分	–	1	1	2	1	2
23	安东尼·叶博阿	加纳	利兹联(法兰克福)	5 分	–	1	1	1	1	2
23	兹沃尼米尔·博班	克罗地亚	AC 米兰	5 分	–	1	1	–	1	2
26	罗纳尔多	巴西	埃因霍温	4 分	–	–	1	2	–	2
27	胡安·埃斯纳伊德	阿根廷	皇家马德里	3 分	–	1	–	–	–	1
27	伊万·萨莫拉诺	智利	皇家马德里	3 分	–	1	–	–	1	2
27	安德烈亚斯·穆勒	德国	多特蒙德	3 分	–	1	1	–	–	1
30	维托尔·巴亚	葡萄牙	波尔图	2 分	–	–	1	–	1	1
30	贝贝托	巴西	拉科鲁尼亚	2 分	–	–	–	–	2	2
32	路易斯·菲戈	葡萄牙	巴塞罗那(葡萄牙体育)	1 分	–	–	–	1	1	1
32	阿兰·希勒	英格兰	布莱克本	1 分	–	–	–	–	1	1
32	伊恩·赖特	英格兰	阿森纳	1 分	–	–	–	1	1	1

1995 年金球奖候选名单共计 50 人,下列 16 位球员入围候选名单,但未获任何投票: 丹尼尔·阿莫卡奇(尼日利亚)、迪迪埃·德尚(法国)、阿贝尔·巴尔博(意大利)、马里奥·巴斯勒(德国)、塞萨尔·桑普拉(巴西)、迪迪埃·德尚(法国)、多纳多尼(意大利)、埃芬伯格(德国)、克里姆(法国)、克里斯塔耶(尼日利亚)、奥斯汀(尼日利亚)、费尔南多·雷东多、雷东多(阿根廷)。

1995 年金球奖全排名及得票明细备注

1. 1995—2006 年,金球奖评选对象放宽为欧洲足联成员国所属俱乐部的球员。乔治·维阿获选对象成为阿是制胜后首位获奖的非洲球员,也是唯一一获洲非洲球员(截至 2023 年 10 月 31 日)。
2. 部分球员拥有双重国籍,以其效力的成年国家队入为准。
3. 共有 49 名欧洲体育记者参与 1995 年金球奖投票。
4. 19 岁的帕特里克·克鲁伊维特在 1994—1995 赛季的欧冠决赛中打入绝杀球,帮助阿贾克斯夺冠,个人位列金球奖候选第 5 名,是其生涯最高排名。

20

1996 年金球奖全排名及得票明细

排名	球员名称	国家/地区	效力俱乐部	总得分	第一顺位投票	第二顺位投票	第三顺位投票	第四顺位投票	第五顺位投票	票数
1	马蒂亚斯·萨默尔	德国	多特蒙德	144分	13	15	6	–	1	35
2	罗纳尔多	巴西	巴塞罗那（埃因霍温）	143分	16	9	4	5	1	39
3	阿兰·希勒	英格兰	纽卡斯尔联（布莱克本）	107分	6	–	7	11	7	33
4	亚历桑德罗·德尔·皮耶罗	意大利	尤文图斯	69分	4	6	6	6	2	21
5	尤尔根·克林斯曼	德国	拜仁慕尼黑	60分	5	4	5	6	–	21
6	达沃·苏克	克罗地亚	皇家马德里	38分	1	4	6	6	–	17
7	埃里克·坎通纳	法国	曼联	24分	1	2	3	–	9	12
8	马塞尔·德塞利	法国	AC米兰	22分	–	2	–	3	9	9
9	尤里·德约卡夫	法国	AC米兰	20分	2	1	1	2	7	7
10	卡雷尔·波博尔斯基	捷克	曼联（本菲卡）	15分	–	2	–	6	7	7
11	恩万科沃·卡努	尼日利亚	国际米兰（阿贾克斯）	14分	–	2	1	–	7	6
12	乔治·维阿	利比里亚	AC米兰	13分	1	–	2	–	6	6
13	阿德·博格坎普	荷兰	阿森纳	12分	–	–	3	–	3	6
13	尤文·巴洛斯	克罗地亚	尤文图斯（佛罗伦萨）	12分	–	–	–	3	6	6
13	安德烈亚斯·科帕克	德国	马德里（法兰克福）	12分	–	1	3	3	3	6
16	法布里齐奥·拉沃内	意大利	米德尔斯堡（尤文图斯）	9分	–	1	2	3	5	5
16	普雷德拉格·米亚托维奇	南斯拉夫	皇家马德里（瓦伦西亚）	9分	1	–	2	1	4	4
18	朱塞佩·西尼奥里	意大利	拉齐奥	9分	–	–	1	2	6	4
19	恩佐·弗朗切斯科利	乌拉圭	河床	8分	1	–	1	2	4	4
20	大卫·图加尼	瑞士	尤文图斯	5分	1	–	1	–	4	4
20	劳尔	西班牙	皇家马德里	4分	1	–	–	1	3	3
22	保罗·马尔蒂尼	意大利	AC米兰	3分	1	–	–	1	2	3
22	克里斯托·齐格	德国	拜仁慕尼黑	3分	–	–	3	–	1	3
22	帕特里克·博格	捷克	利物浦	3分	–	1	–	1	1	2
22	特里马·马西		维也纳快速	3分	–	1	–	1	1	2
26	法布里奇奥·哈亚吉		保加利亚流浪者	2分	2	–	–	–	–	2
26	普里莫·贝尔	南斯拉夫	马德里竞技	2分	–	1	–	–	1	1
28	赛尔杰·齐努丁	法国	尤文图斯（波尔多）	1分	–	–	1	–	1	1

1996年金球奖候选名单共计50人，下列18位球员入围候选名单，但未获得任何投票：奥利弗·比埃尔霍夫（德国），兹沃尼米尔·博班（克罗地亚），罗伯特·普罗辛内茨基（克罗地亚），安德烈·舍甫琴科（乌克兰），帕维尔·内德维德（捷克），达沃·西蒙尼（阿根廷）。

罗比·福勒（英格兰），托尔多（意大利），拉玛（法国），拉斯马（巴西），德尔（德国），安德烈亚斯·穆勒（南斯拉夫，穆勒（德国），帕维尔·内维德（捷克），达达·西蒙尼（阿根廷）。

勒（德国），帕维尔·内德维德（捷克），达沃·苏克（克罗地亚），舒梅切尔（南斯拉夫，穆勒（德国），帕维尔·内德维德（捷克），达沃·西蒙尼（阿根廷）。

梅赫梅特（德国），绍尔（德国），达达·西蒙尼（捷克），维亚利（意大利），哈维尔·萨维奥拉（阿根廷）。

1997 年金球奖全排名及得票明细

排名	球员名称	国家/地区	效力俱乐部	总得分	第一顺位投票	第二顺位投票	第三顺位投票	第四顺位投票	第五顺位投票	票数
1	罗纳尔多	巴西	国际米兰（巴塞罗那）	222分	38	5	4	–	–	47
2	普雷德拉格·米亚托维奇	南斯拉夫	皇家马德里	68分	2	10	4	6	1	20
3	齐内丁·齐达内	法国	尤文图斯	63分	2	8	5	6	1	18
4	罗伯特·卡洛斯	巴西	皇家马德里	57分	2	2	8	7	3	22
5	安德烈·穆勒	德国	皇家马德里	47分	1	6	2	4	16	16
6	劳尔·冈萨雷斯	西班牙	皇家马德里	40分	1	1	5	7	14	14
7	安德烈·舍甫琴科	乌克兰	基辅迪纳摩	35分	1	2	3	4	12	12
8	布莱恩·劳德鲁普	丹麦	格拉斯哥流浪者	19分	1	–	4	3	9	9
9	克里斯蒂安·维耶里	意大利	尤文图斯（亚特兰大）	16分	1	1	–	3	6	6
9	于尔根·科勒尔	德国	多特蒙德	16分	–	1	2	3	6	6
11	路德·古利特	荷兰	切尔西	15分	–	2	1	2	6	6
11	路易斯·恩里克	西班牙	巴塞罗那	15分	–	2	2	2	5	5
13	詹弗兰科·佐拉	意大利	切尔西	14分	–	2	2	1	5	5
14	迪迪埃·德尚	法国	尤文图斯	12分	–	1	2	2	5	5
15	奥利弗·比埃尔霍夫	德国	乌迪内斯	11分	–	1	2	2	4	4
15	保罗·因扎吉	意大利	尤文图斯	11分	1	–	1	3	4	4
17	奥斯卡·加西亚	西班牙	巴塞罗那	10分	–	1	1	3	4	4
17	赛德·卡拉德·德	荷兰	AC米兰（米德尔斯堡）	10分	1	–	2	1	3	3
20	克拉伦斯·西多夫	荷兰	皇家马德里	9分	–	1	1	2	3	3
20	大卫·贝克汉姆	英格兰	曼联	9分	–	1	2	1	3	3
20	阿兰·希勒	英格兰	纽卡斯尔联	9分	–	2	–	1	3	3
23	加布里埃尔·巴蒂斯图塔	阿根廷	佛罗伦萨	7分	–	1	2	–	2	2
24	乔治·维阿	利比里亚	AC米兰	6分	–	2	–	1	2	2
25	儒尼尼奥	巴西	马德里竞技（米德尔斯堡）	5分	1	–	–	–	1	2
25	保罗·索萨	葡萄牙	多特蒙德	5分	–	1	1	–	2	2
25	利利安·图拉姆	法国	帕尔马	5分	–	–	1	–	3	2
28	瑞恩·吉格斯	威尔士	曼联	4分	–	–	2	–	1	1
29	奥利弗·比坎托罗	意大利	乌迪内斯	3分	–	1	–	1	1	1
29	安德雷·佩措	意大利	尤文图斯	3分	–	1	–	1	1	1
29	拉乌	巴西	尤文图斯	3分	–	–	3	–	–	1
32	维克托·伊克佩巴	尼日利亚	摩纳哥	2分	–	–	2	–	1	1
33	洛佩·布里斯	法国	摩纳哥	1分	–	–	1	–	1	1
33	奇·费约尔	意大利	帕尔马	1分	–	–	1	–	1	1
33	里瓦尔多	巴西	巴塞罗那	1分	1	–	–	–	–	1
33	本特·斯卡梅尔斯塔鲁	挪威	罗森博格	1分	–	–	–	–	1	1

1997年金球奖候选名单共计50人，下列14位球员入围候选名单，但未获得任何投票：索尼·安德森（巴西），恩里科·基耶萨（意大利），克莱尔丰（阿根廷），克里斯托弗（法国），罗比·福勒（英格兰），哈维尔·勒（德国），帕维尔·内德维德（捷克），伊万·扎莫拉诺（智利），托马斯·海尔维格（德国），菲利波·因扎吉（意大利），舒梅切尔（丹麦），达沃·苏克（克罗地亚），伊贝尔·柯特（英格兰）。

1999 年金球奖全排名及得票明细

排名	球员名称	国家/地区	效力俱乐部	总得分	第一顺位投票	第二顺位投票	第三顺位投票	第四顺位投票	第五顺位投票	票数
1	里瓦尔多	巴西	巴塞罗那	219分	31	14	2	1	–	48
2	大卫·贝克汉姆	英格兰	曼联	154分	14	12	8	5	2	41
3	安德烈·舍甫琴科	乌克兰	AC米兰（基辅迪纳摩）	64分	–	7	6	4	10	27
4	加夫列尔·巴蒂斯图塔	阿根廷	佛罗伦萨	48分	–	4	6	4	6	20
5	路易斯·菲戈	葡萄牙	巴塞罗那	38分	–	4	2	4	3	14
6	罗伊·基恩	爱尔兰	曼联	36分	–	3	5	1	2	12
7	克里斯蒂安·维耶里	意大利	国际米兰（拉齐奥）	33分	–	1	7	4	–	12
8	胡安·塞巴斯蒂安·贝隆	阿根廷	拉齐奥（帕尔马）	30分	–	1	2	10	–	13
9	劳尔·冈萨雷斯	西班牙	皇家马德里	27分	–	3	3	5	4	13
10	洛塔尔·马特乌斯	德国	拜仁慕尼黑	16分	1	–	1	2	5	9
11	德怀特·约克	特立尼达和多巴哥	曼联	14分	1	–	–	4	1	6
12	雅普·斯塔姆	荷兰	曼联	13分	–	2	2	–	2	5
13	西尼萨·米哈伊洛维奇	南斯拉夫	拉齐奥	12分	1	1	–	1	2	4
14	兹拉特科·扎霍维奇	斯洛文尼亚	奥林匹亚科斯（波尔图）	9分	1	–	1	2	2	3
15	帕维尔·内德维德	捷克	拉齐奥	8分	1	–	1	1	1	3
16	马努埃尔·贡萨尔	巴西	波尔图	7分	1	–	3	1	–	4
17	彼得·舒梅切尔	丹麦	葡萄牙体育（曼联）	6分	1	–	1	3	–	4
18	斯特凡·埃芬博格	德国	拜仁慕尼黑	5分	–	1	1	2	–	2
19	奥利弗·比埃尔霍夫	德国	AC米兰	4分	–	1	1	1	–	2
19	齐内丁·齐达内	法国	尤文图斯	4分	–	–	1	1	2	2
21	马里奥·巴斯勒	德国	凯泽斯劳滕（拜仁慕尼黑）	3分	–	1	1	1	–	1
21	瑞恩·吉格斯	威尔士	曼联	3分	–	–	1	1	1	1
23	埃尔南·克雷斯波	阿根廷	帕尔马	2分	–	–	–	1	–	1
23	大卫·吉诺拉	法国	阿森纳	2分	–	–	–	1	–	1
23	恩乔·卡努	尼日利亚	国际米兰	2分	–	–	–	1	1	1
26	安迪·科尔	英格兰	曼联	1分	–	–	–	–	1	1
26	埃德温·范德萨	荷兰	尤文图斯	1分	–	–	–	–	1	1
26	大卫·吉诺拉	法国	托特纳姆热刺	1分	–	–	–	1	1	1
26	劳迪奥·洛佩斯	阿根廷	巴伦西亚	1分	–	–	–	–	1	1
26	罗伯特·卡洛斯	巴西	皇家马德里	1分	–	–	–	1	–	1
26	马努埃尔·萨拉科	智利	拉齐奥	1分	–	–	–	–	1	1

1999年金球奖候选名单共计50人，下列19位球员入围候选名单，但未获得任何投票：法比安·巴特斯（荷兰）、博格坎普（荷兰）、吉格斯、布罗林（法国）、詹路易吉·布冯（意大利）、弗兰克·德波尔（荷兰）、弗朗西斯科·托蒂（意大利）、费尔南多·耶罗（西班牙）、菲利波·因扎吉（意大利）、帕特里克·维埃拉（法国）、鲁伊·科斯塔（葡萄牙）、瓜迪奥拉（西班牙）、中田英寿（日本）、帕拉德（意大利）、蒂埃里·亨利（法国）、古斯塔沃·波耶特（乌拉圭）、费尔南多·莫伦特斯（西班牙）、中田英寿（日本）、埃马纽姆·佩蒂特（法国）、利利安·图拉姆（法国）、西尔万·维尔德（法国）、詹弗兰科·佐拉（意大利）。

1998 年金球奖全排名及得票明细

排名	球员名称	国家/地区	效力俱乐部	总得分	第一顺位投票	第二顺位投票	第三顺位投票	第四顺位投票	第五顺位投票	票数
1	齐内丁·齐达内	法国	尤文图斯	244分	45	4	1	–	–	50
2	达沃·苏克	克罗地亚	皇家马德里	68分	1	5	7	9	4	26
3	罗纳尔多	巴西	国际米兰	66分	–	8	6	5	6	25
4	迈克尔·欧文	英格兰	利物浦	51分	–	3	6	6	2	22
5	里瓦尔多	巴西	巴塞罗那	45分	1	6	4	1	2	14
6	加夫列尔·巴蒂斯图塔	阿根廷	佛罗伦萨	43分	1	–	6	4	4	17
7	利利安·图拉姆	法国	帕尔马	36分	–	5	–	5	4	12
8	埃德加·戴维斯	荷兰	尤文图斯	28分	–	3	3	–	4	12
8	丹尼斯·博格坎普	荷兰	阿森纳	28分	–	3	2	3	4	12
10	马塞尔·德塞利	法国	切尔西（AC米兰）	19分	–	2	2	2	7	7
11	弗兰克·莱伯尔	荷兰	阿贾克斯	17分	–	1	2	3	–	7
12	埃马纽埃尔·佩蒂特	法国	阿森纳	16分	–	–	3	2	2	6
13	洛蒂托·布拉斯	巴西	皇家马德里	13分	–	2	–	2	4	5
14	法比安·巴特斯	法国	马赛	11分	–	2	2	–	5	4
16	亚历桑德罗·德尔·皮耶罗	意大利	尤文图斯	10分	1	–	5	4	–	7
16	普雷德拉格·米亚托维奇	南斯拉夫	皇家马德里	10分	–	2	–	4	–	3
18	迪迪埃·德尚	法国	尤文图斯	9分	–	–	2	2	1	4
18	奥利弗·比埃尔霍夫	德国	AC米兰（乌迪内斯）	9分	–	2	–	2	–	3
20	米歇尔·劳德鲁普	丹麦	阿贾克斯	6分	–	2	–	–	–	3
21	罗纳德·德波尔	荷兰	阿森纳	4分	–	–	2	2	–	3
21	劳尔·冈萨雷斯	西班牙	皇家马德里	4分	–	–	3	–	–	3
23	布莱恩·劳德鲁普	丹麦	切尔西（格拉斯哥流浪者）	3分	–	–	1	–	–	2
23	克拉伦斯·西多夫	荷兰	皇家马德里	3分	–	–	–	–	1	1
26	马克·奥维马斯	荷兰	阿森纳	2分	–	1	–	–	–	2
26	克里斯蒂安·维耶里	意大利	拉齐奥	2分	–	–	–	–	2	2
28	费尔南多·耶罗	西班牙	皇家马德里	1分	1	–	–	1	–	1
28	路易斯·恩里克	西班牙	巴塞罗那	1分	–	–	–	–	2	1
28	比森特·利扎拉加	法国	拜仁慕尼黑	1分	–	–	–	–	2	1
28	尼科斯·马赫拉斯	希腊	维切斯	1分	–	–	–	–	2	1

1998年金球奖候选名单共计50人，下列19位球员入围候选名单，但未获得任何投票：托尼·亚当斯（英格兰）、罗伯托·巴乔（意大利）、卡纳瓦罗（巴西）、托普·卡洛（意大利）、罗纳德·科曼（荷兰）、帕维尔·内德维德（捷克）、罗伯特·皮雷斯（法国）、因扎吉（意大利）、菲利波·因扎吉（尼日利亚）、鲁卡·因扎吉、帕特里克·维埃拉（法国）、阿里埃尔·奥尔特加（阿根廷）、胡安·塞巴斯蒂安·贝隆（阿根廷）、鲁伊·科斯塔（葡萄牙）、大卫·希曼（英格兰）、安德烈·舍甫琴科、舍甫琴科、安德烈·舍甫琴科、塞巴斯蒂安·代舍尔（智利）、萨尔瓦诺（智利）、萨莫拉诺（智利）。

2000 年金球奖全排名及得票明细

排名	球员名称	国家/地区	效力俱乐部	总得分	第一顺位投票票数	第二顺位投票票数	第三顺位投票票数	第四顺位投票票数	第五顺位投票票数	票数
1	路易斯·菲戈	葡萄牙	皇家马德里（巴塞罗那）	197分	20	21	4	–	1	46
2	齐内丁·齐达内	法国	尤文图斯	181分	24	6	11	4	–	43
3	安德烈·舍甫琴科	乌克兰	AC米兰	85分	3	8	7	8	5	27
4	劳尔·冈萨雷斯	西班牙	皇家马德里	57分	6	8	3	3	6	20
5	亚历山德罗·内斯塔	意大利	拉齐奥	39分	2	4	5	7	–	18
6	里瓦尔多	巴西	巴塞罗那	39分	–	7	5	4	7	20
7	加夫列尔·巴蒂斯图塔	阿根廷	罗马（佛罗伦萨）	26分	1	1	2	5	10	18
8	盖尔·门德塔	西班牙	拉齐奥	22分	1	2	1	2	10	16
9	保罗·马尔蒂尼	意大利	AC米兰	18分	–	1	2	3	9	15
10	大卫·贝克汉姆	英格兰	曼联	10分	–	–	1	5	7	13
10	兹拉特科·扎霍维奇	斯洛文尼亚	瓦伦西亚（奥林匹亚科斯）	8分	1	–	1	1	5	8
12	法比安·巴特斯	法国	曼联	8分	–	1	3	2	5	11
12	弗朗切斯科·托蒂	意大利	罗马	7分	–	–	1	1	5	7
14	弗明切斯科·科科	意大利	AC米兰	7分	–	–	1	3	2	6
14	帕特里克·维埃拉	法国	阿森纳	7分	–	–	–	3	4	7
14	埃德加·戴维斯	荷兰	尤文图斯	6分	–	1	1	2	3	7
17	埃德温·范德萨	荷兰	尤文图斯	5分	–	–	1	1	2	4
18	哈坎·苏克	土耳其	国际米兰	5分	–	–	1	–	2	3
18	马里奥·雅德尔	巴西	罗马	5分	–	–	1	–	2	3
18	埃斯塔	–	–	5分	–	–	–	2	1	3
18	苏克	–	–	5分	–	–	–	–	5	5
22	奥利弗·卡恩	德国	拜仁慕尼黑	2分	–	–	1	–	–	1
22	雷伊·科斯塔	葡萄牙	AC米兰	2分	–	–	–	1	–	1
24	雷伊·科斯塔	法国	尤文图斯	2分	–	–	–	1	–	1
24	洛萨诺·布德维德	德国	–	2分	–	–	–	1	–	1
27	克劳迪奥·洛佩斯	阿根廷	瓦伦西亚	1分	–	–	–	–	1	1
27	罗伯托·卡洛斯	巴西	皇家马德里	1分	–	–	–	–	1	1
27	胡安·基斯	阿根廷	国际米兰	1分	–	–	–	–	1	1
27	塞巴斯蒂安·贝隆	阿根廷	拉齐奥	1分	–	–	–	–	1	1

2000年金球奖候选名单共计50人，下列20位球员入围候选名单：内尔卡（法国）、约瑟林、安格洛马、丹尼斯·博格坎普（荷兰）、埃尔格拉（西班牙）、因扎吉、姆博马（喀麦隆）、格麦陇（南斯拉夫）、努诺·戈麦斯（葡萄牙）、劳·米洛舍维奇（南斯拉夫）、努诺·戈麦斯、阿尔瓦罗·雷科巴（乌拉圭）、保罗·帕科科斯塔（意大利）、西尔瓦、维埃里（意大利）、雅普·斯塔姆（荷兰）、雅普·斯塔姆（荷兰）、罗贝尔·皮雷（法国）、塞巴斯蒂安·贝隆、维尔托德（法国）。

2001 年金球奖全排名及得票明细

排名	球员名称	国家/地区	效力俱乐部	总得分	第一顺位投票票数	第二顺位投票票数	第三顺位投票票数	第四顺位投票票数	第五顺位投票票数	票数
1	迈克尔·欧文	英格兰	利物浦	176分	19	8	5	3	3	40
2	劳尔·冈萨雷斯	西班牙	皇家马德里	140分	11	17	8	4	1	46
3	奥利弗·卡恩	德国	拜仁慕尼黑	114分	9	12	6	3	3	33
4	大卫·贝克汉姆	英格兰	曼联	102分	5	5	11	6	5	32
5	罗马里奥	巴西	皇家马德里	57分	–	3	6	11	–	25
6	弗朗切斯科·托蒂	意大利	罗马	56分	5	2	3	3	18	18
7	亚历山德罗·内斯塔	意大利	拉齐奥	20分	1	2	3	2	9	10
8	埃尔南·克雷斯波	阿根廷	拉齐奥	20分	–	1	1	4	9	10
9	胡安·塞巴斯蒂安·贝隆	阿根廷	曼联（拉齐奥）	14分	1	2	3	2	7	7
9	齐内丁·齐达内	法国	皇家马德里（尤文图斯）	14分	–	1	1	3	7	7
11	比森特	西班牙	瓦伦西亚	10分	–	–	2	4	–	6
12	达维特·利扎拉祖	法国	拜仁慕尼黑	6分	–	1	1	2	4	4
13	斯蒂凡·特雷泽盖	法国	尤文图斯	4分	–	–	1	2	3	3
14	亨里克	瑞典	凯尔特人	4分	–	–	1	1	2	2
14	埃德加·戴维斯	荷兰	尤文图斯	3分	–	–	1	1	1	1
16	吉吉·布冯	意大利	尤文图斯	3分	–	–	–	1	2	2
18	齐内丁·齐达内	法国	皇家马德里	2分	–	–	1	–	1	1
18	比森特·利扎拉祖	法国	拜仁慕尼黑	2分	–	–	1	–	1	1
18	达米安·达夫	爱尔兰	布莱克本	2分	–	–	–	2	–	2
18	罗伯托·卡洛斯	巴西	皇家马德里	2分	–	–	–	1	–	1
18	舒米·海芬诺赫	意大利	利物浦	2分	–	–	–	1	–	1
18	埃努埃尔·波	芬兰	利物浦	2分	–	–	–	1	–	1
18	塞内多尔	波兰	沙尔克04	2分	–	–	–	2	–	2
25	埃克	丹麦	布雷西亚	1分	–	–	–	–	1	1
25	罗伯托·巴乔	意大利	布雷西亚	1分	–	–	–	–	1	1
25	安德文·杰拉德	英格兰	利物浦	1分	–	–	–	–	1	1
25	鲁伊·科斯塔	葡萄牙	AC米兰（佛罗伦萨）	1分	–	–	–	–	1	1

2001年金球奖候选名单共计50人，下列23位球员入围候选名单（但未获得任何投票）：努诺·戈麦斯（葡萄牙）、加夫列尔·巴蒂斯图塔（阿根廷）、布冯（意大利）、卡福（巴西）、索尼·安德森（巴西）、法比安·巴特斯（法国）、加斯克尔（荷兰）、皮耶罗（意大利）、哈塞尔巴因克（荷兰）、伊万·埃尔格拉（西班牙）、哈里·基维尔（澳大利亚）、基米·哈格（德国）、皮耶罗（意大利）、科维尔（澳大利亚）、维迪奇、亨里克·拉尔森（瑞典）、卡里克（英格兰）、里奥·费迪南德（英格兰）、帕纳约特科斯（希腊）、中田英寿（日本）、帕维尔·内德维德（捷克）、科勒尔（捷克）、维埃拉（法国）、保罗·马尔蒂尼（意大利）、萨穆埃尔（阿根廷）、伊万·科尔多巴（哥伦比亚）、利利安·图拉姆（法国）。

1996年金球奖全排名及得票明细备注
1. 共有51名欧洲体育记者参与1996年金球奖投票。
2. 马蒂亚斯·萨默尔仅以1分之差击败罗纳尔多获得金球奖，其第一顺位选票落后罗纳尔多多3票，引发争议。
3. 保罗·马尔蒂尼连续5年入围金球奖榜单。
4. 阿兰·希勒获得1995—1996赛季英超金靴奖（31球），1996年欧洲杯金靴奖（5球），位列金球奖榜单第3名，是其生涯的最高排名。
5. 24岁的齐内丁·齐达内首次入围金球奖榜单，但仅排并列倒数第1名。

1997年金球奖全排名及得票明细备注
1. 共有51名欧洲体育记者参与1997年金球奖投票。
2. 21岁的罗纳尔多是最年轻的金球奖得主（截至2023年10月31日）。
3. 罗纳尔多多是首位获得金球奖的巴西球员。
4. 齐达内首次入围金球奖榜单前3名。
5. 丹尼斯·博格坎普时隔4年，再度跻身金球奖榜单前5名，这是他效力于阿森纳时期的最高排名。

1998年金球奖全排名及得票明细备注
1. 共有51名欧洲体育记者参与1998年金球奖投票。
2. 齐内丁·齐达内是获得金球奖的法国球员，他获得51张第一顺位选票中的45张，以绝对优势获奖。
3. 22岁的罗纳尔多是第5位获得金球奖的第3名，创造了U23（23岁及以下）球员的最高当选记录。
4. 19岁的迈克尔·欧文，获得1997—1998赛季英超金靴奖（18球），是英超历史上最年轻的金靴奖得主，最终位列金球奖榜单第4名（截至2023年10月31日）；他还在1998年世界杯英格兰队与阿根廷队的比赛中一战成名，他凭此杀入金球奖候选名单，成为最大黑马。
5. 希勒凭尼科尔斯·马拉多纳获得1997—1998赛季欧洲金靴奖（34球），他凭此杀入金球奖候选名单，成为最大黑马。
6. 日本球员中田英寿是首位进入金球奖候选名单的亚洲球员。

1999年金球奖全排名及得票明细备注
1. 共有51名欧洲体育记者参与1999年金球奖投票。
2. 里瓦尔多是第2位获得金球奖的巴西球员。
3. 大卫·贝克汉姆率领曼联获得1998—1999赛季三冠王（英超、欧冠、足总杯），个人位列金球奖榜单第2名，是其生涯最高排名。
4. 加夫列尔·巴蒂斯图塔率领佛罗伦萨在1998—1999赛季战绩出色（意大利杯亚军、意甲第3名、意甲冠军第3名），是其生涯的最高排名。
5. 安德烈·舍甫琴科获得1998—1999赛季欧冠金靴奖（8球），个人首次位列金球奖榜单第3名。
6. 罗伊·基恩获得领奖领衔第6名，是爱尔兰球员获得的最高排名（截至2023年10月31日）。

2000年金球奖全排名及得票明细备注
1. 共有51名欧洲体育记者参与2000年金球奖投票。
2. 路易斯·菲戈继缩西比奥之后，第2位获得金球奖的葡萄牙球员。
3. 路易斯·菲戈在2000年中没有获任何赛事的冠军，革领的葡萄牙队在欧洲杯中被齐达内率领的法国队正面击败，菲戈获得金球奖引发争议。
4. 安德烈·舍甫琴科加盟AC米兰的首个赛季（1999—2000赛季），便获得意大利金靴奖（24球），他连续两年位列金球奖榜单第3名。
5. 亚历山德罗·内斯塔率领拉齐奥拿下1999—2000赛季的意甲和意大利杯冠军，个人位列金球奖榜单并列第5名，是其生涯最高排名。

2001年金球奖全排名及得票明细备注
1. 共有51名欧洲体育记者参与2001年金球奖投票。
2. 刚满22岁的迈克尔·欧文获得欧洲金球奖，是历史上第二年轻的金球奖得主（截至2023年10月31日）。
3. 迈克尔·欧文是在凯文·基冈第2次获得金球奖（1979年）22年后，再度获得的英格兰球员。
4. 弗朗切斯科·托蒂率领罗马在2000—2001赛季获得意甲冠军，个人位列金球奖榜单第5名，是其生涯最高排名。
5. 劳尔·冈萨雷斯率领皇马获得2000—2001赛季西甲冠军，个人获得西甲金靴奖（24球），欧冠金靴奖（7球）。他凭此位列金球奖榜单，个人获得西甲金靴奖（24球），是其生涯最高排名。

2002 年金球奖全排名及得票明细

排名	球员名称	国家/地区	效力俱乐部	总得分	第一顺位投票	第二顺位投票	第三顺位投票	第四顺位投票	第五顺位投票	票数
1	罗纳尔多	巴西	皇家马德里（国际）	169分	16	13	7	7	2	45
2	罗伯托·卡洛斯	巴西	皇家马德里	145分	23	3	4	2	2	34
3	奥利弗·卡恩	德国	拜仁慕尼黑	110分	2	13	9	2	3	36
4	齐内丁·齐达内	法国	皇家马德里	78分	2	13	10	8	3	33
5	米夏埃尔·巴拉克	德国	拜仁慕尼黑（勒沃库森）	71分	4	6	5	4	4	23
6	劳尔·冈萨雷斯	西班牙	皇家马德里	54分	2	6	2	3	8	21
7	蒂埃里·亨利	法国	阿森纳	38分	2	2	3	4	3	14
8	里瓦尔多	巴西	AC米兰（巴塞罗那）	31分	1	2	2	5	2	12
9	伊尔汉·曼斯泽伊	土耳其	加拉塔萨雷	13分	1	—	3	2	—	6
10	罗纳尔迪尼奥	巴西	巴黎圣日耳曼	10分	1	—	1	3	1	5
11	哈桑·萨斯	土耳其	加拉塔萨雷	12分	—	—	1	1	3	5
12	罗纳尔迪尼奥	巴西	巴黎圣日耳曼	8分	—	1	—	3	1	6
13	迈克尔·欧文	英格兰	利物浦	5分	—	1	—	2	3	5
13	鲁德·范尼斯特鲁伊	荷兰	曼联	5分	—	1	1	1	2	5
15	卡福	巴西	罗马	4分	—	—	2	—	2	4
15	胡安	西班牙	拉科鲁尼亚	4分	—	—	1	—	—	4
15	贝尔斯	英格兰	利物浦	4分	—	—	2	—	—	3
15	卢西奥	巴西	勒沃库森	4分	—	1	—	—	—	3
19	帕特里克·维埃拉	法国	阿森纳	3分	—	—	1	—	1	2
19	卢西奥	巴西	勒沃库森	3分	—	—	1	—	1	2
21	路易斯·菲戈	葡萄牙	皇家马德里	2分	—	—	—	—	2	2
21	埃默·哈拉普	塞内加尔	利物浦	2分	—	—	—	1	—	2
21	西多夫	荷兰	国际米兰	2分	—	—	1	—	—	1
24	托马斯·罗西基	捷克	多特蒙德	1分	—	—	—	—	1	1
24	鲁本·巴拉哈	西班牙	瓦伦西亚	1分	—	—	—	1	—	1
24	菲利波·因扎吉	意大利	AC米兰	1分	—	—	—	1	—	1
24	罗伊·马凯	荷兰	拉科鲁尼亚	1分	—	—	—	—	1	1

2002年金球奖全排名及得票明细备注
1. 共有52名欧洲体育记者参与2002年金球奖投票。
2. 罗纳尔多荣获2002年世界杯冠军与金靴奖（8球），击败了国家队队友与罗伯托·卡洛斯荣获金球奖，后者获得了世界杯冠军与欧冠冠军。卡洛斯荣获金靴奖，但所获的投票比罗纳尔多少了7票。
3. 罗纳尔迪尼奥是首次入围金球奖候补名单。

2003 年金球奖全排名及得票明细

排名	球员名称	国家/地区	效力俱乐部	总得分	第一顺位投票	第二顺位投票	第三顺位投票	第四顺位投票	第五顺位投票	票数
1	帕维尔·内德维德	捷克	尤文图斯	190分	27	9	6	6	1	45
2	蒂埃里·亨利	法国	阿森纳	128分	8	9	12	4	4	37
3	保罗·马尔蒂尼	意大利	AC米兰	123分	7	13	7	4	3	38
4	安德烈·舍甫琴科	乌克兰	AC米兰	67分	3	8	7	4	3	26
5	齐内丁·齐达内	法国	皇家马德里	64分	4	4	1	5	7	21
6	鲁德·范尼斯特鲁伊	荷兰	曼联	61分	1	4	5	11	9	24
7	劳尔·冈萨雷斯	西班牙	皇家马德里	32分	1	3	3	1	5	13
8	罗伯托·卡洛斯	巴西	皇家马德里	27分	1	1	3	2	9	13
9	大卫·贝克汉姆	英格兰	皇家马德里（曼联）	19分	—	1	2	2	3	8
10	罗纳尔迪尼奥	巴西	巴塞罗那	17分	1	—	2	1	2	9
11	罗伊·马凯	荷兰	拜仁慕尼黑	11分	—	1	—	2	4	7
12	亚历山德罗·内斯塔	意大利	AC米兰	6分	—	—	—	1	2	3
13	罗纳尔多	巴西	皇家马德里	—	—	—	1	2	2	7
13	迪达	巴西	AC米兰	—	—	—	1	2	3	6
13	亚历山德罗·德尔·皮耶罗	意大利	尤文图斯	4分	—	—	1	1	—	3
13	扬·科勒	捷克	多特蒙德	4分	—	1	—	—	1	3
18	弗朗切斯科·托蒂	意大利	罗马	—	—	1	—	1	—	3
18	弗朗克·里贝里	法国	—	—	—	—	1	1	1	3
20	米夏埃尔·巴拉克	德国	拜仁慕尼黑	—	—	—	2	—	—	2
20	阿莱克斯	巴西	—	—	—	—	1	—	3	2
22	兹拉坦·伊布拉西莫维奇	瑞典	阿贾克斯	—	—	—	—	1	1	2
22	蒂埃里·亨利	法国	—	—	—	—	—	1	—	1
22	罗纳尔迪尼奥	巴西	巴塞罗那	1分	—	—	—	1	—	1
22	弗朗西斯科	巴西	切尔西	1分	—	—	—	—	1	1

2003年金球奖全排名及得票明细备注
1. 共有52名欧洲体育记者参与2003年金球奖投票。
2. 帕维尔·内德维德是继1977年之后的首位金球奖得主。
3. 蒂埃里·亨利在2002—2003赛季的英超中打进24球，20次助攻，个人应金球奖候补名单第3名。
4. 保罗·马尔蒂尼列金球奖候补名单第2名，是其生涯最高排名。
5. 兹拉坦·伊布拉西莫维奇首次入围金球奖候补名单。

2005 年金球奖排名及得票明细

排名	球员名称	国家/地区	效力俱乐部	总得分	第一顺位投票	第二顺位投票	第三顺位投票	第四顺位投票	第五顺位投票	票数
1	罗纳尔迪尼奥	巴西	巴塞罗那	225分	33	11	4	2	-	50
2	弗兰克·兰帕德	英格兰	切尔西	148分	6	13	15	10	1	45
3	史蒂文·杰拉德	英格兰	利物浦	142分	8	18	7	3	3	39
4	蒂埃里·亨利	法国	阿森纳	41分	2		6	3	3	15
5	安德烈·舍甫琴科	乌克兰	AC米兰	33分	-	3	3	4	4	14
6	保罗·马尔蒂尼	意大利	AC米兰	23分	1		2	1	6	11
7	阿德里亚诺·莱特·里贝罗	巴西	国际米兰	22分	-	-	4	2	6	12
8	兹拉坦·伊布拉西莫维奇	瑞典	尤文图斯	21分	-	2	2	4	3	10
9	卡卡	巴西	AC米兰	19分	1		2	4	2	7
10	萨缪埃尔·埃托奥	喀麦隆	巴塞罗那	18分	-	2	2	3	8	8
10	约翰·特里	英格兰	切尔西	18分	2		3	3	6	12
12	德科	葡萄牙	巴塞罗那	15分	-	1	3	3	6	10
13	胡安·罗曼·里克尔梅	阿根廷	比利亚雷亚尔	8分	-	1	1	2	1	2
14	彼得·切赫	捷克	切尔西	7分	-	1	-	1	2	3
14	迪迪埃·德罗巴	科特迪瓦	切尔西	7分	1	-	2	-	-	4
14	米歇尔·巴拉克	德国	拜仁慕尼黑	7分	-	-	2	1	2	4
18	齐内丁·齐达内	法国	皇家马德里	5分	1	-	-	-	-	4
19	詹路易吉·布冯	意大利	尤文图斯	4分	-	1	-	1	-	3
20	杰米·卡拉格	英格兰	利物浦	3分	-	-	1	-	2	3
20	克里斯蒂亚诺·罗纳尔多	葡萄牙	曼联	3分	-	-	1	1	-	2
22	路易斯·加西亚	加纳	切尔西（里昂）	2分	-	-	-	1	-	2
23	帕维尔·内德维德	捷克	尤文图斯	1分	-	-	-	-	1	1

2005年金球奖候选名单共计50人，下列26位球员入围候选名单，但未获任何投票：大卫·贝克汉姆（英格兰）、库珀（法国）、毛罗·卡莫拉内西（意大利）、克里斯波（巴西）、德（荷兰）、迪迪（巴西）、埃默森（巴西）、朴智星（韩国）、阿隆索（西班牙）、劳尔（西班牙）、冈萨雷斯（西班牙）、皮尔洛（意大利）、罗纳尔多（巴西）、罗伯托·卡洛斯（巴西）、韦恩·鲁尼（英格兰）、达姆（德国）、特雷泽盖（法国）、马克·范博梅尔（荷兰）、范尼斯特鲁伊（荷兰）、维埃拉（法国）、达沃·苏克尔、图拉姆（法国）、利伯安、帕特里克特鲁克、范尼斯特鲁伊（荷兰）、哈维（西班牙）

2005年金球奖排名及得票明细备注
1. 共有52名欧洲体育记者参与2005年金球奖投票。
2. 罗纳尔迪奥是第3位获得金球奖的巴西球员。
3. 克里斯蒂亚诺·罗纳尔多首次入围金球奖榜单。

2004 年金球奖排名及得票明细

排名	球员名称	国家/地区	效力俱乐部	总得分	第一顺位投票	第二顺位投票	第三顺位投票	第四顺位投票	第五顺位投票	票数
1	安德烈·舍甫琴科	乌克兰	AC米兰	175分	27	5	5	2	1	40
2	德科	葡萄牙	巴塞罗那（波尔图）	139分	10	13	9	4	7	38
3	罗纳尔迪尼奥	巴西	巴塞罗那	133分	9	13	7	4	7	40
4	蒂埃里·亨利	法国	阿森纳	80分	3	6	6	10	3	28
5	西奥多罗斯·扎戈拉基斯	希腊	博洛尼亚（雅典AEK）	44分	3	2	9	3	9	17
6	阿德里亚诺·莱特·里贝罗	巴西	国际米兰（帕尔马）	27分	-	3	2	5	5	12
7	帕维尔·内德维德	捷克	尤文图斯	27分	3	-	4	5	3	11
8	韦恩·鲁尼	英格兰	曼联（埃弗顿）	22分	2	3	3	1	5	11
9	里卡多·卡瓦略	葡萄牙	切尔西（波尔图）	18分	-	2	4	3	5	6
9	鲁德·范尼斯特鲁伊	荷兰	曼联	18分	-	1	3	2	3	8
11	安德里斯·舍甫琴科·罗纳尔多	葡萄牙	云达不莱梅	15分	2	-	4	2	2	4
12	米兰·巴罗什	捷克	利物浦	11分	-	1	-	1	4	5
14	兹拉坦·伊布拉西莫维奇	瑞典	尤文图斯（阿贾克斯）	11分	-	-	2	3	2	5
15	萨缪埃尔·埃托奥	喀麦隆	巴塞罗那（皇家贝蒂斯）	8分	1	-	3	-	-	2
15	卡卡	巴西	AC米兰	7分	-	2	-	2	4	3
17	特拉亚诺斯·德拉斯	希腊	罗马	7分	-	1	1	2	1	3
17	费尔南多·莫伦特斯	西班牙	皇家马德里（摩纳哥）	5分	1	-	1	1	2	2
17	弗兰克·兰帕德	英格兰	切尔西（马赛）	5分	-	-	-	3	-	2
17	马尼切	葡萄牙	波尔图	5分	-	-	1	-	1	3
22	迪迪埃·德罗巴	科特迪瓦	切尔西（马赛）	5分	1	-	1	-	-	2
23	詹路易吉·布冯	意大利	尤文图斯	4分	-	-	-	2	-	3
24	路易斯·费戈	葡萄牙	皇家马德里	3分	-	-	-	-	2	1
24	鲁本·巴拉哈	西班牙	瓦伦西亚	2分	-	2	-	-	-	2
24	路德维奇·久利	法国	巴塞罗那（摩纳哥）	2分	-	-	-	-	2	2
24	安杰洛斯·哈里斯特亚斯	希腊	奥林匹亚科斯（帕纳辛奈科斯）	2分	-	-	1	-	2	2
28	保罗·马尔蒂尼	意大利	AC米兰	1分	-	-	-	-	1	1
28	维森特·罗德里格斯	西班牙	瓦伦西亚	1分	-	-	-	-	1	1

2004年金球奖候选名单共计50人，下列21位球员入围候选名单，但未获任何投票：法比安（法国）、大卫·贝克汉姆（英格兰）、罗伯托·阿亚拉（阿根廷）、贝克汉姆（英格兰）、波伏·切赫（捷克）、卡普利（希腊）、亨利（英格兰）、约翰·托尔多（意大利）、安德里亚·皮尔洛（意大利）、皮尔洛（意大利）、河塞（西班牙）、雷耶斯（西班牙）、罗纳尔多（巴西）、克拉伦斯·西多夫（荷兰）、乔治斯、塞塞里迪斯（荷兰）、克鲁伊维特、维埃拉（法国）。

2004年金球奖排名及得票明细备注
1. 共有52名欧洲体育记者参与2004年金球奖投票。
2. 安德烈·舍甫琴科是舍甫琴科入围金球奖候选名单前3名。
3. 罗纳尔迪尼奥入围金球奖候选名单前3名。

2006 年金球奖全排名及得票明细

排名	球员名称	国家/地区	效力俱乐部	总得分	第一顺位投票	第二顺位投票	第三顺位投票	第四顺位投票	第五顺位投票	票数
1	法比奥·卡纳瓦罗	意大利	皇家马德里（尤文图斯）	173分	20	12	5	5	—	42
2	詹路易吉·布冯	意大利	尤文图斯	124分	14	6	8	2	5	32
3	蒂埃里·亨利	法国	阿森纳	121分	15	8	6	2	—	36
4	罗纳尔迪尼奥	巴西	巴塞罗那	73分	6	5	6	10	5	41
5	齐内丁·齐达内	法国	皇家马德里	71分	7	6	5	4	5	18
6	萨穆埃尔·埃托奥	喀麦隆	巴塞罗那	67分	2	3	9	6	6	22
7	米洛斯拉夫·克洛泽	德国	云达不莱梅	29分	3	4	4	6	9	26
8	迪迪埃·德罗巴	科特迪瓦	切尔西	25分	—	2	3	5	11	14
9	安德烈亚·皮尔洛	意大利	AC米兰	13分	1	3	1	4	4	11
10	延斯·莱曼	德国	阿森纳	13分	1	2	—	2	7	7
11	卡卡	巴西	AC米兰	11分	—	2	3	2	4	4
11	德科	葡萄牙	巴塞罗那	11分	1	1	2	—	5	5
13	弗兰克·里贝里	法国	马赛	9分	1	—	1	5	6	6
14	罗纳尔多	巴西	国际米兰（AC米兰）	5分	—	1	1	2	5	5
14	真纳罗·加图索	意大利	AC米兰	5分	—	1	2	1	4	4
14	帕特里克·维埃拉	法国	尤文图斯	5分	—	1	—	2	5	5
17	克里斯蒂亚诺·罗纳尔多	葡萄牙	曼联	3分	1	—	1	—	1	1
17	弗朗切斯科·托蒂	意大利	罗马	3分	1	1	—	—	1	1
17	卢卡·托尼	意大利	巴勒莫	3分	—	—	1	2	2	2
20	儒尼奥尔·佩雷拉	巴西	里昂	2分	—	—	—	2	2	2
20	罗伊·马凯	荷兰	拜仁慕尼黑	2分	—	—	—	2	2	2
20	卢乔	巴西	巴塞罗那	2分	—	—	—	2	2	2
20	约翰·特里	英格兰	切尔西	2分	—	—	—	2	2	2
25	菲利普·拉姆	德国	拜仁慕尼黑	1分	—	—	—	—	1	1
25	大卫·比利亚	西班牙	瓦伦西亚	1分	—	—	—	—	1	1

2006 年金球奖全排名及得票明细备注

1. 共有 52 名欧洲体育记者参与 2006 年金球奖投票。
2. 法比奥·卡纳瓦罗是最后一位获得金球奖的后卫球员（截至 2023 年 10 月 31 日）。
3. 利昂内尔·梅西首次入围金球奖榜单。

2007 年金球奖全排名及得票明细

排名	球员名称	国家/地区	效力俱乐部	总得分	第一顺位投票	第二顺位投票	第三顺位投票	第四顺位投票	第五顺位投票	票数
1	卡卡	巴西	AC米兰	444分	78	10	3	1	3	95
2	克里斯蒂亚诺·罗纳尔多	葡萄牙	曼联	277分	8	33	25	14	2	82
3	利昂内尔·梅西	阿根廷	巴塞罗那	255分	6	22	16	9	9	79
4	迪迪埃·德罗巴	科特迪瓦	切尔西	106分	1	4	3	6	14	44
5	鲁德·范尼斯特鲁伊	荷兰	皇家马德里	41分	1	3	2	5	7	20
6	安德烈亚·皮尔洛	意大利	AC米兰	39分	1	3	3	3	6	18
7	兹拉坦·伊布拉希莫维奇	瑞典	国际米兰	31分	—	2	5	5	11	11
8	安德烈斯·伊涅斯塔	西班牙	巴塞罗那	27分	1	3	4	5	14	14
9	胡安·罗曼·里克尔梅	阿根廷	博卡青年（比利亚雷亚尔）	24分	—	1	4	5	11	11
10	弗朗西斯科·托蒂	意大利	罗马	20分	1	1	4	3	20	20
11	弗雷德里克·永贝里	瑞典	阿森纳	19分	1	3	3	3	9	9
12	安东尼奥·杰克尔德	马里	塞维利亚	18分	1	2	4	5	9	9
13	胡安·卡洛斯	巴西	巴萨罗那	17分	3	2	6	7	11	11
14	胡安·塞萨尔	巴西	皇家马德里	14分	1	3	5	6	20	20
15	达尼·阿尔维斯	巴西	塞维利亚	15分	3	4	2	5	9	9
16	菲利波·因扎吉	意大利	AC米兰	12分	—	—	3	3	5	5
17	弗兰克·里贝里	法国	马赛	10分	—	1	1	2	7	7
18	保罗·马尔蒂尼	意大利	AC米兰	8分	—	1	4	4	6	6
19	詹路易吉·布冯	意大利	尤文图斯	7分	—	1	3	3	9	9
19	克拉伦斯·西多夫	荷兰	AC米兰	7分	—	1	1	3	9	9
19	真纳罗·加图索	意大利	AC米兰	7分	—	2	3	2	9	9
19	蒂亚戈·席尔瓦	巴西	弗鲁米嫩塞	7分	—	1	2	3	3	3
24	米夏埃尔·巴拉克	德国	切尔西	5分	—	1	1	2	7	7
24	法比奥·卡纳瓦罗	意大利	皇家马德里	5分	—	—	2	3	11	11
26	韦恩·鲁尼	英格兰	曼联	4分	—	1	1	2	4	4
27	迭戈	巴西	云达不莱梅	3分	—	—	1	3	5	5
27	尼古拉斯·阿内尔卡	法国	博尔顿	3分	—	—	1	2	5	5
29	罗纳尔迪尼奥	巴西	巴塞罗那	2分	—	—	2	3	3	3
30	迪迪埃·贝克·贝托夫	加纳	托特纳姆热刺	1分	—	—	1	1	3	3
30	萨穆埃尔·埃托奥	喀麦隆	巴塞罗那	1分	—	—	1	1	3	3
30	瑞恩·吉格斯	威尔士	曼联	1分	—	—	1	1	3	3
30	罗宾·范佩西	荷兰	阿森纳	1分	—	—	1	1	1	1

2007 年金球奖全排名及得票明细备注

1. 2007 年开始，金球奖评选范围扩大到全球所有职业足球运动员。全球共有 96 名体育记者参与 2007 年金球奖投票，欧洲 53 名，非洲 13 名，中北美及加勒比海地区 10 名，南美洲 9 名，亚洲 9 名，大洋洲 2 名。
2. 多数球员入围候选名单，但未获得任何投票。球员获选名单共计 50 人，下列 15 位球员入围候选名单，但未获得任何投票：迪迪埃·德罗巴（科特迪瓦），穆罕默德·阿布特雷卡（埃及），迪恩·里贝里（法国），里奥·费迪南德（英格兰），卢乔·冈萨雷斯（阿根廷），夸雷斯马（葡萄牙），米洛斯拉夫·克洛泽（德国），大卫·比利亚（西班牙）。
3. 伊拉克球员尤尼斯·马哈茂德首位获得金球奖投票的亚洲球员，也是第一位亚洲（伊拉克）入围者。

27

2008 年金球奖全排名及得票明细

排名	球员名称	国家/地区	效力俱乐部	总得分	第一顺位投票	第二顺位投票	第三顺位投票	第四顺位投票	第五顺位投票	票数
1	克里斯蒂亚诺·罗纳尔多	葡萄牙	曼联	446分	77	11	4		3	96
2	利昂内尔·梅西	阿根廷	巴塞罗那	281分	6	33	27	14	10	90
3	费尔南多·托雷斯	西班牙	利物浦	179分	5	13	24	9	12	63
4	伊戈尔·卡西利亚斯	西班牙	皇家马德里	133分	2	16	12	8	7	45
5	哈维	西班牙	巴塞罗那	97分	3	9	4	15	4	35
6	安德烈·阿尔沙文	俄罗斯	泽尼特圣彼得堡	64分		3	4	10	20	37
7	大卫·比利亚	西班牙	瓦伦西亚	55分	1	2	4	10	10	27
8	卡卡	巴西	AC米兰	31分		4	4	4	4	11
9	兹拉坦·伊布拉希莫维奇	瑞典	国际米兰	30分		4	4	5	4	14
10	史蒂文·杰拉德	英格兰	利物浦	28分	1	4	5	1	5	13
11	马科斯·塞纳	西班牙	比利亚雷亚尔	16分		1	1	2	3	7
12	埃马努埃尔·阿德巴约	多哥	阿森纳	12分		1	2	2	4	7
13	韦恩·鲁尼	英格兰	曼联	11分		1	2	2	4	7
14	塞尔希奥·拉莫斯	西班牙	皇家马德里	10分		1		4		4
15	弗兰克·兰帕德	英格兰	切尔西	8分			4			4
16	弗兰克·里贝里	法国	拜仁慕尼黑	7分		1			4	4
17	萨穆埃尔·埃托奥	喀麦隆	巴塞罗那	6分			2		3	3
18	詹路易吉·布冯	意大利	尤文图斯	5分				1		1
19	弗朗克·法布雷加斯	英格兰	阿森纳	4分				4		4
19	米夏埃尔·巴拉克	德国	切尔西	4分					4	4
21	迪迪埃·德罗巴	科特迪瓦	切尔西	3分			1		1	3
21	埃辛	西班牙	皇家马德里	3分					3	3
24	埃德温·范德萨	荷兰	曼联	2分					2	2
24	鲁德·范尼斯特鲁伊	荷兰	皇家马德里	2分				1		1

2008 年金球奖候选名单共计 30 人，下列 5 位球员入围候选名单，但未获得任何投票：卡里姆·本泽马（法国）、佩佩（葡萄牙）、卢卡·托尼（意大利）、拉斐尔·范德法特（荷兰）、久里·日尔科夫（俄罗斯）。

2008 年金球奖全排名及得票明细备注
1. 全球共有 96 名体育记者参与 2008 年金球奖投票。欧洲 53 名，非洲 13 名，中北美及加勒比海地区 10 名，南美洲 9 名，亚洲 9 名，大洋洲 2 名。
2. 克里斯蒂亚诺·罗纳尔多首次获得金球奖，是第 3 位获得金球奖的葡萄牙球员。

2009 年金球奖全排名及得票明细

排名	球员名称	国家/地区	效力俱乐部	总得分	第一顺位投票	第二顺位投票	第三顺位投票	第四顺位投票	第五顺位投票	票数
1	利昂内尔·梅西	阿根廷	巴塞罗那	473分	90	5	1			96
2	克里斯蒂亚诺·罗纳尔多	葡萄牙	皇家马德里（曼联）	233分		32	25	11	8	76
3	哈维	西班牙	巴塞罗那	170分		23	12	18	6	59
4	安德雷斯·伊涅斯塔	西班牙	巴塞罗那	149分	2	9	20	17	9	57
5	萨穆埃尔·埃托奥	喀麦隆	国际米兰（巴塞罗那）	75分	2	9	7	3	2	23
6	卡卡	巴西	皇家马德里（AC米兰）	58分		4	7	4	8	24
7	兹拉坦·伊布拉希莫维奇	瑞典	巴塞罗那（国际米兰）	50分		5	1	9	9	24
8	韦恩·鲁尼	英格兰	曼联	35分		7	7	5	4	16
9	迪迪埃·德罗巴	科特迪瓦	切尔西	33分		4	4	4	8	16
10	史蒂文·杰拉德	英格兰	利物浦	32分	1	2	2	4	8	16
11	费尔南多·托雷斯	西班牙	利物浦	22分		2	2	3	6	12
12	塞斯克·法布雷加斯	西班牙	阿森纳	13分		2		2	1	5
13	埃丁·哲科	波黑	沃尔夫斯堡	12分				2	8	10
14	瑞恩·吉格斯	威尔士	曼联	11分		2		1	2	5
15	蒂埃里·亨利	法国	巴塞罗那	9分		2	2	1		4
16	路易斯·法比亚诺	巴西	塞维利亚	8分		2		1		5
16	伊万·卡西利亚斯	西班牙	皇家马德里	8分			1	1	4	5
16	内马尼亚·维迪奇	塞尔维亚	曼联	8分				1	3	3
19	迭戈	乌拉圭	马德里竞技	7分			1		1	2
20	约安·古尔库夫	法国	波尔多	6分					4	2
21	安德烈·阿尔沙文	俄罗斯	阿森纳（圣彼得堡泽尼特）	5分				1	1	2
21	弗兰克·兰帕德	英格兰	切尔西	5分			2		3	3
21	儒尼奥·萨萨	巴西	国际米兰	5分				1	2	4
24	麦孔	巴西	国际米兰	4分			1		2	3
25	迭戈·里贝尔·达·库尼亚	巴西	尤文图斯（云达不莱梅）	3分	1					1
26	约翰·特里	英格兰	切尔西	2分			2			2
26	大卫·比利亚	西班牙	瓦伦西亚	2分			1		1	2
28	弗兰克·里贝里	法国	拜仁慕尼黑	1分					1	1
28	亚亚·图雷	科特迪瓦	巴塞罗那	1分					1	1

2009 年金球奖候选选名共计 30 人，下列 1 位球员入围候选名单，但未获得任何投票：卡里姆·本泽马（法国）。

2009 年金球奖全排名及得票明细备注
1. 全球共有 96 名体育记者参与 2009 年金球奖投票。欧洲 53 名，非洲 13 名，中北美及加勒比海地区 10 名，南美洲 9 名，亚洲 9 名，大洋洲 2 名。
2. 利昂内尔·梅西首次获得金球奖，是首位获得金球奖的阿根廷球员。
3. 利昂内尔·梅西获得 96 张第一顺位选票中的 90 张，以绝对优势获奖。

2010 年国际足联金球奖全排名及得票明细

排名	球员名称	国家/地区	效力俱乐部	得票比例	国家队队长投票 票比例	国家队队长投票 得分	国家队主教练投票 票比例	国家队主教练投票 得分	媒体投票 票比例	媒体投票 得分
1	利昂内尔·梅西	阿根廷	巴塞罗那	22.65%	8.55%	314	9.72%	357	4.38%	182
2	安德雷斯·伊涅斯塔	西班牙	巴塞罗那	17.36%	4.44%	163	5.39%	198	7.53%	313
3	哈维	西班牙	巴塞罗那	16.48%	5.17%	190	5.34%	196	5.96%	248
4	韦斯利·斯内德	荷兰	国际米兰	14.48%	3.79%	139	3.00%	110	7.70%	320
5	迭戈·弗兰	乌拉圭	马德里竞技	7.61%	2.10%	77	1.88%	69	3.63%	151
6	克里斯蒂亚诺·罗纳尔多	葡萄牙	皇家马德里	3.92%	1.12%	41	2.40%	88	0.41%	17
7	伊克尔·卡西利亚斯	西班牙	皇家马德里	2.90%	1.44%	53	0.49%	18	0.96%	40
8	大卫·比利亚	西班牙	巴塞罗那(瓦伦西亚)	2.25%	0.54%	20	0.76%	28	0.94%	39
9	迪迪埃·德罗巴	科特迪瓦	切尔西	1.68%	1.03%	38	0.60%	22	0.05%	2
10	卡维·阿隆索	西班牙	皇家马德里	1.52%	0.79%	29	0.52%	19	0.22%	9
11	萨穆埃尔·埃托奥	喀麦隆	国际米兰	1.43%	0.82%	30	0.49%	18	0.12%	5
12	梅苏特·厄齐尔	德国	国际米兰	1.37%	0.76%	28	0.25%	9	0.36%	15
13	阿尔耶·罗本	荷兰	拜仁慕尼黑	1.21%	0.49%	18	0.41%	15	0.31%	13
14	梅苏特·厄齐尔	德国	皇家马德里(云达不莱梅)	1.16%	0.54%	20	0.33%	12	0.29%	12
15	托马斯·穆勒	德国	拜仁慕尼黑	1.03%	0.60%	22	0.65%	24	0.12%	5
16	巴斯蒂安·施魏因斯泰格	德国	拜仁慕尼黑	0.91%	0.52%	19	0.16%	6	0.07%	3
17	麦孔	巴西	国际米兰	0.75%	0.30%	11	0.27%	10	0.26%	11
18	阿尔瓦罗·阿韦洛亚	巴西	桑托斯	0.57%	0.46%	17	0.07%	3	0.00%	0
19	儒利奥·塞萨尔	巴西	国际米兰	0.52%	0.22%	7	0.26%	10	0.05%	2
20	米洛斯拉夫·克洛泽	德国	拜仁慕尼黑	0.46%	0.11%	4	0.00%	1	0.02%	1
21	塞斯克·法布雷加斯	西班牙	阿森纳	0.19%	0.11%	4	0.02%	4	0.00%	0
22	菲利普·拉姆	德国	拜仁慕尼黑	0.05%	0.05%	3	0.05%	2	0.00%	0
23	达尼·阿尔维斯	巴西	巴塞罗那	0.05%	0.05%	2	0.00%	0	0.00%	0

2010 年国际足联金球奖全排名及得票明细备注
1. 2010—2015 年，"金球奖"与"世界足球先生"合并为"国际足联金球奖"。
2. "国际足联金球奖"评委由各国男子足球国家队主帅、队长和本国体育记者三部分构成。投票为三票制，分值为 5、3、1 分，三部分评委评分所占比均为 1/3。
3. "国际足联金球奖"候选名单为 23 人。
4. "国际足联金球奖"颁发当晚仍位列第 4 名。
5. 韦斯利·斯内德获得媒体投票第 1 名，但在最终榜单上却位列第 4 名，本届评选引发巨大争议。
6. 巴塞罗那成为第 2 家有球员包揽金球奖（含"国际足联金球奖"）榜单前 3 名的俱乐部。

2011 年国际足联金球奖全排名及得票明细

排名	球员名称	国家/地区	效力俱乐部	得票比例	国家队队长投票 票比例	国家队队长投票 得分	国家队主教练投票 票比例	国家队主教练投票 得分	媒体投票 票比例	媒体投票 得分
1	利昂内尔·梅西	阿根廷	巴塞罗那	47.88%	14.45%	597	16.03%	675	17.40%	733
2	克里斯蒂亚诺·罗纳尔多	葡萄牙	皇家马德里	21.60%	7.46%	308	6.84%	288	7.31%	308
3	哈维	西班牙	巴塞罗那	9.23%	3.46%	143	3.02%	127	2.75%	116
4	安德雷斯·伊涅斯塔	西班牙	巴塞罗那	6.01%	2.74%	113	2.07%	87	1.21%	51
5	韦恩·鲁尼	英格兰	曼联	2.31%	0.58%	24	0.90%	38	0.83%	35
6	迭戈·弗兰	乌拉圭	国际米兰(马德里竞技)	1.48%	0.22%	9	0.31%	13	0.95%	40
7	路易斯·苏亚雷斯	乌拉圭	利物浦(阿贾克斯)	1.43%	0.17%	7	0.17%	7	0.62%	26
8	萨穆埃尔·埃托奥	喀麦隆	国际米兰	1.34%	0.61%	25	0.57%	24	0.17%	7
9	伊克尔·卡西利亚斯	西班牙	皇家马德里	1.29%	0.61%	25	0.50%	21	0.19%	8
10	内马尔	巴西	桑托斯	1.12%	0.22%	9	0.21%	9	0.69%	29
11	梅苏特·厄齐尔	德国	皇家马德里	0.76%	0.24%	10	0.45%	19	0.07%	3
12	韦斯利·斯内德	荷兰	国际米兰	0.72%	0.36%	15	0.33%	14	0.02%	1
13	托马斯·穆勒	德国	拜仁慕尼黑	0.64%	0.31%	13	0.43%	18	0.02%	1
14	大卫·比利亚	西班牙	巴塞罗那	0.53%	0.17%	7	0.05%	2	0.31%	13
15	巴斯蒂安·施魏因斯泰格	西班牙	皇家马德里	0.50%	0.33%	14	0.33%	14	0.00%	0
16	塞尔希奥·阿圭罗	德国	拜仁慕尼黑	0.48%	0.31%	13	0.09%	4	0.07%	3
17	塞尔希奥·阿圭罗	阿根廷	曼城	0.48%	0.24%	10	0.07%	3	0.17%	7
18	埃里克·阿比达尔	法国	巴塞罗那	0.36%	0.12%	5	0.09%	4	0.14%	6
19	达尼·阿尔维斯	巴西	巴塞罗那	0.34%	0.27%	11	0.00%	0	0.07%	3
20	卡里姆·本泽马	法国	皇家马德里	0.34%	0.34%	14	0.12%	5	0.02%	1
21	塞斯克·法布雷加斯	巴西	巴塞罗那(阿森纳)	0.29%	0.05%	11	0.00%	0	0.17%	7
22	纳尼	葡萄牙	曼联	0.26%	0.07%	3	0.09%	4	0.09%	4
23	杰拉德·皮克	西班牙	巴塞罗那	0.22%	0.07%	3	0.09%	4	0.05%	2

2011 年国际足联金球奖全排名及得票明细备注
1. 利昂内尔·梅西连续 3 年获得金球奖（含"国际足联金球奖"），追平米歇尔·普拉蒂尼纪录。
2. 韦恩·鲁尼首次入围金球奖（含"国际足联金球奖"）榜单前 5 名。
3. 内马尔首次入入围金球奖榜单（含"国际足联金球奖"）。

2012 年国际足联金球奖全排名及得票明细

排名	球员名称	国家/地区	效力俱乐部	得票比例	国家队队长投票比例	国家队队长投票得分	国家队主教练投票比例	国家队主教练投票得分	媒体投票比例	媒体投票得分
1	利昂内尔·梅西	阿根廷	巴塞罗那	41.60%	13.25%	608	14.79%	679	13.56%	604
2	克里斯蒂亚诺·罗纳尔多	葡萄牙	皇家马德里	23.68%	7.23%	332	7.69%	353	8.76%	390
3	安德雷斯·伊涅斯塔	西班牙	巴塞罗那	10.91%	3.33%	153	2.66%	122	4.92%	219
4	哈维	西班牙	巴塞罗那	4.08%	1.92%	88	1.26%	58	0.90%	40
5	法尔考	哥伦比亚	马德里竞技	3.67%	1.15%	53	1.39%	64	1.12%	50
6	伊戈尔·卡西利亚斯	西班牙	皇家马德里	3.18%	0.72%	33	0.78%	36	1.68%	75
7	安德烈亚·皮尔洛	意大利	尤文图斯	2.66%	1.02%	47	0.85%	39	0.79%	35
8	迪迪埃·德罗巴	科特迪瓦	上海申花(切尔西)	2.60%	0.92%	42	0.87%	40	0.81%	36
9	罗宾·范佩西	荷兰	曼联(阿森纳)	1.45%	0.72%	33	0.31%	14	0.43%	19
10	兹拉坦·伊布拉西莫维奇	瑞典	巴黎圣日尔曼(AC米兰)	1.24%	0.59%	27	0.63%	29	0.02%	1
11	哈维尔·阿隆索	西班牙	皇家马德里	1.09%	0.35%	16	0.50%	23	0.00%	0
12	亚亚·图雷	科特迪瓦	曼城	0.76%	0.24%	11	0.31%	14	0.11%	5
13	内马尔	巴西	桑托斯	0.61%	0.17%	8	0.37%	17	0.00%	0
14	梅苏特·厄齐尔	德国	皇家马德里	0.41%	0.28%	13	0.22%	10	0.02%	1
15	韦恩·鲁尼	英格兰	曼联	0.39%	0.13%	6	0.09%	4	0.02%	1
16	詹路易吉·布冯	意大利	尤文图斯	0.35%	0.15%	7	0.20%	9	0.02%	1
17	塞尔希奥·阿圭罗	阿根廷	曼城	0.30%	0.20%	9	0.13%	6	0.02%	1
18	塞尔吉奥·拉莫斯	西班牙	皇家马德里	0.21%	0.02%	1	0.15%	7	0.04%	2
19	曼努埃尔·诺伊尔	德国	拜仁慕尼黑	0.20%	0.09%	4	0.11%	5	0.00%	0
20	塞斯克·法布雷加斯	西班牙	巴塞罗那	0.20%	0.09%	4	0.00%	0	0.02%	1
21	杰拉德·皮克	西班牙	巴塞罗那	0.11%	0.09%	4	0.00%	0	0.00%	0
22	卡里姆·本泽马	法国	皇家马德里	0.11%	0.11%	5	0.00%	0	0.00%	0
23	马里奥·巴洛特利	意大利	曼城	0.07%	0.07%	3	0.00%	0	0.00%	0

2013 年国际足联金球奖全排名及得票明细

排名	球员名称	国家/地区	效力俱乐部	得票比例	国家队队长投票比例	国家队队长投票得分	国家队主教练投票比例	国家队主教练投票得分	媒体投票比例	媒体投票得分
1	克里斯蒂亚诺·罗纳尔多	葡萄牙	皇家马德里	27.99%	10.27%	510	9.18%	456	8.54%	399
2	利昂内尔·梅西	阿根廷	巴塞罗那	24.72%	8.82%	438	8.09%	402	7.81%	365
3	弗兰克·里贝里	法国	拜仁慕尼黑	23.36%	5.82%	289	6.32%	314	11.22%	524
4	兹拉坦·伊布拉西莫维奇	瑞典	巴黎圣日尔曼	5.29%	1.27%	63	2.11%	105	1.91%	89
5	内马尔	巴西	巴塞罗那(桑托斯)	3.17%	1.13%	56	1.25%	62	0.79%	37
6	安德雷斯·伊涅斯塔	西班牙	巴塞罗那	2.08%	0.84%	42	1.09%	54	0.15%	7
7	罗宾·范佩西	荷兰	曼联	1.79%	0.60%	30	0.85%	42	0.34%	16
8	阿尔杨·罗本	荷兰	拜仁慕尼黑	1.77%	0.26%	13	0.48%	24	1.03%	48
9	加雷思·贝尔	威尔士	皇家马德里(托特纳姆热刺)	1.32%	0.54%	27	0.61%	30	0.17%	8
10	安德烈亚·皮尔洛	意大利	尤文图斯	1.11%	0.60%	30	0.44%	22	0.07%	3
11	法尔考	哥伦比亚	摩纳哥(马德里竞技)	1.08%	0.40%	20	0.53%	26	0.15%	7
12	亚亚·图雷	科特迪瓦	曼城	0.99%	0.43%	21	0.24%	12	0.32%	15
13	罗伯特·莱万多夫斯基	波兰	多特蒙德	0.92%	0.26%	13	0.49%	24	0.17%	8
14	菲利普·拉姆	德国	拜仁慕尼黑	0.82%	0.22%	11	0.36%	18	0.24%	11
15	哈维	西班牙	巴塞罗那	0.82%	0.45%	22	0.26%	13	0.11%	5
16	梅苏特·厄齐尔	德国	阿森纳(皇家马德里)	0.71%	0.45%	22	0.24%	12	0.02%	1
17	巴斯蒂安·施魏因施泰格	德国	拜仁慕尼黑	0.43%	0.18%	9	0.16%	8	0.09%	4
18	托马斯·穆勒	德国	拜仁慕尼黑	0.43%	0.16%	8	0.18%	9	0.09%	4
19	路易斯·苏亚雷斯	乌拉圭	利物浦	0.39%	0.26%	13	0.06%	3	0.07%	3
20	埃丁森·卡瓦尼	乌拉圭	巴黎圣日尔曼(那不勒斯)	0.36%	0.14%	7	0.18%	9	0.04%	2
21	蒂亚戈·席尔瓦	巴西	巴黎圣日尔曼	0.24%	0.12%	6	0.10%	5	0.02%	1
22	埃登·阿扎尔	比利时	切尔西	0.16%	0.06%	3	0.10%	5	0.00%	0
23	曼努埃尔·诺伊尔	德国	拜仁慕尼黑	0.08%	0.06%	3	0.02%	1	0.00%	0

2012 年国际足联金球奖全排名及得票明细备注
1. 利昂内尔·梅西成为首位 4 次获得金球奖(含"国际足联金球奖")的球员,并且是一连续 4 年获奖的球员。
2. 沃尔考首次入围金球奖(含"国际足联金球奖")榜单,位列第 5 名。
3. 金球奖(含"国际足联金球奖")榜单前 6 名首次出自同一联赛(西甲)俱乐部。

2013 年国际足联金球奖全排名及得票明细备注
1. 2013 年国际足联金球奖(含"国际足联金球奖")未对外公布各部分评委投票比例,详细数据由作者与编辑通过每一位评委的投票结果累计算得出。
2. 国际足联在本届"国际足联金球奖"投票截止日过后,宣布投票截止日延期,并可以更改此前的投票结果,此举引发巨大争议。
3. 克里斯蒂亚诺·罗纳尔多第 2 次获得金球奖(含"国际足联金球奖")。
4. 弗兰克·里贝里里位列金球奖(含"国际足联金球奖")榜单第 3 名,是其生涯最高排名。

2014 年国际足联金球奖全排名及得票明细

排名	球员名称	国家/地区	效力俱乐部	得票比例	国家队队长投票比例	国家队队长投票得分	国家队主教练投票比例	国家队主教练投票得分	媒体投票比例	媒体投票得分
1	克里斯蒂亚诺·罗纳尔多	葡萄牙	皇家马德里	37.66%	12.60%	619	11.29%	552	13.77%	673
2	利昂内尔·梅西	阿根廷	巴塞罗那	15.76%	6.35%	312	5.77%	282	3.64%	178
3	曼努埃尔·诺伊尔	德国	拜仁慕尼黑	15.72%	3.58%	176	5.69%	278	6.45%	315
4	阿尔扬·罗本	荷兰	拜仁慕尼黑	7.17%	2.28%	112	3.03%	148	1.86%	91
5	托马斯·穆勒	德国	拜仁慕尼黑	5.42%	1.30%	64	1.66%	81	2.46%	120
6	菲利普·拉姆	德国	拜仁慕尼黑	2.90%	1.10%	54	0.88%	43	0.92%	45
7	内马尔	巴西	巴塞罗那	2.21%	0.78%	38	0.86%	42	0.57%	28
8	哈梅斯·罗德里格斯	哥伦比亚（摩纳哥）	皇家马德里	1.47%	0.29%	14	0.45%	22	0.73%	36
9	托尼·克罗斯	德国	皇家马德里（拜仁慕尼黑）	1.43%	0.53%	26	0.49%	24	0.41%	20
10	安赫尔·迪马利亚	阿根廷	曼联（皇家马德里）	1.29%	0.53%	26	0.29%	14	0.47%	23
11	迭戈·科斯塔	西班牙	切尔西	1.02%	0.41%	20	0.49%	24	0.12%	6
12	加雷斯·贝尔	威尔士	皇家马德里	1.00%	0.43%	21	0.30%	15	0.27%	13
13	兹拉坦·伊布拉希莫维奇	瑞典	巴黎圣日耳曼	1.00%	0.53%	26	0.33%	16	0.14%	7
14	亚亚·图雷	科特迪瓦	曼城	0.86%	0.10%	5	0.33%	16	0.43%	21
15	卡里姆·本泽马	法国	皇家马德里	0.84%	0.33%	16	0.33%	16	0.18%	9
16	保罗·博格巴	法国	尤文图斯	0.75%	0.22%	11	0.12%	6	0.41%	20
17	安德雷斯·伊涅斯塔	西班牙	巴塞罗那	0.67%	0.00%	0	0.41%	20	0.18%	9
18	巴斯蒂安·施魏因斯泰格	德国	拜仁慕尼黑	0.57%	0.25%	12	0.30%	15	0.37%	18
19	哈维尔·马斯切拉诺	阿根廷	巴塞罗那	0.55%	0.18%	9	0.16%	8	0.16%	8
20	蒂博·库尔图瓦	比利时	切尔西（马德里竞技）	0.51%	0.02%	1	0.25%	12	0.37%	18
21	埃登·阿扎尔	比利时	切尔西	0.47%	0.37%	18	0.16%	8	0.12%	6
22	塞尔希奥·拉莫斯	西班牙	皇家马德里	0.40%	0.02%	1	0.12%	6	0.02%	1
23	塞尔希奥·阿奎罗	阿根廷	曼城	0.33%	0.02%	1	0.23%	11	0.23%	11

2014 年国际足联金球奖全排名及得票明细备注
1. 2014 年"国际足联金球奖"未对少部分各部分评委投票比例，详细数据由作者与编辑通过每一位评委的投票结果计算得出。
2. 克里斯蒂亚诺·罗纳尔多获得 37.66% 的得票比例，超过利昂内尔·梅西（15.76%）与曼努埃尔·诺伊尔（15.72%）之和。
3. 曼努埃尔·诺伊尔首次入围金球奖（含"国际足联金球奖"）榜单前 3 名。

2015 年国际足联金球奖全排名及得票明细

排名	球员名称	国家/地区	效力俱乐部	得票比例	国家队队长投票比例	国家队队长投票得分	国家队主教练投票比例	国家队主教练投票得分	媒体投票比例	媒体投票得分
1	利昂内尔·梅西	阿根廷	巴塞罗那	41.33%	12.64%	553	12.53%	558	16.16%	746
2	克里斯蒂亚诺·罗纳尔多	葡萄牙	皇家马德里	27.76%	9.37%	410	9.23%	411	9.16%	423
3	内马尔	巴西	巴塞罗那	7.86%	2.35%	103	2.47%	110	3.03%	140
4	路易斯·苏亚雷斯	乌拉圭	巴塞罗那	4.17%	1.37%	60	1.39%	62	1.41%	65
5	罗伯特·莱万多夫斯基	波兰	拜仁慕尼黑	3.38%	1.12%	49	0.83%	37	1.43%	66
6	托马斯·穆勒	德国	拜仁慕尼黑	2.21%	1.00%	44	0.97%	43	0.24%	11
7	曼努埃尔·诺伊尔	德国	拜仁慕尼黑	1.97%	0.81%	35	1.12%	50	0.04%	2
8	埃登·阿扎尔	比利时	切尔西	1.33%	0.64%	28	0.40%	18	0.29%	13
9	安德雷斯·伊涅斯塔	西班牙	巴塞罗那	1.24%	0.53%	23	0.65%	29	0.06%	3
10	兹拉坦·伊布拉希莫维奇	瑞典	巴黎圣日耳曼	1.18%	0.62%	27	0.49%	22	0.42%	19
11	阿莱克西斯·桑切斯	智利	阿森纳	1.13%	0.27%	12	0.38%	17	0.13%	6
12	塞尔希奥·阿奎罗	阿根廷	曼城	0.89%	0.23%	10	0.42%	19	0.09%	4
13	哈维尔·马斯切拉诺	阿根廷	巴塞罗那	0.86%	0.41%	18	0.36%	16	0.24%	11
14	保罗·博格巴	法国	尤文图斯	0.79%	0.44%	19	0.20%	9	0.15%	7
15	加雷斯·贝尔	威尔士	皇家马德里	0.72%	0.32%	14	0.45%	20	0.02%	1
16	亚亚·图雷	科特迪瓦	曼城	0.65%	0.18%	8	0.16%	7	0.17%	8
17	凯文·德布劳内	比利时	曼城（沃尔夫斯堡）	0.58%	0.11%	5	0.45%	20	0.02%	1
18	阿图罗·比达尔	智利	拜仁慕尼黑（尤文图斯）	0.47%	0.14%	6	0.33%	15	0.43%	20
19	哈梅斯·罗德里格斯	哥伦比亚	皇家马德里	0.45%	0.21%	9	0.20%	9	0.20%	9
20	卡里姆·本泽马	法国	皇家马德里	0.40%	0.27%	12	0.13%	6	0.13%	6
21	托尼·克罗斯	德国	皇家马德里	0.29%	0.21%	9	0.27%	12	0.15%	7
22	阿里恩·罗本	荷兰	拜仁慕尼黑	0.29%	0.07%	3	0.16%	7	0.33%	15
23	伊万·拉基蒂奇	克罗地亚	巴塞罗那	0.05%	0.03%	1	0.02%	1	0.02%	1

2015 年国际足联金球奖全排名及得票明细备注
1. 2015 年"国际足联金球奖"未对少部分各部分评委投票比例，详细数据由作者与编辑通过每一位评委的投票结果计算得出。
2. 2010—2015 年，利昂内尔·梅西、克里斯蒂亚诺·罗纳尔多垄断这一奖项。
3. 内马尔首次入围金球奖（含"国际足联金球奖"）榜单前 3 名。

2016年金球奖全排名及得票明细

排名	球员名称	国家/地区	效力俱乐部	得分
1	克里斯蒂亚诺·罗纳尔多	葡萄牙	皇家马德里	745分
2	利昂内尔·梅西	阿根廷	巴塞罗那	316分
3	安托万·格列兹曼	法国	马德里竞技	198分
4	路易斯·苏亚雷斯	乌拉圭	巴塞罗那	91分
5	内马尔	巴西	巴塞罗那	68分
6	加雷思·贝尔	威尔士	皇家马德里	60分
7	里亚德·马赫雷斯	阿尔及利亚	莱斯特城	20分
8	杰米·瓦尔迪	英格兰	莱斯特城	11分
9	佩佩	意大利	尤文图斯	8分
11	皮埃尔-埃梅里克·奥巴梅扬	加蓬	多特蒙德	7分
12	鲁伊·帕特里西奥	葡萄牙	葡萄牙竞技	6分
13	兹拉坦·伊布拉希莫维奇	瑞典	曼联（巴黎圣日尔曼）	5分
14	保罗·博格巴	法国	曼联（尤文图斯）	4分
14	阿图罗·比达尔	智利	拜仁慕尼黑	4分
16	罗伯托·莱万多夫斯基	波兰	西汉姆联	3分
17	凯文·德布劳内	德国	皇家马德里	1分
17	保罗·迪巴拉	乌拉圭	皇家马德里	1分
17	卢卡·莫德里奇	法国	尤文图斯（那不勒斯）	1分
20	迪埃特里·帕耶	阿根廷	曼城	0分
20	塞尔希奥·阿圭罗	阿根廷	曼城	0分
20	迭戈·戈丁	阿根廷	尤文图斯（那不勒斯）	0分
20	阿尔瓦罗·莫拉塔	阿根廷	西班牙竞技	0分
20	塞德里克·伊萨尼姆塔	比利时	巴塞罗那	0分
20	科克	西班牙	马德里竞技	0分
20	迭戈·戈丁	西班牙	马德里竞技	0分
20	托马·勒穆勒	乌拉圭	拜仁慕尼黑	0分
20	曼努埃尔·诺伊尔	德国	拜仁慕尼黑	0分
20	雨果·洛里斯	德国	托特纳姆热刺	0分
20	—	法国	—	0分

2016年金球奖全排名及得票明细备注

1. 2016年开始，《法国足球》杂志与国际足联结束关于金球奖的合作，金球奖重新由《法国足球》杂志单独评选。
2. 2016年开始，因评委结构变化频繁，不再标注球员得票分布。
3. 2016年开始，金球奖候选名单为30人。
4. 2016年金球奖共有173个国家和地区的体育记者参与投票。
5. 克里斯蒂亚诺·罗纳尔多此次获奖创下金球奖历史上前两名分差最大纪录（429分）。

2017年金球奖全排名及得票明细

排名	球员名称	国家/地区	效力俱乐部	得分
1	克里斯蒂亚诺·罗纳尔多	葡萄牙	皇家马德里	946分
2	利昂内尔·梅西	阿根廷	巴塞罗那	670分
3	内马尔	巴西	巴黎圣日尔曼（巴塞罗那）	361分
4	詹路易吉·布冯	意大利	尤文图斯	221分
5	卢卡·莫德里奇	克罗地亚	皇家马德里	84分
6	塞尔希奥·拉莫斯	西班牙	皇家马德里	71分
7	基利安·姆巴佩	法国	巴黎圣日尔曼（摩纳哥）	48分
8	恩戈洛·坎特	法国	切尔西	47分
9	罗伯特·莱万多夫斯基	波兰	拜仁慕尼黑	45分
10	哈里·凯恩	英格兰	托特纳姆热刺	36分
11	埃丁森·卡瓦尼	乌拉圭	巴黎圣日尔曼	32分
12	伊斯科	西班牙	皇家马德里	28分
13	路易斯·苏亚雷斯	乌拉圭	巴塞罗那	27分
14	凯文·德布劳内	比利时	曼城	25分
15	保罗·迪巴拉	阿根廷	尤文图斯	23分
16	马塞洛	巴西	皇家马德里	21分
17	托尼·克罗斯	德国	皇家马德里	20分
18	安托万·格列兹曼	法国	马德里竞技	17分
19	埃登·阿扎尔	比利时	切尔西	16分
20	大卫·德赫亚	西班牙	曼联	15分
21	皮埃尔-埃梅里克·奥巴梅扬	加蓬	多特蒙德	14分
21	莱昂纳多·博努奇	意大利	AC米兰（尤文图斯）	14分
23	萨迪奥·马内	塞内加尔	利物浦	10分
24	卡里姆·本泽马	法国	皇家马德里	9分
25	扬·奥布拉克	斯洛文尼亚	马德里竞技	7分
26	马尔科·胡梅尔斯	德国	拜仁慕尼黑	4分
27	马茨·胡梅尔斯	德国	拜仁慕尼黑	3分
28	埃丁·哲科	波黑	罗马	2分
29	菲利普·库蒂尼奥	巴西	巴塞罗那	0分
29	德里斯·默滕斯	比利时	那不勒斯	0分

2017年金球奖全排名及得票明细备注

1. 2017年金球奖共有173个国家和地区体育记者参与投票。
2. 克里斯蒂亚诺·罗纳尔多第5次获得金球奖（含"国际足球奖"）。
3. 基利安·姆巴佩首次入围金球奖得票单。

2018 年金球奖全排名及得票明细

排名	球员名称	国家/地区	效力俱乐部	得分
1	卢卡·莫德里奇	克罗地亚	皇家马德里	753分
2	克里斯蒂亚诺·罗纳尔多	葡萄牙	尤文图斯（皇家马德里）	478分
3	安托万·格列兹曼	法国	马德里竞技	414分
4	基利安·姆巴佩	法国	巴黎圣日耳曼	347分
5	利昂内尔·梅西	阿根廷	巴塞罗那	280分
6	穆罕默德·萨拉赫	埃及	利物浦	188分
7	拉斐尔·瓦拉内	法国	皇家马德里	121分
8	埃登·阿扎尔	比利时	切尔西	119分
9	凯文·德布劳内	比利时	曼城	29分
10	哈里·凯恩	英格兰	托特纳姆热刺	25分
11	恩戈洛·坎特	法国	切尔西	24分
12	路易斯·苏亚雷斯	巴西	巴塞罗那	19分
13	蒂博·库尔图瓦	比利时	皇家马德里（切尔西）	17分
14	保罗·博格巴	法国	曼联	12分
15	塞尔希奥·阿圭罗	阿根廷	曼城	9分
16	加雷斯·贝尔	威尔士	皇家马德里	7分
17	卡里姆·本泽马	法国	皇家马德里	6分
17	罗伯托·菲尔米诺	巴西	利物浦	6分
19	伊万·拉基蒂奇	克罗地亚	巴塞罗那	4分
19	赛尔吉奥·拉莫斯	西班牙	皇家马德里	4分
19	埃丁·哲科	波黑	罗马	4分
22	萨迪奥·马内	塞内加尔	利物浦	3分
22	马尔科·韦拉蒂	意大利	巴黎圣日耳曼	3分
22	罗梅卢·卢卡库	比利时	曼联	3分
25	阿利松·贝克尔	巴西	利物浦	2分
25	扬·奥布拉克	斯洛文尼亚	马德里竞技	2分
25	迭戈·戈丁	乌拉圭	马德里竞技	2分
28	丁丁	比利时	皇家马德里	1分
29	雨果·洛里斯	法国	托特纳姆热刺	0分
29	伊斯科	西班牙	皇家马德里	0分
29	热苏斯	巴西	曼城	0分

2018 年金球奖全排名及得票明细备注

1. 2018年金球奖共有176个国家和地区的体育记者参与投票。
2. 2018年卢卡·莫德里奇获得金球奖，打破"梅罗"二人对金球奖（含"国际足联金球奖"）为期10年的垄断。
3. 目2007年以来，利昂内尔·梅西首次跌出金球奖（含"国际足联金球奖"）榜单前3名。

2019 年金球奖全排名及得票明细

排名	球员名称	国家/地区	效力俱乐部	得分
1	利昂内尔·梅西	阿根廷	巴塞罗那	686分
2	维吉尔·范戴克	荷兰	利物浦	679分
3	克里斯蒂亚诺·罗纳尔多	葡萄牙	尤文图斯	476分
4	萨迪奥·马内	塞内加尔	利物浦	347分
5	穆罕默德·萨拉赫	埃及	利物浦	178分
6	基利安·姆巴佩	法国	巴黎圣日耳曼	89分
7	阿利森·贝克尔	巴西	利物浦	67分
8	罗伯特·莱万多夫斯基	波兰	拜仁慕尼黑	44分
9	贝尔纳多·席尔瓦	葡萄牙	曼城	41分
10	里亚德·马赫雷斯	阿尔及利亚	曼城	33分
11	弗伦基·德容	荷兰	巴塞罗那（阿贾克斯）	31分
12	拉希姆·斯特林	英格兰	曼城	30分
13	埃登·阿扎尔	比利时	皇家马德里（切尔西）	25分
14	凯文·德布劳内	比利时	曼城	14分
15	马蒂斯·德里赫特	荷兰	尤文图斯（阿贾克斯）	13分
16	安托万·格列兹曼	法国	巴塞罗那	12分
17	罗伯托·菲尔米诺	巴西	利物浦	11分
18	特伦特·亚历山大-阿诺德	英格兰	利物浦	9分
19	皮埃尔-埃梅里克·奥巴梅扬	加蓬	阿森纳	8分
20	杜桑·塔迪奇	塞尔维亚	阿贾克斯	5分
20	孙兴慜	韩国	托特纳姆热刺	5分
22	雨果·洛里斯	法国	托特纳姆热刺	4分
23	卡利杜·库利巴利	塞内加尔	那不勒斯	3分
24	马尔科-安德烈·特尔施特根	德国	巴塞罗那	2分
24	卡里姆·本泽马	法国	皇家马德里	2分
26	乔治尼奥·维纳尔杜姆	荷兰	利物浦	1分
26	若昂·菲利克斯	葡萄牙	马德里竞技（本菲卡）	0分
28	唐尼·范德贝克	荷兰	阿贾克斯	0分
28	马塞洛	巴西	皇家马德里	0分
28	阿圭罗	阿根廷	曼城	0分

2019 年金球奖全排名及得票明细备注

1. 2019年金球奖共有176个国家和地区的体育记者参与投票。
2. 2019年利昂内尔·梅西第6次获得金球奖（含"国际足联金球奖"）。
3. 目2011年以来，内马尔首次无缘金球奖（含"国际足联金球奖"）候选名单。

2022 年金球奖全排名及得票明细

排名	球员名称	国家/地区	效力俱乐部	得分
1	卡里姆·本泽马	法国	皇家马德里	549分
2	萨迪奥·马内	塞内加尔	利物浦	193分
3	凯文·德布劳内	比利时	曼城	175分
4	罗伯特·莱万多夫斯基	波兰	巴塞罗那（拜仁慕尼黑）	170分
5	穆罕默德·萨拉赫	埃及	利物浦	116分
6	基利安·姆巴佩	法国	巴黎圣日尔曼	85分
7	蒂博·库尔图瓦	比利时	皇家马德里	82分
8	维尼修斯·德尼奥尔	巴西	皇家马德里	61分
9	卢卡·莫德里奇	克罗地亚	皇家马德里	20分
10	埃尔林·哈兰德	挪威	曼城（多特蒙德）	18分
11	孙兴慜	韩国	托特纳姆热刺	5分
12	里亚德·马赫雷斯	阿尔及利亚	曼城	4分
13	塞巴斯蒂安·阿莱	科特迪瓦	阿贾克斯	2分
14	法比尼奥	巴西	利物浦	2分
14	拉斐尔·莱昂	葡萄牙	AC米兰	2分
16	维吉尔·范戴克	荷兰	利物浦	1分
17	卡塞米罗	巴西	曼联（皇家马德里）	1分
17	路易斯·迪亚斯	哥伦比亚	利物浦（波尔图）	1分
17	杜尚·弗拉霍维奇	塞尔维亚	尤文图斯（弗罗伦萨）	1分
20	克里斯蒂亚诺·罗纳尔多	葡萄牙	曼联	0分
21	哈里·凯恩	英格兰	托特纳姆热刺	0分
22	特伦特·亚历山大 – 阿诺德	英格兰	利物浦	0分
22	菲尔·福登	英格兰	曼城	0分
25	贝尔纳多·席尔瓦	葡萄牙	曼城	0分
25	若昂·坎塞洛	葡萄牙	曼城	0分
25	约书亚·基米希	德国	拜仁慕尼黑	0分
25	迈克·迈尼昂	法国	AC米兰	0分
25	克里斯托弗·恩昆库	法国	莱比锡红牛	0分
25	达尔温·努涅斯	乌拉圭	利物浦（本菲卡）	0分
25	安东尼奥·吕迪格	德国	皇家马德里（切尔西）	0分

2021 年金球奖全排名及得票明细

排名	球员名称	国家/地区	效力俱乐部	得分
1	利昂内尔·梅西	阿根廷	巴黎圣日尔曼（巴塞罗那）	613分
2	罗伯特·莱万多夫斯基	波兰	拜仁慕尼黑	580分
3	若日尼奥	意大利	切尔西	460分
4	卡里姆·本泽马	法国	皇家马德里	239分
5	恩戈洛·坎特	法国	切尔西	186分
6	克里斯蒂亚诺·罗纳尔多	葡萄牙	曼联（尤文图斯）	178分
7	穆罕默德·萨拉赫	埃及	利物浦	121分
8	凯文·德布劳内	比利时	曼城	73分
9	基利安·姆巴佩	法国	巴黎圣日尔曼	58分
10	詹路易吉·唐纳鲁马	意大利	巴黎圣日尔曼（AC米兰）	36分
11	埃尔林·哈兰德	挪威	多特蒙德	33分
12	乔治尼奥·基耶利尼	意大利	尤文图斯	26分
14	莱昂纳多·博努奇	意大利	尤文图斯	18分
15	拉希姆·斯特林	英格兰	曼城	10分
16	内马尔	巴西	巴黎圣日尔曼	9分
17	路易斯·苏亚雷斯	乌拉圭	马竞	8分
17	西蒙·克亚尔	丹麦	AC米兰	8分
19	梅森·芒特	英格兰	切尔西	7分
19	里亚德·马赫雷斯	阿尔及利亚	曼城	7分
21	布鲁诺·费尔南德斯	葡萄牙	曼联	6分
21	劳塔罗·马丁内斯	阿根廷	国际米兰	6分
23	西蒙·克罗斯	英格兰	托特纳姆热刺	4分
24	梅森·福登	英格兰	曼城	3分
25	里亚德·福登	西班牙	巴塞罗那	2分
26	赫拉德·莫雷诺	西班牙	比利亚雷亚尔	1分
26	尼古拉·巴雷拉	意大利	国际米兰	1分
26	鲁本·迪亚斯	葡萄牙	曼城	1分
29	卢卡·莫德里奇	克罗地亚	皇家马德里	0分
29	塞萨尔·阿斯皮利奎塔	西班牙	切尔西	0分

2021 年金球奖全排名及得票明细备注
1. 2021 年金球奖共有 180 个国家和地区的体育记者参与投票。
2. 利昂内尔·梅西成为巴黎圣日曼球队史上首位金球奖得主。
3. 自 2011 年以来，克里斯蒂亚诺·罗纳尔多首次多次入围金球奖（含"国际足联奖"）榜单前 5 名。
4. 埃尔林·哈兰德首次入围金球奖榜单。

2022 年金球奖全排名及得票明细备注
1. 2022 年开始，金球奖的评委由自然年调整为赛季。
2. 2022 年开始，金球奖评委限在国际足联排名前 100 名的国家和地区的体育记者。
3. 2022 年开始，金球奖侧重对球员个人能力的考量。
4. 2022 年金球奖候选人评审团加入"金球大使"迪迪埃·德罗巴首次参与投票。
5. 2022 年金球奖共有 93 个国家和地区的体育记者参与投票。
6. 每位体育记者需选前五名球员，在投票得分相同的情况下，德罗巴和上届金球奖评委洞察决定该球员的投票者。
7. 自 2008 年以来，克里斯蒂亚诺·罗纳尔多首次没有获得金球奖（含"国际足球奖"）投票。
8. 孙兴慜创下金球奖单亚洲球员最高排名（第 11 名）。

2023年金球奖全排名及得票明细

排名	球员名称	国家/地区	效力俱乐部	得分
1	利昂内尔·梅西	阿根廷	迈阿密国际（巴黎圣日曼）	462分
2	埃尔林·哈兰德	挪威	曼城	357分
3	基利安·姆巴佩	法国	巴黎圣日曼	270分
4	凯文·德布劳内	比利时	曼城	100分
5	罗德里	西班牙	曼城	57分
6	维尼修斯	巴西	皇家马德里	49分
7	胡里安·阿尔瓦雷斯	阿根廷	曼城	28分
8	维克托·奥斯梅恩	尼日利亚	那不勒斯	24分
9	贝尔纳多·席尔瓦	葡萄牙	曼城	20分
10	卢卡·莫德里奇	克罗地亚	皇家马德里	19分
11	穆罕默德·萨拉赫	埃及	利物浦	13分
12	罗伯特·莱万多夫斯基	波兰	巴塞罗那	10分
13	亚辛·布努	摩洛哥	塞维利亚	8分
14	伊尔卡伊·京多安	德国	巴塞罗那	7分
15	埃米利亚诺·马丁内斯	阿根廷	阿斯顿维拉	6分
16	卡里姆·本泽马	法国	吉达联合（皇家马德里）	6分
17	裘德·贝林厄姆	英格兰	皇家马德里	5分
18	赫维查·克瓦拉茨赫利亚	格鲁吉亚	那不勒斯	4分
19	亚历克西斯·麦卡利斯特	英格兰	布莱顿（利物浦）	4分
20	布卡约·萨卡	英格兰	阿森纳	4分
21	安托万·格列兹曼	法国	马德里竞技	3分
22	金玟哉	韩国	拜仁慕尼黑	3分
23	安德烈·奥纳纳	喀麦隆	曼联（国际米兰）	2分
24	德克兰·赖斯	英格兰	阿森纳（西汉姆）	1分
25	约什科·格瓦尔迪奥尔	克罗地亚	皇家马德里（莱比锡红牛）	1分
26	莱罗伊·萨内	德国	拜仁慕尼黑	0分
27	尼科洛·巴雷拉	意大利	国际米兰	0分
28	朗斯·迪亚洛	法国	拜仁慕尼黑	0分
28	鲁本·迪亚斯	葡萄牙	曼城	0分
30	鲁本·迪亚斯	葡萄牙	曼城	0分

金球奖获奖次数/俱乐部排名

1. 皇家马德里：12次（克里斯蒂亚诺·罗纳尔多4次，迪斯蒂法诺2次，科帕，菲戈，罗纳尔多，卡纳瓦罗，莫德里奇，本泽马）。
2. 巴塞罗那：12次（梅西6次，克鲁伊夫2次，路易斯·苏亚雷斯，斯托伊奇科夫，里瓦尔多，罗纳尔迪尼奥）。
3. 尤文图斯：8次（普拉蒂尼3次，西沃里，罗西，巴乔，齐达内，内德维德）。
4. AC米兰：8次（范巴斯滕3次，里维拉，古利特，维阿，舍甫琴科，卡卡）。
5. 拜仁慕尼黑：5次（贝肯鲍尔2次，鲁梅尼格2次，盖德·穆勒）。
6. 曼联：4次（丹尼斯·劳，博比·查尔顿，乔治·贝斯特，克里斯蒂亚诺·罗纳尔多）。
7. 以下俱乐部获得2次金球奖：利物浦，国际米兰，基辅迪纳摩，汉堡，多特蒙德，马赛，曼城。
8. 以下俱乐部获得1次金球奖：费伦茨瓦罗斯，萨尔塔，本菲卡，莫斯科迪纳摩，布莱克浦，布拉格斯巴达，马德里竞技，阿贾克斯，切尔西，巴黎圣日曼。

2023年金球奖全排名及得票明细备注

1. 2023年金球奖候选人评审团扩充，加入"金球大使"迪迪埃·德罗巴和上届金球奖最具洞察力的投票者。
2. 2023年金球奖候选人共有92个国家和地区的体育记者参与投票。
3. 每位体育记者在前五投票外还可再选一名球员，在球员得分各分相同的情况下，根据该票数决定球员排名，故相同得分的球员排名并不相同。
4. 利昂内尔·梅西第8次获得金球奖（含"国际足联金球奖"）。
5. 自2008年以来，克里斯蒂亚诺·罗纳尔多首次无缘金球奖（含"国际足联金球奖"）候选名单。
6. 金玟哉是首位入选金球奖候选名单的亚洲后卫。